DIREITOS FUNDAMENTAIS ATÍPICOS

EDUARDO RODRIGUES DOS SANTOS

DIREITOS FUNDAMENTAIS ATÍPICOS

Análise da Cláusula de Abertura – Art. 5º, § 2º, da CF/88

2017

www.editorajuspodivm.com.br

www.editorajuspodivm.com.br

Rua Mato Grosso, 164, Ed. Marfina, 1º Andar – Pituba, CEP: 41830-151 – Salvador – Bahia
Tel: (71) 3045.9051
• Contato: https://www.editorajuspodivm.com.br/sac

Capa: Ana Caquetti

Diagramação: Ideia Impressa (*ideiaimpressadesign@gmail.com*)

E21d Santos, Eduardo Rodrigues dos.
Direitos Fundamentais Atípicos / Eduardo Rodrigues dos Santos – Salvador: Juspodivm, 2017.
320 p.

Bibliografia.
ISBN 978-85-442-1175-5.

1. Direito constitucional. 2. Controle de constitucionalidade. I. Ferreira, Olavo Augusto Vianna Alves. II. Título.

CDD 341.202

A Deus, acima de tudo, pelo amor infinito e incondicional, pela graça divinal da vida e pela misericórdia que tem comigo desde o ventre de minha mãe.

Aos meus pais, Vlamir e Monica, pelo esforço e dedicação de todos os anos. Por acreditarem que eu poderia sempre subir um degrau a mais na escada da vida.

À minha avó Teresa, pelo carinho e amor. Por sempre me proteger e por ter se dedicado tanto a realizar os desejos de seu neto, tornando a minha infância tão doce.

À minha avó Áurea, pelos conselhos e orações. Por sempre estar presente nas horas difíceis trazendo palavras de sabedoria e alento.

In memoriam

Ao meu avô Alaor, fonte eterna de inspiração, força, perseverança, fé e amor, que me deixou inenarrável saudade por absolutamente tudo.

AGRADECIMENTOS

Ao meu grande amigo, professor, orientador e eterno mestre, Luiz Carlos Figueira de Melo, por ter acreditado em mim desde o começo e me ajudado em absolutamente tudo.

Ao meu grande amigo e professor, Alexandre Walmott Borges, pela atenção dispensada e por ter me sugerido o tema deste trabalho, um presente que recebi com grande alegria.

Ao meu amigo, professor Bernardo Gonçalves Fernandes, um dos mais brilhantes constitucionalistas brasileiros da atualidade e uma das figuras jurídicas mais humildes e atenciosas que já conheci.

Aos Professores do Curso de Mestrado em Direito Público da Universidade Federal de Uberlândia, especialmente aos queridos Fernando Rodrigues Martins e Edihermes Marques Coelho.

Aos amigos Waldir e Bruno, da Livraria Jurídica Universal de Uberlândia, pelo apoio e pela amizade de sempre.

À Thaissa Ferraz, que tanto me auxiliou com as pesquisas e com a digitação de boa parte dos fichamentos realizados para a consecução desta obra. Sem você este trabalho não seria possível.

Ao Joemilson Donizetti Lopes, por ter me recebido em sua casa como se fosse um filho e por ter me ajudado grandemente nos primeiros passos da vida jurídica.

Aos meus alunos de Direito Constitucional das diversas faculdades de direito em que leciono em Uberlândia e região.

"A tolerância é o preço que temos de pagar pela nossa aventura de liberdade" (Ronald Dworkin)

APRESENTAÇÃO DA OBRA

Os direitos fundamentais atípicos têm sido objeto de sérios debates pela doutrina e jurisprudência do direito constitucional ao redor do mundo. Contudo, no Brasil, em que pese tenhamos uma cláusula de abertura desde a nossa primeira Constituição republicana (1891), nossos juristas praticamente se restringiram a reproduzir ou parafrasear seu dispositivo normativo, sem se dedicarem a um estudo aprofundado ou mesmo a debates mais específicos sobre seu conteúdo, extensão, limites etc.

Ocorre que, especialmente em sociedades hipercomplexas como as contemporâneas, a cláusula de abertura a novos direitos fundamentais desempenha papel importantíssimo, especialmente por se reconhecer que o Poder Constituinte Reformador seria incapaz de acompanhar a constante e veloz evolução da sociedade. Isso parece mais evidente quando se lança os olhos aos avanços vivenciados nas últimas décadas nos campos da genética, da robótica e da informática e dos quais emergiram uma infinidade de novas relações e conflitos humanos.

Assim, o próprio Poder Constituinte abriu a Constituição ao reconhecimento (identificação/construção) de direitos fundamentais para além daqueles tipificados por ele. Isto é, inseriu na Constituição uma cláusula de abertura que possibilite ao interprete (especialmente à Corte Constitucional) identificar ou construir direitos fundamentais atípicos a partir das fontes constitucionalmente estabelecidas nessa cláusula de abertura, para que a Constituição (Viva!), enquanto norma fundamental, superior, legitimadora e limitadora do uso do poder, possa acompanhar a sociedade que rege e proteger e promover as pessoas humanas naquilo que lhes é mais essencial a uma vida digna.

Nas palavras de Ronald Dworkin, "é estranho que uma pessoa que acredita que cidadãos livres e iguais deveriam ter a garantia de um determinado direito individual não pense também que a própria Constituição já contém esse direito, a menos que a história constitucional o tenha rejeitado de forma decisiva".[1] Isto está na raiz do Estado Democrático de Direito, na compreensão de que o Estado (meio) existe para as pessoas (fins) e não as pessoas para o Estado. Assim, essas pessoas livres e iguais que constituíram um pacto jurídico-político fundamental (a Constituição) não possuem como direitos fundamentais apenas aqueles que o Constituinte optou ou lembrou-se de inserir expressamente no título respectivo dos direitos fundamentais, mas possuem, também, aqueles direitos materialmente fundamentais que acreditam que devem ter para assegurar-lhes ou promover-lhes uma vida digna.

Esta obra, fruto de nossa pesquisa no Curso de Mestrado em Direito Público da Universidade Federal de Uberlândia, tem justamente a intenção de investigar a cláusula de abertura a novos direitos fundamentais de nossa atual Constituição (§ 2º, do art. 5º, da CF/88) e os direitos fundamentais atípicos que dela decorrem, especialmente identificando e analisando as fontes presentes nessa cláusula e as possibilidades de identificação e construção desses direitos, por nós chamados, atípicos.

Registre-se que não nos limitamos, como talvez esperasse o leitor mais desatento (até porque, predominantemente, tem sido isso que a doutrina tem feito ao analisar esse dispositivo), a falarmos de incorporação e hierarquia de Tratados Internacionais de Direito Humanos, em face da disposição do §2º, do art. 5º, da CF/88. Pelo contrário, em que pese necessariamente tenhamos, também, analisado esse assunto, dedicamo-nos de modo profundo e sistemático a uma análise dessa cláusula em razão das fontes internas/constitucionais desses novos direitos fundamentais, bem como as possibilidades de identificação e construção internas/constitucionais dos direitos fundamentais atípicos. Aqui, talvez, resida nossa maior contribuição para o debate constitucional contemporâneo, especialmente, em face do referido dispositivo constitucional.

Por fim, é válido dizer que com a presente obra nossa maior intenção é suscitar o debate em torno da cláusula de abertura do §2º, do art. 5º, da CF/88 e dos direitos fundamentais atípicos dela decorrentes. Isto é, por tratar-se de tema pouquíssimo explorado, o que nós mais almejamos é incitar a doutrina a debatê-lo e analisá-lo,

---

1. DWORKIN, Ronald. **O direito da liberdade:** a leitura moral da Constituição norte-americana. São Paulo: Martins Fontes, 2006, p. 117.

bem como provocar a jurisprudência a enfrentá-lo sem se esconder por trás de meras repetições e paráfrases argumentativas.

Assim, desde já, nos colocamos abertos às críticas e ao debate, para que possamos, inclusive, amadurecer nossas próprias compreensões sobre o tema.

Outono de 2017, Uberlândia.
Eduardo Rodrigues dos Santos

SUMÁRIO

INTRODUÇÃO

O Título II, da atual Constituição da República Federativa do Brasil positivou um rico e extenso rol de Direitos e Garantias Fundamentais. Contudo, o § 2º do art. 5º da Constituição de 1988 estabeleceu a possibilidade de se encontrar direitos e garantias fundamentais não expressos na Constituição, desde que decorrentes do regime e dos princípios por ela adotados, ou dos tratados internacionais em que a República Federativa do Brasil seja parte. O presente estudo propõe-se a examinar o significado da referida cláusula e as possibilidades constitucionais de se identificar os direitos e garantias fundamentais atípicos (direitos e garantias fundamentais não positivados expressamente no Título II da CF/88).

Para tanto, faz-se necessária uma abordagem que busque a realização dos seguintes objetivos: a) Estudar o significado da cláusula de abertura a novos direitos fundamentais, tanto na história do constitucionalismo brasileiro, como no direito estrangeiro; b) Analisar as fontes dos direitos e garantias fundamentais atípicos expressas na cláusula de abertura a novos direitos fundamentais positivada no § 2º, do art. 5º, da CF/88; c) Examinar as possibilidades constitucionais de criação/identificação/construção de direitos fundamentais atípicos à luz da cláusula de abertura a novos direitos fundamentais da Constituição brasileira de 1988.

Ao longo de nossa vida acadêmica, um dos problemas que mais nos despertou a atenção foi à banalização do direito constitucional e, em especial, dos direitos fundamentais. Em um Estado Constitucional em que tudo é direito constitucional, em que tudo se justifica pela carga axiológica das normas constitucionais, ao mesmo tempo nada é direito constitucional, pois a amplificação demasiada causa, também, um esvaziamento. O mesmo se dá com os direitos fundamentais, uma vez que "tudo é direito fundamental", tem-se que "nada é direito fundamental".

No Brasil, a doutrina e, sobretudo, a jurisprudência têm-se apoiado na alta densidade axiológica das normas de direito constitucional e, em especial de direitos fundamentais, para justificar, grande parte das vezes sem uma fundamentação lógica, racional e convincente à luz do ordenamento jurídico vigente, posições pessoais dos doutrinadores e dos magistrados, sem levar em conta a vontade real da Constituição.

Dentre os vários fatores que conduzem a esta situação de banalização dos direitos fundamentais, um despertou de maneira pitoresca o interesse deste pesquisador, qual seja: a dificuldade de se identificar quais são os direitos fundamentais consagrados pela Constituição brasileira de 1988, tendo como base, sobretudo, o § 2º, do art. 5º, de nossa Carta Maior que amplifica o rol de direitos e garantias fundamentais estabelecidos no corpo de seu Título II.

O interesse em pesquisar especificamente esta temática emerge de um questionamento fundamental em relação à banalização a que nos referimos, qual seja: do que adianta tentar identificar a amplitude e os contornos essenciais dos direitos e garantias fundamentais, bem como um método sério para sua aplicação que evite tal banalização, se, em primeiro lugar, não se identificar quais são os direitos e garantias fundamentais reconhecidos (tipicamente ou atipicamente) pelo ordenamento jurídico constitucional vigente? Ou seja, antes de se tentar identificar qual a amplitude de um determinado direito fundamental, ou de tentar identificar se ele se aplica a determinado caso, ou em qual grau ele se aplica, ou o que ele autoriza, ou não autoriza ou exige como prestação, antes de tudo isso e de outras coisas mais, é preciso primeiro saber se se trata, constitucionalmente, de um direito fundamental.

Quanto aos direitos e garantias fundamentais consagrados expressamente no âmbito do Título II da Constituição de 1988, pouco há que se discutir em relação a sua identificação como direitos e garantias fundamentais, ao menos formalmente, visto que o constituinte já os elegeu preteritamente como sendo direitos e garantias fundamentais. Aqui as considerações são mais filosóficas e pessoais do que jurídicas, isto é, dizer, por exemplo, que o direito fundamental a propriedade (art. 5º, *caput*) não constitui um direito fundamental porque não é essencial à dignidade da pessoa humana, ou porque não é abarcado por determinado critério material de identificação de direitos e garantias fundamentais, está muito mais relacionado a concepções pessoais e/ou filosóficas do que jurídicas, vez que formalmente o constituinte já o alçou ao patamar de direito fundamental, além, é claro, de ser demasiadamente questionável tal afirmação.

Portanto a problemática maior, a qual este autor se propôs a examinar é a de se identificar quais seriam os direitos fundamentais atípicos (direitos e garantias fundamentais não positivados expressamente no Título II da Constituição brasileira, mas abarcados e fundamentalizados por força da disposição do § 2º, de seu art. 5º). Mais especificamente: de quais fontes eles emergem (e o que elas significam) e como, constitucionalmente, é possível identificá-los.

Tal identificação não nos parece fácil, mas pelo contrário, demasiadamente árdua e complexa, pois exige uma análise profunda do sistema de direitos e garantias fundamentais estabelecidos pela Constituição brasileira, bem como do sistema de princípios e valores sob os quais tal teoria se sustenta na Constituição, para poder formular um conceito material de direitos e garantias fundamentais, constitucionalmente adequado, capaz de identificar quais são os direitos e garantias fundamentais não expressamente positivados no Título II da Constituição brasileira, mas abarcados e fundamentalizados por força da disposição do § 2º, de seu art. 5º.

A pesquisa a que nos propomos se justifica – além dos motivos já expostos, como a banalização dos direitos e garantias fundamentais e a dificuldade de se identificar quais são os direitos e garantias fundamentais fora do Título II da Constituição brasileira, isto é, de se identificar um conceito material de direitos fundamentais, constitucionalmente adequado – pelo grande vazio doutrinário e jurisprudencial em relação à temática no Brasil, talvez, justamente pela mencionada dificuldade de se fazer tal identificação e pela banalização hodierna da teoria dos direitos e garantias fundamentais, através da qual "tudo se justifica", dispensando, assim, uma identificação séria de quais seriam os direitos e garantias fundamentais consagrados e abarcados pela Constituição de 1988, pois com base em conceitos demasiadamente abertos, como por exemplo, o da dignidade da pessoa humana, muitos de nossos juristas justificam a existência e a fundamentalidade de qualquer "direito fundamental", sustentando facilmente suas teorias, sem uma argumentação e fundamentação precisa, responsável e constitucionalmente adequada.

A cláusula de abertura ou de não tipicidade positivada na atual Constituição brasileira de 1988 promove uma abertura a novos direitos fundamentais de maneira ímpar na história do constitucionalismo brasileiro ao prever uma gama maior de possibilidades de incorporação de novos direitos fundamentais do que as Cartas Constitucionais anteriores.

A gênese da referida cláusula remete-nos ao IX Aditamento à Constituição estadunidense, que já em 1791 afirmara que "*a enumeração de certos direitos na Constituição não poderá ser interpretada como negando ou coibindo outros direitos inerentes ao povo*".

No Brasil, a cláusula de abertura esteve presente em todas as Constituições Republicanas. Na Constituição de 1981, art. 78; na Constituição de 1934, art. 114; na Constituição de 1937, art. 123; na Constituição de 1946, art. 144; na Constituição de 1967, art. 150, § 35; na Constituição de 1969, art. 153, § 36; e, por fim, na Constituição de 1988, art. 5º, § 2º, que afirma que "*os direitos e garantias expressos nesta Constituição não excluem outros decorrentes do regime e dos princípios por ela adotados, ou dos tratados internacionais em que a República Federativa do Brasil seja parte*".

No direito estrangeiro várias são as Constituições a contemplar a cláusula de não tipicidade dos direitos fundamentais, dentre elas, destaque-se a Constituição Portuguesa (art. 16, nº 1), bem como as Constituições de diversos países latino-americanos, tais quais a Constituição Argentina (art. 33), a Constituição Peruana (art. 4º), a Constituição da Guatemala (art. 44), a Constituição da Venezuela (art. 50), a Constituição Colombiana (art. 94), dentre outras. Ressalte-se, ainda, a Lei Fundamental da Alemanha que, em seu art. 93, inc. I, nº 4, realiza uma abertura a direitos e garantias fundamentais análogos aos constantes do catálogo. Mais recentemente, a doutrina e a jurisprudência tedesca também vêm aceitando o desenvolvimento de novos direitos e garantias fundamentais a partir do direito geral da personalidade (art. 2º da Lei Fundamental da Alemanha).

A cláusula de abertura ou de não tipicidade dos direitos fundamentais remete-nos à clássica conceituação material dos direitos fundamentais, pautada na ideia de que há direitos fundamentais inerentes à sistemática constitucional e, sobretudo, a sistemática dos direitos e garantias fundamentais que não foram formalmente positivados no texto constitucional, contudo, em face da cláusula de abertura e do sistema constitucionalmente estabelecido de proteção e promoção da dignidade da pessoa humana (reconhecida por esse mesmo sistema), integram o rol de direitos e garantias fundamentais da pessoa humana de acordo com as filosofias políticas, sociais e econômicas, assim como com as circunstâncias de cada época e lugar.

Nesse mesmo viés, pode-se afirmar que a teoria dos direitos fundamentais, parte integrante de uma Constituição Moderna, se estrutura sob princípios, valores e fins de alta densidade axiológica que visam promover e proteger a dignidade da pessoa humana e que não podem ser cerrados totalmente de maneira positiva em razão das alternâncias espaço-temporais existenciais da vida digna da pessoa humana, isto é, as condições de vida digna da pessoa humana se alteram de acordo com o tempo e o espaço em que o homem está inserido (apesar de manterem um núcleo essencial imutável), o que impossibilita que a teoria protetiva dos direitos e garantias mais essências à vida digna do ser humano seja inamovível, imutável, seca, morta, pois esses mesmos direitos e garantias são vivos, são mutáveis e evoluem com a própria humanidade.

Mais ainda, há de se dizer que o homem é um ser demasiadamente complexo, de modo que, mesmo em determinado tempo e espaço bastante limitados não é possível expressar positivamente, em uma carta de direitos, todos os direitos e garantias fundamentais dos quais ele necessita para ter uma vida digna, ao menos não *a priori*, o que torna inviável e constitui, inclusive, afronta à dignidade da pessoa humana limitar os direitos e garantias fundamentais àqueles dos quais o legislador constituinte se lembrou de redacionar, ou optou por redacionar (por motivos que não nos interessam aqui).

Justamente por isso, os direitos fundamentais atípicos emergem com uma importância essencial na proteção das pessoas, assim como a cláusula de abertura a novos direitos fundamentais que tem por função incorporar os direitos fundamentais dos quais o legislador se olvidou ou optou por não constitucionalizar, mas que à luz da Constituição vigente e do sistema de direitos e garantias fundamentais positivo por ela implementado, são essenciais à vida digna da pessoa. Por óbvio que a maioria das Constituições modernas dos Estados ocidentais já positivaram a maior parte dos direitos e garantias fundamentais à vida digna da pessoa humana, ao menos os historicamente consagrados, o que diminui bastante as possibilidades reais de se encontrar direitos fundamentais atípicos, o que nos permite dizer que estes são pouco numerosos (mas ainda muito importantes, sobretudo, os novos direitos ou as novas leituras de direitos antigos, que emergem em razão do avanço tecnológico).

Nesse sentido, ao comentarem a cláusula de abertura a direitos e garantias fundamentais prevista na Constituição portuguesa (art. 16, nº 1), Jorge Miranda e Rui Medeiros afirmam que:

> O n.º 1 consagra uma cláusula aberta ou de não tipicidade ou, doutro prisma, uma noção material de direitos fundamentais, derivada da própria ideia de dignidade da pessoa humana cuja realização está para além de qualquer catálogo fixo. Não se trata, obviamente, de elevar a direitos fundamentais todos os direitos provenientes de outras fontes. Trata-se apenas de, entre estes, reconhecer alguns que, pela *fundamentalidade*, pela conexão com direitos fundamentais formais, pela sua natureza *análoga* (cfr. Artigo 17.º) ou pela sua decorrência imediata de princípios constitucionais, se situem ao nível da Constituição material. Entretanto, tendo em conta a extensão do elenco de direitos fundamentais acolhido na Constituição, poucos se oferecem os direitos novos que se encontram em normas legais e jurídico-internacionais. São mais numerosos os desdobramentos e desenvolvimentos daqueles direitos ou as novas faculdades que se explicitam.[1]

Ao contrário da doutrina portuguesa, em que a cláusula de abertura a novos direitos, assim como o conceito material de direitos fundamentais já foram objeto específico de estudos de diversos constitucionalistas, como Jorge Miranda,[2] Paulo Otero,[3] Jorge Bacelar Gouveia,[4] José Carlos Vieira de Andrade,[5] dentre outros, além é claro de serem profundamente comentados por J.J. Gomes Canotilho e Vital Moreira,[6] assim como por Jorge Miranda e Rui

1. MIRANDA, Jorge; MEDEIROS, Rui. **Constituição Portuguesa Anotada.** Coimbra: Coimbra, 2005, v.1, p. 138.
2. MIRANDA, Jorge. **Manual de Direito Constitucional.** 5.ed. Coimbra: Coimbra, 2012. v.4.
3. OTERO, Paulo. Direitos históricos e não tipicidade pretérita dos direitos fundamentais. In: **Ab Vno ad omnes.** Coimbra: Coimbra, 1998.
4. GOUVEIA, Jorge Bacelar. **Os Direitos Fundamentais Atípicos.** Lisboa: Aequitas, 1995.
5. ANDRADE, José Carlos Vieira de. **Os Direitos Fundamentais na Constituição Portuguesa de 1976.** 5.ed. Coimbra: Almedina, 2012.
6. CANOTILHO, J. J. Gomes; MOREIRA, Vital. **Constituição da República Portuguesa Anotada:** artigos 1º a 107. 4.ed. Coimbra: Coimbra, 2007.

Medeiros,[7] no Brasil, como demonstra Ingo Wolfgang Sarlet,[8] apesar da doutrina recentemente ter passado a dedicar-se ao tema, ainda tem se limitado a citar a regra, fazendo referência a sua função hermenêutica e reconhecendo a existência de direitos fundamentais implícitos e decorrentes em nosso ordenamento constitucional, contudo sem elaborar um conceito material de direitos fundamentais adequado ao atual sistema constitucional brasileiro, assim como sem elaborar uma sistemática adequada de identificação dos direitos fundamentais atípicos, que é o que se pretende com a presente pesquisa. Nesse sentido, em trabalho recente, explanou Ingo Wolfgang Sarlet que:

> Nesta quadra, um dos maiores desafios para quem se ocupa do estudo da abertura material do catálogo de direitos e garantias é justamente o de identificar quais os critérios que poderão servir de fundamento para a localização daquelas posições jurídico-fundamentais, como tais não expressamente designadas pelo Constituinte, mas que ainda assim integram o catálogo constitucional de direitos fundamentais [...] Certo é que a tarefa de identificar (e, acima de tudo, justificar esta opção) posições fundamentais em outras partes da Constituição, bem como a possibilidade de reconhecer a existência de direitos fundamentais implícitos e/ou autonomamente desenvolvidos a partir do regime e dos princípios da nossa Lei Fundamental, passa necessariamente pela construção de um conceito material de direitos fundamentais.[9]

Mais ainda, mesmo ao comentarem a Constituição brasileira de 1988, nossos constitucionalistas "não dedicaram muita atenção a este tema, chegando, em alguns casos, a não referir exemplos", como destaca Ingo Sarlet,[10] o que demonstra que a temática ainda se queda bastante inexplorada pela doutrina pátria, com exceção da parte referente aos "*tratados internacionais*", cuja doutrina especializada tem se dedicado bastante nos últimos anos, ressalte-se, por todos, os

7. MIRANDA, Jorge; MEDEIROS, Rui. **Constituição Portuguesa Anotada.** Coimbra: Coimbra, 2005, v. 1.
8. SARLET, Ingo Wolfgang. **A eficácia dos direitos fundamentais:** uma teoria geral dos direitos fundamentais na perspectiva constitucional. 10. ed. Porto Alegre: Livraria do Advogado Editora, 2010.
9. SARLET, Ingo Wolfgang. **Dignidade da pessoa humana e direitos fundamentais na Constituição Federal de 1988.** 9.ed. Por Alegre: Livraria do Advogado, 2011, p. 57.
10. SARLET, Ingo Wolfgang. **A eficácia dos direitos fundamentais:** uma teoria geral dos direitos fundamentais na perspectiva constitucional. 10. ed. Porto Alegre: Livraria do Advogado Editora, 2010, p. 79.

trabalhos de Antônio Augusto Cançado Trindade,[11] Flávia Piovesan,[12] André de Carvalho Ramos[13] e Valério de Oliveira Mazzuoli.[14]

Em face desta relevante e pouco explorada problemática (elaboração de um conceito material de direitos fundamentais adequado à Constituição de 1988 e ao sistema constitucional de direitos e garantias fundamentais por ela implementado, bem como da elaboração de uma sistemática adequada de identificação dos direitos fundamentais atípicos) é que apresentamos à comunidade jurídica (acadêmica e profissional) este trabalho, cujo maior objetivo é despertar o interesse dos juristas pátrios para este debate tão importante.

Para alcançar as finalidades a que este trabalho se propõe, optou-se pela pesquisa teórica, que fora desenvolvida por meio da utilização do método dedutivo, a partir da análise textual, temática e interpretativa de materiais que já se encontram publicados, constituídos essencialmente de obras que discutem o assunto, bem como de periódicos que possuem trabalhos acadêmicos referentes ao tema aqui proposto. Ademais, concomitantemente, utilizou-se de pesquisa documental, com estudo de casos julgados pelo Supremo Tribunal Federal, estudo histórico da cláusula de abertura e dos direitos fundamentais atípicos nas Constituições pátrias pretéritas e estudo da cláusula de abertura e dos direitos fundamentais atípicos em ordens constitucionais estrangeiras. Nessa perspectiva, a investigação subsistiu em um plano geral e abstrato, almejando-se que os resultados alcançados sejam tomados em consideração em situações particulares. Por fim, ressalta-se que este trabalho não pretende realizar uma abordagem pragmática da temática, mas sim uma abordagem dogmática.

Assim, espera-se, a partir do estudo realizado, contribuir para o aprimoramento do debate jurídico pátrio acerca do sistema de direitos e garantias fundamentais vigente em nosso país, sobretudo no

11. CANÇADO TRINDADE, Antonio Augusto. **A proteção dos direitos humanos nos planos nacional e internacional:** perspectivas brasileiras. San José da Costa Rica/Brasília: Instituto Interamericano de Derechos Humanos, 1992.
12. PIOVESAN, Flávia. **Direitos Humanos e o Direito Constitucional Internacional.** 13.ed. São Paulo: Saraiva, 2012.
13. RAMOS, André de Carvalho. O Supremo Tribunal Federal e o Direito Internacional dos Direitos Humanos. In: SARMENTO, Daniel; SARLET, Ingo Wolfgang (coord.). **Direitos Fundamentais no Supremo Tribunal Federal:** Balanço e Crítica. Rio de Janeiro: Lumen Juris, 2011.
14. MAZZUOLI, Valerio de Oliveira. **Tratados Internacionais de Direitos Humanos e Direito Interno.** São Paulo: Saraiva, 2010.

que tange aos direitos fundamentais atípicos e à cláusula de abertura estabelecida pela Constituição no § 2º de seu art. 5º, contudo, por óbvio, sem o objetivo de dar lições a qualquer que seja, ou mesmo de estabelecer verdades absolutas, estando sempre abertos às críticas e às contra-argumentações, tendo como principal objetivo a instigação da reflexão e do debate democrático acerca do significado dos direitos e garantias fundamentais.

Capítulo 1

A CLÁUSULA DE ABERTURA E A INESGOTABILIDADE DOS DIREITOS FUNDAMENTAIS

A cláusula de abertura a novos direitos fundamentais, chamados aqui de direitos fundamentais atípicos, consiste num instrumento de grande importância dos constitucionalismos modernos e das sociedades democráticas da contemporaneidade possibilitando o reconhecimento e a construção de direitos fundamentais para além do catálogo (da carta de direitos) previsto expressamente na Constituição.

A cláusula de abertura a direitos fundamentais atípicos é assaz importante no âmbito dos constitucionalismos contemporâneos, sobretudo, em razão da inesgotabilidade dos direitos fundamentais da pessoa humana, que não podem ser limitados a um rol fixo, enfim a proteção e a promoção da pessoa humana não podem ser limitadas a um catálogo positivo de direitos, pois a vida sempre nos apresenta situações novas que exigem direitos novos ou mesmo novas leituras de direitos antigos.

Assim, neste capítulo, busca-se apresentar a cláusula de abertura a novos direitos fundamentais, bem como demonstrar sua importância em face da inesgotabilidade dos direitos fundamentais do homem. Para isso, passaremos por uma abordagem teórica e histórica dos direitos do homem e da cláusula de abertura a novos direitos no âmbito do constitucionalismo brasileiro e estrangeiro.

1.1. A CONSTANTE EVOLUÇÃO DOS DIREITOS FUNDAMENTAIS E A NECESSÁRIA ABERTURA MATERIAL DA CONSTITUIÇÃO

Os direitos fundamentais da pessoa humana são fruto de uma árdua construção histórica, passando por lutas, guerras e revoluções (pacíficas ou não) até o seu reconhecimento pelos atuais documentos nacionais e internacionais de direitos do homem. Pode-se dizer que os direitos fundamentais estão em constante evolução, acompanhando a própria evolução social. Contudo, advirta-se: Evolução não significa avanços no sentido de maior reconhecimento e eficácia, pois em alguns momentos visualizam-se, também, certas regressões.

A luta pelos direitos fundamentais é continua e, independentemente da teoria que se adote, o mais importante é ter em mente que os direitos são consagrados e reconhecidos através das históricas lutas e não através das teorias, sejam elas religiosas, filosóficas, políticas ou jurídicas.[1] Por outro lado, isso não diminui a relevância do indispensável trabalho dos juristas e filósofos que, com toda certeza, influenciaram muitas dessas lutas e organizaram os direitos que por elas foram reconhecidos.

O processo histórico de construção e reconhecimento dos direitos fundamentais é continuo e precisa estar sempre se inovando, criando novos direitos ou novas leituras de direitos antigos, em face das novas situações e relações sociais nas quais a pessoa humana se envolve e cria. A sociedade e o homem estão em constante evolução, assim, o direito e, em especial, os direitos fundamentais precisam estar, também, em constante evolução.

Contudo, se a cada situação nova que a vida apresenta e se a cada relação nova em que o homem se envolve for-se alterar o texto constitucional inserindo ou modificando os dispositivos relativos aos direitos fundamentais, ou mesmo os dispositivos constitucionais de outra natureza, colocar-se-ia a própria Constituição e sua carta de direitos em uma situação de instabilidade que poderia comprometer a efetividade desses direitos ou até mesmo a vigência da Carta Constitucional (a depender da intensidade que se altera o seu texto) rompendo com a ordem (jurídica e política) instalada.[2]

Assim, faz-se necessário abrir a Constituição às novas situações, sem alterar-se constantemente o seu texto. Nesse sentido, fala-se de

1. Para uma leitura histórica dos direitos do homem (ou dos direitos humanos, compreendidos lato senso, isto é, sem a vinculação aos tratados internacionais de direitos humanos, mas sim à pessoa humana), por todos, ver: VILLEY, Michel. **O direito e os direitos humanos.** São Paulo: Martins Fontes, 2007.
2. Para uma reflexão crítica das reformas constitucionais, por todos, ver: BRITTO, Carlos Ayres. A Constituição e os limites de sua reforma. **Revista Latino-Americana de Estudos Constitucionais.** Belo Horizonte, n. 1, p. 225-246, jan/jun, 2003.

uma abertura constitucional a princípios e valores que possibilitem à ordem constitucional vigente reconhecer e resolver as novas situações, tanto através do reconhecimento de novos direitos (direitos atípicos) como por novas leituras de direitos antigos (típicos). Deste modo, a Constituição deve ser compreendida como um sistema aberto e flexível de regras e princípios.[3]

Especificamente em relação aos direitos fundamentais, essa abertura constitucional se dá, além dos princípios e valores reconhecidos pela Constituição, através da cláusula de abertura a direitos fundamentais atípicos, isto é, através de uma cláusula que autoriza o reconhecimento e/ou construção de direitos materialmente fundamentais que não constam do catálogo constitucional.

Ante o exposto, nos próximos tópicos, demonstrar-se-á a constante evolução dos direitos fundamentais e sua inesgotabilidade em face das situações e relações humanas, a necessária abertura constitucional a novos direitos fundamentais pela cláusula de abertura a direitos fundamentais atípicos, bem como os contornos teóricos mais elementares dessa cláusula e desses direitos.

1.1.1. As Declarações de Direitos

Até chegarmos ao cenário atual de proteção dos direitos do homem, muitas lutas foram levantadas e muito sangue fora derramado,

3. Nessa linha de raciocínio, guardadas as devidas diferenças de posicionamento teórico, mas compreendendo a Constituição como um sistema aberto de regras e princípios, dentre outros: DWORKIN, Ronald. **Levando os direitos a sério.** São Paulo: Martins Fontes, 2010; ALEXY, Robert. **Teoria dos Direitos Fundamentais.** São Paulo: Malheiros, 2008; CANARIS, Claus-Wilhelm. **Pensamento Sistemático e Conceito de Sistema na Ciência do Direito.** 4.ed. Lisboa: Fundação Calouste Gulbenkian, 2008; PÉREZ LUÑO, Antonio E. **Los Derechos Fundamentales.** 10.ed. Madrid: Tecnos, 2011; ZAGREBELSKY, Gustavo. **El Derecho Dúctil.** 6.ed. Madrid: Trotta, 2005; CANOTILHO, José Joaquim Gomes. **Direito Constitucional e Teoria da Constituição.** 7.ed. Coimbra: Almedina, 2003. No Brasil, por todos, ver: SARLET, Ingo Wolfgang. **A Eficácia dos Direitos Fundamentais:** uma teoria geral dos direitos fundamentais na perspectiva constitucional. 10.ed. Porto Alegre: Livraria do Advogado, 2010; BARROSO, Luís Roberto; BARCELLOS, Ana Paula de. O começo da história: a nova interpretação constitucional e o papel dos princípios no direito brasileiro. **Revista Latino-Americana de Estudos Constitucionais.** Belo Horizonte, n. 2, p. 167-210, jul/dez, 2003; SARMENTO, Daniel. **Direitos Fundamentais e Relações Privadas.** 2.ed. Rio de Janeiro: Lumen Juris, 2010; CASTRO, Carlos Roberto Siqueira. **A Constituição aberta e os direitos fundamentais.** 2. ed. Rio de Janeiro: Forense, 2010. SILVA, Virgílio Afonso da. Princípios e Regras: mitos e equívocos acerca de uma distinção. **Revista Latino-Americana de Estudos Constitucionais.** Belo Horizonte, n. 1, p. 607-630, jan/jun, 2003. ÁVILA, Humberto. **Teoria dos Princípios:** da definição à aplicação dos princípios jurídicos. 11. ed. São Paulo: Malheiros, 2010; GRAU, Eros Roberto. **A Ordem Econômica na Constituição de 1988.** 14.ed. São Paulo: Malheiros, 2010; NEVES, Marcelo. **Entre Hidra e Hércules:** princípios e regras constitucionais. São Paulo: Martins Fontes, 2013; FERNANDES, Bernardo Gonçalves. **Curso de Direito Constitucional.** 5.ed. Salvador: Juspodivm, 2013; COELHO, Edihermes Marques; BORGES, Alexandre Walmott. **Ensaios sobre o Sistema jurídico.** Uberlândia: Instituto de Estudos jurídicos Contemporâneos, 2001.

contudo, ao final de muitas dessas lutas, declarações de direitos foram conquistadas e aos poucos o homem foi se libertando de si mesmo e caminhado rumo à construção de uma vida digna, pautada na inviolabilidade de sua pessoa e dos direitos a ela inerentes.

Para a consecução dos objetivos deste trabalho e para uma boa compreensão da temática levantada, mostra-se assaz relevante, ainda que brevemente e apesar das inevitáveis omissões sobre outras relevantes declarações, a análise de algumas das declarações mais importantes que consagraram os direitos do homem ao longo dos séculos. A iniciar pela *Magna Carta.*

A *Magna Carta*, assinada pelo Rei João Sem-Terra, em 15 de junho de 1215, na Inglaterra, perante a nobreza inglesa e o alto clero, fora redigida originalmente em latim bárbaro, apesar de se tratar de um documento de origem inglesa, sob a titulação de *Magna Carta Libertatum seu Concordiam inter regem Johannem et Barones pro concessione libertatum ecclesiae et regni Angliae.*[4]

Sua inserção no direito medieval inglês tem origem nos conflitos entre a realeza e a nobreza a desígnio dos privilégios feudais e da centralização do poder, majorados consideravelmente desde os primórdios do séc. XI, com a invasão de Guilherme, o "Conquistador".[5]

Contudo, a partir do reinado de João Sem-Terra, a supremacia do poder do rei sobre os barões feudais ingleses se enfraqueceu, em face de uma disputa pelo trono entre o monarca inglês e um adversário e, também, em razão de um ataque francês vitorioso contra a Normandia, ducado que pertencia ao Rei João por herança dinástica (família Plantagenet). Por conta destes acontecimentos o rei João teve de aumentar consideravelmente as exações fiscais em desfavor dos barões feudais para financiar suas campanhas de guerra. Em contrapartida, para atenderem as exigências fiscais da realeza, os nobres passaram a exigir periodicamente o reconhecimento expresso de alguns direitos. Além disso, concomitantemente, João Sem-Terra entrou em discórdia com o papado, num primeiro momento, apoiando seu sobrinho, o Imperador Óton IV, num conflito contra o rei francês, posteriormente, recusando-se a aceitar a designação papal de Stephen Langton para

---

4. Carta Magna das Liberdades ou Concórdia entre o Rei João e os Barões para a outorga das liberdades da igreja e do reino inglês (tradução livre).

5. CASTRO, Carlos Roberto Siqueira. **O devido processo legal e os princípios da razoabilidade e da proporcionalidade.** 5.ed. Rio de Janeiro: Forense, 2010.

cardeal de Canterbury, vindo, assim, a ser excomungado pelo papa Inocêncio III.

Em 1213, em razão da pressão do clero e da carência de recursos financeiros, João Sem-Terra sucumbiu-se a Igreja declarando a Inglaterra feudo de Roma, obtendo, assim, o levantamento de sua excomunhão. Já em 1215, em face de uma revolta armada dos barões feudais, que, inclusive, ocuparam a cidade de Londres, o rei João teve de assinar a *Magna Carta* para que os atos de resistência e revolta fossem interrompidos. Curiosamente, o documento foi entregue ao rei João para assinatura pelo cardeal Stephen Langton, cuja nomeação ele se recusara a aceitar anos antes e que resultara na sua excomunhão. Contudo, após assinar a *Magna Carta*, João Sem-Terra imediatamente recorreu ao papa para que declarasse a nulidade do documento, vez que sua assinatura se deu mediante coação e sem a devida anuência papal. Na época, o papa Inocêncio III declarou nula a carta de direitos, entretanto, ela foi confirmada, com poucas alterações, por sete sucessores do trono inglês.

A *Magna Carta* talvez seja o primeiro documento formal a reconhecer direitos aos homens, por óbvio que os direitos reconhecidos, o foram apenas a alguns homens, isto é, aos nobres e aos clérigos. Contudo ela pode ser considerada o ponto de partida para o moderno sistema de direitos e garantias dos homens (direitos humanos internacionais e direitos fundamentais constitucionais) que se tem hoje, vez que ela limita o poder do rei a certas liberdades e direitos dos cidadãos (membros da nobreza e do clero). "A *Magna Carta* deixa implícito pela primeira vez, na história política medieval, que o rei achava-se naturalmente vinculado pelas próprias leis que edita".[6]

Em que pese a *Magna Carta* ser um documento destinado, sobretudo, aos nobres e aos clérigos, sua importância para a consagração dos direitos do homem é fundamental, pois ela é o primeiro, de uma série de documentos históricos, que inspirou grandes revoluções e movimentos de independências que determinaram a evolução e a consagração desses direitos.

Outro documento de grande importância na construção dos direitos do homem foi a Lei do *Habeas Corpus*, editada em 1679 na

6. COMPARATO, Fábio Konder. **A Afirmação Histórica dos Direitos Humanos.** 7. ed. São Paulo: Saraiva, 2010, p. 91-92.

Inglaterra, originalmente denominada de lei para melhor garantir a liberdade do súdito e para a prevenção das prisões ultramar, que surgiu com o intuito de assegurar a efetividade do instituto do habeas corpus, que já existia no direito inglês como mandado judicial para casos de prisão arbitrária (os *writ*) desde muito antes da *Magna Carta*.

Num contexto histórico bastante conturbado, em que o parlamento inglês era predominantemente protestante e a realeza inglesa (dinastia Stuart) era católica, buscou-se limitar o poder real em face dos súditos, sobretudo o poder de prender arbitrariamente os opositores políticos da coroa, sem submetê-los ao devido processo criminal.

Neste contexto, o *Habeas Corpus Act* (como é chamada a Lei do *Habeas Corpus* no original em inglês) veio para dar eficácia a um instituto que já existia há séculos, mas que não possuía eficácia, ou que ao menos tinha uma eficácia demasiadamente limitada, sobretudo porque não haviam regras processuais adequadas para a aplicação escorreita do *habeas corpus*.

Assim, visou-se assegurar direitos garantidos aos súditos já na *Magna Carta*, mas que não vinha sendo respeitados: direito de liberdade e direito ao devido processo (*due process of law*). "O *Habeas Corpus Act* reforçou as reivindicações de liberdade, traduzindo-se, desde logo, e com as alterações posteriores, na mais sólida garantia de liberdade individual, e tirando aos déspotas uma das suas armas mais preciosas, suprimindo as prisões arbitrárias".[7]

A importância do *Habeas Corpus Act* e do próprio instituto jurídico do *habeas corpus*, tal qual regulamentado pela referida lei de 1679, está não só no fato desta garantia proteger o direito de liberdade, mas também no fato de ter se tornado um referencial que serviu de fonte para as demais garantias judiciais que foram criadas posteriormente para resguardar e assegurar as liberdades fundamentais, como por exemplo, o mandado de segurança e o *juicio* de amparo.[8]

Sem dúvida alguma, outro documento marcante na árdua história da construção dos direitos do homem foi o *Bill of Rights*. Esta

7. SILVA, José Afonso. **Curso de Direito Constitucional Positivo.** 33.ed. São Paulo: Malheiros, 2010, p. 153.
8. Conforme exemplifica Fábio Konder Comparato, "o *juicio de amparo* e o mandado de segurança copiaram do habeas-corpus a característica de serem ordens judiciais dirigidas a qualquer autoridade pública acusada de violar direitos líquidos e certos, isto é, direitos cuja existência o autor pode demonstrar desde o início do processo, sem necessidade de produção ulterior de provas". COMPARATO, Fábio Konder. **A Afirmação Histórica dos Direitos Humanos.** 7. ed. São Paulo: Saraiva, 2010, p. 101.

declaração de direitos é assinada num contexto de grande violência e intolerância religiosa, fazendo-se de grande importância na eterna luta de afirmação dos direitos do homem.

Durante a maior parte do século XVII a Inglaterra passou por rebeliões, guerras civis e conflitos de natureza predominantemente religiosa. No ano de 1642, o rei Carlos I foi deposto e executado por tentar reestabelecer a oficialidade da religião católica. Carlos II, durante os anos finais de seu reinado, dispensou a convocação do parlamento para a votação de impostos, graças aos subsídios recebidos do rei francês Luís XIV, o que despertou outros movimentos contrários à realeza por ter mantido relações ardilosas com o grande inimigo da época, a França.

Nesse contexto, Jaime II, irmão e sucessor de Carlos II, demorou pouco tempo para conquistar o ódio do alto clero e da nobreza inglesa. Com o nascimento de um herdeiro de berço católico no ano de 1688 teve início a *Glorious Revolution*. Temendo pela continuidade de uma monarquia católica, representantes dos dois partidos políticos da época, *Whigs* e *Tories*, chamaram o príncipe Guilherme de Orange e sua esposa Maria de Stuart (filha de Jaime II), que eram de fé protestante, a assumir o trono inglês. Assim, no dia 5 de novembro de 1688, Guilherme desembarcou em território inglês e no dia 11 de dezembro, Jaime II fugiu para a França.

Em 1689, reuniu-se o parlamento inglês por iniciativa própria, vindo a declarar a vacância do trono e operando uma mudança dinástica com a coroação de Guilherme de Orange e Maria de Stuart, que passaram a ser Guilherme III e Maria II. Para tanto, eles tiveram de aceitar, na totalidade, uma declaração de direitos votada pelo parlamento inglês, o *Bill of Rights*, que passara a compor as Leis Fundamentais do reino inglês.

O grande feito do *Bill of Rights*, com toda certeza, foi pôr fim ao regime de monarquia absolutista, ampliando os poderes do parlamento e institucionalizando a separação dos poderes. Mais ainda, com a divisão dos poderes, o referido documento inglês criou "uma garantia institucional, isto é, uma forma de organização do Estado cuja função, em última análise, é proteger os direitos fundamentais da pessoa humana".[9] Contudo, além disso, o *Bill of Rights* cuidou de

9. COMPARATO, Fábio Konder. **A Afirmação Histórica dos Direitos Humanos.** 7. ed. São Paulo: Saraiva, 2010, p, 105-106.

assegurar outros direitos e garantias aos cidadãos ingleses, retomando algumas disposições da *Petition of Rights* de 1628.

Outro documento de afirmação dos direitos do homem que merece destaque é a Declaração de Direitos do Bom Povo da Virgínia, considerada a primeira declaração moderna de direitos fundamentais,[10-11] escrita originalmente por George Mason, e que data de 12 de junho de 1776, sendo, portanto, anterior à própria Declaração de Independência dos Estados Unidos da América do Norte.

A Declaração de Virgínia inspirou-se, juridicamente, sobretudo, no *Bill of Rights* inglês de 1689 e, filosoficamente, nas ideias liberais de John Locke, além das concepções de Jean-Jacques Rousseau e de Charles de Montesquieu. Contudo, os estadunidenses não se limitaram a recepcionar o pensamento cultural europeu. Na verdade, eles avançaram transformando os direitos naturais do homem em direitos fundamentais positivos reconhecidos pelo Estado, conferindo-lhes um status jurídico superior.

Ademais, a Declaração de Direitos do Bom Povo da Virgínia foi de grande importância para o movimento de independência dos Estados Unidos da América do Norte e serviu de inspiração para as subsequentes declarações de direitos dos demais estados estadunidenses, bem como para as dez primeiras emendas à Constituição daquele país, consideradas seu *Bill of Rights*.

---

10. Nesse sentido, José Afonso da Silva afirma: "A primeira declaração de direitos fundamentais, em sentido moderno, foi a *Declaração do Bom Povo de Virgínia*" SILVA, José Afonso da. **Curso de Direito Constitucional Positivo.** 33.ed. São Paulo: Malheiros, 2010, p. 153. No mesmo sentido, Dirley da Cunha Júnior, ao discorrer sobre a referida declaração, afirma que "cuida-se da primeira Declaração de Direitos em sentido moderno [...] marca a transição dos direitos de liberdade do povo inglês para os direitos fundamentais constitucionais" CUNHA JÚNIOR. Dirley da. **Curso de Direito Constitucional.** 6.ed. Salvador: JusPodivm, 2012, p. 598.

11. Apesar da declaração de direitos do Estado da Virgínia ser considerada, por grande parte dos constitucionalistas, como sendo a primeira declaração de *direitos fundamentais* (de direitos do homem, ou direitos humanos positivados em Constituições), é importante destacar que o termo "*direitos fundamentais*" tem origem na França e não nos Estados Unidos da América do Norte. Nesse sentido, Antonio-Enrique Pérez Luño explica que "el término <<derechos fundamentales>>, *droits fondamentaux*, aparece em Francia hacia el año 1770 em el marco del movimiento político y cultural que condujo a la Declaración de los Derechos del Hombre y del Ciudadano, de 1789. La expresión ha alcanzado luego especial relieve en Alemania, donde bajo la denominación de los *Grundrechte* se ha articulado, de modo especial tras la Constitución de Weimar de 1919, el sistema de relaciones entre el individuo y el Estado, en cuanto fundamento de todo el orden jurídico-político. Este es su sentido en la actual *Grundgesetz* de Bonn, la Ley Fundamental de la República Federal de Alemania promulgada en el año 1949 [...] la expresión <<derechos fundamentales>> y su formulación jurídico-positiva como derechos constitucionales son un fenómeno relativamente reciente...". PÉREZ LUÑO, Antonio-Enrique. **Los Derechos Fundamentales.** 10.ed. Madrid: Tecnos, 2011, p. 27-28.

Quanto ao movimento de independência dos Estados Unidos da América do Norte, pode-se afirmar que foi um marco importantíssimo para a histórica luta de afirmação dos direitos do homem. A independência estadunidense foi conquistada por uma árdua guerra que perdurou de 1775 até 1783.

Apesar disso, já no segundo ano da guerra, em 4 de julho de 1776, as treze colônias inglesas da América do Norte, declararam-se independentes através de um documento de Declaração de Independência, redigido em grande parte por Thomas Jefferson.

Na Declaração de Independência dos Estados Unidos da América do Norte havia uma pequena declaração de direitos que dizia: "*Nós temos como evidentes por si próprias as seguintes verdades: todos os homens são criados iguais; eles são dotados por seu Criador de certos direitos inalienáveis; entres esses direitos se encontram a vida, a liberdade e a busca da felicidade*".

Contudo, apesar de independentes desde 1776, foi só em 17 de setembro de 1787 que os Estados Unidos aprovaram sua Constituição, durante a Convenção de Filadélfia. Entretanto, esta Carta Constitucional não continha uma declaração de direitos,[12] que só veio a ser incorporada à Constituição estadunidense no ano de 1791, através das dez primeiras Emendas à Constituição dos Estados Unidos, sendo, então, consideradas seu *Bill of rights*.[13]

A contribuição do direito estadunidense foi vital para o constitucionalismo e para a proteção dos direitos do homem, enquanto direitos fundamentais positivados em Constituições formais e reconhecidos pelo Estado. Pode-se, inclusive, dizer que a gênese dos direitos

12. Durante as discussões da Constituição dos Estados Unidos foi-se debatida a inclusão de um *Bill of Rights*, contudo houve grande discórdia. Dentre os motivos que levaram à sua rejeição estava o fato de que as declarações de direitos dos estados não seriam revogadas, sendo desnecessária a elaboração de uma carta de direitos para a Constituição do país, o que, naquele momento, só atrasaria o processo constituinte. Outro motivo determinante, como demonstra Dalmo de Abreu Dallari, foi a contradição que uma declaração comum de direitos poderia trazer, como exemplificado à época pelo General Charles Pinckney, membro do legislativo da Carolina do Norte, que pronunciou-se do seguinte modo: "As Declarações de Direitos geralmente começam declarando que todos os homens nascem livres por natureza. Agora, nós faríamos essa declaração muito desajeitadamente, quando uma grande parte de nossa propriedade consiste em homens que na realidade nasceram escravos". DALLARI, Dalmo de Abreu. **A Constituição na vida dos povos:** da idade média ao século XXI. São Paulo: Saraiva, 2010, p. 276.

13. Sobre o processo histórico do "Bill of rights" estadunidense (declaração de direitos de 1791), por todos, ver: KATZ, Ellis. The United States Bill of Rights as a Constitutional Aftherthought. In: PIOVESAN, Flávia; GARCIA, Maria (orgs.). **Doutrinas Essenciais Direitos Humanos:** Teoria Geral dos Direitos Humanos. São Paulo: RT, 2011. v.1.

fundamentais reside na Declaração do Bom Povo da Virgínia e que sua consolidação se dá com a positivação das dez primeiras Emendas à Constituição dos Estados Unidos da América,[14] apesar do termo "direitos fundamentais" ser de origem francesa.

Dentre os movimentos e os documentos históricos de afirmação dos direitos do homem não poderíamos esquecer-nos dos franceses.[15] De maio de 1789 a novembro de 1799, a França vivenciou uma série de revoltas, conflitos e golpes de Estado que alteraram significativamente seu quadro político e social. A Revolução Francesa tem início com a convocação dos Estados Gerais e a Queda da Bastilha e perdura até o golpe de Estado do 18 Brumário de Napoleão Bonaparte.

Apoiada, financiada e gerida pela burguesia ascendente, a Revolução Francesa representou a queda do *Ancien Régime* (Antigo Regime) e o fim dos privilégios do clero e da nobreza. Foi bastante influenciada pelos ideais iluministas e pelo movimento de independência dos Estados Unidos da América do Norte. Conduzida pelo lema *Liberté, Egalité, Fraternité* (Liberdade, Igualdade e Fraternidade), a Revolução Francesa ficou marcada por despertar um quadro revolucionário como nunca se tinha visto até então,[16] causando mudanças profundas

---

14. Nesse sentido, Ingo Wolfgang Sarlet afirma: "A despeito do dissídio doutrinário sobre a paternidade dos direitos fundamentais, disputada entre a Declaração de Direitos do povo da Virgínia, de 1776, e a Declaração Francesa, 1789, é a primeira que marca a transição dos direitos de liberdade legais ingleses para os direitos fundamentais constitucionais. As declarações americanas incorporaram virtualmente os direitos e liberdades já reconhecidos pelas suas antecessoras inglesas do século XVII, direitos estes que também tinham sido reconhecidos aos súditos das colônias americanas, com a nota distintiva de que a despeito da virtual identidade de conteúdo, guardaram as características da universalidade e supremacia dos direitos naturais, sendo-lhes reconhecida eficácia inclusive em relação à representação popular, vinculando, assim, todos os poderes públicos. Com a nota distintiva da supremacia normativa e a posterior garantia de sua justiciabilidade por intermédio da Suprema Corte e do controle judicial da constitucionalidade, pela primeira vez os direitos naturais do homem foram acolhidos e positivados como direitos fundamentais constitucionais, ainda que este *status* constitucional da fundamentalidade em sentido formal tenha sido definitivamente consagrado somente a partir da incorporação de uma declaração de direitos à Constituição em 1791, mais exatamente, a partir do momento em que foi afirmada na prática da Suprema Corte a sua supremacia normativa". SARLET, Ingo Wolfgang. **A eficácia dos direitos fundamentais:** uma teoria geral dos direitos fundamentais na perspectiva constitucional. 10. ed. Porto Alegre: Livraria do Advogado Editora, 2010, p. 43.
15. A afirmação histórica dos direitos do homem como direitos fundamentais constitucionais, tem como marcos os movimentos constitucionalistas estadunidense e francês do final do século XVIII. Para um estudo aprofundado sobre estes dois movimentos e a significância de suas declarações, dentre outros, ver: HUNT, Lynn. **A invenção dos direitos humanos:** uma história. São Paulo: Companhia das Letras, 2009, p. 113-145.
16. Nas palavras de Fábio Konder Comparato, "o grande movimento que eclodiu na França em 1789 veio operar na palavra *revolução* uma mudança semântica de 180º. Desde então, o termo passou a ser usado para indicar uma renovação completa das estruturas sociopolíticas, a instauração *ex novo* não apenas de um governo ou de um regime político, mas de toda a sociedade, no conjunto das relações de poder que compõem a sua estrutura. Os revolucionários já não são os que se revoltam

nos âmbitos político, econômico, cultural, social e jurídico do país e, gradativamente, também, da Europa.

Fruto da Revolução Francesa, em 26 de agosto de 1789, foi aprovada, pela Assembleia Nacional Constituinte, a Declaração dos Direitos do Homem e do Cidadão. Inspirada nas declarações de direitos dos Estados Unidos da América do Norte,[17] nas declarações inglesas (ao menos indiretamente), nos ideais iluministas e no pensamento filosófico de Jean-Jacques Rousseau e de Charles de Montesquieu, a declaração francesa também foi revolucionária, pois, diferentemente das estadunidenses e das inglesas, a Declaração dos Direitos do Homem e do Cidadão teve "cunho universal e abstrato, distinguindo-se daquelas por preocupar-se mais com o Homem e seus direitos, do que com os direitos tradicionais dos indivíduos de determinada comunidade, que constituíam o núcleo de proteção das declarações anglo-saxônicas".[18] Isto é, a declaração de direitos publicada na França falava dos direitos do homem, enquanto ser humano e não enquanto membro de uma determinada sociedade política. Mais ainda, ela buscava, ao menos filosófica e idealisticamente, despertar o sentimento revolucionário em outros povos.

Apesar da Declaração de Direitos do Homem e do Cidadão datar do ano de 1789, foi só em 1791, com o advento da Constituição

---

para restaurar a antiga ordem política, mas os que lutam com todas as armas – inclusive e sobretudo a violência – para induzir o nascimento de uma sociedade sem precedentes históricos". COMPARATO, Fábio Konder. **A Afirmação Histórica dos Direitos Humanos.** 7. ed. São Paulo: Saraiva, 2010, p. 141.

17. Sobre a influência estadunidense na consecução da Declaração dos Direitos do Homem e do Cidadão, Ingo Wolfgang Sarlet afirma: "Igualmente de transcendental importância foi a Declaração dos Direitos do Homem e do Cidadão, de 1789, fruto da revolução que provocou a derrocada do antigo regime e a instauração da ordem burguesa na França. Tanto a declaração francesa quanto as americanas tinham como característica como sua profunda inspiração jusnaturalista, reconhecendo ao ser humano direitos naturais, e não apenas de uma casta ou estamento. A influência dos documentos americanos, cronologicamente anteriores, é inegável, revelando-se principalmente mediante a contribuição de Lafayette na confecção da Declaração de 1789. Da mesma forma, incontestável a influência da doutrina iluminista francesa, de modo especial de Rousseau e Montesquieu, sobre os revolucionários americanos, levando à consagração, na Constituição americana de 1787, do princípio democrática e da teoria da separação dos poderes. Sintetizando, há que reconhecer a inequívoca relação de reciprocidade, no que concerne à influência exercida por uma declaração de direitos sobre a outra... ". SARLET, Ingo Wolfgang. **A eficácia dos direitos fundamentais:** uma teoria geral dos direitos fundamentais na perspectiva constitucional. 10. ed. Porto Alegre: Livraria do Advogado Editora, 2010, p. 43-44.

18. CUNHA JÚNIOR. Dirley da. **Curso de Direito Constitucional.** 6.ed. Salvador: JusPodivm, 2012, p. 602. Em sentido semelhante, Dimitri Dimoulis e Leonardo Martins, para os quais "a grande diferença está no fato de que o texto francês não segue a visão individualista das declarações norte-americanas e confia muito mais na intervenção do legislador enquanto representante do interesse geral". DIMOULIS, Dimitri; MARTINS, Leonardo. **Teoria Geral dos Direitos Fundamentais.** 3.ed. São Paulo: Revista dos Tribunais, 2011, p. 25.

Francesa, que os direitos do homem foram formalmente constitucionalizados, mais precisamente foram incorporados à Constituição em seu preâmbulo. Além disto, foram acrescentadas outras disposições importantes em relação aos direitos do homem, reforçando-se o caráter antiaristocrático e antifeudal do novel regime. Com a Carta Constitucional daquele ano, pela primeira vez na História, fora reconhecida positivamente a existência de direitos sociais, através dos dois últimos parágrafos de seu Título Primeiro, em que estavam previstas a criação de uma instituição de assistência pública com o escopo de educar crianças abandonadas e ajudar os doentes pobres, bem como auxiliar os pobres sadios desempregados a conseguir um emprego, e a organização de uma instrução pública para todos os cidadãos com o objetivo de oferecer gratuitamente o ensino indispensável a todos os homens.

Todavia, apesar de ser construída sob o ideal *Liberté, Egalité, Fraternité*, o que se viu foi uma evidente prevalência dos direitos de liberdade. A igualdade assegurada na declaração francesa ainda era uma igualdade meramente formal, igualdade perante a lei, e a fraternidade um ideal filosófico com pouca ou nenhuma juridicidade. Por se tratar de uma declaração burguesa, houve uma forte proteção ao direito de propriedade, sendo declarada a propriedade privada um direito sagrado. Contudo, a Declaração dos Direitos do Homem e do Cidadão foi e continua sendo um dos pilares mais importantes do processo histórico de reconhecimento dos direitos do ser humano, seja no plano internacional (direitos humanos), seja no plano estatal (direitos fundamentais constitucionais).

1.1.2. Os direitos humanos internacionais e os direitos fundamentais constitucionais[19]

Na histórica luta pela afirmação dos direitos do homem, a partir da ascensão do Constitucionalismo, com a publicação das Constituições dos Estados Unidos da América do Norte (1787) e da França

---

19. Como bem elucida José de Oliveira Ascensão, na moderna doutrina jurídica, os direitos do homem (ou direitos humanos *lato sensu*), quando positivados em documentos internacionais de proteção e promoção da pessoa humana são considerados direitos humanos; quando positivados nas Cartas Constitucionais são considerados direitos fundamentais; e quando positivados na legislação civil são considerados direitos de personalidade. ASCENSÃO, José de Oliveira. A dignidade da pessoa e o fundamento dos direitos humanos. **Revista da Faculdade de Direito da Universidade de São Paulo.** v. 103, jan/dez, 2008, p. 277-278.

(1791), foram publicadas várias outras Constituições[20] e, contidas nelas, várias declarações de direitos.

Contudo, as Cartas Constitucionais do século XIX e da primeira metade do século XX (mais precisamente até o fim da Segunda Guerra Mundial) eram tidas como documentos predominantemente políticos, regulatórios e organizatórios,[21] sendo as disposições das declarações de direitos consideradas muito mais recomendações políticas do que normas de direito propriamente ditas. Isto é, as normas de direito constitucional não eram exigíveis e aplicáveis; as Constituições não possuíam força normativa.[22] Nesse cenário eclodiram duas grandes guerras que vieram a modificar consideravelmente o pensamento jurídico, sobretudo, acerca do Direito Constitucional e dos direitos do homem.

1.1.2.1. A Segunda Guerra Mundial e as atrocidades contra os seres humanos

Alemanha, 30 de janeiro de 1933, Adolf Hitler se torna chanceler alemão. 02 de agosto de 1934, Hitler assume a presidência da Alemanha e se torna Führer. 15 de setembro de 1935, a Alemanha publica as leis antissemitas de Nuremberg. 14 de março de 1938, Hitler assume o comando do Exército Alemão. 1º de setembro de 1939, depois de nos últimos cinco anos ter reincorporado territórios perdidos durante a Primeira Guerra e ter incorporado e ocupado o território da Renânia, a Áustria e a Tchecoslováquia, a Alemanha nazista invade a Polônia. No dia 03 de setembro de 1939, dois dias após a Polônia ser invadida, Reino Unido, França, Austrália e Nova Zelândia declaram guerra à Alemanha. Está instaurado aquele que foi o maior conflito bélico vivenciado pela humanidade, com cerca de 50 milhões de mortos ao todo.

Essa brevíssima síntese de fatos que conduziram a instauração da guerra, omite muitos dos acontecimentos importantes, contudo, o ob-

---

20. A exemplo, pode-se citar: Constituição Francesa de 1848, Constituição Brasileira de 1891, Constituição Mexicana de 1917, Constituição Alemã de 1919 (Constituição de Weimar), Constituição Austríaca de 1920, Constituição Brasileira de 1934 etc.

21. Nesse sentido, naquela época, afirmava Carl Schmitt, para quem a Constituição não possuía força normativa: "a Constituição escrita do Estado legiferante parlamentar deve restringir-se fundamentalmente a regulamentos organizacionais e jurídicos processuais". SCHMITT, Carl. **Legalidade e Legitimidade.** Belo Horizonte: Del Rey, 2007, p. 26.

22. Nesse sentido, Ferdinand Lassalle advogava que a Constituição residia essencialmente nos fatores reais de poder (o que, ao nosso ver, denota um sentido autoritarista, denominando de Constituição aquilo ou aquele que detinha determinado poder de fato), não passando a Constituição escrita de uma *"folha de papel"*, pois, segundo Lassalle, *"as constituições escritas não têm valor"*. LASSALLE, Ferdinand. **A essência da Constituição.** 9.ed. Rio de Janeiro: Lumen Juris, 2010, p. 47.

jetivo aqui é meramente ilustrar a chegada de Adolf Hitler ao poder na Alemanha e demonstrar alguns dos passos dados por ele até conseguir a guerra que tanto almejou. Discutir as causas da guerra, o plano de fundo e seus meandros, seria impossível neste trabalho. Até hoje se escrevem teses e teses sobre o conflito e ainda assim, sempre há o que se discutir.

Para a consecução dos objetivos do nosso trabalho, muito mais proveitosa é uma breve abordagem sobre o nazismo, o holocausto e a práticas de crueldades exercidas por este regime que acreditava na existência de uma raça pura e superior – a raça pura ariana – contra aqueles que fugiam ao "padrão da superioridade", nesse grupo inclusos negros, deficientes físicos e mentais, homossexuais, judeus, latinos, ciganos, comunistas etc.

O número de mortos pelo holocausto é impreciso, os mais otimistas falam em cerca de 15 milhões de execuções, os mais pessimistas chegam a falar em 25 milhões de mortos por execuções. Existe certa concordância de que o número de judeus mortos foi de cerca de 6 milhões. Além dos judeus, foram executados muitos soviéticos e poloneses, assim como alemães (ou porque eram contra o regime ou porque estavam, por algum motivo, nos grupos da raça não superior, como os deficientes e os homossexuais). As mortes ocorriam das maneiras mais cruéis e degradantes possíveis, com a utilização de câmaras de gás, fuzilamento, muitas vezes vítimas de experiências químicas ou médicas. Mais ainda, antes de chegar o momento da morte, os prisioneiros dos campos de concentração eram submetidos a um tratamento odioso e cruel, ficavam sem comer, eram submetidos a trabalhos forçados, eram agredidos, eram forçados a caminhar quilômetros na neve, eram usados como cobaias para testes químicos e medicinais etc.

Até esse momento o Homem já havia vivenciado muitos atentados à pessoa humana, mas nenhum com tanta crueldade e com tanta intensidade. Foram violados todos os direitos possíveis do homem, seja no âmbito internacional, seja no âmbito estatal. Foram literalmente eliminadas milhões de vida, por se acreditar que um ser humano pode ser melhor do que o outro, por se acreditar que a opção existencial do próximo, por ser diferente, é ruim e precisa ser combatida, se preciso for, com a sua morte.

A Segunda Guerra foi um campo fértil, no qual floresceram os piores atentados contra a humanidade, o nazismo foi o pior deles, entretanto não se poderia olvidar dos atentados estadunidenses contra o povo japonês, lançando, ao final da guerra (no ano de 1945), sobre Hiroshima (06 de agosto) e Nagasaki (09 de agosto), duas bombas atômicas, condenando à morte milhares de pessoas, em sua maioria civis inocentes, e deixando um rastro de destruição e morte, sem falar nas horríveis sequelas deixadas pela radiação.

Contudo, o nazismo, por diversos fatores, como a perenidade de seus atos, o número de mortos e as torturas físicas e mentais a que eram submetidas as suas vítimas, foi o episódio mais horrível já ocorrido contra a raça humana em toda a história. Não há palavras que possam descrever todo o horror, toda a dor, todo o sofrimento, toda a crueldade, todo o ódio, toda a morte. Assistiu-se ao assassinato não só de vidas, mas também ao assassinato da humanidade das pessoas. Ao final, todos perderam, perderam muito.

No plano de fundo jurídico do nazismo, imperava-se o positivismo jurídico legalista, atrelado à estrita legalidade e desvinculado da Constituição e de sua declaração de direitos, por considerá-la mera norma programática. Mais ainda, muitas das vezes os regimes constitucionais contavam com mecanismos de mudança constitucional que não resguardavam a prevalência dos direitos do homem e que eram facilmente manipuláveis pelos governantes. Pior ainda, as estruturas internacionais de proteção dos direitos do homem eram embrionárias, se é que se pode afirmar que elas de fato existiam. Muitas vezes, pela competição desenfreada e pela ganância dos mercados, os países esqueciam-se das pessoas e adiavam os debates mais fundamentais da humanidade, ou então se negavam a negociar normas de direito internacional que versassem sobre a proteção dos direitos do homem, por considerarem que determinados acordos poderiam prejudicar seu desenvolvimento econômico, por exemplo, por limitarem a quantidade de horas de trabalho do cidadão.

Assim, em face do vazio do direito internacional e da facilidade que o regime jurídico positivista legalista da época dava aos governantes de implementarem como lei aquilo que eles desejassem, muitos dos acusados, nos julgamentos de Nuremberg, alegavam em sua defesa que estavam cumprindo com seu dever legal, isto é, que estavam obedecendo as leis de seu país, tratando-se no caso de estrito cumprimento do dever legal.[23] O pior é que isto era uma verdade, pois

23. Sobre a alegação de obediência às leis nazistas, ver: MORRISON, Wayne. **Filosofia do Direito:** dos gregos ao pós-modernismo. São Paulo: Martins Fontes, 2006, p. 376-380.

as leis da Alemanha realmente tutelavam o Holocausto, o que não quer dizer que isto estivesse de acordo com o espírito constitucional do povo alemão e com os direitos inatos do homem que há muito já haviam sido consagrados pela Alemanha e que são irrevogáveis por natureza.[24] O problema maior, então, estava em conferir, ou não, força normativa a tais direitos fundamentais.

Assim, a derrota do nazismo, significou também a decadência do positivismo jurídico[25] e a superação do constitucionalismo tradicional, que via a Constituição como mero documento organizacional, por um novo constitucionalismo, no qual a força normativa das normas constitucionais e a prevalências dos direitos fundamentais são as principais características. Mais ainda, deu origem a um movimento intenso de internacionalização dos direitos do homem, criando uma estrutura de direito internacional apta a proteger os direitos humanos, bem como estruturas políticas capazes de implementá-los.

1.1.2.2. A Declaração Universal dos Direitos Humanos e os Tratados Internacionais de Direitos Humanos

Em 1945, com o final da Segunda Guerra Mundial e a divulgação do que ocorria nos campos de concentração nazista do *Reich* alemão, com a finalidade de evitar novas guerras e novos atentados contra a humanidade, foi criada a Organização das Nações Unidas (ONU). Três anos mais tarde, em 10 de dezembro de 1948 foi aprovada pela Assembleia Geral das Nações Unidas, aquela que foi um divisor de águas na proteção dos direitos do homem no cenário internacional, a Declaração Universal dos Direitos Humanos.

---

24. Aqui, para adiantarmos um pouco do debate, está a relevância de se reconhecer uma dimensão transcendental aos direitos humanos e fundamentais, em que pese eles serem frutos das lutas históricas. Assim, há de se falar, no mínimo, em uma dupla dimensão dos direitos humanos e fundamentais: uma da construção histórica e a outra transcendental ligada à natureza humana, à razão e à moral, tal qual idealizada por Kant há séculos.

25. Nesse sentido, Luís Roberto Barroso afirma que "a decadência do positivismo é emblematicamente associada à derrota do fascismo na Itália e do nazismo na Alemanha. Esses movimentos políticos e militares ascenderam ao pode dentro do quadro de legalidade vigente e promoveram a barbárie em nome da lei. Os principais acusados de Nuremberg invocaram o cumprimento da lei e a obediência a ordens emanadas da autoridade competente. Até mesmo a segregação da comunidade judaica, na Alemanha, teve início com as chamada *leis raciais*, regularmente editadas e publicadas. Ao fim da Segunda Guerra Mundial, a ideia de um ordenamento jurídico indiferente a valores éticos e da lei como uma estrutura meramente formal, uma embalagem para qualquer uso, já não tinham aceitação no pensamento esclarecido". BARROSO, Luís Roberto. **Curso de Direito Constitucional Contemporâneo:** os conceitos fundamentais e a construção do novo modelo. 3.ed. São Paulo: Saraiva, 2011, p. 264.

A Declaração Universal dos Direitos Humanos emerge tendo como plano de fundo as atrocidades ocorridas contra a raça humana durante a Segunda Guerra, e consolida a proteção internacional dos direitos do homem (direitos humanos), que, a nosso ver, até então, era meramente "figurativa" e demagoga, isto é, não passava de um discurso isolado, pouquíssimo observado pelos próprios discursantes. Nesse sentido, Thomas Buergenthal afirma que o moderno direito internacional dos direitos humanos "é um fenômeno do pós-guerra. Seu desenvolvimento pode ser atribuído às monstruosas violações de direitos humanos da era Hitler e à crença de que *parte destas violações poderiam ser prevenidas se um efetivo sistema de proteção internacional de direitos humanos existisse*".[26]

A partir do momento em que a humanidade se viu vítima de sua ganância, do momento em que o homem foi tratado como objeto descartável, substituível, do momento em que o ser humano foi reduzido a nada, emergiu, então, uma robusta sistemática internacional de proteção dos direitos humanos. No momento em que a desigualdade entre os seres humanos atingiu o ponto mais alto, condicionando a titularidade dos direitos mais básicos e da própria dignidade da pessoa humana ao pertencimento a determinada "raça",[27] a raça pura ariana, a humanidade se viu acuada e impelida a estabelecer um documento internacional comum que resguardasse um mínimo de direitos aos seres humanos e preservasse a dignidade de todos os homens, pois os campos de concentração mostraram ao mundo, da pior forma, que todos são iguais, não importam as condições sociais e econômicas, todos são iguais e padecem todos da falibilidade e da mortalidade.[28]

---

26. BUERGENTHAL, Thomas. **International Human Rights.** Minnesota: West Publishing, 1988, p.17. (grifo nosso).

27. Acerca da discussão sobre a (in)adequabilidade do uso da palavra raça como referindo-se à determinados grupos de pessoas humanas com determinadas características comuns, reconhecemos que a biologia há muito já superou a discussão, posicionando-se pela não existência de raças humanas, mas somente de uma única raça humana. Contudo, sociologicamente o termo ainda é utilizado e possui grande relevância para muitas discussões, como por exemplo a que traçamos aqui, ou ainda a discussão sobre o racismo etc.

28. Nesse sentido, Flávia Piovesan, com o brilhantismo de sempre: "A internacionalização dos direitos humanos constitui, assim, um movimento extremamente recente na história, que surgiu a partir do pós-guerra, como resposta às atrocidades e aos horrores cometidos durante o nazismo. Apresentando o Estado como grande violador de direitos humanos, a Era Hitler foi marcada pela lógica da destruição e da descartabilidade da pessoa humana [...] o século XX foi marcado por duas guerras mundiais e pelo horror absoluto do genocídio concebido como projeto político e industrial [...] No momento em que os seres humanos se tornam supérfluos e descartáveis, no momento em que vige a lógica da destruição, em que cruelmente se abole o valor da pessoa humana, torna-se necessária a reconstrução dos direitos humanos, como paradigma ético capaz de restaurar a lógica do razoável.

É neste cenário que emerge a Declaração Internacional dos Direitos Humanos, num primeiro momento como recomendação das Nações Unidas aos seus Estados membros.[29] Contudo, ao longo dos anos, veio sendo consagrada pela teoria dos direitos internacionais e, sobretudo, pela teoria dos direitos humanos como tendo força vinculante e sendo exigível dos Estados membros da ONU, por diversas razões de direito que passam pelo costume internacional, pela natureza inata (ou transcendental) dos direitos do homem, pelos princípios gerais de direito internacional e de direitos humanos, pela proteção maior da dignidade da pessoa humana, pelas construções da doutrina específica ao redor do mundo e pela construção jurisprudencial da Corte Internacional de Justiça.[30] Mais ainda, algumas Constituições fazem remissão direta à Declaração Universal dos Direitos Humanos, como por exemplo, a Constituição Portuguesa de 1976 (art. 16, nº 2). Além disso, a interpretação de muitas das Cortes Superiores dos Estados soberanos vem consolidando o posicionamento de que a declaração de 1948 possui força vinculante no âmbito do direito interno de seus respectivos países.

A Declaração Universal dos Direitos Humanos de 1948, sob os auspícios de uma cooperação internacional dos Estados em prol dos direitos essenciais do homem e da preservação integral da dignidade da pessoa humana, objetivou a edificação de uma ordem pública mundial capaz de assegurar que os seres humanos não mais fossem

---

A barbárie do totalitarismo significou a ruptura do paradigma dos direitos humanos, por meio da negação do valor da pessoa humana como valor fonte do direito. Diante dessa ruptura, emerge a necessidade de reconstruir os direitos humanos , como referencial e paradigma ético que aproxime o direito da moral. Nesse cenário, o maior direito passa a ser, adotando a terminologia de Hannah Arendt, o direito a ter direitos, ou seja, o direito a ser sujeito de direitos". PIOVESAN, Flávia. **Direitos Humanos e o Direito Constitucional Internacional.** 13.ed. São Paulo: Saraiva, 2012, p. 184.

29. Nessa perspectiva, Fábio Konder Comparato: "Tecnicamente, a Declaração Universal dos Direitos do Homem é uma *recomendação* que a Assembleia Geral das Nações Unidas faz aos seus membros (Carta das Nações Unidas, artigo 10). Nessas condições, costuma-se sustentar que o documento não tem força vinculante. Foi por essa razão, aliás, que a Comissão de Direitos Humanos concebeu-a, originalmente, como uma etapa preliminar à adoção ulterior de um pacto ou tratado internacional sobre o assunto...". COMPARATO, Fábio Konder. **A Afirmação Histórica dos Direitos Humanos.** 7. ed. São Paulo: Saraiva, 2010, p. 238-239.

30. Em relação ao posicionamento da Corte Internacional de Justiça, Fábio Konder Comparato nos lembra: "A própria Corte Internacional de Justiça assim tem entendido. Ao julgar, em 24 de maior de 1980, o caso da retenção, como reféns, dos funcionários que trabalhavam na embaixada norte-americana em Teerã, a Corte declarou que '*privar indevidamente seres humanos de sua liberdade, e sujeitá-los a sofrer constrangimentos físicos é, em si mesmo, incompatível com os princípios da Carta das Nações Unidas e com os princípios fundamentais enunciados na Declaração Universal dos Direitos Humanos*'". COMPARATO, Fábio Konder. **A Afirmação Histórica dos Direitos Humanos.** 7. ed. São Paulo: Saraiva, 2010, p. 239-240.

submetidos aos horrores que se viu durante a Segunda Guerra Mundial, bem como a qualquer outro tratamento cruel ou degradante da sua dignidade, seja física, mental ou moral.[31]

É assaz importante ressaltar o caráter universalista atribuído pela Declaração de 1948 aos direitos do homem, ao reconhecer que os direitos humanos e a dignidade da pessoa humana são inerentes a todas as pessoas, a todo e qualquer ser humano, pelo simples fato de ser humano, como se percebe da leitura de seu preâmbulo. Além disso, também em seu preâmbulo, reconhece a igualdade entre todos os homens e a inalienabilidade dos direitos inerentes à pessoa humana. Mais ainda, a Declaração Universal dos Direitos Humanos "introduz a indivisibilidade desses direitos, ao ineditamente conjugar o catálogo dos direitos civis e políticos com o dos direitos econômicos, sociais e culturais".[32]

A Declaração Internacional dos Direitos Humanos foi o ponto de partida, o núcleo matricial, para a construção da atual sistemática de proteção dos direitos humanos. Depois dela, os Estados começaram a se preocupar mais com os direitos humanos no âmbito internacional, vindo a assinar, ao longo das últimas seis décadas, dezenas de Tratados Internacionais que visam proteger e assegurar o exercício dos direitos humanos.

A exemplo, mesmo sob pena de injustas omissões, é de se destacar a importância dos seguintes documentos internacionais de direitos humanos na salvaguarda da dignidade da pessoa humana: Convenção para a Prevenção e a Repressão do Crime de Genocídio, de 1948; Convenções de Genebra sobre a Proteção das Vítimas de Conflitos Bélicos, de 1949; Convenção Europeia dos Direitos Humanos, de 1950; Declaração Universal dos Direitos da Criança, de 1959; Pactos Internacionais de Direitos Humanos, de 1966; Convenção Americana de Direitos Humanos, "*Pacto de San José da Costa Rica*", de 1969; Convenção Relativa à Proteção do Patrimônio Mundial, Cultural e Natural, de 1972; Declaração dos Direitos das Pessoas Deficientes, de 1975; Carta Africana dos Direitos Humanos e dos Direitos dos

---

31. Nesse sentido, Flávia Piovesan afirma: "A Declaração Universal de 1948 objetiva delinear uma ordem pública mundial fundada no respeito à dignidade humana, ao consagrar valores básicos universais. Desde seu preâmbulo, é afirmada a dignidade inerente a toda pessoa humana, titular de direitos iguais e inalienáveis". PIOVESAN, Flávia. **Direitos Humanos e o Direito Constitucional Internacional.** 13.ed. São Paulo: Saraiva, 2012, p. 204.

32. PIOVESAN, Flávia. **Direitos Humanos e o Direito Constitucional Internacional.** 13.ed. São Paulo: Saraiva, 2012, p. 204.

Povos, de 1981; Convenção sobre a Diversidade Biológica, assinada durante a ECO 92, no Rio de Janeiro, em 1992; Estatuto do Tribunal Penal Internacional, de 1998; dentre outros.

Em síntese, os Tratados Internacionais de Direitos Humanos carregam em si o espírito maior de proteção da dignidade da pessoa humana, cuja gênese remonta às declarações do final do século XVIII e se vivificam mais intensamente com a declaração de 1948. O mais importante é ressaltar que todos esses documentos, seguem a linha elementar estabelecida pela Declaração Universal dos Direitos Humanos, isto é, a proteção dos direitos humanos e da dignidade da pessoa humana, em todos os sentidos (físico, moral, psicológico, espiritual etc.).

1.1.2.3. As Constituições do Pós-Guerra e as Declarações de Direitos Fundamentais do Homem

No âmbito do direito estatal, a derrota do nazismo, significou também a decadência do positivismo jurídico legalista e a superação do constitucionalismo tradicional, que via a Constituição como mero documento organizacional, por um novo constitucionalismo, também chamado de *neoconstitucionalismo*,[33-34] do qual a força normativa das

33. Como explica Daniel Sarmento, o termo Neoconstitucionalismo ainda não está rigidamente definido, possuindo algumas variações, entretanto, pode-se conceituá-lo como "um novo paradigma tanto na teoria jurídica quanto na prática dos tribunais" que, de modo geral, envolve "vários fenômenos diferentes, mas reciprocamente implicados, que podem ser assim sintetizados: (a) reconhecimento da força normativa dos princípios jurídicos e valorização da sua importância no processo de aplicação do Direito; (b) rejeição ao formalismo e recurso mais frequente a métodos ou 'estilos' mais abertos de raciocínio jurídico: ponderação, tópica, teorias da argumentação etc.; (c) constitucionalização do Direito, com irradiação das noras e valores constitucionais, sobretudo os relacionados aos direitos fundamentais, para todos os ramos do ordenamento; (d) reaproximação entre o Direito e a Moral, com a penetração cada vez maior da Filosofia nos debates jurídicos; e (e) judicialização da política e das relações sociais, com um significativo deslocamento de poder da esfera do Legislativo e do Executivo para o Poder Judiciário". SARMENTO, Daniel. O Neoconstitucionalismo no Brasil: Riscos e possibilidades. In: SARMENTO, Daniel (coord.). **Filosofia e Teoria Constitucional Contemporânea.** Rio de Janeiro: Lumen Juris, 2009, p. 113-114. Em sentido semelhante, Max Möller afirma que o Neoconstitucionalismo possui sete características comuns a maior parte das definições traçadas pela doutrina, sendo elas: a) rigidez constitucional; b) garantia jurisdicional da Constituição; c) força vinculante da Constituição; d) sobre interpretação da Constituição (implica dizer que toda matéria não regrada, isto é, toda lacuna, encontra na Constituição um mínimo de regulação em face da sistemática constitucional); e) aplicação direta das normas constitucionais; f) interpretação conforme a lei (compreendendo a interpretação conforme a Constituição e a interpretação conforme o ordenamento legal, isto é, infraconstitucional que são complementares); g) influência da Constituição sobre as relações políticas. MÖLLER, Max. **Teoria Geral do Neoconstitucionalismo:** bases teóricas do constitucionalismo contemporâneo. Porto Alegre: Livraria do Advogado, 2011, p. 30-43.

34. Sobre o neoconstitucionalismo, não poderíamos deixar de mencionar os estudos organizados por Miguel Carbonel na Espanha a partir do ano de 2003, sendo considerado um dos grandes difusores

normas constitucionais e a prevalência dos direitos fundamentais da pessoa humana são as principais características.

Adotando aqui a definição de Luís Roberto Barroso[35], pode-se afirmar que o *neoconstitucionalismo* possui três marcos fundamentais: *i) histórico; ii) filosófico;* e *iii) teórico*. O marco *histórico* consiste no constitucionalismo do pós-guerra, isto é, no desenvolvimento das Constituições garantistas da última metade do século passado, tendo como principal referência a Lei Fundamental da Alemanha (Lei de Bonn)[36]. O marco *filosófico* consiste na superação do positivismo jurídico legalista por um movimento filosófico denominado pós-positivismo jurídico[37], bem como no reconhecimento da normatividade dos princípios jurídicos[38] e na prevalência da dignidade da pessoa humana, como fim maior do Estado Democrático de Direito constitucionalizado. O marco *teórico* divide-se em três grandes transformações que, em conjunto, possibilitaram a adequação do conhecimento convencional ao Direito Constitucional: *a)* o reconhecimento da força normativa da Constituição, ideia difundida por diversos autores do pós-guerra, com merecido destaque a Konrad Hesse[39]; *b)* a expansão da jurisdi-

---

dessa terminologia. CARBONEL, Miguel (org.). **Neoconstitucionalismo(s).** Madrid: Trotta, 2003; CARBONEL, Miguel (org.). **Teoria del Neoconstitucionalismo:** ensaios escogidos. Madrid: Trotta, 2007; CARBONEL, Miguel; JARAMILLO, Leonardo Garcia (org.). **El canon neoconstitucional.** Madrid: Trotta, 2010.

35. BARROSO, Luís Roberto. Neo Constitucionalismo e constitucionalização do Direito: o triunfo tardio do direito constitucional no Brasil. **Revista Forense.** Rio de Janeiro, v. 384, p. 71-104, mar/abr, 2006.

36. Sobre os direitos fundamentais na Lei de Bonn, ver: PIEROTH, Bodo; SCHLINK, Bernhard. **Direitos fundamentais.** São Paulo: Saraiva, 2012.

37. Em relação ao "pós-positivismo", nos parece uma terminologia demasiada abrangente e imprecisa que pode simbolizar, ao menos *a priori*, tudo aquilo que veio depois do positivismo. Entretanto não é objetivo deste trabalho discutir o termo ou mesmo o que ele representa. Assim sendo, apenas para aclarar a discussão e manter o referencial teórico, vale dizer que para Luís Roberto Barroso, "o pós-positivismo identifica um conjunto de ideias difusas que ultrapassam o legalismo estrito do positivismo normativista, sem recorrer às categorias da razão subjetiva do Jusnaturalismo. Sua marca é a ascensão dos valores, o reconhecimento da normatividade dos princípios e a essencialidade dos direitos fundamentais. Com ele, a discussão ética volta ao Direito [...] Pós-positivismo é a designação provisória e genérica de um ideário difuso, no qual se incluem o resgate dos valores, a distinção qualitativa entre princípios e regras, a centralidade dos direitos fundamentais e a reaproximação entre o Direito e a Ética. A estes elementos devem-se agregar, em um país como o Brasil, uma perspectiva do Direito que permita a superação da ideologia da desigualdade e a incorporação à cidadania da parcela da população deixada à margem da civilização e do consumo. É preciso transpor a fronteira da reflexão filosófica, ingressar a prática jurisprudencial e produzir efeitos positivos sobre a realidade". BARROSO, Luís Roberto. **Interpretação e aplicação da Constituição.** 7. ed. São Paulo: Saraiva, 2009, p. 344-386.

38. Sobre o pós-positivismo jurídico e a normatividade dos princípios jurídicos, ver: DOS SANTOS, Eduardo R. **O Pós-positivismo jurídico e a normatividade dos princípios jurídicos.** Belo Horizonte: D'Plácido, 2014.

39. HESSE, Konrad. **A força normativa da Constituição.** Porto Alegre; Sergio Antonio Fabris Editor, 1991.

ção constitucional; e *c)* o desenvolvimento de uma nova dogmática de interpretação constitucional pautada, sobretudo, em princípios instrumentais trazidos pela própria Constituição.

O conjunto desses fatores possibilitou o surgimento de um novo constitucionalismo, agora voltado para a consecução dos fins humanos e não estatais, melhor dizendo, agora tendo o ser humano como principal finalidade do Estado. No *neoconstitucionalismo*, a dignidade da pessoa humana é o fundamento basilar da Constituição e do Estado[40] e os direitos fundamentais representam sua materialização no texto constitucional[41], assegurando-se sua máxima efetivação através da ação direta do Poder Executivo, encarregado de efetivar os direitos fundamentais constitucionais e impedir sua violação do âmbito estatal e privado, e, subsidiariamente, da atuação do Poder Legislativo, encarregado de criar as leis implementadoras desses direitos fundamentais e fiscalizar as ações do Poder Executivo. Ademais, para os casos de omissão ou para os casos de ações que violem ou não resguardem tais direitos, as Constituições hodiernas possuem mecanismos constitucionais judiciais (nos quais atua o Poder Judiciário, sempre que provocado) de proteção e implementação, como o *due process of law*, o mandado de segurança, o mandado de injunção, o *habeas corpus*, o *habeas data*, as ações de controle de constitucionalidade, dentre outros.

Além disso, as novas Constituições Modernas possuem mecanismos que impedem a ação arbitrária dos poderes do Estado, sobretudo no que tange a reforma constitucional. Em primeiro lugar, há um limite formal que exige um quórum especialíssimo

---

40. Nesse sentido, Carlos Roberto Siqueira de Castro afirma que "o Estado Constitucional Democrático da atualidade é um Estado de abertura constitucional radicado no princípio da dignidade do ser humano" CASTRO, Carlos Roberto Siqueira. **A Constituição Aberta e os Direitos Fundamentais:** ensaios sobre o constitucionalismo pós-moderno e comunitário. 2.ed. Rio de Janeiro: Forense, 2010, p. 19. Em sentido semelhante, José Carlos Vieira de Andrade afirma que "a consagração de um conjunto de direitos fundamentais tem *uma intenção específica*, que justifica a sua primariedade: explicitar uma ideia de Homem, decantada pela consciência universal ao longo dos tempos, enraizada na cultura dos homens que formam cada sociedade e recebida, por essa via, na constituição de cada Estado concreto. Ideia de Homem que, no âmbito da nossa cultura, se manifesta juridicamente num princípio de valor, que é o primeiro da Constituição portuguesa: o princípio da *dignidade da pessoa humana*". ANDRADE, José Carlos Vieira de. **Os Direitos Fundamentais na Constituição Portuguesa de 1976.** 5.ed. Coimbra: Almedina, 2012, p. 80.

41. Nessa perspectiva, Carlos Roberto Siqueira de Castro, segundo quem, "no que toca aos direitos fundamentais do homem, impende reconhecer que o princípio da dignidade da pessoa humana tornou-se o epicentro do extenso catálogo de direitos civis, políticos, econômicos, sociais e culturais...". CASTRO, Carlos Roberto Siqueira. **A Constituição Aberta e os Direitos Fundamentais:** ensaios sobre o constitucionalismo pós-moderno e comunitário. 2.ed. Rio de Janeiro: Forense, 2010, p.15.

para que se proceda à reforma (Constituição rígida) e, em segundo lugar, há um limite material que consiste, dentre outras coisas, na proibição de redução (cláusula de proibição de retrocesso com núcleo pétreo) ou na proibição de alteração do quadro (cláusula pétrea) dos direitos fundamentais.

Este novo constitucionalismo, através do reconhecimento da força normativa das normas de direito constitucional e, sobretudo, dos princípios constitucionais, possibilitou uma maior proteção dos direitos do homem, positivados nas Constituições como direitos fundamentais. O Estado, através de seus três poderes e das demais instituições constitucionais, como a Advocacia e o Ministério Público, por exemplo, passa a ser o grande protetor e implementador dos direitos fundamentais do homem. O Estado tem o dever de implementar, de assegurar, de fiscalizar, de corrigir e reprimir as violações, de reestabelecer o gozo dos direitos. Se o ser humano é o grande portador de direitos, o Estado e a Sociedade, inclusive as instituições privadas,[42] são os grandes portadores dos deveres. Por óbvio que os indivíduos, também, têm deveres fundamentais, no mínimo o de respeitar e não infringir o direito fundamental alheio.

É nesse cenário político que as declarações de direitos das Constituições contemporâneas deixaram de ser meros programas constitucionais e se tornaram um complexo sistema de direitos dos homens apto a assegurar e promover a dignidade da pessoa humana em todos os ambitos, através da positivação das mais variadas espécies de direitos fundamentais, como direitos civis, políticos, sociais, econômicos, culturais, individuais, coletivos e difusos, agora exigíveis do Estado, da Sociedade e, inclusive das pessoas (naturais ou jurídicas) no âmbito público e privado.

No âmbito do constitucionalismo pátrio, este novo paradigma constitucional é implementado com a promulgação da Constituição da República Federativa do Brasil de 1988, que já em seu art. 1º, inciso III, declara que o Estado brasileiro tem como fundamento o princípio

42. Sobre a vinculação dos particulares aos direitos fundamentais, por todos, ver: SARMENTO, Daniel. **Direitos Fundamentais e Relações Privadas.** 2.ed. Rio de Janeiro: Lumen Juris, 2010; CANARIS, Claus-Wilhelm. **Direitos Fundamentais e Direito Privado.** Coimbra: Almedina, 2009; SILVA, Virgílio Afonso da. **A Constitucionalização do Direito:** os direitos fundamentais nas relações entre particulares. São Paulo: Malheiros, 2011; e STEINMETZ, Wilson. **Vinculação dos particulares a direitos fundamentais.** São Paulo: Malheiros, 2005.

fundamental da dignidade da pessoa humana. Destaque-se que a atual Carta Constitucional brasileira positivou um dos mais ricos róis de direitos fundamentais existentes,[43] ocupando um título inteiro só com os direitos fundamentais (Título II). Ressalte-se ainda que no âmbito do novo constitucionalismo brasileiro, os direitos fundamentais são dotados de aplicabilidade imediata (art. 5º, § 1º)[44] e o sistema de direitos e garantias fundamentais constitui-se num sistema aberto à existência de novos direitos fundamentais (art. 5º, § 2º).

Além disso, a Constituição de 1988, seguindo as linhas *neo-constitucionalistas* de proteção aos direitos fundamentais, possui limites formais e materiais ao Poder Constituinte Reformador. Como limitação formal prevê, dentre outras[45], a necessidade de aprovação, em dois turnos, nas duas casas legislativas (Senado e Câmara Federal), por três quintos dos votos dos respectivos membros, para toda e qualquer Emenda à Constituição (art. 60, § 2º). Como limitação material, especificamente aos direitos fundamentais prevê a vedação de qualquer proposta tendente a aboli-los, isto é, que vise diminuí-los ou extingui-los (art. 60, § 4º).

A Constituição brasileira de 1988, em consonância com as Constituições Modernas do pós-guerra, consagrou a dignidade da pessoa humana como fundamento básico e fim maior do Estado Democrático de Direito. Na linhagem de Immanuel Kant, colocou a pessoa humana como fim do Estado e não como meio para a consecução dos seus

43. Nesse sentido, em palestra ministrada no Brasil, no dia 15 de outubro de 2013 na sede do Instituto Brasiliense de Direito Público (IDP), o professor italiano Luigi Ferrajoli, um dos constitucionalistas mais respeitados das últimas décadas, afirmou que "a Constituição brasileira é das mais avançadas do mundo".

44. Quanto à aplicabilidade imediata existe um grande dissenso doutrinário e jurisprudencial quanto à sua abrangência. Para alguns, existem direitos fundamentais incompatíveis, ao menos faticamente, com tal aplicabilidade. Contudo, há aqueles que defendem ser possível, ao menos sobre determinadas perspectivas, a sua aplicação a todos os direitos fundamentais. Nada obstante, essa discussão desviaria o foco do nosso trabalho, por isso, sobre o tema, remetemos o leitor as seguintes leituras: CUNHA JÚNIOR. Dirley da. **Curso de Direito Constitucional.** 6.ed. Salvador: JusPodivm, 2012, p. 655-668. DIMOULIS, Dimitri; MARTINS, Leonardo. **Teoria Geral dos Direitos Fundamentais.** 3.ed. São Paulo: Revista dos Tribunais, 2011, p. 96-102. SARLET, Ingo Wolfgang. **A eficácia dos direitos fundamentais:** uma teoria geral dos direitos fundamentais na perspectiva constitucional. 10. ed. Porto Alegre: Livraria do Advogado Editora, 2010, p. 261-273. STEINMETZ, Wilson. O dever de aplicação imediata de direitos e garantias fundamentais na jurisprudência do Supremo Tribunal Federal e nas interpretações da literatura especializada. In: SARMENTO, Daniel; SARLET, Ingo Wolfgang (coords.). **Direitos Fundamentais no Supremo Tribunal Federal:** balanço e crítica. Rio de Janeiro: Lumen Juris, 2011, p. 113-130.

45. Dentre estas outras, por exemplo: legitimidade para propositura de Emendas (art. 60, *caput* e seus incisos).

fins,[46] conferindo-lhe uma das mais extensas e completas declarações de direitos fundamentais da contemporaneidade.

1.1.3. Os direitos fundamentais do homem como direitos históricos: uma história sem fim

As relações humanas estão em constante evolução. Elas não são estáticas ou mesmo estáveis. Em razão de sua própria natureza, o homem vive em contínua evolução. Em busca de um desenvolvimento sem fim, muitas vezes descontrolado, a linha evolutiva da humanidade alterna momentos de progressão e regressão.[47] Assim, as relações humanas estão sempre a se modificar, tornando-se mais ou menos complexas de acordo com os fatores tempo e espaço. Para tal constatação não é preciso grande esforço, basta lançar os olhos sobre qualquer livro de história e se perceberá como as sociedades evoluíram ao longo dos séculos, modificando sua cultura, religiosidade, política, economia etc., seja em face do fator tempo, seja em face do fator espaço.[48]

Se as relações humanas evoluem, os direitos fundamentais do homem, necessariamente, também. Isto é, diante de novas situações, novos direitos ou novas leituras de direitos já existentes são necessárias. A história demonstra que os direitos fundamentais do homem, mais do que simplesmente direitos inerentes ao ser humano, são direitos conquistados pelo ser humano, em face das múltiplas situações que se lhe apresentaram ao longo dos séculos, que foram reconhecidos nas Constituições de Estados soberanos. São direitos que evoluem essencialmente com as próprias relações humanas,[49] o que nos permite dizer que *os direitos do homem, em especial os direitos fundamentais, são direitos históricos*. Nas palavras de Vieira de

46. KANT, Immanuel. **Fundamentação da Metafísica dos Costumes.** Lisboa: Edições 70, 2009.

47. Muitas vezes essas regressões são severas, como a que se vislumbrou com os regimes fascistas da primeira metade do século passado.

48. DOS SANTOS, Eduardo R. **O Pós-positivismo jurídico e a normatividade dos princípios jurídicos.** Belo Horizonte: D'Plácido, 2014.

49. Nesse sentido, Jorge Miranda afirma que "a evolução e as vicissitudes dos direitos fundamentais, seja numa linha de alargamento e aprofundamento, seja numa linha de retração ou de obnubilação, acompanham o processo histórico, as lutas sociais e os contrastes de regimes políticos – bem como o progresso científico, técnico e econômico, (que permite satisfazer necessidades cada vez maiores de populações cada vez mais urbanizadas)". MIRANDA, Jorge. Os direitos fundamentais: sua dimensão individual e social. In: PIOVESAN, Flávia; GARCIA, Maria (orgs.). **Doutrinas Essenciais Direitos Humanos:** Teoria Geral dos Direitos Humanos. São Paulo: RT, 2011. v.1, p. 508.

Andrade, eles fazem parte de *uma história sem fim*, de um sistema de direitos "em permanente transformação, na busca de um <<estatuto de humanidade>>".[50]

A historicidade dos direitos fundamentais liga-se à história de lutas, conquistas e reconhecimento dos direitos do ser humano. Os direitos fundamentais foram construídos com base em múltiplos fatores (religiosos, políticos, filosóficos, jurídicos, econômicos etc.) e conquistados com muitas lutas, revoluções, greves, rebeliões e a custa de muito sangue.[51]

É de se reconhecer que a maior parte dos direitos fundamentais conquistados e reconhecidos ao longo da história, estão ligados, também, ao fundamento da dignidade da pessoa humana, sendo necessários à proteção e à promoção da pessoa, por isso mesmo as lutas para reconhecê-los. Nada obstante, independentemente da ligação quase indissociável ao fundamento material da dignidade da pessoa humana, seu reconhecimento histórico nos remete mesmo ao fundamento formal dos direitos fundamentais, isto é, ao reconhecimento desses direitos nas Cartas Constitucionais. Assim, em que pese esses direitos, em sua esmagadora maioria (ou mesmo em sua totalidade), estarem umbilicalmente ligados à dignidade da pessoa humana, eles se caracterizam historicamente por serem direitos fundamentais do homem que atendem ao princípio fundamental do Estado Democrático (consenso,[52] vontade da maioria – democracia formal – e proteção

---

50. ANDRADE, José Carlos Vieira de. **Os Direitos Fundamentais na Constituição Portuguesa de 1976.** 5.ed. Coimbra: Almedina, 2012, p. 67.

51. Nesse sentido, Floriano Azevedo afirma que "podemos com alguma segurança afirmar que tais direitos são aquelas garantias, salvaguardas, que se vai construindo e consolidando, no devir da história humana, contra o poder, a partir da tentativa daqueles que não reúnem, isolada ou coletivamente, condições de fazer prevalecer suas vontades e/ou interesses em estabelecer algumas regras para o exercício do domínio, alguns limites para este". MARQUES NETO, Floriano de Azevedo. Conceito e Evolução dos Direitos Fundamentais. In: PIOVESAN, Flávia; GARCIA, Maria (orgs.). **Doutrinas Essenciais Direitos Humanos:** Teoria Geral dos Direitos Humanos. São Paulo: RT, 2011. v.1, p. 1081. Já Rothenburg, rechaçando um conceito exclusivamente transcendental de direitos fundamentais, reconhece-lhes a historicidade e advoga por um "repertório de direitos fundamentais que constitui patrimônio comum da humanidade" ROTHENBURG, Walter Claudius. Direitos Fundamentais e suas Características. In: PIOVESAN, Flávia; GARCIA, Maria (orgs.). **Doutrinas Essenciais Direitos Humanos:** Teoria Geral dos Direitos Humanos. São Paulo: RT, 2011. v.1, p. 1037. Por sua vez, Anderson Lobato afirma que "os direitos do homem são na verdade direitos históricos, reconhecidos à medida que as condições da vida em sociedade se transformam". LOBATO, Anderson Cavalcante. O Reconhecimento e as Garantias Constitucionais dos Direitos Fundamentais. In: PIOVESAN, Flávia; GARCIA, Maria (orgs.). **Doutrinas Essenciais Direitos Humanos:** Instrumentos e Garantias de Proteção. São Paulo: RT, 2011. v.5, p. 72.

52. Especificamente sobre o consenso como fundamento justificante de um sistema de valores, como uma carta de direitos, Norberto Bobbio afirma que um "modo de justificar os valores consiste em

dos direitos fundamentais das minorias – democracia substancial)[53] de Direito (reconhecimento e positivação na Constituição), positivado no art. 1º, *caput*, de nossa Constituição.

Por isso mesmo, os direitos fundamentais do homem, em essência, são direitos históricos, são direitos reconhecidos e positivados em Constituições, independentemente de atenderem ou não ao princípio fundamental da dignidade da pessoa humana. Por outro lado, a própria história demonstra que, apesar dos interesses econômicos dos detentores do poder, a maior parte dos direitos fundamentais consagrados nas Constituições são direitos que objetivam a proteção e a promoção da dignidade da pessoa humana.

As *clássicas gerações*[54] *ou dimensões*[55] *dos direitos fundamentais* são a prova mais fidedigna de que esses direitos são históricos e são construídos e reconhecidos de acordo com o tempo e o espaço, bem como com as condicionantes políticas, sociais, econômicas e culturais em que está inserido o homem. A classificação das dimensões dos direitos, estruturada por Karel Vasak[56], em discurso proferido no Instituto Internacional de Direitos Humanos de Estrasburgo (1979), e consagrada pela obra de autores como Norberto Bobbio[57] na Itália e Paulo Bonavides[58] no Brasil, demonstra que os direitos foram sendo conquistados em face das situações e das relações que eram vivencia-

---

mostrar que são apoiados no consenso, o que significa que um valor é tanto mais fundando quanto mais aceito. Com o argumento do consenso, substitui-se pela prova da intersubjetividade a prova da objetividade, considerada impossível ou extremamente incerta. Trata-se, certamente, de um fundamento histórico e, como tal, não absoluto: mas esse fundamento histórico do consenso é o único que pode ser factualmente comprovado". BOBBIO, Norberto. **A Era dos Direitos.** Rio de Janeiro: Elsevier, 2004, p. 27.

53. Nesse sentido, Luigi Ferrajoli demonstra que os direitos fundamentais consistem na parte substancial da democracia. Assim, a vontade da maioria não pode se sobrepor aos direitos e garantias fundamentais da minoria. FERRAJOLI, Luigi. **Los fundamentos de los derechos fundamentales.** 4.ed. Madrid: Trotta, 2009, p. 35-40. Aqui, vale lembrar da célebre colocação do líder sul-africano Nelson Mandela: *"Democracia com fome, sem educação e saúde para a maioria, é uma concha vazia".*

54. A palavra geração pode levar ao falso entendimento de que uma geração substituiria a outra. Contudo, nenhuma geração de direitos é posta de lado com o advento de outra, mas pelo contrário, essas gerações se complementam, protegendo e promovendo a pessoa humana nos mais variados aspectos e nas mais variadas situações, seja no âmbito individual, social, coletivo ou difuso.

55. Melhor falar em dimensões do que em gerações para se evitar qualquer confusão acerca de uma suposta superação ou substituição entre "gerações".

56. VASAK, Karel. "For the Third Generation of Human Rights: The Rights of Solidarity", Inaugural lecture, Tenth Study Session, International Institute of Human Rights, July 1979. In: VASAK, Karel (ed.). **The international dimension of human rights.** Paris: Unesco, 1982. v. I e II.

57. BOBBIO, Norberto. **A Era dos Direitos.** Rio de Janeiro: Elsevier, 2004.

58. BONAVIDES, Paulo. **Curso de Direito Constitucional.** 28.ed. São Paulo: Malheiros, 2013.

das pelos homens, consagrando direitos reivindicados pelo povo, mas também direitos que buscavam a manutenção do poder das classes dominantes (que, muitas das vezes, não objetivavam a proteção e a promoção da dignidade da pessoa humana).

Todavia, esses direitos não possuem só uma *dimensão histórica*, eles também possuem uma *dimensão transcendental*. Assim, há de se falar em uma dupla dimensão dos direitos fundamentais do homem: uma dimensão transcendental e outra histórica. Nada obstante, frise-se mais uma vez: os direitos fundamentais do homem são direitos históricos.

A *dimensão transcendental* dos direitos fundamentais do homem reside na essência do próprio homem, fundamenta-se no âmbito mais nobre e essencial do ser humano, liga-se à preservação e promoção do âmbito mais íntimo da pessoa humana, essa dimensão não pode ser outra, senão aquela que há muito fora estruturada por Kant como sendo a dignidade humana[59] e positivada em nossa Constituição como dignidade da pessoa humana (art. 1º, III).[60] Esse nos parece ser o fundamento material dos direitos fundamentais da pessoa humana. Parece-nos, também, que esse foi o entendimento do Constituinte brasileiro ao positivar a dignidade da pessoa humana como princípio fundamental da República Federativa do Brasil, reconhecendo que o Estado existe em prol da pessoa e não o contrário, que o Estado deve ter a pessoa como primeiro plano e deve servir de meio para a realização de seus fins e não o contrário.

Contudo, há de se reconhecer que a própria dignidade da pessoa humana é fruto de uma construção histórica. Sejam construções religiosas, filosóficas, jurídicas ou políticas, fato é que a dignidade da pessoa humana, também, é fruto das lutas históricas de reconhecimento dos direitos do homem.[61] Isso parece muito claro na própria variação de percepção daquilo que se considera como sendo dignidade da pessoa humana, que muda conforme os fatores tempo e espaço.

---

59. KANT, Immanuel. **Fundamentação da Metafísica dos Costumes.** Lisboa: Edições 70, 2009.
60. Neste ponto, apenas apontaremos o núcleo fundamental da dignidade da pessoa humana como sendo a dimensão transcendental dos direitos fundamentais. Especificamente sobre a dignidade da pessoa humana, discorremos no Capítulo II, Item: 2.2.1.
61. SARLET, Ingo Wolfgang. As dimensões da dignidade da pessoa humana: construindo uma compreensão jurídico-constitucional necessária e possível. In: SARLET, Ingo Wolfgang (org.). **Dimensões da dignidade:** ensaios de filosofia do direito e direito constitucional. 2.ed. Porto Alegre: Livraria do Advogado, 2009, p. 27-30.

Nada obstante, parece-nos que, independentemente do reconhecimento histórico, do respeito ou não à dignidade da pessoa humana por certas sociedades em todos os tempos de que se tem conhecimento, inclusive de algumas sociedades contemporâneas, há de se reconhecer que a dignidade da pessoa humana, na esteira das lições de Kant,[62] possui um fundamento transcendental, possui uma nobreza, uma sacralidade especial[63] que reside justamente do âmago da pessoa humana.[64] Parece-nos que a pessoa humana é merecedora de um respeito transcendental, que não pode ser ignorado em tempo algum por sociedade alguma.[65] E, por mais que isso possa ter ocor-

62. KANT, Immanuel. **Fundamentação da Metafísica dos Costumes.** Lisboa: Edições 70, 2009.

63. Especificamente sobre a sacralidade da pessoa, Hans Joas, em obra recentemente traduzida para o português, conclui que "Já se falou da constante concorrência à sacralização da pessoa que advém de sacralizações de outros conteúdos seculares como a nação, assim como do perigo de que os direitos humanos se transformem, pela vida de um triunfalismo nacionalista, cultural ou religioso, em elemento ideológico de uma nova autossacralização social. Não se pode falar de uma asseguração tranquilizadora das conquistas da sacralização da pessoa nem prever uma disseminação cada vez mais ampla destas. Se considerarmos seriamente os obstáculos e as ameaças, veremos que, falando nos termos do meu triângulo composto de práticas, valores e instituições, a estabilização das conquistas alcançadas no processo de sacralização da pessoa só poderá ser bem sucedida se acontecerem três coisas. No campo das práticas, trata-se da sensibilização para as experiências de injustiça e violência e de sua articulação. No âmbito dos valores, trata-se da fundamentação argumentativa da pretensão de validade universal, que, no entanto – como se pretendeu mostrar aqui –, não será possível sem que seja permeada com narração. E, no plano das instituições, trata-se de codificações nacionais bem como globais permitindo que pessoas de culturas bem diferentes se reportem aos mesmos direitos. Nenhum dos três âmbitos possui uma prioridade óbvia. No longo prazo, os direitos humanos, a sacralização da pessoa, só terão alguma chance se todos os três atuarem em conjunto: se os direitos humanos tiverem o suporte das instituições e da sociedade civil, forem defendidos argumentativamente e se encarnarem nas práticas da vida cotidiana". JOAS, Hans. **A sacralidade da pessoa:** nova genealogia dos direitos humanos. São Paulo: Unesp, 2012, p. 275.

64. Nesse sentido, Carmen Lúcia afirma que a dignidade humana constitui o "coração do patrimônio jurídico-moral da pessoa humana". ROCHA, Carmen Lúcia Antunes. O princípio da dignidade da pessoa humana e a exclusão social. **Revista Interesse Público,** n. 4, p. 23-48, 1999, p. 32. Sobre o assunto Habermas afirma que "ninguém duvida do valor intrínseco da vida humana antes mesmo do nascimento – quer a chamemos simplesmente de 'sagrada', quer recusemos tal 'sacralização' daquilo que constitui um fim em si mesmo". Nada obstante Habermas defende que a dignidade humana não é algo que se possui por natureza, mas sim algo "intangível" que "só pode ter significado nas relações interpessoais de reconhecimento recíproco e no relacionamento igualitário entre as pessoas". HABERMAS, Jürgen. **O futuro da natureza humana.** 2.ed. São Paulo: Martins Fontes, 2010, p. 46-47. Isso nos parece óbvio, pois está na essência da teoria dos direitos: não há como se falar em direitos em relação a si mesmo isoladamente considerado, do mesmo modo não há como se falar em dignidade humana em relação a si mesmo isoladamente considerado. Não haveria nem sentido, nem razão, nem fundamento, nem função, nem objetivo em falar-se em direitos fundamentais da pessoa humana e em dignidade da pessoa humana se não fosse considerando a pessoa humana inserida em sociedade e relacionando-se com seus iguais (pessoas humanas).

65. Nesse sentido, Luís Roberto Barroso afirma que "a dignidade humana, como atualmente compreendida, se assenta sobre o pressuposto de que cada ser humana possui um valor intrínseco e desfruta de uma posição especial no universo". BARROSO, Luís Roberto. **A dignidade da pessoa humana no direito constitucional contemporâneo:** a construção de um conceito jurídico à luz da jurisprudência mundial. Belo Horizonte: Fórum, 2013, p. 14.

rido, e isso ocorreu não raras vezes (escravidão, inquisição, nazismo, lançamento de bombas atômicas, terrorismo, apartheid, exploração econômica etc.), não podemos deixar de reconhecer que a pessoa humana em todas essas hipóteses merecia ter sido tratada com um respeito especial, sacralizado e transcendental, que habita no núcleo da dignidade da pessoa humana. Assim, em que pesem as variações espaços-temporais, há de se reconhecer um núcleo fundamental à dignidade que não pode, nunca pôde e nunca poderá ser transposto ou violado (por mais que já o tenha sido).[66] E, sempre que este núcleo for violado, uma intervenção far-se-á necessária para que a violação seja interrompida e aqueles que promoveram ou provocaram tal violação sejam punidos. Isso é o que nos leva a crer que, por exemplo, o julgamento e a punição dos nazistas após o fim da Segunda Guerra Mundial foram legítimos.

Assim, em suma, pode-se dizer que os direitos fundamentais são direitos essencialmente históricos que possuem, contudo, uma dimensão transcendental que reside no núcleo duro e imutável da dignidade da pessoa humana.

1.1.4. A inesgotabilidade dos direitos fundamentais, a necessária cláusula de abertura e os direitos fundamentais atípicos[67]

No item anterior, chegamos à conclusão de que os direitos fundamentais são direitos essencialmente históricos que possuem uma dimensão transcendental (núcleo duro e imutável da dignidade da pessoa humana). Agora, analisaremos a inesgotabilidade dos direitos fundamentais e a necessária abertura constitucional a direitos fundamentais atípicos.

Ora, em primeiro lugar, parece muito claro que, sendo os direitos fundamentais históricos, isto é, fruto das lutas e construções huma-

66. Sobre o núcleo fundamental da dignidade da pessoa humana: BARROSO, Luís Roberto. **A dignidade da pessoa humana no direito constitucional contemporâneo:** a construção de um conceito jurídico à luz da jurisprudência mundial. Belo Horizonte: Fórum, 2013, p. 72-98.

67. É de se registrar que existem muitas divergências quanto à nomenclatura que se deve utilizar, tanto em relação à cláusula de abertura, como em relação aos direitos que dela advêm. Contudo, em nossa opinião, a nomenclatura, o *nomen júris*, que se dá a eles é o menos importante. O mais importante parece-nos ser uma análise séria do conteúdo da cláusula (de abertura, de atipicidade, de inesgotabilidade, de inexaurabilidade, de reconhecimento do *numerus apertus* dos direitos fundamentais, ou qualquer outro nome que se queria dar a ela), das fontes que ela estabelece e das possibilidades constitucionais de se encontrar direitos fundamentais novos, não enumerados, atípicos, materiais, extraordinários, extravagantes (ou qualquer outro termo que se queira usar para identifica-los).

nas que se deram ao longo dos tempos, não há como esgotar suas possibilidades em um catálogo fixo, vez que a história não tem um fim, ela não se interrompe; mas pelo contrário, a história é continua, e as relações humanas se multiplicam e variam ao longo dos tempos e, consequentemente, reivindicam novos direitos, bem como novas leituras para direitos já existentes.

Mais ainda, como visto, mesmo a dignidade da pessoa humana, apesar de possuir um núcleo transcendental, é essencialmente histórica, isto é, trata-se de um fundamento construído ao longo dos tempos que varia conforme os fatores tempo e espaço. Assim, não há como se falar que os direitos e garantias fundamentais inerentes à pessoa humana possam ser os mesmos em qualquer tempo e em qualquer lugar. Mesmo levando em consideração somente os direitos que possuam fundamentalidade material, ainda assim novos direitos surgiriam em face das novas relações sociais que fazem surgir novas necessidades fundamentais ao ser humano.

Deste modo, em face da historicidade, característica essencial da dignidade da pessoa humana e dos direitos e garantias fundamentais que lhe são inerentes, pode-se afirmar, com segurança, que os referidos direitos são inesgotáveis por natureza (natureza = construção histórica).

E, se é verdade que os direitos fundamentais da pessoa humana não se esgotam em um único catálogo constitucional em face da historicidade desses direitos, também é verdade que no âmbito das sociedades contemporâneas essa inesgotabilidade se potencializa, em face da hipercomplexidade dessas sociedades.

As *sociedades contemporâneas, pós-industriais e globalizadas*, para uns *sociedades modernas em crise*,[68] para outros *sociedades pós-*

68. Em outra oportunidade já dissemos que, em que pese a crise da Modernidade, "o projeto da Modernidade não deve ser abandonado, que a razão não deve ser posta de lado. São seus erros e desvios que precisam ser corrigidos, a fim de torná-lo mais completo, abrangente, inclusivo, garantidor e efetivador dos direitos dos homens [...] O ataque pós-moderno, neoliberal, pós-industrial e globalizado à Modernidade, aos direitos do homem, à razão, ao Estado Democrático de Direito, à Constituição, traz consigo propostas que não visam à liberdade, pois, de fato, tal ataque só pode conduzir à desigualdade, à exclusão e a libertinagem de mercado. DOS SANTOS, Eduardo R. **O Pós-positivismo jurídico e a normatividade dos princípios jurídicos.** Belo Horizonte: D'Plácido, 2014, p. 57-58. Nesse mesmo sentido, Daniel Sarmento afirma que "ao invés de abandonar o ideário da Modernidade, deve-se aprofundá-lo, sobretudo nas sociedades periféricas – pré-modernas sob certos aspectos –, que enfrentam carências já relativamente equacionadas no 1º mundo. É preciso, neste sentido, adotar um conceito mais alargado de razão, que se proponha a discutir criticamente também os fins da ação humana, o que a razão instrumental positiva se negava a fazer. E a partir de uma perspectiva racional, cumpre insistir, mais e mais, na luta

-*modernas*,[69] caracterizam-se pela *hipercomplexidade* das relações humanas.[70] Em face da grande diversidade cultural e da pluralidade social, as relações são as mais variadas e as mais complexas possíveis, envolvendo sempre uma multiplicidade de fatores e de interesses.

No âmbito de tais sociedades, dentre muitos fatores, devemos nos atentar para pelo menos três, que nos parecem determinantes para a caracterização da hipercomplexidade social: a supervelocidade e a superficialidade da informação, a globalização e o multiculturalismo. Tentemos, brevemente, traçar algumas de suas linhas fundamentais.

As sociedades pós-industriais caracterizam-se pela *supervelocidade* e pela *superficialidade das informações*,[71] o que nos conduz à superficialidade da própria pessoa humana, como há muito observara Hannah Arendt.[72] Hodiernamente, isso se dá em face da lógica mercadológica que domina os meios de comunicação, despreocupados com o conteúdo e a substância daquilo que produzem, focados predominantemente no lucro.[73] Além disso, esse fenômeno é potencializado com o advento da internet, que possibilitou uma supervelocidade da informação que, consequentemente, ficou cada vez mais superficial. Na internet predomina, ainda, o anonimato e com ele a não respon-

---

pela implementação dos grandes valores do iluminismo, de liberdade, igualdade, democracia e solidariedade". SARMENTO, Daniel. **Direitos Fundamentais e Relações Privadas.** 2. ed. Rio de Janeiro: Lumen Juris, 2010, p. 44-45.

69. Segundo Jean-François Lyotard, na Modernidade os discursos pautavam-se na racionalidade e na busca do "verdadeiro" para legitimar as "regras do jogo", o que ele, assim como os autores que se intitulam pós-modernos, chama de "metadiscurso" ou "metarrelato". Nesse sentido, segundo ele, a palavra *pós-moderna* é utilizada na América por sociólogos e críticos para indicar "o estado da cultura após as transformações que afetaram as regras dos jogos da ciência, da literatura e das artes", isto é, que romperam com a racionalidade dos discursos na busca pelo verdadeiro. LYOTARD, Jean-François. **A Condição Pós-Moderna.** 9. ed. Rio de Janeiro: José Olympio, 2006, p. XV. Por sua vez, Stuart Hall afirma que na pós-modernidade o homem é descentrado, ou seja, sofre um processo reverso àquele da Modernidade quando foi levado ao centro (antropocentrismo). Hall, inclusive, intitula um dos capítulos de sua obra como: *Nascimento e morte do sujeito Moderno*. Neste capítulo, o autor tenta desfigurar todo o sujeito, de modo a conduzi-lo a inexistência perpétua. É a morte do homem como o conhecemos, como sujeito de direitos, como sujeito de valores e virtudes, é o rompimento com tudo o que fora conquistado em séculos de luta. HALL, Stuart. **A identidade cultural na pós-modernidade.** 10. ed. Rio de Janeiro: DP&A, 2005, p. 23-46.

70. Nesse sentido: CAMPILONGO, Celso Fernandes. **O Direito na Sociedade Complexa.** 2. ed. São Paulo: Saraiva, 2011.

71. DOS SANTOS, Eduardo R. **O Pós-positivismo jurídico e a normatividade dos princípios jurídicos.** Belo Horizonte: D'Plácido, 2014.

72. ARENDT. Hannah. **A condição humana.** 11. ed. Rio de Janeiro: Forense Universitária, 2010.

73. GUERRA FILHO. Willis Santiago. A pós-Modernidade do direito Constitucional: Da gestão em Weimar à queda do Muro de Berlim e subsequente colapso das Torres Gêmeas. In: SARMENTO, Daniel (coord.). **Filosofia e Teoria Constitucional Contemporânea.** Rio de Janeiro: Lumen Juris, 2009, p. 637.

sabilização; nela a informação é atemporal, indiferente à história e ao futuro, despersonalizada.[74]

Quanto à *globalização*, pode-se dizer que, em que pese os respeitáveis juristas que defendem uma diferenciação entre a globalização econômica (chamada por eles de *globalismo*) e a globalização social, política e cultural (dos meios e recursos facilitadores da vida humana),[75] fato é que não há como desvincular uma da outra, estando a globalização social, política e cultural submetida à econômica. Na pós-modernidade, com a ascensão do Estado Neoliberal, o que se vislumbra é uma globalização de mercado, e é obvio que é preponderantemente de mercado, afinal os Estados ricos querem vender, eles não querem se relacionar, trocar experiências, compreender, ou ajudar os demais, eles querem lucrar e "crescer", impondo sua cultura e seus produtos aos demais.[76-77] Nesse sentido, Luís Roberto Barroso afirma que "a globalização, como conceito e como símbolo, é a manchete que anuncia a chegada do novo século. A desigualdade ofusca as conquistas da civilização e é potencializada por uma ordem mundial fundada no desequilíbrio das relações de poder político e econômico e no controle absoluto, pelos países ricos, dos órgãos multilaterais de finanças e comércio".[78] Por outro lado, como bem adverte o professor Bernardo Gonçalves Fernandes, um dos maiores perigos da globalização econômica ou do "globalismo" é justamente o de causar "'repugnância' contra a transnacionalização, em virtude

---

74. LORENZETTI, Ricardo Luis. **Teoria da Decisão Judicial:** fundamentos de Direito. 2. ed. São Paulo: RT, 2010. p. 50-51.

75. Ideia disseminada por BECK, Ulrich. **O que é globalização?** São Paulo: Paz e Terra, 1999, p. 27. No Brasil, por todos, ver: MARTINS, Fernando Rodrigues. Direitos Humanos Fundamentais e Relações Jurídicas Contratuais. In: PIOVESAN, Flávia; GARCIA, Maria (orgs.). **Doutrinas Essenciais Direitos Humanos:** Instrumentos e Garantias de Proteção. São Paulo: RT, 2011. v. 5. p. 1255.

76. Tome-se de exemplo os Estados Unidos da América, que fecharam suas fronteiras para impedir que os não americanos vivessem o tão disseminado "sonho americano", entretanto, por outro lado, levaram para o mundo os seus produtos industrializados, os mesmos do "sonho americano", mas é lógico que a um preço nada acessível à maior parte da população mundial. DOS SANTOS, Eduardo R. **O Pós-positivismo jurídico e a normatividade dos princípios jurídicos.** Belo Horizonte: D'Plácido, 2014.

77. Nesse sentido, dentre outros: REALE, Miguel. **Política e Direito:** ensaios. São Paulo: Saraiva, 2006, p. 99. HERMAN, Edward S.; CHOMSKY, Noam. **A Manipulação do Público:** Política e poder econômico no uso da mídia. São Paulo: Futura, 2003. BONAVIDES, Paulo. Direitos Fundamentais, Globalização e Neoliberalismo. **Revista Latino-Americana de Estudos Constitucionais.** Belo Horizonte, n. 2, p. 351-361, jul/dez, 2003, p. 355. SARMENTO, Daniel. **Direitos Fundamentais e Relações Privadas.** 2. ed. Rio de Janeiro: Lumen Juris, 2010, p. 39.

78. BARROSO, Luís Roberto. **Interpretação e aplicação da Constituição.** 7. ed. São Paulo: Saraiva, 2009, p. 306.

do terror desagregador e assimétrico do neoliberalismo",[79] pois a globalização social, política e cultural pode conduzir a humanidade à justiça social e a implementação dos direitos humanos, sobretudo em países que ainda estão mergulhados na miséria e na violência.

O *multiculturalismo* está atrelado à ideia de pluralidade e encontra-se na raiz da tensão entre direito à diferença e igualdade. Trata-se da aceitabilidade e coexistência pacífica entre as diferentes formas de culturas e, mais do que isso, trata-se da convivência multi-influenciadora das diversas culturas. Nas palavras de Ana Maria D'Ávila Lopes, "o multiculturalismo – também chamado de pluralismo cultural ou cosmopolitismo – busca conciliar o reconhecimento e respeito à diversidade cultural presente em todas as sociedades".[80] Já Mikhaël Elbaz afirma que o multiculturalismo só pode ser compreendido no seio da desestruturação da narrativa nacional, sob os efeitos da globalização.[81] Assim, não há como se negar que o multiculturalismo contribui de forma determinante para a hipercomplexidade das sociedades contemporâneas.

Ante o exposto, em suma, pode-se dizer que na linha evolutiva da história, as sociedades humanas estão em constante evolução, com momentos de progresso e regresso. Na contemporaneidade vislumbra-se a ascensão, ao menos na visão de alguns, de um paradigma pós-modernista, no sentido de superação da Modernidade (que evidentemente se encontra em crise). As sociedades contemporâneas, pós-industriais e globalizadas, estruturadas sob a égide do neoliberalismo econômico, estão marcadas pelo multiculturalismo caracterizado pela relativização das fronteiras da soberania (ao menos em parte), pelo pluralismo e pela diversidade, fatores que tornam as sociedades atuais hipercomplexas.

Em sociedades como essas que acabamos de descrever (as hipercomplexas sociedades contemporâneas), os direitos fundamentais do homem positivados no catálogo constitucional são insuficientes em face das novas situações e relações que se apresentam dia a dia.

---

79. FERNANDES, Bernardo Gonçalves. **Direito Constitucional & Democracia:** entre a globalização e o risco. Rio de Janeiro: Lumen Juris, 2011, p. 206.

80. LOPES, Ana Maria D'Ávila. Interculturalidade e Direitos Fundamentais Culturais. In: PIOVESAN, Flávia; GARCIA, Maria (orgs.). **Doutrinas Essenciais Direitos Humanos:** Direitos Econômicos, Sociais, Culturais e Ambientais. São Paulo: RT, 2011. v.3, p. 1212

81. ELBAZ, Mikhaël. El inestimable vínculo cívico en la sociedad-mundo. In: ELBAZ, Mikhaël; HELLY, Denise (org.). **Globalización, ciudadanía y multiculturalismo.** Granada: Maristán, 2002, p. 27.

Se os direitos fundamentais se limitassem ao catálogo expressamente positivado vislumbrar-se-ia, em muitas situações, afrontas à dignidade da pessoa humana, deixando-se de protegê-la e promovê-la, indo, então, contra a essência dos direitos fundamentais.

Deste modo, em razão do critério material de fundamentalidade (dignidade da pessoa humana) e da própria historicidade dos direitos fundamentais, ligada à constante evolução da sociedade, sobretudo no âmbito de sociedades hipercomplexas como as sociedades contemporâneas, pode-se afirmar que o rol de direitos fundamentais positivado nas Constituições contemporâneas não pode ser taxativo, em face da inexauribilidade dos direitos fundamentais.[82] Nesse sentido, Rothenburg afirma que o "catálogo previsto de direitos fundamentais nunca é exaustivo (*inexauribilidade* ou não-tipicidade dos direitos fundamentais), a ele podendo ser sempre acrescidos novos direitos fundamentais".[83]

Não pode ser taxativo, em razão do critério material, porque os direitos essenciais à proteção e promoção da pessoa humana, em que pese a existência de um núcleo duro, alteram-se de acordo com o tempo e o espaço, em face de fatores sociais, culturais, econômicos, políticos, religiosos etc.[84] Não pode ser taxativo, em razão da historicidade dos direitos fundamentais, porque os direitos elegidos como fundamentais pela sociedade são diferentes, também, em razão do espaço e do tempo. Mais ainda, não pode ser taxativo, também em razão do critério da historicidade, em face da atual hipercomplexidade social que exige novos direitos e novas leituras de antigos direitos em uma velocidade muito maior em detrimento da variedade de situações que se formam e da velocidade das mudanças sociais. É impossível

---

82. Nesse sentido, Fernando Luiz Ximenes afirma que a proclamação dos direitos fundamentais do homem "está longe de esgotar as possibilidades de surgimento de novos direitos. Isto porque, à proporção em que a sociedade evolui, ante os avanços tecnológicos, surgem novos interesses para a humanidade" ROCHA, Fernando Luiz Ximenes. Direitos Fundamentais na Constituição de 1988. In: PIOVESAN, Flávia; GARCIA, Maria (orgs.). **Doutrinas Essenciais Direitos Humanos:** Teoria Geral dos Direitos Humanos. São Paulo: RT, 2011. v.1, p. 267.

83. ROTHENBURG, Walter Claudius. Direitos Fundamentais e suas Características. In: PIOVESAN, Flávia; GARCIA, Maria (orgs.). **Doutrinas Essenciais Direitos Humanos:** Teoria Geral dos Direitos Humanos. São Paulo: RT, 2011. v.1, p. 1039.

84. Nesse sentido, Bobbio afirma que "os direitos do homem constituem uma classe variável, como a história destes últimos séculos demonstra suficientemente. O elenco dos direitos do homem se modificou, e continua a se modificar, com a mudança das condições históricas, ou seja, dos carecimentos e dos interesses, das classes no poder, dos meios disponíveis para a realização dos mesmos, das transformações técnicas etc.". BOBBIO, Norberto. **A Era dos Direitos.** Rio de Janeiro: Elsevier, 2004, p. 18.

positivar todos os direitos fundamentais do homem no âmbito de qualquer constitucionalismo, pois os direitos do homem estão em constante evolução.

Além disso, *a própria natureza humana é evolutiva*. O homem é um ser que está em constante movimento, descobrindo novas coisas, se envolvendo em novas situações e tendo novas relações. Assim, não há como se falar em uma esgotabilidade dos direitos fundamentais do homem, também, em razão da própria natureza humana e das novas situações da vida humana que se apresentam constantemente. Há pouco tempo o homem chegou ao espaço e à Lua. Há pouco tempo descobriram-se as armas nucleares e as armas químicas. Também, há pouco tempo deu-se início a pesquisas com embriões humanos. Então, quantos direitos novos surgiram com esses fatos? Quantas novas leituras de direitos antigos emergiram com esses fatos? No caso brasileiro isso é mais evidente ainda quando se pensa que foi somente na segunda década do século XXI que se concedeu aos homossexuais a plenitude de seus direitos civis, e isso com uma decisão do Supremo Tribunal Federal em face de uma interpretação extensiva (material) da Constituição.

Nas palavras de José Carlos Vieira de Andrade essa é também uma qualidade do próprio sistema de direitos e garantias fundamentais, o qual, em sua evolução, caracteriza-se pela *acumulação*, *variedade* e *abertura*. A ideia de acumulação liga-se diretamente a historicidade, na medida em que em cada momento histórico vislumbra-se a construção e o reconhecimento de novos direitos, característicos de seu tempo, mas que se somam (acumulam) aos direitos de tempos anteriores. A ideia de variedade, potencializada pelo processo histórico de acumulação de direitos, liga-se à multiplicidade estrutural e funcional dos direitos fundamentais, bem como às diversas dimensões normativas desses direitos. Por fim, a ideia de abertura reside no fato de que nenhum catálogo de direitos fundamentais pretende esgotar o conjunto ou o conteúdo desses direitos, abrindo-se para a existência de direitos que não estejam previstos expressamente no catálogo.[85]

Em suma, pode-se dizer que o rol de direitos fundamentais das Constituições contemporâneas deve ser interpretado de maneira meramente exemplificativa, não podendo ser, jamais, considerado um

---

85. ANDRADE, José Carlos Vieira de. **Os Direitos Fundamentais na Constituição Portuguesa de 1976.** 5.ed. Coimbra: Almedina, 2012, p. 67-68.

rol típico, taxativo ou exaustivo, que não admita o reconhecimento de novos direitos fundamentais através do conceito material de Constituição e, especialmente, do *conceito material de direitos fundamentais.*

Assim, faz-se necessária uma abertura constitucional a direitos fundamentais que não estejam positivados expressamente no rol típico da carta de direitos da Constituição. Esta abertura se dá, nos modernos sistemas constitucionais de direitos e garantias fundamentais, através da *cláusula de abertura.*

A gênese da cláusula de abertura a novos direitos fundamentais (também chamada de nota de fundamentalidade dos direitos fundamentais, cláusula de não tipicidade, *numerus apertus* dos direitos fundamentais, dentre outras nomenclaturas) reside no IX aditamento à Constituição dos Estados Unidos da America do Norte, que data do ano de 1791 e dispõe que "*the enumeration in the Constitution, of certain rights, shall not be construed to deny or disparage others retained by the people*".[86-87]

A cláusula de abertura dos direitos fundamentais remete-nos, doutrinariamente, à clássica conceituação material dos direitos fundamentais, realizada, dentre outros, por Jorge Miranda, segundo quem, há direitos fundamentais inerentes à sistemática constitucional e, sobretudo, a sistemática dos direitos e garantias fundamentais que não foram formalmente positivados no texto constitucional, contudo, em face da cláusula de abertura e do sistema constitucionalmente estabelecido de proteção e promoção da dignidade da pessoa humana (reconhecida por esse mesmo sistema), integram o rol de direitos e garantias fundamentais da pessoa humana de acordo com as filosofias políticas, sociais e econômicas, assim como com as circunstâncias de cada época e lugar.[88]

Ainda no plano teórico-doutrinário, insta destacar os trabalhos de Jorge Bacelar Gouveia, que dedicou uma obra inteira para realizar

86. Em Português: A enumeração de certos direitos na Constituição não poderá ser interpretada como negando ou coibindo outros direitos inerentes ao povo.

87. Proposto por James Madison, o IX aditamento surgiu na busca de se superar as objeções de Alexander Hamilton e, também, em certa medida, de Thomas Jefferson, este último receoso de que a declaração fosse insuficiente e não albergasse todos os direitos essenciais. Sobre a história e o significado do IX aditamento, conferir os trabalhos coordenados por: BERNETT, Randy E. (org.). **The Rights Retained by the People:** The History and Meaning of the Ninth Amendment. Fairfax: Univ. Publ. Assoc., 1991.

88. MIRANDA, Jorge. **Manual de Direito Constitucional.** 5.ed. Coimbra: Coimbra, 2012. v.4.

a análise da cláusula de abertura a novos direitos fundamentais no âmbito do atual constitucionalismo português, identificando estes novos direitos como *direitos fundamentais atípicos*, que, segundo ele, "correspondem aos direitos fundamentais que não constam da respectiva tipologia sendo assim constitucionalmente relevantes sem recurso a um método tipológico ou na sua formulação".[89]

Aqui, cumpre esclarecer que, apesar de utilizarmos a terminologia "*direitos fundamentais atípicos*" para designar os *direitos materialmente fundamentais não previstos expressamente no Título II da Constituição brasileira de 1988*, em oposição aos típicos que nele se encontram expressamente postos, nossa concepção conceitual de direitos fundamentais atípicos e das possibilidades de atipicidade não são idênticas às do autor português, por diversos motivos, sobretudo, por tratarem-se de ordens jurídicas diferentes que possuem possibilidades diferentes em suas respectivas cláusulas de abertura.

A noção de direitos que, apesar de não estarem positivados expressamente no texto, integram o "*corpus*" constitucional remete-nos antes mesmo do conceito de direitos fundamentais materiais, à noção de Constituição Material, bem exposta pelo professor J. J. Gomes Canotilho, segundo quem, em razão da estrutura normativa da Constituição, entendida como sistema normativo aberto de regras e princípios, a Constituição é muito mais do que o texto, sendo o Direito Constitucional a somatória de um direito constitucional escrito e de um direito constitucional não escrito, vez que a Constituição é viva.[90] Nas exatas palavras de Canotilho, entende-se por Constituição Material:

> O conjunto de fins e valores constitutivos do princípio efectivo da unidade e permanência de um ordenamento jurídico (dimensão objectiva), e o conjunto de forças políticas e sociais (dimensão subjectiva) que exprimem esses fins ou valores, assegurando a estes a respectiva prossecução e concretização, algumas vezes para além da própria constituição escrita. Ao contrário do que muitas vezes se pensa e vê escrito, a constituição material não

89. GOUVEIA, Jorge Bacelar. **Os Direitos Fundamentais Atípicos.** Lisboa: Aequitas, 1995, p. 40.

90. CANOTILHO, J. J. Gomes. **Direito Constitucional e Teoria da Constituição.** 7. ed. Coimbra: Almedina, 2003. No mesmo sentido, dentre outros: SAGÜÉS, Néstor Pedro. Sobre el concepto de "Constitución Viviente" (Living Constitution). **Revista Latino-Americana de Estudos Constitucionais.** Belo Horizonte, n. 1, p. 269-284, jan/jun, 2003.

se reconduz a um simples "poder de facto" ("relações de poder e influência", "facto político puro"), pois a constituição material tem também uma *função ordenadora*. A chamada *força normativa de constituição* (K. Hesse) pressupõe, a maior parte das vezes, a *vontade de constituição*, ou seja, a explicitação na constituição escrita ou formal do complexo de fins e valores agitados pelas constelações políticas e sociais a nível da constituição material).[91]

Nesse mesmo viés, retomando aquilo que já abordamos, na esteira das lições de Luís Roberto Barroso, a teoria dos direitos fundamentais, parte integrante de uma Constituição Moderna, se estrutura sobre princípios, valores e fins de alta densidade axiológica que visam promover e proteger a dignidade da pessoa humana e que não podem ser "engessados", totalmente, de maneira positiva, em razão das alternâncias espaço-temporais existenciais da vida digna da pessoa humana;[92] isto é, as condições de vida digna do ser humano se alteram de acordo com o tempo e o espaço em que ele está inserido (apesar de manterem um núcleo essencial imutável), o que impossibilita que a teoria protetiva dos direitos e garantias mais essências à vida digna do homem seja inamovível, imutável, seca, morta, pois esses mesmos direitos e garantias são vivos, são mutáveis e evoluem com a própria humanidade.

Mais ainda, como já registramos, na esteira do pensamento de Ingo Wolfgang Sarlet[93] e Luís Roberto Barroso,[94] há de se dizer que o homem é um ser demasiadamente complexo, de modo que, mesmo em determinado tempo e espaço bastante limitados não é possível expressar positivamente, em uma carta de direitos, todos os direitos e garantias fundamentais dos quais ele necessita para ter uma vida digna, ao menos não *a priori*, o que torna inviável e constitui, inclusive, afronta à dignidade da pessoa humana limitar os direitos e garantias fundamentais àqueles dos quais o legislador constituinte se lembrou de redacionar, ou optou por redacionar.

91. Ibidem, p. 1139.

92. BARROSO, Luís Roberto. **Curso de Direito Constitucional Contemporâneo:** os conceitos fundamentais e a construção do novo modelo. 3. ed. São Paulo: Saraiva, 2011.

93. SARLET, Ingo Wolfgang. **Dignidade da pessoa humana e direitos fundamentais na Constituição Federal de 1988.** 9. ed. Por Alegre: Livraria do Advogado, 2011.

94. BARROSO, Luís Roberto. **A dignidade da pessoa humana no direito constitucional contemporâneo:** a construção de um conceito jurídico à luz da jurisprudência mundial. Belo Horizonte: Fórum, 2013.

Justamente por isso, a cláusula de abertura a novos direitos fundamentais e os direitos fundamentais atípicos que dela emergem são de grande importância para a proteção das pessoas, pois incorporam os direitos materialmente fundamentais dos quais o legislador se olvidou ou optou por não constitucionalizar, ou ainda não tinha condições de positivar em face da inexistência das situações que o motivariam, mas que, à luz da Constituição vigente e do sistema de direitos e garantias fundamentais por ela implementado, são essenciais à vida digna da pessoa humana.

Por óbvio que a maioria das Constituições modernas dos Estados ocidentais já positivaram a maior parte dos direitos e garantias fundamentais à vida digna da pessoa humana, ao menos os historicamente consagrados, o que diminui bastante as possibilidades reais de se encontrar direitos fundamentais materiais não formalizados nas respectivas Cartas Constitucionais, o que nos permite dizer, na esteira das lições de Jorge Miranda e Rui Medeiros,[95] que estes são pouco numerosos, mas ainda muito importantes, sobretudo, os novos direitos ou as novas leituras de direitos antigos, que emergem em razão do avanço tecnológico.[96]

Assim, justifica-se a investigação aqui proposta que atende aos anseios e às necessidades mais prementes de nosso atual constitucionalismo, quais sejam: conseguir, na atual sociedade hipercomplexa, proteger e promover a dignidade das pessoas humanas que integram o Estado brasileiro, bem como seus direitos e garantias fundamentais, por vezes não positivados expressamente no rol de direitos de nossa Constituição.

Contudo, antes de analisarmos especificamente a atual cláusula de abertura de nossa atual Carta Maior, façamos uma análise desta

95. MIRANDA, Jorge; MEDEIROS, Rui. **Constituição Portuguesa Anotada.** Coimbra: Coimbra, 2005, v.1.

96. Nesse sentido, ao comentarem a cláusula de abertura a direitos e garantias fundamentais prevista na Constituição portuguesa (art. 16, nº 1), Jorge Miranda e Rui Medeiros afirmam que "o n.º 1 consagra uma cláusula aberta ou de não tipicidade ou, doutro prisma, uma noção material de direitos fundamentais, derivada da própria ideia de dignidade da pessoa humana cuja realização está para além de qualquer catálogo fixo. Não se trata, obviamente, de elevar a direitos fundamentais todos os direitos provenientes de outras fontes. Trata-se apenas de, entre estes, reconhecer alguns que, pela *fundamentalidade*, pela conexão com direitos fundamentais formais, pela sua natureza *análoga* (cfr. Artigo 17.º) ou pela sua decorrência imediata de princípios constitucionais, se situem ao nível da Constituição material. Entretanto, tendo em conta a extensão do elenco de direitos fundamentais acolhido na Constituição, poucos se oferecem os direitos novos que se encontram em normas legais e jurídico-internacionais. São mais numerosos os desdobramentos e desenvolvimentos daqueles direitos ou as novas faculdades que se explicitam". Ibidem, p. 138.

cláusula na história de nosso constitucionalismo, bem como uma breve investigação dessa cláusula em algumas Constituições estrangeiras.

1.2. EVOLUÇÃO DA CLÁUSULA DE ABERTURA A NOVOS DIREITOS FUNDAMENTAIS NO ÂMBITO DO CONSTITUCIONALISMO BRASILEIRO

No Brasil, a cláusula de abertura esteve presente em todas as Constituições Republicanas, só não sendo prevista na Carta Constitucional do Império, de 1824. Assim, esteve expressamente positivada na Constituição de 1891, em seu art. 78; na Constituição de 1934, em seu art. 114; na Constituição de 1937, em seu art. 123; na Constituição de 1946, em seu art. 144; na Constituição de 1967, em seu art. 150, § 35; na Constituição de 1969, em seu art. 153, § 36; e, por fim, na Constituição de 1988, em seu art. 5º, § 2º.

Como dito, a cláusula de abertura aos direitos fundamentais atípicos foi incorporada, em nosso constitucionalismo, pela Constituição de 1891 e, com pequenas modificações, mantida em todas as demais Constituições brasileiras. Com fortíssima inspiração no texto estadunidense,[97] Rui Barbosa, a quem coube "a sorte incomparável de ter sido não só o elaborador do texto constitucional, mas também o seu melhor e mais autorizado aplicador",[98] assim redigiu, por final,[99] no art. 78 da Constituição da República dos Estados Unidos do Brasil de 1891, o texto de nossa primeira cláusula de abertura a novos direitos fundamentais: "*A especificação das garantias e direitos expressos na Constituição não exclui outras garantias e direitos não enumerados, mas resultantes da forma de governo que ela estabelece e dos princípios que consigna*".

Antes dos comentários ao citado dispositivo constitucional, faz-se *mister* observar que o reconhecimento da origem estadunidense da cláusula de abertura aos direitos fundamentais atípicos e de sua

97. CAVALCANTI, João Barbalho Uchôa. **Constituição Federal Brasileira:** Commentários. 2.ed. Rio de Janeiro: F. Briguiet e Cia., 1924, p. 469.

98. LACOMBE, Américo Jacobina. Apresentação. In: Fundação Casa de Rui Barbosa. **Rui Barbosa e a Constituição de 1891**. Rio de Janeiro: Fundação Casa de Rui Barbosa, 1985.

99. Como explica João Barbalho Uchôa Cavalcanti, antes do texto final proposto por Rui Barbosa, tivemos a propositura da cláusula de abertura no Projeto da Comissão do Governo Provisório, em seu art. 79 e nos Decretos n. 510 de 22 de Junho e n. 914 A de 23 de Outubro de 1890, em seus arts. de nº 75. CAVALCANTI, João Barbalho Uchôa. **Constituição Federal Brasileira:** Commentários. 2.ed. Rio de Janeiro: F. Briguiet e Cia., 1924, p. 469.

determinante influência na redação das cláusulas similares em outros ordenamentos (seja do Brasil, seja de outros países que contemplem a cláusula de abertura em sua ordem jurídica) é unanimidade entre os doutrinadores, comentadores e intérpretes do direito constitucional.

Pode-se dizer, com segurança, que o IX Aditamento à Constituição dos Estados Unidos da América do Norte influenciou a redação não só da cláusula de abertura da Constituição brasileira de 1891, mas, também, das cláusulas de abertura a novos direitos fundamentais das demais Constituições brasileiras que a sucederam.[100]

Tornando à análise específica da cláusula de abertura aos direitos fundamentais atípicos da Constituição de 1891, vale citar as palavras de Ruy Barbosa, na Questão Minas-Werneck, muito bem selecionadas por A. de Sampaio Dória:

> A Constituição, como qualquer outro texto de lei, não estatui sòmente o que reza em termos explícitos o seu texto, senão também o que nêle *implìcitamente* se abrange e o que necessàriamente se segue da essência das suas disposições. Regra é de interpretação, dizem os juízes americanos, que *o que está implícito numa norma legislativa, dela tão realmente é parte, quanto o que na sua letra está expresso* [...] Nas Constituições, de mais a mais, o elemento implícito assume proporções, sem comparação, mais inevitáveis, mais relevantes, e mais vastas do que nas leis ordinárias; porquanto, ao passo que as leis ordinárias são mais ou menos regulamentares,

---

100. Nesse sentido, Araujo Castro, ao discorrer sobre a Constituição de 1937, cita o IX Aditamento à Constituição dos Estados Unidos da América como sendo a origem da cláusula de abertura tanto da Constituição de 1937 (art. 123), como de suas predecessoras, as Cartas Constitucionais de 1934 (art. 114) e 1891 (art. 78). CASTRO, Araujo. **A Constituição de 1937**. Rio de janeiro: Freitas Bastos, 1938, p. 303-304. No mesmo sentido, Themistocles Brandão, ao comentar a cláusula de abertura aos direitos fundamentais atípicos da Constituição de 1946 (art. 144), afirma que sua origem reside no nono aditamento à Constituição estadunidense. CAVALCANTI, Themistocles Brandão. **A Constituição Federal Comentada**. Rio de Janeiro: José Konfino, 1949. v. 3, p. 270. Em sentido semelhante, Pontes de Miranda, ao comentar a Constituição de 1969 (Constituição de 1967, com a Emenda nº 1 que lhe deu nova redação), afirma que tanto na cláusula de abertura estabelecida pela ordem constitucional de 1967 (art. 150, § 35) como na estabelecida pela ordem constitucional de 1969 (art. 153, § 36) a sua origem nos remete a nona emenda constitucional dos Estados Unidos da América. MIRANDA, Pontes. **Comentários à Constituição de 1967:** com a emenda nº 1 de 1969. 3.ed. Rio de Janeiro: Forense, 1987. v. 5, p. 658-662. Por fim, em relação à atual cláusula de abertura aos direitos fundamentais atípicos (art. 5ª, § 2º, da CF/88), o entendimento da doutrina é o mesmo, como se comprova em análise feita, dentre outros, por: SARLET, Ingo. Wolfgang. Dignidade da Pessoa Humana e Abertura Material do Catálogo de Direitos Fundamentais na Constituição Federal de 1988: algumas aproximações. In: BENEVIDES, Maria Victoria de Mesquita; BERCOVICI, Gilberto; MELO, Claudineu de. (Org.). **Direitos Humanos, Democracia e República:** Homenagem a Fábio Konder Comparato. São Paulo: Quartier Latin, 2009, p. 521-548.

> decompõem com mais ou menos miudeza os assuntos de que tratam, a Constituição descreve linhas gerais, e só assinala os grandes traços da organização do país [...] Numa fórmula incisiva e sintética: cada lei se supõe conter implicitamente, quando o não contém nas suas formais palavras, todas as disposições que necessárias sejam, para dar realidade ao seu propósito e objeto, ou para dar efetividade aos direitos, aos poderes, aos privilégios, ou às jurisdições, que ela institui, bem como todas as consequências laterais ou subsidiárias, que dos seus termos se possam, justa e logicamente, inferir.[101]

O professor João Barbalho Uchôa Cavalcanti, ao comentar o citado art. 78 da primeira Carta da República, ensinava, há época, que para além das garantias mencionadas nos artigos referentes ao rol de direitos e garantias fundamentais (arts. 72 e ss.) outras garantias eram "asseguradas pela Constituição, como corollarios da fórma de governo por ella estabelecida e de seos principios fundamentaes",[102] isto é, tinha-se na forma de governo (República) e nos princípios fundamentais da Constituição as fontes dos direitos fundamentais atípicos.

Além disso, conforme explica João Barbalho Uchôa Cavalcanti, a cláusula de abertura constitucional a novos direitos fundamentais "foi ahi estabelecida, dizem os commentadores, como cautela contra a má applicação da maxima demasiado repetida, que uma affirmação em casos particulares importa uma negação em todos os mais e *vice-versa*", ou seja, fora positivada em face do receio de se negar outros direitos para além daqueles que os *Autores da Constituição (o Constituinte)* se recordaram ou optaram, naquele tempo (tempo em que se redigiu a Constituição), por redacionar.[103]

Nesse sentido, João Barbalho assim compendia suas reflexões sobre o comentado artigo:

> Tendo a Constituição mencionado taes e quaes direitos e garantias como pertencentes aos individuos, aos codadãos, ao povo, poder-se-ia concluir que outros direitos e garantias não lhes são

101. DÓRIA, A. de Sampaio. **Direito Constitucional**: Comentários à constituição de 1946. São Paulo: Max Limonad, 1960. v.4, p. 701-702.

102. CAVALCANTI, João Barbalho Uchôa. **Constituição Federal Brasileira:** Commentários. 2.ed. Rio de Janeiro: F. Briguiet e Cia., 1924, p. 469.

103. Ibidem, idem.

> reconhecidos, visto não se acharem expressos no texto constitucional (Inclusio unius exclusio alterius). Para afastar essa falsa conclusão, a Constituição declara que a enumeração n'ella feita quanto a direitos e garantias não deve ser tida como suppressiva de outros não mencionados, os quaes ficam subsistentes uma vez que sejam decorrentes da fórma de governo que ella estabelece e dos principios que consagra.[104]

Com o fim da República Velha e ante a necessidade de uma nova Constituição, no ano de 1934 foi promulgada a nova Constituição da República dos Estados Unidos do Brasil, que instituiu o governo constitucionalista da Era Vargas.[105] Essa constituição ficou marcada pelo reconhecimento de uma gama maior de direitos fundamentais sociais, sobretudo de direitos trabalhistas.[106]

Em que pese o reconhecimento de um conjunto maior de direitos, o Constituinte não se olvidou da abertura material da Constituição aos direitos fundamentais atípicos, positivando a cláusula de abertura a novos direitos fundamentais no art. 114 da Constituição de 1934, que assim dispunha: *"A especificação dos direitos e garantias expressos nesta Constituição não exclui outros, resultantes do regime e dos princípios que ela adota"*.

A Constituição de 1934, que durou pouco mais de três anos, reformulou a cláusula de abertura aos direitos fundamentais atípicos não só em seu texto, mas também em seu conteúdo, pois modificou uma de suas fontes. Se na Constituição de 1891 as fontes desses direitos eram a *forma de governo* e os *princípios constitucionais*, na Constituição de 1934 as fontes passaram a ser o *regime constitucional* e os *princípios constitucionais*.

Os *princípios constitucionais* foram mantidos como fontes dos novos direitos fundamentais, contudo a forma de governo foi substituída pelo regime constitucional, ampliando-se as possibilidades

---

104. Ibidem, idem.

105. Sobre o constitucionalismo da Era Vargas, ver: AMARAL, Roberto. O constitucionalismo da Era Vargas. **Revista Latino-Americana de Estudos Constitucionais.** Belo Horizonte, n. 3, p. 187-198, jan/jun, 2004.

106. Nesse sentido, Bernardo Gonçalves afirma que "diferentemente das Constituições anteriores, a Constituição de 1934 irá nos apresentar o constitucionalismo social, rompendo com o modelo constitucional pretérito de viés liberal. Ou seja, é a nossa primeira constituição do constitucionalismo social". FERNANDES, Bernardo Gonçalves. **Curso de Direito Constitucional.** 5. ed. Salvador: Juspodivm, 2013, p. 262.

de se encontrar direitos fundamentais atípicos. A expressão *forma de governo* era bem mais limitada, pois se resumia ao princípio Republicano (forma de governo = republicano, art. 1º), que já era, inclusive, contemplado pela expressão princípios constitucionais. Por outro lado, a expressão *regime constitucional* implica necessariamente no reconhecimento de direitos fundamentais atípicos no âmbito do sistema constitucional como um todo e, em especial, no âmbito do (sub)sistema de direitos e garantias fundamentais.

Nada obstante, os direitos fundamentais atípicos não tiveram um espaço temporal significante para se desenvolverem na ordem constitucional instituída em 1934, pois ela findou-se prematuramente com o golpe ditatorial do Estado Novo. Três anos após sua promulgação a Constituição de 1934 deu lugar à Constituição de 1937, também conhecida como Constituição do Estado Novo ou Polaca (termo pejorativo que fazia remissão à sua forte inspiração na Constituição autoritária da Polônia de 1935), marcada, dentre outras coisas, pelas feições fascistas que sustentava.[107]

Redigida por Francisco Campos, a Constituição de 1937 e o regime implementado por ela, inobstante à ampliação dos direitos sociais e trabalhistas reconhecidos e a edição da Consolidação das Leis Trabalhistas (CLT), em 1943,[108] significaram verdadeiro retrocesso em matéria de direitos e garantias fundamentais.[109] Só para exemplificar, foram suprimidos o mandado de segurança e a ação popular,

107. Nesse sentido, Dirley da Cunha Júnior afirma que "a Constituição de 1937 foi a mais autoritária de todas. Outorgada por Getúlio Vargas em 10 de novembro de 1937, teve a preocupação de fortalecer o Poder Executivo, consubstanciando-se num documento de inegável caráter fascista, em razão especialmente do fechamento do Congresso Nacional (art. 178), da extinção dos partidos políticos e da concentração dos Poderes Executivo e Legislativo nas mãos do Presidente da República, que legislava por meio de decretos leis". CUNHA JÚNIOR. Dirley da. **Curso de Direito Constitucional.** 6. ed. Salvador: JusPodivm, 2012, p. 526.

108. É interessante anotar, como enfatiza Daniel Sarmento, que os direitos sociais reconhecidos na Era Vargas, ao contrário do que ocorreu na maior parte dos países europeus, foram concebidos de cima para baixo, quase como uma dádiva, um presente. Nesse sentido, Sarmento afirma que "os direitos sociais eram vistos pelo ângulo predominantemente paternalista, mais como favores, decorrentes da generosidade de um Presidente pai dos pobres, do que genuinamente como direitos". SARMENTO, Daniel. **Por um constitucionalismo inclusivo.** Rio de Janeiro: Lumen Juris, 2010, p. 41-45.

109. Nesse sentido, Daniel Sarmento afirma: "No campo dos direitos fundamentais, abundaram violações. Houve generalizada perseguição de opositores, com prisões, exílios e tortura, sobretudo de comunistas, mas também de integralistas e liberais. A censura a imprensa era institucionalizada, acompanhada de uma onipresente propaganda do regime, sob a égide do Departamento de Imprensa e Propaganda (DIP) pautada pelo ufanismo e culto a personalidade de Getúlio. Os partidos políticos foram proibidos, bem como as associações civis que promovessem propaganda política...". SARMENTO, Daniel. **Por um constitucionalismo inclusivo.** Rio de Janeiro: Lumen Juris, 2010, p. 44.

foram proibidos a greve e os partidos políticos e instalada uma forte censura à imprensa.

Em que pese o caráter centralizador e autoritário da Constituição outorgada em 1937, ela também previu uma cláusula de abertura a novos direitos fundamentais, positivada em seu art. 123, que assim afirmava: "*A especificação das garantias e direitos acima enumerados não exclui outras garantias e direitos, resultantes da forma de governo e dos princípios consignados na Constituição*".

A elogiável ampliação das fontes dos direitos fundamentais atípicos realizada pela Constituição de 1934 fora suprimida pela Constituição de 1937, que apesar de manter os princípios constitucionais como fontes, voltou a prever apenas a forma de governo e não mais o regime constitucional como fonte dos novos direitos fundamentais. Assim, retornamos a uma abertura similar a que se tinha no sistema constitucional de 1891 (retrocedemos quase 50 anos!). Talvez por isso, Araujo Castro, ao comentar o art. 123 da Constituição de 1937, limitou-se a reproduzir, *ipsis litteris*, os comentários de João Barbalho Uchôa Cavalcanti ao art. 78 da Constituição de 1891.[110]

A Constituição de 1937, apesar de ter durado mais tempo que sua antecessora, também não vigorou por muitos anos. Após o fim da Segunda Guerra Mundial o movimento democrático ganhou força e em 29 de outubro de 1945 Getúlio Vargas foi deposto pelos militares. Em 02 de dezembro de 1945 ocorrem eleições e, em 1946, Eurico Gaspar Dutra assume como Presidente democraticamente eleito. No dia 02 de fevereiro de 1946 a Assembleia Nacional Constituinte é instalada e, em 18 de setembro de 1946, a Constituição dos Estados Unidos do Brasil é promulgada.

Mantendo a tradição das Constituições brasileiras republicanas, a Constituição de 1946 previu, em seu art. 144, a cláusula de abertura aos direitos fundamentais atípicos, assim dispondo: "*A especificação, dos direitos e garantias expressas nesta Constituição não exclui outros direitos e garantias decorrentes do regime e dos princípios que ela adota*".

José Duarte, com apoio na doutrina de Calderón,[111] ao comentar o referido dispositivo constitucional, afirma que ele é de suma

110. CASTRO, Araujo. **A Constituição de 1937**. Rio de janeiro: Freitas Bastos, 1938, p. 303-304.

111. Calderón, citado por José Duarte, ao discorrer sobre a cláusula de abertura a novos direitos fundamentais afirma que "Vê-se, pois, que o propósito geral da cláusula que comenta é impedir que

importância institucional e que para justificá-lo basta "recordar as palavras de Hamilton, que se opunha a que figurasse na Constituição a declaração de direitos e garantias, porque sua enumeração imperfeita poderia dar lugar à pretensão dos poderes públicos de desconhecer e conculcar os direitos *não enumerados*, ainda que detidos pelo povo".[112]

Eduardo Espinola, ao examinar o citado dispositivo, afirma que "com a especificação dos direitos e garantias individuais, no art. 141, não pretendeu a Constituição excluir outros direitos e garantias que resultem do espírito da mesma Constituição e dos princípios democráticos que ela aceitou", pois, segundo ele, para além dos direitos expressos no texto, "há direitos e garantias implícitos".[113]

Nesse sentido, A. de Sampaio Dória afirma que "os direitos e as garantias individuais, contra abusos de poder, foram especificados no art. 141 em 38 parágrafos, sem, contudo, esgotar-se a lista, e apesar de se reduzirem uns a outros, ou serem uns desdobramentos ou complementos de outros" e complementa dizendo que "a especificação dos direitos e garantias do art.141 é extensa. Mas não o bastante. Há direitos e garantias ainda não especificados no art. 141, e nem por isto excluídos da proteção constitucional, segundo o art.144".[114]

Já Themistocles Brandão Cavalcanti, ao comentar o art. 144, leciona que não só os direitos fundamentais, mas "tôda a interpretação constitucional vive de prepostos que não se acham expressos no Texto, mas decorrem do regime instituído e da forma de govêrno adotada", pois, segundo ele, "a democracia, o regime representativo, a federação envolvem todos os artigos da Constituição cuja aplicação e

---

as autoridades constituídas, tanto da Nação como das províncias, possam arrogar-se atribuições e faculdades que nas leis fundamentais respectivas não lhes estejam conferidas, em menoscabo da liberdade civil e política do povo; e tem, também, esta cláusula como propósito essencialmente jurídico afirmar o direito do povo para reivindicar, pelos meios regulares ou extraordinários, seus direitos quando hajam sido usurpados por aquelas. Como as ditas autoridades devem limitar-se ao desempenho dos poderes que a Constituição lhes há outorgado, e como para o nosso regime político todas elas são responsáveis ante o povo, resulta disto que o abuso cometido por essas autoridades não pode obrigar a este, legitimamente, porque não obrigou ao mandante os atos do mandatário que há violado o mandato, e também resulta que o povo pode fazer efetiva essa responsabilidade, já mediante o procedimento judicial estabelecido pela Constituição...". DUARTE, José. **A Constituição Brasileira de 1946**: Exegese dos textos à luz dos trabalhos da Assembleia Constituinte. Rio de Janeiro: Imprensa Nacional, 1947. v. 3, p.89-90

112. Ibidem, p.89.

113. ESPINOLA, Eduardo. **Constituição dos Estados Unidos do Brasil**: 18 de setembro de 1946. Rio de janeiro: Freitas Bastos, 1952. v. 2, p. 574.

114. DÓRIA, A. de Sampaio. **Direito Constitucional**: Comentários à constituição de 1946. São Paulo: Max Limonad, 1960. v.4, p. 700.

interpretação devem ser feitas em junção desses princípios".[115] Nota-se nas palavras do autor, a defesa de uma abertura constitucional não só do (sub)sistema de direitos fundamentais, mas da ordem jurídica constitucional como um todo (sistema constitucional). Aqui, o autor faz referência não só ao conceito material de direitos fundamentais, mas também ao conceito material de Constituição.

Analisando as fontes dos direitos fundamentais atípicos previstas pela Constituição de 1946, pode-se dizer que ela promove uma abertura mais ampla que sua antecessora, retomando as fontes previstas pela Constituição de 1934. Assim, são fontes dos direitos fundamentais atípicos o *regime constitucional* (que implica no reconhecimento de direitos fundamentais atípicos no âmbito do sistema constitucional como um todo e, em especial, no âmbito do (sub)sistema de direitos e garantias fundamentais) e os *princípios constitucionais*.

Nesse sentido, encontra-se a doutrina de Carlos Maximiliano que, ao analisar o art. 144 da Constituição de 1946, assim afirma:

> A Constituição é a ossatura de um sistema de govêrno, um esqueleto de idéias e princípios gerais, que formam o núcleo, o credo, o dogma fundamental de um regime, o decálogo político de um povo. Não pode especificar todos os direitos, nem mencionar todas as liberdades. A lei ordinária, a doutrina e a jurisprudência completam a obra, sem desnaturá-la, revestindo, e não deformando, o arcabouço primitivo. *Nenhuma inovação se tolera em antagonismo com a índole do regime, nem com os princípios firmados pelo código supremo. Portanto, não é constitucional apenas o que está escrito no estatuto básico, e, sim, o que se deduz do sistema por êle estabelecido, bem como o conjunto de franquias dos indivíduos e dos povos universalmente consagradas [princípios]* [...] O texto não cria direitos; reconhece-os, protege-os. Especialmente enumera os mais importantes ou mais expostos à violação [...] Por isso os dispositivos asseguradores de prerrogativas e regalias não diminuem o valor nem a estima de outras, sôbre as quais silenciou a Constituinte apesar de serem peculiares ao regime triunfante. Vigora um sistema de poderes limitados; na dúvida, prevalece a *exegese favorável ao indivíduo* propícia à liberdade [...] Outra razão de existir milita ainda, a favor do art. 144: evitar, a respeito

115. CAVALCANTI, Themistocles Brandão. **A Constituição Federal Comentada**. Rio de Janeiro: José Konfino, 1949. v. 3, p. 270.

> das franquias populares e dos direitos do homem, o emprêgo da regra de Hermenêutica, em virtude da qual a afirmação em casos particulares importa a negação em todos os outros, e, vice-versa, negar um caso expresso implica afirmar nos demais (*inclusio unius alterius est exclusio*).[116]

No mesmo sentido, Pontes de Miranda, ao comentar o art. 144 da Constituição de 1946, afirma:

> O que se diz é que – os têrmos são os da Constituição norte-americana – a enumeração de alguns direitos na Constituição não pode ser interpretada no sentido de excluir ou enfraquecer outros direitos que tem o povo. Com isso, invoca-se o fato de que o *poder estatal* está no povo e ao mesmo tempo se alude a ser sistema, ser todo, a Constituição, – ser forma escrita de princípios que perpassam por tôda ela. Ainda mais: não se limitaram os Direitos (supraestatais) do Homem, nem os Direitos dos Povos [...] Os textos constitucionais, quando se preocupavam com os direitos dos indivíduos e dos nacionais, mais cogitam daqueles que fàcilmente se põem em perigo. Com isso, não negam os outros, como, por exemplo, o *direito à vida*. Uma das conseqüências da regra do art. 144 é refugar-se, a respeito de direitos e garantias, princípio de interpretação das leis *inclusio unius alterius est exclusio.*[117]

Com uma visão um pouco mais reducionista (e com a qual discordamos), Paulino Jacques, ao examinar a mencionada cláusula de abertura aos direitos fundamentais atípicos (por ele chamados de direitos implícitos), afirma que além dos direitos e garantias positivados nos 38 parágrafos do art. 141 da Constituição de 1946, "o preceito assegura outros resultantes do regime (democracia social) e dos princípios que a Constituição adota (república federal presidencialista)".[118] Inobstante à respeitável posição do autor, pensamos que a Constituição, neste dispositivo, quando diz *regime* quer fazer menção ao sistema (constitucional de um modo geral e de direitos fundamentais de um modo específico) e não somente ao

116. MAXIMILIANO, Carlos. **Comentários à Constituição Brasileira**. 5.ed. Rio de Janeiro: Freitas Bastos, 1954. v. 3, p. 175-176 (grifo nosso).
117. MIRANDA, Pontes. **Comentários à Constituição de 1946.** 3.ed. Rio de Janeiro: Borsoi, 1960. v. 5, p. 411-412.
118. JACQUES, Paulino. **A Constituição Federal Explicada**. Rio de Janeiro: Forense, 1958.

princípio democrático e ao princípio do Estado Social. Além disso, também nos parece que os *princípios* adotados pela Constituição são muitos mais do que simplesmente os três que o autor aponta (princípio republicano, princípio federalista e princípio presidencialista), como por exemplo, independência e harmonia dos Poderes (art. 7º, VII, "b"), justiça social (art. 145), liberdade de iniciativa (art. 145), valorização do trabalho humano (art. 145), solidariedade humana (art. 166) etc.

Em sentido muito próximo ao de Paulino Jacques em relação ao *regime*, A. de Sampaio Dória afirma que "o regime é o representativo, o republicano, o presidencialista como formas de govêrno, e o federal como forma de Estado".[119] Já em relação aos *princípios* Sampaio Dória parece ter uma visão mais ampla e sistêmica, muito próxima (ou idêntica) a nossa. Nesse sentido, para ele "os princípios que a Constituição adota se acham espalhados por numerosos artigos".[120]

Na tentativa de trazer exemplos de direitos fundamentais atípicos advindos da cláusula de abertura da Constituição de 1946, Pontes de Miranda adverte que "não é fácil, no momento humano que atravessamos, apontar *quais* os direitos, seguranças e garantias que o regime político democrático-liberal contém em si, implìcitamente".[121] Mais de 50 anos depois (edição de 1960), parece-nos que ainda continua não sendo fácil, em razão, sobretudo, "do momento humano que atravessamos".

Mas isso não impediu Pontes de Miranda de identificar exemplos. Dentre outros, ele apresenta como exemplo de direito fundamental atípico, por ele chamado de direito implícito (direitos advindos do regime e dos princípios - art. 144), o direito a não sofrer discriminações por razões de sexo, raça, profissão, classe social, riqueza e crença religiosa ou política, como sendo uma afronta ao "princípio de isonomia, que a Constituição de 1946 pôs antes de todos (art. 141, § 1.º)".[122]

---

119. DÓRIA, A. de Sampaio. **Direito Constitucional**: Comentários à constituição de 1946. São Paulo: Max Limonad, 1960. v.4, p. 700.

120. Ibidem, idem.

121. MIRANDA, Pontes. **Comentários à Constituição de 1946.** 3.ed. Rio de Janeiro: Borsoi, 1960. v. 5, p. 412.

122. Em seus comentários, o autor faz uma análise aprofundada desse novel direito. MIRANDA, Pontes. **Comentários à Constituição de 1946.** 3.ed. Rio de Janeiro: Borsoi, 1960. v. 5, p 413 e ss.

A Constituição de 1946 vigorou por pouco mais de 20 anos até o advento da Constituição ditatorial de 1967. Vale registrar que durante o período posterior ao golpe militar (31 de março de 1964) até a outorga da Constituição de 1967, a Constituição de 1946 foi "tábua rasa" em face do governo autoritário e intolerante que se instaurou no Brasil. Mais do que isso, os anos da ditadura militar significaram, em termos de violação dos direitos fundamentais, a fase mais severa de toda a República, assim como um período de grande retrocesso para o Brasil não só em termos de direitos fundamentais, como em praticamente tudo. Poder-se-ia afirmar, inclusive, que as cartas de direitos previstas nas Constituições do período ditatorial (1967 e 1969) eram meramente "figurativas".

Os 21 anos de governo da ditadura militar no Brasil (31 de março de 1964 a 15 de março de 1985) destacaram-se, em relação aos direitos fundamentais, nem pelo reconhecimento nem pela implementação, mas sim pelo abuso e violação reiterada. Foi um período sombrio em que prevaleceram os crimes de Estado praticados pelos militares. A ditadura militar ficou marcada pela tortura, homicídios, estupros, agressões e forte violência de suas ações, intolerância, opressão (até mesmo armada) dos movimentos sociais, intelectuais, artísticos e acadêmicos, além de corrupção, endividamento público, enriquecimento ilícito etc. A exemplo, o professor Goffredo da Silva Telles Júnior, em dois artigos marcantes (*A antevéspera da "Carta aos Brasileiros"* e Goffredo *Telles Júnior dá a público a Carta aos Brasileiros*)[123] relata-nos como a ditadura reprimia violentamente (agredindo, torturando, matando etc.) a imprensa e os movimentos intelectuais e acadêmicos do Brasil, narrando-nos o episódio (mais um de tantos outros) do assassinato sob tortura do jornalista Wladimir Herzog nos porões do Doi-Codi em 1975 e seus desdobramentos e o episódio da leitura da Carta aos Brasileiros no Pátio das Arcadas em 1977.

Neste período sombrio de intensas violações dos direitos fundamentais da pessoa humana e de cometimento de crimes contra a

123. TELLES JÚNIOR, Goffredo da Silva. A antevéspera da "Carta aos Brasileiros". In: PIOVESAN, Flávia; GARCIA, Maria (orgs.). **Doutrinas Essenciais Direitos Humanos:** Teoria Geral dos Direitos Humanos. São Paulo: RT, 2011. v.1, p. 1091-1107; e TELLES JÚNIOR, Goffredo da Silva. Goffredo Telles Júnior dá a público a Carta aos Brasileiros. In: PIOVESAN, Flávia; GARCIA, Maria (orgs.). **Doutrinas Essenciais Direitos Humanos:** Teoria Geral dos Direitos Humanos. São Paulo: RT, 2011. v.1, p. 1109-1121.

humanidade apontados e criticados ao redor do mundo,[124] tivemos, num primeiro momento, o advento da Constituição da República Federativa do Brasil de 1967 e, dois anos depois, num segundo momento, o advento da Emenda Constitucional nº 1, que editou um novo texto à Constituição Federal de 1967, iniciando um novo regime constitucional e, portanto, criando uma nova Carta Constitucional: a Constituição da República Federativa do Brasil de 1969.

Em ambas as Constituições da ditadura a cláusula de abertura aos direitos fundamentais atípicos esteve presente. Por óbvio que ela era tão figurativa (ou mais) quanto os próprios direitos fundamentais típicos, expressamente reconhecidos pelo texto constitucional. Aqui cabe o questionamento: Se o governo ditatorial não respeitava os direitos escritos e reconhecidos pala Constituições que ele mesmo outorgou, ele respeitaria os não escritos? Ele, ao menos, os reconheceria? Cremos que a resposta seja negativa para ambas as questões.

De todo modo, façamos uma breve análise das cláusulas de abertura aos direitos fundamentais atípicos positivados nessas duas Constituições à luz das reflexões da doutrina da época. Na Constituição de 1967 ela foi positivada em seu art. 150, § 35 e assim dispunha: "A *especificação dos direitos e garantias expressas nesta Constituição não exclui outros direitos e garantias decorrentes do regime e dos princípios que ela adota*". Já na Constituição de 1969 ela estava prevista em seu art. 153, § 36 com a seguinte redação: "*A especificação dos direitos e garantias expressos nesta Constituição não exclui outros direitos e garantias decorrentes do regime e dos princípios que ela adota.*".

Em primeiro lugar, cumpre observar que as redações de ambos os dispositivos (art. 150, § 35 da Constituição de 1967 e art. 153, § 36 da Constituição de 1969) eram idênticas à redação do art. 144 da Constituição de 1946, com um único detalhe diferencial na redação positivada na Carta de 1969 que ao invés de "expressas", no feminino, utilizou-se do termo "expressos", no masculino, que a nosso ver só reforça a feição machista do regime ditatorial, independentemente de qualquer regra gramatical da língua portuguesa.

---

124. Sobre os crimes contra a humanidade cometidos pelo governo ditatorial brasileiro nos anos da ditadura, ver: WEICHERT, Marlon Alberto. Crimes contra a humanidade perpetrados no Brasil. In: PIOVESAN, Flávia; GARCIA, Maria (orgs.). **Doutrinas Essenciais Direitos Humanos:** Proteção Internacional dos Direitos Humanos. São Paulo: RT, 2011. v.6, p. 371-419.

Talvez por isso (pela repetição literal do enunciado positivado na Carta Constitucional de 1946), Pontes de Miranda, ao comentar as referidas cláusulas de abertura das Constituições de 1967 e de 1969, praticamente limitou-se a reproduzir os comentários que havia feito ao art. 144 da Constituição de 1946.[125]

Ao examinar o art. 150, § 35 da Constituição de 1967, Paulo Sarasate, com apoio na doutrina de Jorge Xifra Heras, aponta como fontes dos direitos fundamentais atípicos o *regime democrático* e os *princípios constitucionais.*[126] A posição do autor parece-nos demasiado criticável. Quanto aos princípios constitucionais, como o autor não explica nem aponta do que se trata, preferimos nos abster da crítica. Contudo, em relação ao regime, além de limitá-lo a um único princípio (o democrático), ao invés de reconhecê-lo como sendo o sistema de direito constitucional e, em especial, o sistema de direitos fundamentais, Paulo Sarasate faz remissão a um dos princípios que jamais vigoraram durante a vigência da Constituição de 1967. A democracia jamais foi implementada durante os idos do regime constitucional em análise. Não há como se falar em democracia nem de fato, nem de direito. O Congresso Nacional, durante o tempo em que esteve aberto era figura decorativa na repartição dos poderes, devendo obediência subserviente ao Executivo e ao Comando das Forças Armadas.

Por sua vez, Wolgran Junqueira Ferreira, em análise à cláusula de abertura aos direitos fundamentais atípicos positivada no art. 153, § 36 da Constituição de 1969, afirma que a Carta Constitucional, com o aludido dispositivo, pretende proteger não só os direitos fundamentais expressos, mas também os direitos fundamentais atípicos que se encontrem implícitos ou que decorram dos expressamente consagrados, de modo que "não há que se aplicar o princípio usado na hermenêutica de que *inclusio unius alterius est exclusio*", pois "os não incluídos não estão excluídos".[127]

Especificamente em relação às fontes dos direitos fundamentais atípicos consagradas pela Constituição de 1969, parece-nos que

---

125. MIRANDA, Pontes. **Comentários à Constituição de 1967:** com a emenda nº 1 de 1969. 3.ed. Rio de Janeiro: Forense, 1987. v. 5, p. 658-662.

126. SARASATE, Paulo. **A Constituição do Brasil ao alcance de todos.** Rio de Janeiro: Freitas Bastos, 1967, p. 491-492.

127. FERREIRA, Wolgran Junqueira. **Elementos de Direito Constitucional**. 2.ed. São Paulo: Pratense, 1972. v. 3, p. 618.

Wolgran Junqueira Ferreira advoga por uma leitura ampla e sistêmica tanto do *regime constitucional* como dos *princípios constitucionais*, exemplificando com o apontamento dos direitos dos brasileiros de se candidatarem aos cargos eletivos e do direito de resistência, como se percebe em seus seguintes dizeres:

> Implicitamente como direitos decorrentes do regime adotado pela Constituição, temos que a forma de governo é a republicana. Daí afluem os direitos dos brasileiros se candidatarem aos postos eletivos na forma prevista pela própria Constituição. Qualquer preceito nascido de lei ordinária poderá ser desconhecido ou negado. Quando a Constituição consagra direitos, garantias e princípios, assegura tudo aquilo que deles decorra. São portanto, garantidos os princípios decorrentes do sistema político (República democrática), e do texto constitucional na sua integridade [...] Qualquer violência, arbítrio ou constrangimento que parta dos governos, autoriza inclusive por parte do povo, quando os remédios jurídicos são insuficientes, o exercício de direito do direito de *resistência*.[128]

Já Manoel Gonçalves Ferreira Filho, ao comentar o art. 153, § 36 da Carta Constitucional de 1069, especificamente em relação ao *alcance* da referida cláusula de abertura, afirma que "a Constituição brasileira ao enumerar os direitos fundamentais não pretende ser exaustiva. Por isso, além desses direitos explicitamente reconhecidos, admite existirem outros 'decorrentes dos regimes e dos princípios que ela adota', os quais implicitamente reconhece", sendo que sua consequência principal é "que não se aplica à matéria o brocardo *inclusio unius exclusio alterius*".[129] Ao exemplificá-los, o autor adverte que não se trata de tarefa fácil, mas com base na doutrina de Limongi França, aponta os *direitos à integridade moral* como exemplos de direitos fundamentais atípicos, sendo eles: direito à honra, ao recato, à imagem, ao segredo, à identidade etc.[130] Só para constar: direitos que jamais foram respeitados pelo governo ditatorial, sendo tão figurativos quanto os direitos expressamente fundamentais.

---

128. Ibidem, p. 618-619.
129. FERREIRA FILHO, Manoel Gonçalves. **Comentários à Constituição Brasileira**. 5.ed. São Paulo: Saraiva, 1984, p. 632-633.
130. Ibidem, idem.

O governo ditatorial militar saiu do poder no início de 1985, assumindo a Presidência da Republica José Sarney, vice de Tancredo Neves (Presidente eleito que morreu antes de assumir). O Presidente Sarney herdou um legado de ódio, horror e sangue inocente dos militares e teve a difícil missão de reestabelecer a democracia e o humanismo no Brasil.

Em relação aos crimes cometidos contra a humanidade e os direitos fundamentais da pessoa humana, incessante e intensamente violados pela ditadura militar, o Brasil perdeu grande oportunidade de julgá-los e puni-los, no ano de 2010, no julgamento da Ação de Descumprimento de Preceito Fundamental (ADPF) nº 153 que contestava, no Supremo Tribunal Federal, a anistia bilateral e a, consequente, autoanistia concedida pela Lei de Anistia.[131]

Num contexto de reconstrução (da democracia, do humanismo, da teoria e da prática dos direitos fundamentais etc.), em 1º de fevereiro de 1987 foi instalada a Assembleia Nacional Constituinte, cujos trabalhos duraram até o dia 2 de setembro de 1988, sendo promulgada a Constituição da República Federativa do Brasil no dia 5 de outubro 1988, estabelecendo um extenso rol de direitos e garantias fundamentais (individuais, sociais, coletivos e difusos), cujas bases estão solidificadas no princípio fundamental da dignidade da pessoa humana (art. 1º, III), no âmbito interno, e no princípio fundamental da prevalência dos direitos humanos (art. 4º, II), no âmbito externo.

---

131. Sobre a constitucionalidade da Lei de Anistia, a anistia bilateral e a ADPF 153, ver, dentre outros, os seguintes trabalhos: WEICHERT, Marlon Alberto. Suprema Impunidade no Julgamento da ADPF 153. In: SARMENTO, Daniel; SARLET, Ingo Wolfgang (coords.). **Direitos Fundamentais no Supremo Tribunal Federal:** balanço e crítica. Rio de Janeiro: Lumen Juris, 2011; BOTTINI, Pierpaolo Cruz; TAMASAUSKAS, Igor. Lei de Anistia: um debate imprescindível. In: PIOVESAN, Flávia; GARCIA, Maria (orgs.). **Doutrinas Essenciais Direitos Humanos:** Direitos Civis e Políticos. São Paulo: RT, 2011. v.2; TELES, Edson Luís de Almeida. A Anistia e os Crimes Contra a Humanidade. In: PIOVESAN, Flávia; GARCIA, Maria (orgs.). **Doutrinas Essenciais Direitos Humanos:** Proteção Internacional dos Direitos Humanos. São Paulo: RT, 2011. v.6; e PIOVESAN, Flávia. Força integradora e catalisadora do sistema interamericano de proteção dos direitos humanos: desafios para a pavimentação de um constitucionalismo regional. In: PIOVESAN, Flávia; GARCIA, Maria (orgs.). **Doutrinas Essenciais Direitos Humanos:** Proteção Internacional dos Direitos Humanos. São Paulo: RT, 2011. v.6, p. 1123-1139. Esta última (Flávia Piovesan) demonstra que a Corte Interamericana no caso "massacre de Barrios Altos" – ocorrido no Chile, em que agentes policiais mataram 15 pessoas e estavam sendo beneficiados pela respectiva Lei de Anistia – condenou o Chile a reabrir as investigações, punir os responsáveis na forma da lei e reparar os danos materiais e morais sofridos pelos familiares das vítimas. Segundo a professora brasileira, "concluiu a Corte que as leis de 'autoanistia' perpetuam a impunidade, propiciam uma injustiça continuada, impedem às vítimas e aos seus familiares o acesso à justiça e o direito de conhecer a verdade e de receber a reparação correspondente, o que constituiria uma manifesta afronta à Convenção Americana. As leis de anistia configuram, assim, um ilícito internacional e sua revogação uma forma de reparação não pecuniária".

Após o fim do regime ditatorial e o reestabelecimento do Estado Democrático de Direito através do advento da Constituição brasileira de 1988, a cláusula de abertura a novos direitos fundamentais, ampliando de maneira ímpar em nosso constitucionalismo as fontes dos direitos fundamentais atípicos, abriu-se para os direitos humanos internacionais,[132] assim dispondo no art. 5º, § 2º da Carta Cidadã: *"Os direitos e garantias expressos nesta Constituição não excluem outros decorrentes do regime e dos princípios por ela adotados, ou dos tratados internacionais em que a República Federativa do Brasil seja parte"*.

A cláusula de abertura do art. 5º, § 2º, da Constituição de 1988, bem como os direitos fundamentais atípicos que dela advêm, serão objetos de análise mais detida e aprofundada nos Capítulos 2 e 3. Assim, passemos agora a uma breve análise da cláusula de abertura a novos direitos fundamentais no âmbito de alguns dos constitucionalismos estrangeiros que mais influenciaram (e que continuam a influenciar) o desenvolvimento do direito constitucional brasileiro.

1.3. A CLÁUSULA DE ABERTURA A NOVOS DIREITOS FUNDAMENTAIS NO CONSTITUCIONALISMO ESTRANGEIRO

No âmbito do direito estrangeiro, hodiernamente, várias são as Constituições a contemplarem uma cláusula de abertura ou de não tipicidade dos direitos fundamentais.

Apenas como exemplo, pode-se citar: Constituição dos Estados Unidos da América do Norte (IX Aditamento), Constituição da Alemanha (art. 93, inc. I, nº 4 e art. 2º, n. 1), Constituição da República Portuguesa (art. 16, nº 1), a Constituição da República Italiana (art. 2º), Constituição da Espanha (art. 10º, n. 1), Constituição da Estônia (art. 10º), Constituição do Principado de Andorra (art. 3º, 3), Constituição da Nação Argentina (art. 33), Constituição da Bolívia (art. 35), Constituição Política da República do Chile (art. art. 5º), Constituição

132. Apenas para um esclarecimento prévio, saliente-se que essa abertura aos direitos humanos internacionais foi sugerida por Antonio Augusto Cançado Trindade e, segundo ele "o disposto no artigo 5º (2) da Constituição Brasileira de 1988 se insere na nova tendência de Constituições Latino-americanas recentes de conceder um tratamento especial ou diferenciado no plano do direito interno aos direitos e garantias individuais internacionalmente consagrados". CANÇADO TRINDADE, Antonio Augusto. **Tratado de Direito Internacional dos Direitos Humanos.** Porto Alegre: Sérgio Antônio Fabris, 1997. v.1, p. 407.

Política do Peru (art. 3º), Constituição Política do Paraguai (art. 45), Constituição da República do Uruguai (art. 6º), Constituição Política da República da Guatemala (art. 44), Constituição da República Bolivariana da Venezuela (art. 50), Constituição Política da Colômbia (art. 94), Constituição Política da República da Nicarágua (art. 46), Constituição de São Tomé e Príncipe (art. 18, n. 1), Constituição de Cabo Verde (art. 16, n. 1) dentre tantas outras.

Aqui, em breve síntese, apresentar-se-á a referida cláusula no âmbito do constitucionalismo estadunidense, alemão e português, por entendê-los como mais influenciadores do direito brasileiro.

1.3.1. A cláusula de abertura a novos direitos fundamentais nos Estados Unidos da América do Norte

A gênese da cláusula de abertura a novos direitos fundamentais, como dito, reside no *IX aditamento à Constituição dos Estados Unidos da América do Norte*, que afirma que "a enumeração de certos direitos na Constituição não poderá ser interpretada como negando ou coibindo outros direitos inerentes ao povo". Vale lembrar que os Estados Unidos declararam-se independentes no ano de 1776 e aprovam sua Constituição no ano de 1787. Contudo, foi só no ano de 1791 que se incorporou à Constituição estadunidense uma carta de direitos, através das dez primeiras Emendas à sua Constituição, sendo, então, consideradas seu *Bill of rights*.[133]

133. Ellis Katz, em ótima síntese, demonstra bem o processo estadunidense de promulgação da Constituição e de incorporação da carta de direito. Segundo ele: "When the delegates to the Constitutional Conventional were almost ready to sign the document and send it to the states for their consideration, one delegate, Elbridge Gerry of Massachusetts, objected to the absence of a bill of rights and proposed that a special committee be appointed to prepare a bill of rights. His motion was defeated by an overwhelming vote. On September, 17, 1787, the Constitution, without a bill of rights, was approved by the delegates with only three dissents (Edmund Randolph and George Mason of Virginia and Elbridge Gerry of Massachusetts refused to sign the document.) and sent to the states for their consideration. Under the terms of the ratifying procedure, each state was to elect a state ratifying convention to consider the Constitution. It would require three-fourths of the states (9 of 12) to approve the Constitution [...] Three states (Delaware, Georgia and New Jersey) approved the Constitution almost immediately, but in Pennsylvania, there was considerable opposition to the Constitution. Some delegates to the Pennsylvania ratifying convention objected to the extensive powers given to the new federal government and feared that the states would be consolidated into what they as an essentially unitary form of government. The lack of a bill of rights was not a significant factor in the debates about the Constitution and, ultimately. Pennsylvania ratified the Constitution by a comfortable margin. The opponents of the Constitution (termed AntiFederalists) gathered their forces, and their opposition in Massachusetts, New York and Virginia focused on the lack of a bill of rights. The AntiFederalists were very strong in these states and the ratifying vote in each of them was extraordinarily close: 187-186 in Massachusetts, 30-27 in New York and 89-79 in

Como bem observa José Carlos Vieira de Andrade, o preceito estadunidense, positivado com a nona emenda, possui uma história muito própria,[134] não sendo interpretado como uma cláusula de abertura a novos direitos fundamentais desde o primeiro momento, ao menos não pela Suprema Corte estadunidense, que lhe atribuía meramente a função, associada à X Emenda, de solucionar questão de competência entre o Estado Federal e os Estados Federados.[135]

Nada obstante, parece que os autores da Constituição estadunidense tinham pretensões mais ousadas e, quando redigiram o IX Aditamento, pensaram na salvaguarda dos direitos fundamentais não escritos. Nesse sentido, Randy E. Barnett explica que James Madison, autor do IX e do X Aditamento, os propôs na busca de se superar as objeções de Alexander Hamilton[136] à positivação de uma carta de direitos e, também, em certa medida, as de Thomas Jefferson, este

---

Virginia. The supporters of the Constitution (termed Federalists), recognizing the strength of the AntiFederalists, urged the delegates to the state conventions to ratify the Constitution as it was, and they in turn, promised to propose a bill or rights as soon as the new government was established. Once the new government was established, neither the Federalists nor the AntiFederalists had much interest in a bill of rights. Nevertheless, James Madison, a leader among the Federalists, was true to his word. He drafted a bill of rights and ushered it through the House and Senate. It was approved by the states in 1791 and constitutes the first ten amendments to the Constitution". KATZ, Ellis. The United States Bill of Rights as a Constitutional Aftherthought. In: PIOVESAN, Flávia; GARCIA, Maria (orgs.). **Doutrinas Essenciais Direitos Humanos:** Teoria Geral dos Direitos Humanos. São Paulo: RT, 2011. v.1, p. 1066-1067.

134. Sobre a história do IX Aditamento à Constituição dos Estados Unidos da América do Norte, dentre outros, ver: COOLEY, Thomas. **Princípios Gerais de Direito Constitucional dos Estados Unidos da América do Norte.** 2.ed. São Paulo: RT, 1982, p. 229-232; MASSEY, Calvin R. Federalism and Fundamental Rights: The ninth Amendment. In: BERNETT, Randy E. (org.). **The Rights Retained by the People:** The History and Meaning of the Ninth Amendment. Fairfax: Univ Publ Assoc, 1991, p. 293 e ss.; BERNETT, Randy E. Introduction: James Madison's Ninth Amendment. In: BERNETT, Randy E. (org.). **The Rights Retained by the People:** The History and Meaning of the Ninth Amendment. Fairfax: Univ Publ Assoc, 1991, p. 2 e ss.

135. ANDRADE, José Carlos Vieira de. **Os Direitos Fundamentais na Constituição Portuguesa de 1976.** 5.ed. Coimbra: Almedina, 2012, p. 73.

136. Nesse sentido, Alexander Hamilton explicava seu posicionamento da seguinte maneira: "Irei agora mais longe e afirmarei que *bills* de direitos, no sentido e com a extensão que se lhes quer dar, não só seriam inúteis, mas ainda mesmo perigosos, no plano que se discute. Como todos esses *bills* não poderiam conter senão exceções a poderes que a Constituição não concede, nada mais próprio para dar pretextos plausíveis de pretender mais do que o que nele se acha estabelecido. E, a dizer a verdade, para que poderia ser útil proibir expressamente coisas que não há permissão de fazer? De que serviria, por exemplo, declarar que a liberdade de imprensa não será restringida se nenhum poder há que a restrinja? Não digo que uma disposição dessas desse poder de fazer regulamentos para modificar a liberdade de imprensa; mas certamente daria a homens dispostos a usurpar, pretexto muito plausível de arrogarem-se esse direito. Nada mais natural do que dizer-se que não se devia imputar á Constituição o absurdo de ter procurado prevenir o abuso de uma autoridade não existente, e que, se havia uma disposição para restringi-la, certo era que o governo nacional tinha poder de submeter a imprensa a úteis regulamentos. Sirva isso de amostra dos pretextos que daria ao abuso do poder de interpretar o *zelo* indiscreto por uma declaração de direitos". HAMILTON, Alexander; MADISON, James; JAY, John. **O Federalista.** Belo Horizonte: Líder, 2003, p. 501.

último receoso de que a declaração fosse insuficiente e não albergasse todos os direitos essenciais.[137]

Além disso, como explica Laurence H. Tribe, a nona emenda teve como finalidade específica afirmar que os direitos não positivados expressamente na carta de direitos não estariam à disposição do Governo Federal.[138] Deste modo, "ao mesmo tempo que se estabelecia um catálogo de direitos fundamentais, se evidenciava que o mesmo não poderia representar a renúncia, em favor da União, relativamente a outros direitos não enunciados".[139] Nesse mesmo sentido está o entendimento de Edward S. Corwin, segundo quem, *"there are certain rights of so fundamental a character that no free government may trespass upon them whether they are enumerated in the Constitution or not"*.[140-141]

Contribui para esse entendimento o *argumento jusnaturalista dos direitos inatos ao homem* que parece ter inspirado os autores da Constituição estadunidense[142] e que esteve presente antes mesmo da edição das dez primeiras emendas, já nas declarações de direitos dos Estados Federados, como, por exemplo, na Declaração de Virgínia de 1776, que em seu art. 1º preceitua uma série de direitos inatos aos seres humanos.[143] Nesse sentido, em relação à IX Emenda, Hans Kelsen, com seu modo peculiar de pensar, ao analisar o pensamento dos autores da Constituição estadunidense, afirma que:

> *Eles acreditavam em certos direitos naturais inatos, que existem, independentes da ordem jurídica positiva,* e que essa ordem

137. BERNETT, Randy E. Introduction: James Madison's Ninth Amendment. In: BERNETT, Randy E. (org.). **The Rights Retained by the People:** The History and Meaning of the Ninth Amendment. Fairfax: Univ Publ Assoc, 1991, p. 10. No mesmo sentido: KESLEY, Knowlton H. The Ninth Amendment os the Federal Constitution. In: BERNETT, Randy E. (org.). **The Rights Retained by the People:** The History and Meaning of the Ninth Amendment. Fairfax: Univ Publ Assoc, 1991, p. 102.

138. TRIBE, Laurence H. **American Constitutional Law.** 3.ed. New York: Fundation Press, 2000, v. 1, p. 904.

139. GOUVEIA, Jorge Bacelar. **Os Direitos Fundamentais Atípicos.** Lisboa: Aequitas, 1995, p. 180.

140. CORWIN. Edward S. **The Constitution And What It Means Today**. 14. ed. New Jersey: Princeton University Press, 1978, p. 440.

141. Em português: "Existem certos direitos de caráter tão fundamental que nenhum governo livre pode invadir -lhes estando eles enumerados na Constituição ou não". (tradução livre).

142. Sobre a relação da doutrina do direito natural e o IX Aditamento à Constituição estadunidense, ver: LOAN, Eugene M. Van. Natural rights and the ninth Amendment. In: BERNETT, Randy E. (org.). **The Rights Retained by the People:** The History and Meaning of the Ninth Amendment. Fairfax: Univ Publ Assoc, 1991, p. 149 e ss.

143. Sobre os direitos inatos ao homem na Declaração de Virgínia, ver: COMPARATO, Fábio Konder. **A Afirmação Histórica dos Direitos Humanos.** 7. ed. São Paulo: Saraiva, 2010, p. 127 e ss.

> tem apenas de proteger direitos dos indivíduos que o Estado tem de respeitar sob quaisquer circunstâncias, já que *esses direitos correspondem à natureza do homem*, e a sua proteção, à natureza de qualquer comunidade verdadeira. Essa teoria – a teoria do Direito Natural – era corrente no século XVIII. *Ela é claramente expressada na Nona Emenda*: "A enumeração de certos direitos na Constituição não será interpretada de modo a negar ou desacreditar outros assegurados ao povo". Com isso, os autores da Constituição queriam dizer que existem certos direitos que não podem ser expressados nem na Constituição nem na ordem jurídica positiva por ela fundada. Não obstante, *do ponto de vista do Direito positivo, o efeito dessa cláusula é autorizar órgãos de Estado que têm de executar a Constituição, especialmente os tribunais, a estipular outros direitos que não os estabelecidos pelo texto da Constituição. Um direito assim estipulado também é garantido pela Constituição, não diretamente, mas indiretamente, já que é estipulado por um ato criador de Direito de um órgão autorizado pela Constituição.* Desse modo, tal direito não é mais "natural" do que qualquer outro direito aprovado pela ordem jurídica positiva. Todo Direito natural é transformado em Direito positivo tão logo seja reconhecido e aplicado pelos órgãos do Estado com base na autorização constitucional.[144]

Deste modo, em que pese o inicial entendimento restritivo da Suprema Corte, superado tempos mais tarde, o IX Aditamento à Constituição dos Estados Unidos da America do Norte instituiu verdadeira cláusula de abertura a novos direitos fundamentais no âmbito de seu constitucionalismo, reconhecendo explicitamente que, para além dos direitos fundamentais expressamente positivados no rol típico da Carta Constitucional, existem outros direitos fundamentais (atípicos).[145]

Dois pontos parecem-nos ter sido de grande importância para o desenvolvimento dos direitos fundamentais atípicos no âmbito do constitucionalismo estadunidense: a *teoria da penumbra* e o

144. KELSEN, Hans. **Teoria Geral do Direito e do Estado.** 3.ed. São Paulo: Martins Fontes, 1998, p. 380 (grifo nosso).

145. CAPLAN, Rusell L. The history and the meaning of the ninth Amendment. In: BERNETT, Randy E. (org.). **The Rights Retained by the People:** The History and Meaning of the Ninth Amendment. Fairfax: Univ Publ Assoc, 1991.

fundamento material da *dignidade humana*, enquanto fonte direta desses direitos.

Em relação à *teoria da penumbra* pode-se dizer que ela foi adotada na decisão jurisprudencial mais importante para o desenvolvimento dos direitos fundamentais atípicos: *Griswold vs. Connecticut*[146], de 1965, decisão em que foi criado o direito à privacidade.[147] Resumidamente, pode-se dizer que esta teoria se desenvolve em face das próprias características dos direitos fundamentais. Como são direitos axiologicamente muito ricos e que possuem, por muitas vezes, imprecisões em relação aos seus conceitos, significados e contornos, faz-se possível retirar desses direitos novos significados, ou mesmo novos direitos, cuja raiz direta (para além da dignidade da pessoa humana, mas sem desconsiderá-la) está em direitos fundamentais típicos.

Sobre o paradigmático caso *Griswold vs. Connecticut*, vale reproduzir aqui pequeno trecho do emblemático voto do *Justice Goldberg*, citado por Edward S. Corwin ao discorrer sobre o IX Aditamento, *in verbis*:

> While this Court has had *little occasion* to interpret the Ninth Amendment '[i]t cannot be presumed that any clause in the Constitution is intended to be without effect.' ... In interpreting the Constitution, 'real affect should be given to all the words it uses.' ... The Ninth Amendment to the Constitution may be regarded by some as a recent discovery and may be forgotten by others, but since 1791 it has been a basic part of the Constitution which we are sworn to uphold. To hold that a right so basic and fundamental and so deep-rooted in our society as the right of privacy in marriage may be infringed because that right is not guaranteed in so many words by the first eight amendments to the Constitution is to ignore the Ninth Amendment and to give it no effect whatsoever. Moreover, a judicial construction that this fundamental right is not protected by the Constitution because it is not mentioned in explicit terms by one of the first eight amen-

---

146. Para um aprofundamento na teoria da penumbra, ver: CORWIN, Edward S. The "Higher Law" Background of American Constitutional Law. In: BERNETT, Randy E. (org.). **The Rights Retained by the People:** The History and Meaning of the Ninth Amendment. Fairfax: Univ Publ Assoc, 1991, p. 441-442; e Appendix C do mesmo livro.

147. BARROSO, Luís Roberto. **A dignidade da pessoa humana no direito constitucional contemporâneo:** a construção de um conceito jurídico à luz da jurisprudência mundial. Belo Horizonte: Fórum, 2013, p. 43.

> dments or elsewhere in the Constitution would violate the Ninth Amendment, which specifically states that '[t]he enumeration in the Constitution, of certain rights shall not be construed to deny or disparage others retained by the people'[148-149]

Quanto ao fundamento da *dignidade humana*, Luís Roberto Barroso, com base na jurisprudência da Suprema Corte, demonstra que ela tem sido considerada, no âmbito do constitucionalismo estadunidense, como um valor subjacente aos direitos expressos e aos direitos não enumerados. Mais ainda, a dignidade da pessoa humana funciona como verdadeira fonte dos direitos fundamentais, em especial na construção[150] dos direitos fundamentais não enumerados.[151]

Nada obstante, a dignidade humana, no âmbito do constitucionalismo estadunidense, não é o fundamento único dos direitos fundamentais não enumerados. Conforme discorre Ronald Dworkin, o sistema de direitos individuais estadunidense é um sistema de princípios abrangente, cujas bases estão na igualdade, na liberdade e na garantia do *due processo of law*, de modo que "é estranho que uma pessoa que acredita que cidadãos livres e iguais deveriam ter a garantia de um determinado direito individual não pense também que

---

148. CORWIN. Edward S. **The Constitution And What It Means Today**. 14. ed. New Jersey: Princeton University Press, 1978, p. 440-441.

149. Em português: Embora este Tribunal tenha tido poucas oportunidades de interpretar o Nono Aditamento, 'não se pode presumir que qualquer cláusula na Constituição se destina a ficar sem efeito.' ... Na interpretação da Constituição, 'deve-se dar efeito real a todas os palavras utilizadas.' ... O Nono Aditamento à Constituição pode ser considerado por alguns como uma descoberta recente e pode ser esquecido por outros, mas desde 1791 ele tem sido uma parte essencial da Constituição que nós juramos defender. Para sustentar que um direito tão básico e fundamental e tão profundamente enraizado em nossa sociedade , como o direito à privacidade no casamento, pode ser violado porque esse direito não é garantido nas palavras expressadas pelos primeiros oito Aditamentos à Constituição é ignorar o Nono Aditamento e não lhe atribuir efeito algum. Além disso, uma construção judicial em que este direito fundamental não é protegido pela Constituição porque não é mencionado nos termos explícitos de um dos oito primeiros aditamentos ou em outras partes da Constituição violaria o Nono Aditamento, que afirma especificamente que 'a enumeração de certos direitos na Constituição não poderá ser interpretada como negando ou coibindo outros direitos inerentes ao povo [ou retidos pelo povo]'. (tradução livre).

150. No entendimento de Laurence Tribe, a nona emenda é melhor compreendida como um regra de construção tanto dos direitos fundamentais, como do direito constitucional estadunidense como um todo. Nesse sentido, o autor afirma: *"In fact, both the Ninth and Tenth Amendments seem best understood as rules of construction for the Constitution as a whole"*. TRIBE. Laurence H. **American Constitution Law.** 3.ed. New York: Foundation Press, 2000. v. 1, p. 904.

151. BARROSO, Luís Roberto. **A dignidade da pessoa humana no direito constitucional contemporâneo:** a construção de um conceito jurídico à luz da jurisprudência mundial. Belo Horizonte: Fórum, 2013, p. 42-43 e 66-67.

a própria Constituição já contém esse direito, a menos que a história constitucional o tenha rejeitado de forma decisiva".[152]

Notadamente, o constitucionalismo estadunidense está consagrado sobre bases liberais, de modo que os direitos fundamentais, ou direitos individuais (*civil rights*) lá consagrados, sãos predominantemente direitos ligados ao princípio fundamental da liberdade. O mesmo pode-se dizer em relação aos direitos fundamentais atípicos reconhecidos pela Suprema Corte estadunidense. Apenas como exemplo,[153] além do direito à privacidade (reconhecido na afamada decisão *Griswold vs. Connecticut*), pode-se citar os seguintes direitos reconhecidos pela jurisprudência do referido Tribunal Constitucional: direito a receber igual proteção dos Estados e do Governo Federal;[154] direito de votar, atribuindo-se o mesmo valor ao voto de todos; direito à presunção de inocência e a exigir provas antes de ser condenado por um crime; direito de acesso aos tribunais e a outras instituições governamentais para a proteção de interesses atinentes; direito de associação; direito de viajar dentro e fora dos Estados Unidos da América do Norte;[155] direito de casar-se ou não; direito de escolher livremente sobre ter ou não filhos;[156] direito de educar os filhos de acordo com os padrões mínimos oferecidos pelo Estado e de os enviar para uma escola privada;[157] direito de escolher e praticar uma profissão; direito de estar presente nos julgamentos criminais;[158] direito de ensinar aos filhos uma língua estrangeira;[159] direito de estar livre de intrusos;[160] dentre tantos outros.

Quanto ao *regime jurídico dos direitos fundamentais atípicos* no âmbito do constitucionalismo estadunidense, considerando que a Constituição não contém regras específicas de aplicação e/ou interpretação dos direitos fundamentais, devendo-se lhes aplicar "o

152. DWORKIN, Ronald. **O direito da liberdade:** a leitura moral da Constituição norte-americana. São Paulo: Martins Fontes, 2006, p. 117.

153. Esses exemplos encontram-se catalogados por: GOUVEIA, Jorge Bacelar. **Os Direitos Fundamentais Atípicos.** Lisboa: Aequitas, 1995, p. 184-189.

154. Bolling vs. Sharpe, 347 U.S. 497 (1954).

155. Aptheker vs. Secretary of State, 378 U.S. 500 (1964).

156. Skinner vs. Oklahoma, 316 U.S. 535 (1942).

157. Pierce vs. Society of Sisters, 268 U.S. 510 (1925).

158. Richmond Newspapers Inc. vs. Virginia, 448 U.S. 555 (1980).

159. Meyer vs. Nebraska, 262 U.S. 390 (1923).

160. Rochin vs. California, 342 U.S. 165 (1952).

que se julga genericamente aplicável a todo texto constitucional",[161] pode-se afirmar que ele é "integralmente idêntico ao dos direitos fundamentais típicos".[162]

Após esta breve exposição analítica, vale registrar o *posicionamento crítico de Ronald Dworkin* que, ao propor sua *leitura moral da Constituição norte-americana*, afirma que a distinção entre direitos enumerados e não enumerados, tal qual é comumente empregada pelos constitucionalistas em geral, "não tem sentido, pois confunde as categorias de referência e interpretação". Segundo Dworkin isso se dá, sobretudo, porque os constitucionalistas vislumbram que "essa classificação estabelece uma importante diferença estrutural, como evidentemente dão a entender os termos 'enumerados' e 'não-enumerados'". Contudo, para Dworkin essa diferença estrutural não se sustenta, pois o que realmente existe é uma diferença que reside no campo da interpretação (que, evidentemente, exige um esforço maior dos juízes na construção/identificação dos direitos que não estão previstos expressamente no catálogo, mas que são direitos fundamentais garantidos pela Constituição estadunidense) e não da mera referência.[163] Nesse sentido, Dworkin afirma que:

> A Declaração de Direitos é composta por princípios amplos e abstratos de moralidade política, que juntos abarcam, sob uma forma excepcionalmente abstrata, todas as dimensões da moralidade política que, em nossa cultura política, podem servir de base ou justificativa para um determinado direito constitucional individual. Na aplicação desses princípios abstratos a controvérsias políticas particulares, o que está em jogo não é uma referência, mas uma interpretação, e isso é muito diferente.[164]

Por fim, vale dizer que o pioneirismo estadunidense em abrir o catálogo de direitos fundamentais para além daqueles que os Autores da Constituição positivaram, isto é, para direitos fundamentais atípicos, inspirou muitos outros constitucionalismos pelo mundo, inclusive o brasileiro, tornando o IX Aditamento uma referência constitucional

---

161. GOUVEIA, Jorge Bacelar. **Os Direitos Fundamentais Atípicos.** Lisboa: Aequitas, 1995, p. 189.
162. Ibidem, p. 190.
163. DWORKIN, Ronald. **O direito da liberdade:** a leitura moral da Constituição norte-americana. São Paulo: Martins Fontes, 2006, especialmente p. 115-134.
164. Ibidem, p. 124.

das mais importantes, sobretudo para a eterna luta de proteção e promoção da pessoa humana e de seus direitos fundamentais.

1.3.2. A cláusula de abertura a novos direitos fundamentais na Alemanha

A Constituição alemã, (também conhecida como Lei Fundamental de Bonn ou Lei Fundamental da Alemanha) possui duas diferentes cláusulas de abertura a novos direitos fundamentais, sendo que cada uma delas traz uma possibilidade diferente de se encontrar direitos fundamentais atípicos. A primeira possibilidade diz respeito aos direitos fundamentais previstos na Constituição, mas que se encontram fora do rol específico dos direitos fundamentais e a segunda possibilidade refere-se aos direitos fundamentais advindos do livre desenvolvimento da personalidade.

Como explica Ingo Wolfgang Sarlet,[165] a Constituição da Alemanha, em seu art. 93, inc. I, nº 4, realiza uma abertura a direitos e garantias fundamentais análogos aos constantes do catálogo, também designados por Bodo Pieroth e Bernhard Schilink[166] de *direitos equiparados aos direitos fundamentais*, que dizem respeito aos direitos fundamentais positivados no texto da Lei Fundamental, entretanto, fora do capítulo específico dos direitos fundamentais: o Capítulo I (art. 1º ao 19º).[167]

Nesse sentido, afirmam Bodo Pieroth e Bernhard Schilink que "há normas nos capítulos II, III e IX que, pela sua estrutura e pela sua história, se equiparam aos direitos fundamentais previstos nos arts. 1º a 19º. Esta equiparação também é declarada na Lei Fundamental no art. 93º, n. 1, al. 4ª: um recurso constitucional pode ser interposto com base também nos direitos contidos nos arts. 20º, n. 4; 33º; 38º; 101º; 103º; e 104º".[168] No mesmo sentido, Ernst-Wolfgang Böckenförde afirma que um recurso constitucional pode "ser requerido por cualquiera que sostenga que un acto estatal de autoridad (ley, dispo-

165. SARLET, Ingo Wolfgang. **A eficácia dos direitos fundamentais:** uma teoria geral dos direitos fundamentais na perspectiva constitucional. 10. ed. Porto Alegre: Livraria do Advogado Editora, 2010, p. 79.

166. PIEROTH, Bodo; SCHLINK, Bernhard. **Direitos Fundamentais.** São Paulo: Saraiva, 2012, p. 58.

167. Capítulo que trata dos direitos fundamentais especificamente, no qual se localiza um extenso rol de direitos fundamentais, semelhante ao que ocorre no Título II, da Constituição brasileira de 1988.

168. PIEROTH, Bodo; SCHLINK, Bernhard. **Direitos Fundamentais**. São Paulo: Saraiva, 2012, p. 58.

sición administrativa, sentencia judicial) le lesiona en sus derechos fundamentales o en sus derechos equiparados a éstos".[169]

Observe-se que, por encontrarem-se expressamente positivados no texto da Constituição alemã (sendo, portanto, direitos formalmente constitucionais), só não estando colocados no capítulo particular dos direitos fundamentais, os direitos equiparados/análogos aos direitos fundamentais são uma espécie de direitos fundamentais atípicos que exigem um esforço argumentativo menor do intérprete, que aqueles que não se encontram previstos expressamente no texto constitucional. Além disso, essa espécie de direitos fundamentais atípicos está limitada aos direitos expressamente positivados na Constituição, sendo, assim, bastante restrita, isto é, a gama de direitos por ela contemplada é assaz limitada.

Assim, o papel da abertura material da Constituição Alemã para novos direitos fundamentais, em sentido mais amplo e contemplando especialmente um critério material de identificação de direitos fundamentais atípicos, ficou por conta do *direito ao livre desenvolvimento da personalidade*, positivado no art. 2º, n. 1, que assim dispõe: *Jeder hat das Recht auf die freie Entfaltung seiner Persõnlichkeit, soweit er nicht die Rechte anderer verletzt und nicht gegen dir verfassungsmassige Ordnung oder das Sittengesetz verstosst.*[170]

Nesse sentido, como afirma Ingo Wolfgang Sarlet, na Alemanha, "a doutrina e a jurisprudência vêm aceitando alguns desenvolvimentos com base no art. 2º da Lei Fundamental (direito geral da personalidade), que assim também exerceria função similar a do nosso art. 5º, § 2º".[171] No mesmo sentido, Jorge Bacelar Gouveia afirma que "o preceito que pode ser considerado como realizando o reconhecimento de direitos fundamentais atípicos no Direito Constitucional Alemão é o do art. 2º, n.º 1, da LF".[172]

Em sentido semelhante, Bodo Pieroth e Bernhard Schilink, ao analisarem o art. 2º, n.1 da Lei Fundamental (direito fundamental

169. BÖCKENFÖRDE, Ernst-Wolfgang. **Escritos sobre derechos fundamentales.** Baden-Baden: Nomos, 1993, p. 96.

170. Em português: Todos têm o direito ao livre desenvolvimento da sua personalidade, nos limites dos direitos de outrem, da ordem constitucional e da ordem moral. (tradução livre).

171. SARLET, Ingo Wolfgang. **A eficácia dos direitos fundamentais:** uma teoria geral dos direitos fundamentais na perspectiva constitucional. 10. ed. Porto Alegre: Livraria do Advogado Editora, 2010, p. 79.

172. GOUVEIA, Jorge Bacelar. **Os Direitos Fundamentais Atípicos.** Lisboa: Aequitas, 1995, p. 208.

ao livre desenvolvimento da personalidade), demonstram que ele se divide, hodiernamente, em liberdade de atuação em geral[173] e em direito de personalidade em geral,[174] e que ambos contribuem para a ampliação do âmbito de proteção da pessoa humana (por isso mesmo estão intimamente ligados à dignidade da pessoa humana, art. 1º, n. 1, da Lei Fundamental) possibilitando tanto o surgimento e reconhecimento de novos direitos como novas leituras de direitos já existentes.

O art. 2º, n. 1 da Lei Fundamental da Alemanha (direito fundamental ao livre desenvolvimento da personalidade), entendido tanto como direito de liberdade de atuação em geral como direito de personalidade em geral, consiste numa cláusula geral que promove a abertura da Constituição aos direitos fundamentais atípicos não constantes da Constituição formal, mas somente da Constituição material, sendo, portanto, *fonte dos direitos fundamentais materiais.*

---

173. Como liberdade de atuação em geral, Bodo Pieroth e Bernhard Schilink afirmam que "o art. 2º, n, 1, protege não um âmbito de vida determinado e delimitado, mas toda a atuação humana e constitui um "direito fundamental que assiste ao cidadão de apenas ser onerado com uma desvantagem com base naquelas normas que são formal e materialmente conformes à Constituição". Este amplo âmbito de proteção, em virtude do qual o art. 2º, n. 1, é designado como cláusula geral, tem sobretudo duas consequências: a) O art. 2, n. 1, constitui um *direito fundamental de acolhimento* em face dos direitos fundamentais especiais e passa para segundo plano perante estes, até onde cheguem os seus âmbitos de proteção (subsidiariedade; cf. n. m. 353 e s.). Este direito fundamental só ganha importância se não for aplicável um âmbito de proteção de um direito fundamental especial [...] b) O art. 2º, n. 1, na sua função de cláusula geral, abre, em larga ,medida, o *recurso constitucional*. O art. 2º, n. 1, é um dos direitos fundamentais referidos no art. 93º, n. 1, al. 4a), em que o recurso constitucional se pode apoiar. O alargamento do âmbito de aplicação tem, pois, como consequência um alargamento do âmbito de aplicação do recurso constitucional". PIEROTH, Bodo; SCHLINK, Bernhard. **Direitos Fundamentais**. São Paulo: Saraiva, 2012, p. 175-177.

174. Como direito de personalidade em geral, resumidamente, Bodo Pieroth e Bernhard Schilink afirmam que ele "foi desenvolvido pelo Tribunal Constitucional Federal a partir do *art. 2º, n. 1, em ligação com o art. 1º, n. 1.* O direito de personalidade em geral radica no art. 2º, n. 1, porque, tal como a liberdade de atuação em geral, não está limitado a determinados domínios de vida, mas torna-se relevante em todos os domínios da vida. O direito de personalidade em geral tem uma ligação com o art. 1º, n. 1, porque, tal como acontece com a dignidade da pessoa humana, protege menos o particular na sua atuação do que, pelo contrário, na sua qualidade de sujeito. As diferentes manifestações do direito de personalidade em geral produzidas pela jurisprudência do Tribunal Constitucional Federal não se aplicam afinal a diferentes domínios de vida, mas a diferentes modos de desenvolvimento do sujeito. Aplicam-se: à autodeterminação, à autopreservação e à autoapresentação [...] a) Apesar disso, o direito de personalidade em geral, como *direito à autodeterminação*, garante ao particular determinar por si próprio a sua identidade. Disso faz parte, entre outras coisas, o direito de se assegurar da sua própria identidade e a liberdade de não ser onerado de maneira que afete massivamente a formação e a afirmação da identidade [...] b) Como *direito à autopreservação*, o direito de personalidade em geral garante ao particular o poder retirar-se, proteger-se e ficar por sua conta. Os direitos de se retirar e de se proteger, que estão protegidos pelo direito de personalidade em geral como direito de autopreservação, devem ser entendidas sobretudo tanto do ponto de vista social como do espacial [...] c) Como *direito à autoapresentação*, o direito de personalidade em geral garante ao particular a possibilidade de se defender não só contra apresentações públicas desprestigiantes, falseadoras, desfigurantes e indesejadas, mas também de observações secretas e indesejadas da sua pessoa". PIEROTH, Bodo; SCHLINK, Bernhard. **Direitos Fundamentais**. São Paulo: Saraiva, 2012, p. 177-180.

Nessa perspectiva, com base no direito de liberdade de atuação em geral e no direito de personalidade em geral, o Tribunal Constitucional Federal Alemão tem reconhecido diversos direitos fundamentais atípicos. Apenas como exemplo, pode-se dizer que a Corte Constitucional, tendo como fonte o direito de liberdade de atuação em geral, reconheceu os seguintes direitos: liberdade de atividade econômica, liberdade negocial, liberdade de saída da Alemanha, direito de divulgação de escritos etc. Por outro lado, tendo como fonte o direito de personalidade em geral, o Tribunal Constitucional reconheceu os seguintes direitos: direito das crianças de conhecimento de sua ascendência, proteção dos nomes de nascimento, proteção da honra pessoal, direito à própria imagem, direito dos reclusos à ressocialização, direito a não ser obrigado a se autoacusar no processo penal etc.[175]

Quanto ao *regime jurídico* dos direitos fundamentais atípicos no âmbito do constitucionalismo alemão, pode-se dizer que os direitos equiparados/análogos aos direitos fundamentais (reconhecidos em face do art. 93, inc. I, nº 4) possuem o mesmo regime que os direitos fundamentais típicos. Já os direitos fundamentais atípicos advindos do livre desenvolvimento da personalidade (reconhecidos em face do art. 2º, n. 1), em razão das especificidades do próprio direito fundamental ao livre desenvolvimento da personalidade (direito que, apesar de seguir o regime jurídico geral dos direitos fundamentais, possui algumas especialidades em sua interpretação e aplicação) possuem um regime jurídico de natureza mista, combinando normas gerais (aplicáveis a todos os direitos fundamentais) e normas específicas (aplicáveis somente ao direito fundamental ao livre desenvolvimento da personalidade).[176]

Por fim, há de se ressaltar que, tanto os direitos equiparados/análogos aos direitos fundamentais típicos (expressamente positivados no catálogo) como os direitos advindos do direito fundamental ao livre desenvolvimento da personalidade (seja do direito de liberdade de atuação em geral ou do direito de personalidade em geral) são direitos fundamentais atípicos reconhecidos pelo constitucionalismo alemão. Além disso, ambas as cláusulas de abertura a novos direitos fundamentais – art. 93, inc. I, nº 4 (abertura expressa) e art. 2º, n. 1

175. GOUVEIA, Jorge Bacelar. **Os Direitos Fundamentais Atípicos.** Lisboa: Aequitas, 1995, p. 212-214.
176. Ibidem, 216-218.

(abertura implícita) – se complementam, sendo necessárias a uma abertura mais satisfatória do sistema de direitos fundamentais.

1.3.3. A cláusula de abertura a novos direitos fundamentais em Portugal

No constitucionalismo português, a cláusula de abertura a novos direitos fundamentais aparece expressamente pela primeira vez na Constituição portuguesa de 1911. Nada obstante, alguns constitucionalistas, como Jorge Miranda[177] e Jorge Bacelar,[178] defendem a natureza implícita da abertura material da Constituição a direitos fundamentais atípicos no âmbito das Constituições portuguesas anteriores, notadamente as de 1822, 1826 e 1838.[179]

Na Constituição portuguesa de 1911, a cláusula de abertura a novos direitos fundamentais ou de abertura a direitos fundamentais atípicos, fora positivada em seu art. 4º, que assim dispunha: "A especificação das garantias e direitos expressos na Constituição não exclui outras garantias e direitos não enumerados, mas resultantes da forma de governo que ela estabelece e dos princípios que consigna ou constam doutras leis".

Já na Constituição de 1933, como bem explica Jorge Bacelar, numa formulação semelhante a que havia sido positivada na Carta Constitucional anterior, a cláusula de abertura a direitos fundamentais atípicos estava prevista em seu art. 8º, § 1º, que afirmava que "a especificação destes direitos não exclui quaisquer outros constantes da Constituição ou das leis", "aditando a LRC 33-10 a referência a <<liberdades>>".[180]

A atual Carta Constitucional portuguesa (Constituição da República Portuguesa de 1976) prevê, em seu art. 16, n. 1, uma das cláusulas de abertura a novos direitos fundamentais mais abrangentes do direito constitucional contemporâneo, dispondo que "os direitos fundamentais consagrados na Constituição não excluem quaisquer outros constantes das leis e das regras aplicáveis de direito internacional".

---

177. MIRANDA, Jorge. **Manual de Direito Constitucional.** 5.ed. Coimbra: Coimbra, 2012. v.4, p. 198-199.

178. GOUVEIA, Jorge Bacelar. **Os Direitos Fundamentais Atípicos.** Lisboa: Aequitas, 1995, p. 253-266.

179. Em sentido contrário, isto é, pela não admissão de uma abertura constitucional a direitos fundamentais atípicos nas Constituições de 1822, 1826 e 1838, ver: CANOTILHO, J. J. Gomes. **Direito Constitucional.** 5.ed. Coimbra: Almedina, 1991, p. 325.

180. GOUVEIA, Jorge Bacelar. **Os Direitos Fundamentais Atípicos.** Lisboa: Aequitas, 1995, p. 281.

A *doutrina constitucional portuguesa* ao analisar o referido dispositivo, em que pesem as divergências, visualiza-o como sendo uma cláusula de abertura constitucional a outros direitos fundamentais que não aqueles que estão positivados expressamente na Parte 1 (Direitos e Deveres Fundamentais) da Constituição: *numerus apertus* dos direitos fundamentais. Deste modo, para os constitucionalistas lusitanos, para além dos direitos formalmente constitucionais (expressamente positivados no catálogo) existem direitos materialmente fundamentais.

Jorge Miranda, ao discorrer sobre a referida cláusula de abertura, leciona que, os direitos fundamentais do constitucionalismo português "não são apenas os que as normas formalmente constitucionais enunciam; são ou podem ser também direitos provenientes de outras fontes, na perspectiva mais ampla da Constituição material".[181] Assim, para ele, os direitos fundamentais podem ser fundamentais em sentido material ou em sentido formal. Em sentido material, os direitos fundamentais assentam-se na Constituição material, "decorrem dos seus princípios e, naturalmente, também eles – pelo seu elenco, pelo seu sistema e pelo seu regime – a integram e definem".[182] Em sentido formal, são direitos com correspondência formal (positiva) na Constituição escrita. Contudo, advirta-se que, para o referido autor português, "todos os direitos fundamentais em sentido formal são também direitos fundamentais em sentido material".[183]

Examinando o art. 16, n. 1 da Carta Constitucional portuguesa, *José Carlos Vieira de Andrade* afirma que "o âmbito material dos direitos fundamentais não se reconduz pura e simplesmente ao catálogo contido na Parte 1 da Constituição".[184] Segundo ele, o referido dispositivo consagra um princípio de cláusula de abertura com escopo de enumerar fontes de direitos fundamentais para além da Constituição escrita, albergando os direitos fundamentais extraconstitucionais. Para o citado professor português, não há correspondência necessária entre jusfundamentalidade material e jusfundamentalidade formal, podendo um direito ser apenas formalmente fundamental ou materialmente fundamental.[185]

---

181. MIRANDA, Jorge. **Manual de Direito Constitucional.** 5.ed. Coimbra: Coimbra, 2012. v.4, p. 195.
182. Ibidem, p. 202.
183. Ibidem, p. 11.
184. ANDRADE, José Carlos Vieira de. **Os Direitos Fundamentais na Constituição Portuguesa de 1976.** 5.ed. Coimbra: Almedina, 2012, p. 73.
185. Ibidem, p. 73-75.

J. J. Gomes Canotilho, em apreciação ao dispositivo constitucional português de abertura a novos direitos fundamentais, afirma que se trata de uma norma *fattispecie* aberta, isto é, que promove a abertura da Constituição a direitos fundamentais atípicos e consagra o princípio da não identificação ou da cláusula aberta. Segundo ele, os direitos consagrados e reconhecidos pela Constituição formal designam-se direitos fundamentais formalmente constitucionais, enquanto os direitos advindos da abertura material da constituição designam-se direitos materialmente fundamentais ou, ainda, direitos fundamentais sem assento constitucional.[186] Para Canotilho, assim como para Vieira de Andrade, nem todos os direitos formalmente fundamentais o são materialmente, isto é, "há direitos fundamentais consagrados na constituição que só pelo facto de beneficiarem da positivação constitucional merecem a classificação de constitucionais (e fundamentais), mas o seu conteúdo não se pode considerar materialmente fundamental".[187] Além disso, o professor português demonstra a existência de outras espécies de direitos fundamentais atípicos: os direitos fundamentais formalmente constitucionais, mas fora do catálogo, também chamados de direitos fundamentais dispersos (direitos fundamentais positivados na Constituição formal, contudo fora do catálogo – Parte 1 da Constituição portuguesa)[188] e os direitos fundamentais de natureza análoga aos direitos, liberdades e garantias (espécie mencionada pelo art. 17 da Constituição portuguesa, cujos contornos são bastante imprecisos, segundo o próprio Canotilho).[189]

Em análise ao art. 16, n. 1 da atual Constituição portuguesa, *Jorge Bacelar Gouveia* afirma que ele realiza "uma abertura explícita a verdadeiros direitos fundamentais atípicos, norma que merece a qualificação de cláusula aberta por se referir na previsão a direitos fundamentais não especificados e na estatuição à sua admissibilidade constitucional".[190] E, tendo por base, predominantemente, o referido dispositivo de abertura constitucional a novos direitos fundamentais,

186. CANOTILHO, J. J. Gomes. **Direito Constitucional e Teoria da Constituição.** 7. ed. Coimbra: Almedina, 2003, p. 403-404.

187. Ibidem, p. 406.

188. Ibidem, p. 404-405.

189. Ibidem, p. 405-406.

190. GOUVEIA, Jorge Bacelar. **Os Direitos Fundamentais Atípicos.** Lisboa: Aequitas, 1995, p. 484.

o autor português formula sua definição de direitos fundamentais atípicos[191] da seguinte maneira:

> *os direitos fundamentais atípicos correspondem aos direitos fundamentais que não constam da respectiva tipologia, sendo assim constitucionalmente relevantes sem recurso a um método tipológico na sua formulação.* Tanto o adjectivo <<atípicos>> como o substantivo <<atipicidade>>, que também utilizaremos por vezes, designam essa característica de os direitos fundamentais se não encontrarem constitucionalmente registrados através da sua especificação.[192]

João de Castro Mendes, em exame à cláusula de abertura a novos direitos fundamentais da Constituição portuguesa de 1976, afirma que há dois conceitos distintos de direitos fundamentais: direitos fundamentais formais e direitos fundamentais materiais. Segundo ele, formais são os direitos fundamentais que pertencem à Constituição formal, enquanto materiais são os direitos fundamentais que possuem jusfundamentalidade material e que constam das leis e das regras de direito internacional.[193]

A doutrina portuguesa apresenta-se bastante rica em literaturas a contemplar a análise pormenorizada de sua cláusula de abertura aos direitos fundamentais atípicos, sendo que, além dos doutrinadores citados aqui, vários outros também se dedicaram ao tema.[194] Nada obstante, acredita-se que com as considerações trazidas até agora e com as que se seguem possa se atingir o objetivo proposto neste tópico, isto é, demonstrar as linhas mais elementares da cláusula de abertura a novos direitos fundamentais do constitucionalismo português.

Após estas considerações preliminares da doutrina portuguesa sobre o panorama geral da cláusula de abertura a novos direitos fundamentais, passemos a análise específica de alguns pontos relevantes acerca dos direitos fundamentais atípicos em Portugal.

---

191. Lembramos, mais uma vez, que nossa concepção de "*direitos fundamentais atípicos*" não é a mesma do autor português.
192. GOUVEIA, Jorge Bacelar. **Os Direitos Fundamentais Atípicos.** Lisboa: Aequitas, 1995, p. 40.
193. MENDES, João de Castro. Direitos, liberdades e garantias: alguns aspectos gerais. In: Miranda, Jorge (org.). **Estudos sobre a Constituição.** Lisboa: Petrony, 1977. v.1, p. 103-104.
194. Para uma ideia mais aprofundada das perspectivas doutrinárias portuguesas sobre o tema, ver: GOUVEIA, Jorge Bacelar. **Os Direitos Fundamentais Atípicos.** Lisboa: Aequitas, 1995, especialmente p. 293-308.

Em primeiro lugar, há de se falar da *influencia da doutrina dos direitos naturais na abertura constitucional aos direitos fundamentais atípicos*. Nesse sentido, Jorge Miranda destaca o fato de os direitos fundamentais "poderem ser entendidos *prima facie* como direitos inerentes à própria noção de pessoa, como direitos básicos da pessoa, como os direitos que constituem a base da vida humana no seu nível atual de dignidade", assim justificando o apelo ao direito natural, ao valor da dignidade da pessoa humana, aos direitos derivados da natureza do homem ou mesmo da natureza do direito na jusfundamentalização material dos direitos.[195]

No mesmo sentido, José Carlos Vieira de Andrade afirma que a ideia de direitos não escritos, mas que ainda assim são direitos fundamentais constitucionalmente protegidos, consagra-se num primeiro momento (antes da positivação de uma cláusula de abertura no texto da própria Constituição) na doutrina do jusnaturalismo moderno.[196]

Quanto à *jusfundamentação dos direitos fundamentais* no constitucionalismo português, em que pese algumas discordâncias, parece-nos quase unanime a adoção do princípio da *dignidade da pessoa humana como fundamento matricial mais importante*, no sentido de se exigir que um direito, para ser considerado materialmente fundamental, deva proteger ou promover diretamente o aludido princípio.[197] Isso se dá, considerando a própria essência dos direitos fundamentais que reside justamente na proteção e promoção da pessoa humana em face do poder estatal. Assim, nos Estados Constitucionais Democráticos da Idade Contemporânea, como Portugal, a dignidade da pessoa humana é considerada o fundamento primeiro de toda a estrutura estatal, devendo o ser humano ser o fim primeiro e maior do Estado e não o contrário (jamais podendo ser usado unicamente como meio para a consecução dos fins do Estado ou dos demais seres humanos).[198] Nesse sentido, ao comentarem o art. 16, n. 1, Jorge Miranda e Rui

195. MIRANDA, Jorge. **Manual de Direito Constitucional.** 5.ed. Coimbra: Coimbra, 2012. v.4, p. 12.

196. ANDRADE, José Carlos Vieira de. **Os Direitos Fundamentais na Constituição Portuguesa de 1976.** 5.ed. Coimbra: Almedina, 2012, p. 74.

197. Nesse sentido, dentre outros: MIRANDA, Jorge. **Manual de Direito Constitucional.** 5.ed. Coimbra: Coimbra, 2012. v.4, p. 12; ANDRADE, José Carlos Vieira de. **Os Direitos Fundamentais na Constituição Portuguesa de 1976.** 5.ed. Coimbra: Almedina, 2012, p. 79-80; João de Castro. Direitos, liberdades e garantias: alguns aspectos gerais. In: Miranda, Jorge (org.). **Estudos sobre a Constituição.** Lisboa: Petrony, 1977. v.1, p. 162.

198. ANDRADE, José Carlos Vieira de. **Os Direitos Fundamentais na Constituição Portuguesa de 1976.** 5.ed. Coimbra: Almedina, 2012, p. 79-80.

Medeiros afirmam que "o n.º 1 consagra uma cláusula aberta ou de não tipicidade ou, doutro prisma, uma noção material de direito fundamentais, derivada da própria ideia de dignidade da pessoa humana cuja realização está para além de qualquer catálogo fixo".[199]

Sobre as possíveis *fontes dos direitos fundamentais atípicos* reconhecidas pela abertura material da Constituição portuguesa (art. 16, n. 1.), além do próprio texto constitucional (considerando aqui a abertura para o reconhecimento de direitos fundamentais em outras partes do texto, para além do catálogo da Parte 1, bem como os direitos implícitos), pode-se dizer, na esteira do pensamento de J. J. Gomes Canotilho e Vital Moreira, que elas são: *as leis*, que significam "qualquer *acto legislativo*"; e *as regras aplicáveis de direito internacional*, que significam "designadamente os pactos nacionais referentes aos direitos do homem e ratificados pelo Estado português", bem como "os direitos reconhecidos no direito comunitário".[200] Sobre as fontes, vale registrar que Jorge Miranda admite ainda a possibilidade de se encontrar direitos fundamentais atípicos no âmbito do direito constitucional consuetudinário.[201]

No que se refere ao *âmbito de aplicação da cláusula de abertura* aos direitos fundamentais atípicos no constitucionalismo português, pode-se dizer que há certo dissenso em razão da amplitude da referida cláusula. De um lado, Jorge Miranda, Jorge Bacelar Gouveia, Paulo Otero, Rui Medeiros, J.J. Gomes Canotilho e Vital Moreira, dentre outros, posicionam-se pela aplicação tanto no âmbito dos direitos individuais como no âmbito dos direitos econômicos, sociais e culturais. De outro lado, Henrique Mota, Casalta Nabais e Isabel Moreira, dentre outros, posicionam-se pela aplicação restrita no âmbito dos direitos individuais.[202]

Apenas como *exemplos*, tendo como base os estudos de Jorge Miranda,[203] Jorge Bacelar Gouveia[204] e José Carlos Vieira de

199. MIRANDA, Jorge; MEDEIROS, Rui. **Constituição Portuguesa Anotada.** Coimbra: Coimbra, 2005, v.1, p. 138.
200. CANOTILHO, J. J. Gomes; MOREIRA, Vital. **Constituição da República Portuguesa Anotada:** artigos 1º a 107. 4.ed. Coimbra: Coimbra, 2007, p. 365-366.
201. MIRANDA, Jorge. **Manual de Direito Constitucional.** 5.ed. Coimbra: Coimbra, 2012. v.4, p. 206.
202. Posicionamentos identificados na nota de rodapé de nº 3, nos estudos de: MIRANDA, Jorge. **Manual de Direito Constitucional.** 5.ed. Coimbra: Coimbra, 2012. v.4, p. 199.
203. MIRANDA, Jorge. **Manual de Direito Constitucional.** 5.ed. Coimbra: Coimbra, 2012. v.4, p. 206-210.
204. GOUVEIA, Jorge Bacelar. **Os Direitos Fundamentais Atípicos.** Lisboa: Aequitas, 1995, p. 374-383.

Andrade,[205] pode-se apontar os seguintes direitos fundamentais atípicos reconhecidos pela cláusula de abertura a novos direitos fundamentais: a) *advindos da lei*: direito ao nome, direito de recusa de exames e tratamentos hospitalares, liberdade de associação patronal, direito de assistência religiosa nos hospitais etc.; b) *implícitos ao texto constitucional*: direito à integridade física, direito à identidade pessoal, direito à cidadania, liberdade de trabalho e profissão etc.; c) *previstos em outras partes do texto constitucional (fora do catálogo)*: direito de não pagar impostos inconstitucionais (art. 103, n. 3), direitos de participação política (arts. 122, 124, n. 1, 239, n. 4), direitos dos trabalhadores (art. 276, n. 7) etc.; d) *advindos das regras do direito internacional*: proibição da prisão por dívidas, direito à razoável duração do processo civil, direito dos pais assegurarem a educação dos filhos conforme suas convicções religiosas etc.

Em relação à extensão do regime jurídico dos direitos, liberdades e garantias fundamentais aos direitos fundamentais atípicos, como salienta Jorge Bacelar Gouveia, não há unanimidade na doutrina constitucionalista portuguesa. Nada obstante há duas posições que são mais comuns: De um lado, há aqueles (maioria da doutrina) que acreditam que deva se estender apenas parcialmente o referido regime aos direitos fundamentais atípicos e, de outro lado, há aqueles que acreditam que se deva estendê-lo totalmente.[206] Jorge Bacelar, por sua vez, propõe que, ao invés da extensão (parcial ou total) do regime jurídico dos direitos, liberdades e garantias fundamentais aos direitos fundamentais atípicos, "estes direitos devem beneficiar de *um regime jurídico totalmente idêntico ao dos direitos fundamentais típicos*".[207]

Por fim, há de se ressaltar, mais uma vez, a importante contribuição da doutrina portuguesa para o desenvolvimento teórico e prático dos direitos fundamentais atípicos, bem como da cláusula de abertura que lhes dá origem, amparando, assim, a construção e o reconhecimento mais seguro desses direitos. Importância esta que transpassa a ordem jurídica portuguesa e influência muitos outros países, inclusive, o Brasil.

---

205. ANDRADE, José Carlos Vieira de. **Os Direitos Fundamentais na Constituição Portuguesa de 1976.** 5.ed. Coimbra: Almedina, 2012, p. 81-93.
206. GOUVEIA, Jorge Bacelar. **Os Direitos Fundamentais Atípicos.** Lisboa: Aequitas, 1995, p. 415-429.
207. Ibidem, p. 430.

A CLÁUSULA DE ABERTURA A NOVOS DIREITOS FUNDAMENTAIS DA CONSTITUIÇÃO BRASILEIRA DE 1988 E AS FONTES CONSTITUCIONAIS DOS DIREITOS FUNDAMENTAIS ATÍPICOS[1]

O Título II da atual Constituição da República Federativa do Brasil positivou um rico e extenso rol de direitos e garantias fundamentais. Nada obstante, o § 2º, do art. 5º, da Constituição de 1988, conferiu abertura significante à Constituição e, em especial, ao seu sistema de direitos fundamentais, em favor do reconhecimento de direitos fundamentais atípicos, isto é, de novos direitos materialmente fundamentais.

Doutrinariamente esquecida,[2] jurisprudencialmente ignorada ou "*mal*" interpretada,[3] a cláusula de abertura a novos direitos fundamen-

---

1. Como já advertimos, a doutrina confere diversas nomenclaturas para identificar os direitos fundamentais não positivados no "local" específico do texto constitucional destinado aos direitos fundamentais, dentre elas: direitos fundamentais materiais não formais, direitos fundamentais sem assento constitucional, direitos fundamentais não enumerados, direitos fundamentais não positivados, direitos fundamentais extravagantes, direitos fundamentais atípicos etc. Contudo, para nós, a discussão acerca da nomenclatura que se confere a esses direitos é de menor relevância frente à necessidade premente de se elaborar um conceito material de direitos fundamentais, bem como de se estabelecer critérios constitucionalmente adequados de identificação desses novos direitos para se evitar a banalização generalizada que vivenciamos hodiernamente no direito constitucional, sobretudo no campo dos direitos fundamentais. Nada obstante, preferimos utilizar a nomenclatura *direitos fundamentais atípicos* por motivos que exporemos, sintetizadamente, ao longo do texto. De todo modo, cumpre esclarecer, mais uma vez, que utilizarmos a terminologia "*direitos fundamentais atípicos*" para designar os *direitos materialmente fundamentais não previstos expressamente no Título II da Constituição brasileira de 1988*, em oposição aos típicos que nele se encontram expressamente postos.
2. Nesse sentido, Ingo Sarlet afirma que "a doutrina pátria vem dedicando-se ao tema, restringindo-se, contudo (e no mais das vezes), a citar a regra, mencionando sua função hermenêutica, além de consagrar, entre nós, o reconhecimento de direitos fundamentais "implícitos" e/ou "decorrentes". [...] Os comentários à Constituição atual – em que pese o seu inegável valor – não dedicaram muita atenção a este tema, chegando, em alguns casos, a não referir exemplos, o que encontra justificativa principalmente no caráter analítico do rol de direitos fundamentais positivados em nossa atual Carta". SARLET, Ingo Wolfgang. **A eficácia dos direitos fundamentais:** uma teoria geral dos direitos fundamentais na perspectiva constitucional. 10. ed. Porto Alegre: Livraria do Advogado Editora, 2010, p.79.
3. Nesse sentido, André de Carvalho Ramos faz críticas significativas à jurisprudência do Supremo Tribunal Federal, sobretudo no que tange à incorporação dos direitos fundamentais atípicos ad-

tais, constante do § 2º, do art. 5º, da Constituição brasileira de 1988, consiste num importante instrumento do atual sistema de direitos e garantias fundamentais de nosso constitucionalismo.

A referida cláusula, que promove a abertura do sistema de direitos e garantias fundamentais aos direitos fundamentais atípicos (direitos fundamentais que não constam expressamente do catálogo típico do Título II da Constituição), necessita de uma atenção maior da doutrina do direito constitucional e da jurisprudência dos tribunais, sobretudo do Supremo Tribunal Federal, que a vem interpretando restritivamente e enfraquecendo todo o poder que lhe foi conferido pela Constituição.[4]

A cláusula de abertura ou de não tipicidade positivada na atual Constituição brasileira promove a abertura a novos direitos fundamentais de maneira ímpar na história do constitucionalismo brasileiro ao prever uma gama maior de fontes e de possibilidades de incorporação de novos direitos fundamentais do que as Cartas Constitucionais pretéritas. Deste modo, o § 2º, do art. 5º, da Constituição de 1988, fruto de proposta de Antonio Augusto Cançado Trindade, durante os trabalhos da Assembleia Nacional Constituinte, em audiência pública realizada dia 29 de abril de 1987,[5] instituiu no âmbito do constitucionalismo brasileiro a mais abrangente cláusula de abertura a novos direitos fundamentais de nossa história constitucional, como

---

vindos dos Tratados Internacionais de Direitos Humanos. RAMOS, André de Carvalho. O Supremo Tribunal Federal e o Direito Internacional dos Direitos Humanos. In: SARMENTO, Daniel; SARLET, Ingo Wolfgang (coord.). **Direitos Fundamentais no Supremo Tribunal Federal:** Balanço e Crítica. Rio de Janeiro: Lumen Juris, 2011. Em sentido semelhante, criticando a postura tanto da doutrina, como da jurisprudência nacional, ver: CUNHA JÚNIOR. Dirley da. **Curso de Direito Constitucional.** 6.ed. Salvador: JusPodivm, 2012, p. 669.

4. Nesse sentido, dentre outros, ver: DOS SANTOS, Eduardo. R.; MELO, Luiz Carlos Figueira de. Os direitos fundamentais atípicos e os tratados internacionais de direitos humanos: a incorporação dos direitos humanos aos direitos fundamentais através do § 2º, do art. 5º, da CF/88. In: OLMO, Florisbal de Souza Del; GUIMARÃES, Antonio Marcio da Cunha; CARDIN, Valéria Silva Galdino (Org.). **XXII Encontro Nacional do CONPEDI:** Direito Internacional dos Direitos Humanos. Florianópolis: FUNJAB, 2014; SARLET, Ingo Wolfgang. Dignidade da pessoa humana e a problemática dos assim chamados "novos" direitos: algumas aproximações à luz da experiência constitucional brasileira. In: TERRES, Ricardo Lobo; FOHRMANN, Ana Paula Barbosa (org.). **Estudos de Direito Público e Filosofia do Direito:** um diálogo entre Brasil e Alemanha. Rio de Janeiro: Renovar, 2011; e PIOVESAN, Flávia. A Constituição de 1988 e os Tratados Internacionais de Proteção dos Direitos Humanos. In: PIOVESAN, Flávia; GARCIA, Maria (orgs.). **Doutrinas Essenciais Direitos Humanos:** Proteção Internacional dos Direitos Humanos. São Paulo: RT, 2011. v.6.

5. Sobre a propositura do dispositivo que veio a ser positivado no § 2º, do art. 5º, da CF/88, durante os trabalhos da Assembleia Nacional Constituinte, conferir: CANÇADO TRINDADE, Antonio Augusto. Direitos e garantias individuais no plano internacional. In: **Assembleia Nacional Constituinte, Atas das Comissões.** vol. I, n. 66 (supl.). Brasília, 27.05.1987, p. 108-116.

se percebe de sua redação: "*Os direitos e garantias expressos nesta Constituição não excluem outros decorrentes do regime e dos princípios por ela adotados, ou dos tratados internacionais em que a República Federativa do Brasil seja parte*".

Da leitura mais profunda e pormenorizada do dispositivo em análise, extrai-se que os novos direitos e garantias fundamentais podem advir diretamente de três fontes: a) do regime constitucional, que, a nosso ver, pode ser entendido de duas maneiras: *lato sensu* e *stricto sensu*; b) dos princípios constitucionais; e c) dos tratados internacionais de direitos humanos que o Brasil seja signatário.[6-7]

O regime constitucional *lato sensu* refere-se às normas que regulamentam a ordem constitucional como um todo, isto é, às normas do sistema de direito constitucional vigente. Por sua vez, o regime constitucional *stricto sensu* refere-se às normas que regulamentam o subsistema constitucional dos direitos e garantias fundamentais, isto é, refere-se especificamente às normas do vigente sistema de direitos e garantias fundamentais.

Os princípios constitucionais a que se refere à Constituição, neste dispositivo, são os *Princípios Fundamentais* do Título I (arts. 1º a 4º) de nossa Magna Carta.[8] Aqui vale ressaltar o papel de proeminência do princípio fundamental da dignidade da pessoa humana (art. 1º, III,

---

6. Nesse sentido já nos manifestamos outras vezes, destacando-se: DOS SANTOS, Eduardo R. Os direitos fundamentais atípicos e a incorporação dos tratados de direitos humanos à Constituição brasileira: reflexões a partir do § 2º, do art. 5º, da CF/88. In. MARTINS, Fernando Rodrigues (org.). **Direito em diálogo de fontes.** Belo Horizonte: D'Plácido, 2014, p. 229 e ss.

7. Aqui, cumpre dizer que nossa visão não se confunde com a clássica proposta de José Afonso da Silva (tão difundida e adota no constitucionalismo pátrio), pois para ele o regime e os princípios consistem, conjuntamente, numa única fonte de direitos atípicos. Além disso, as nossas compreensões sobre o significado da palavra regime, neste dispositivo da Constituição, são diferentes, pois, para o autor (em seus comentários ao § 2º, do art. 5º, da CF/88), o regime seria o democrático representativo, enquanto para nós, como exporemos, consiste no sistema constitucional e no sistema de direitos e garantias fundamentais. SILVA. José Afonso da. **Comentário Contextual à Constituição.** 6.ed. São Paulo: Malheiros, 2009.

8. Aqui, apesar de nos apoiarmos nas lições de Ingo Wolfgang Sarlet, com ele divergimos em alguns pontos, pois, para nós, o *regime* diz respeito ao sistema constitucional (*lato sensu*) e ao sistema de direitos e garantias fundamentais (*stricto sensu*), enquanto para ele o *regime* está incluído nos princípios fundamentais do Título I da Constituição, juntamente com os *princípios* constitucionais. Nesse sentido, Ingo Wolfgang Sarlet afirma que "uma primeira tarefa com a qual nos deparamos ao tentar fazer a exegese do art. 5, § 2º, da CF, diz com o significado e alcance das expressões 'regime' e 'princípios'. À luz das considerações tecidas, parece razoável o entendimento de que o citado preceito constitucional se refere às disposições contidas no Título I, arts. 1º a 4º (Dos Princípios Fundamentais)..." SARLET, Ingo Wolfgang. **A Eficácia dos Direitos Fundamentais:** uma teoria geral dos direitos fundamentais na perspectiva constitucional. 10. ed. Porto Alegre: Livraria do Advogado, 2010, p. 93.

da CF/88) que atua tanto no âmbito do regime constitucional[9] como no âmbito dos princípios constitucionais,[10] tratando-se da principal matriz jurídico-axiológica dos direitos fundamentais atípicos, devendo todos eles, em maior ou menor grau, encontrarem suas raízes na dignidade da pessoa humana. Nesse sentido, Sílvio Dobrowolski, ao discorrer sobre os direitos fundamentais atípicos, inspirando-se na doutrina de Ronald Dworkin e chamando-os de direitos fundamentais não enumerados, afirma que para identificá-los é preciso recorrer "as normas de princípios" e "as relativas ao regime", sendo que "a natureza fundamental desse direito assim revelado há de ser argumentativamente demonstrada, pela sua compatibilidade ao sistema de direitos existente e à própria Constituição material, cujo pressuposto antropológico é a dignidade da pessoa humana".[11]

Já os tratados internacionais de direitos humanos dos quais o Brasil seja signatário são, sem dúvida alguma, as fontes mais claras e mais "fáceis" de lidar, por exigirem um esforço muito menor do intér-

---

9. No âmbito do regime constitucional atua, *lato sensu*, por ser o homem, enquanto ser humano sociável, o início e o fim do Estado: O Estado existe pelo e para o ser humano, devendo a dignidade da pessoa humana ser seu fim maior. Nesse sentido, Jorge Miranda afirma que "a Constituição confere uma unidade de sentido, de valor e de concordância prática ao sistema dos direitos fundamentais. E ela repousa na dignidade da pessoa humana, ou seja, na concepção que faz a pessoa fundamento e fim da sociedade e do Estado". MIRANDA, Jorge. **Manual de Direito Constitucional.** 5.ed. Coimbra: Coimbra, 2012. v.4, p. 219. Atua também, *stricto sensu*, por ser a dignidade da pessoa humana a base do sistema de direitos e garantias fundamentais da Constituição brasileira, sendo sua principal matriz jurídico-axiológica, podendo-se afirmar, inclusive, que, em maior ou menor grau, todos os direitos fundamentais têm matriz na dignidade da pessoa humana e, por outro lado, a dignidade da pessoa humana materializa-se nos direitos fundamentais. Essas duas justificações (que o Estado existe em função da pessoa humana e que os direitos fundamentais têm como principal matriz jurídico-axiológica a dignidade da pessoa humana) podem ser encontradas na obra do professor Ingo Sarlet, contudo justificando "regime e princípios" como sendo os princípios fundamentais. SARLET, Ingo Wolfgang. **A Eficácia dos Direitos Fundamentais:** uma teoria geral dos direitos fundamentais na perspectiva constitucional. 10.ed. Porto Alegre: Livraria do Advogado, 2010.
10. Não resta dúvida que o princípio fundamental da dignidade da pessoa humana é, dentre todos os princípios fundamentais do Título I de nossa Constituição, o que mais guarda relação com os direitos e garantias fundamentais, constituindo-se na principal fonte jurídico-axiológica dos direitos fundamentais atípicos. Advogam nesse sentido, dentre outros: SARLET, Ingo Wolfgang. **Dignidade da pessoa humana e direitos fundamentais na Constituição Federal de 1988.** 9.ed. Por Alegre: Livraria do Advogado, 2011; MORAES, Maria Celina Bodin de. **Danos à Pessoa Humana:** uma leitura civil-constitucional dos danos morais. Rio de Janeiro: Renovar, 2003; SILVA, José Afonso da. A dignidade da pessoa humana como valor supremo da democracia. In: **Líber Amicorum, Hector Fix-Zamudio.** San José: Corte Interamericana de Derechos Humanos, 1998, p. 587-591. v.1.; NINO, Carlos Santiago. **Ética y Derechos Humanos:** un ensayo de fundamentación. 2.ed. Buenos Aires: Astrea, 2007; BRITTO, Carlos Ayres. **O humanismo como categoria constitucional**. Belo Horizonte: Fórum, 2012; e BARCELLOS, Ana Paula. **A eficácia jurídica dos princípios constitucionais:** o princípio da dignidade da pessoa humana. 3.ed. Rio de Janeiro: Renovar, 2011.
11. DOBROWOLSKI, Sílvio. A cláusula de Expansão do Artigo 5º, Parágrafo 2º da Constituição de 1988. **Revista Latino-Americana de Estudos Constitucionais.** Belo Horizonte, n. 7, jan/jun, 2006, p. 235-236.

prete. Entretanto a práxis constitucional brasileira tem demonstrado como é possível transformar o "mais simples" no "mais complexo" e o "mais fácil" no "mais difícil", conferindo interpretação completamente equivocada e reducionista aos direitos humanos internacionais.[12]

Essas três fontes, em conjunto, formam os fundamentos para uma conceituação material dos direitos fundamentais e instituem as bases da abertura aos direitos fundamentais atípicos no âmbito do constitucionalismo brasileiro. Fontes essas, sobre as quais discorreremos com mais profundidade nos tópicos que se seguem.

2.1. O REGIME CONSTITUCIONAL

O regime constitucional, enquanto fonte dos direitos fundamentais atípicos, não é uma novidade introduzida pela cláusula de abertura do § 2º, do art. 5º, da Constituição de 1988. Sua previsão primeira foi pela cláusula de abertura do art. 114, da Constituição de 1934, sendo consagrado, ainda, pelas cláusulas de abertura do art. 144, da Constituição de 1946, do art. 150, § 35, da Constituição de 1967, e do art. 153, § 36, da Constituição de 1969.

Como já dissemos, ao comentarmos o art. 114, da Constituição de 1934, o *regime constitucional* substituiu a expressão *forma de governo* (prevista em nossa primeira cláusula de abertura - art. 78, da Constituição de 1891), que era bem mais limitada, pois se resumia ao princípio republicano. Por outro lado, a expressão *regime constitucional*, corretamente interpretada (interpretação conforme a Constituição), corresponde ao sistema constitucional, de um modo geral, e, ao (sub) sistema de direitos e garantias fundamentais, de um modo específico.

A interpretação que reconhece o regime constitucional como sendo sistema constitucional não é, também, uma novidade. Nesse sentido, já apresentamos as visões de alguns doutrinadores pátrios que, há época, já o interpretavam assim. Façamos uma breve recordação de alguns desses nossos doutos juristas.

Carlos Maximiliano, ao interpretar o art. 144, da Constituição de 1946, dizia que "não é constitucional apenas o que está escrito no

12. Nesse sentido, já nos pronunciamos: DOS SANTOS, Eduardo R. Os direitos fundamentais atípicos e a incorporação dos tratados de direitos humanos à Constituição brasileira: reflexões a partir do § 2º, do art. 5º, da CF/88. In. MARTINS, Fernando Rodrigues (org.). **Direito em diálogo de fontes.** Belo Horizonte: D'Plácido, 2014.

estatuto básico, e, sim, o que se deduz do *sistema* por êle estabelecido, bem como o conjunto de franquias dos indivíduos e dos povos universalmente consagradas [princípios]".[13] Já Pontes de Miranda, ao comentar o mesmo dispositivo, após vinculá-lo com aquele previsto pelo IX Aditamento à Constituição estadunidense, expunha que "com isso, invoca-se o fato de que *o poder estatal está no povo* e ao mesmo tempo *se alude a ser sistema, ser todo, a Constituição,* – ser forma escrita de princípios que perpassam por tôda ela"[14] (comentários que manteve, ao comentar as Constituições de 1967 e 1969).[15] Por sua vez, Wolgran Junqueira Ferreira, ao analisar o art. 153, § 36, da Constituição de 1969, afirmava que, "quando a Constituição consagra direitos, garantias e princípios, assegura tudo aquilo que deles decorra. São portanto, garantidos os princípios *decorrentes do sistema político* (República democrática), *e do texto constitucional na sua integridade*".[16]

Passando-se à análise do dispositivo contido no § 2º, do art. 5º, da Constituição de 1988, percebe-se, por uma interpretação sistêmica e teleológica, que a cláusula de abertura por ele trazida, ao consagrar o *regime constitucional* como fonte dos direitos fundamentais atípicos, quer indicar o próprio sistema constitucional como fonte e, em especial, o (sub)sistema de direitos e garantias fundamentais.[17] Deste modo, pode-se compreender o regime constitucional de duas maneiras: *lato sensu* e *stricto sensu.*[18]

---

13. MAXIMILIANO, Carlos. **Comentários à Constituição Brasileira**. 5.ed. Rio de Janeiro: Freitas Bastos, 1954. v. 3, p. 175. (grifo nosso)

14. MIRANDA, Pontes. **Comentários à Constituição de 1946.** 3.ed. Rio de Janeiro: Borsoi, 1960. v. 5, p. 411.

15. MIRANDA, Pontes. **Comentários à Constituição de 1967:** com a emenda nº 1 de 1969. 3.ed. Rio de Janeiro: Forense, 1987. v. 5, p. 658-662.

16. FERREIRA, Wolgran Junqueira. **Elementos de Direito Constitucional**. 2.ed. São Paulo: Pratense, 1972. v. 3, p. 618.

17. Aqui, vale destacar a precursora doutrina da Professora Maria Garcia, que no início da década de 90 já dava interpretação humanista e tecnicamente apurada ao "regime constitucional", trabalhando a ideia de sistema na ciência do direito. GARCIA, Maria. **Desobediência Civil:** direito fundamental. São Paulo: RT, 1994, especialmente p. 209 e ss.

18. Aqui, inspiramo-nos em Ana Paula de Barcellos, para quem é possível decompor o elemento sistemático em duas grandes vertentes: "A primeira envolve o subsistema temático em que a disposição examinada está inserida. Com efeito, todos os enunciados normativos – regras e princípios – que versam sobre um mesmo assunto (*e.g.*, a dignidade da pessoa humano ou os direitos fundamentais) formam um subsistema temático , no qual o efeito de cada um poderá ser mais bem compreendido. Buscando no texto constitucional como um todo os comando relacionados é que se poderá ordenar sistematicamente, *e.g.*, os princípios fundamentais e setoriais da matéria, os subprincípios e regras; enfim, o tratamento conjunto de cada assunto mereceu e a posição de cada dispositivo específico no todo. O segundo aspecto do elemento sistemático tem por objetivo situar o comando examinado, bem como seu sistema temático particular, na ordem jurídica como um todo, tendo em

Nessa perspectiva, o regime constitucional *lato sensu* refere-se às normas que regulamentam a ordem constitucional como um todo, isto é, às normas do sistema de direito constitucional vigente. Por sua vez, o regime constitucional *stricto sensu* refere-se às normas que regulamentam o subsistema constitucional dos direitos e garantias fundamentais, isto é, refere-se especificamente às normas do vigente sistema de direitos e garantias fundamentais.

Isto posto, a partir deste ponto, far-se-á uma análise um pouco mais específica sobre o sistema constitucional e o sistema de direitos e garantias fundamentais, enquanto fontes dos direitos fundamentais atípicos, no âmbito do vigente constitucionalismo brasileiro.

2.1.1. O regime constitucional *lato sensu*: o sistema constitucional

A concepção de sistema, em particular no âmbito da ciência do direito, vem recebendo especial atenção da doutrina nas últimas décadas, podendo-se destacar os trabalhos de Claus-Wilhelm Canaris,[19] Niklas Luhmann[20] (bem transposta para o constitucionalismo contemporâneo por Marcelo Neves)[21] e Mario Losano.[22] Contudo, nossa intenção aqui não é a de analisar nenhuma dessas teorias do sistema jurídico, menos ainda de adotar uma delas como sendo a teoria correta, mas tão somente identificar, a partir da obra desses autores e de outros, as principias características do atual sistema constitucional brasileiro, sobretudo aquelas que estão ligadas diretamente com a identificação do sistema como fonte, notadamente como fonte dos direitos fundamentais atípicos.[23]

---

conta os demais subsistemas existentes". BARCELLOS, Ana Paula. **A eficácia jurídica dos princípios constitucionais:** o princípio da dignidade da pessoa humana. 3.ed. Rio de Janeiro: Renovar, 2011, p. 183-184.

19. CANARIS, Claus-Wilhelm. **Pensamento Sistemático e Conceito de Sistema na Ciência do Direito.** 4.ed. Lisboa: Fundação Calouste Gulbenkian, 2008.
20. LUHMANN, Niklas. **Introdução à Teoria dos Sistemas.** 2.ed. Petrópolis: Vozes, 2010.
21. NEVES, Marcelo. **Transconstitucionalismo.** São Paulo: Martins Fontes, 2009.
22. LOSANO, Mario. **Sistema e Estrutura no Direito:** das origens à escola histórica. São Paulo: Martins Fontes, 2008. v.1; LOSANO, Mario. **Sistema e Estrutura no Direito:** o século XX. São Paulo: Martins Fontes, 2010. v.2; LOSANO, Mario. **Sistema e Estrutura no Direito:** do século XX à pós-modernidade. São Paulo: Martins Fontes, 2011. v.3.
23. Dúvidas não há de que o sistema constitucional seja fonte dos direitos fundamentais atípicos. Nesse sentido, Maria Garcia, ao analisar o § 2º, do art. 5º, da Constituição de 1988, recorrendo às lições de Hans Kelsen sobre o IX Aditamento à Constituição de Estados Unidos da América do Norte, afirma categoricamente que "podemos entender que tais direitos não expressos decorrem do próprio sistema constitucional que os declara e compreende podendo, portanto, nessas condições, ser arguidos,

Para uma análise do regime constitucional *lato sensu* (aqui considerado como sendo o sistema constitucional, mais precisamente o sistema jurídico-normativo instituído pela Constituição da República Federativa do Brasil de 1988) enquanto fonte dos direitos fundamentais atípicos, parte-se da consagrada concepção da *Constituição* enquanto *sistema aberto de regras e princípios.*[24]

Inicialmente, recorrendo-se às lições de Paulo Bonavides,[25] pode-se dizer que o sistema jurídico-constitucional compreende muito mais do que a ordem constitucional positiva, isto é, enquanto sistema, ele engloba, para além da Constituição formal, a Constituição material, bem como as normas da hermenêutica constitucional. Trata-se, pois, o sistema constitucional, de verdadeira fonte material da Constituição. Explicando um pouco melhor, o sistema constitucional, compreendido como uma unidade ordenada da Constituição formal e da Constituição material, bem como das normas hermenêuticas que lhe concretizam,[26] consiste numa fonte do direito constitucional, inclusive de direitos fundamentais (notadamente dos direitos fundamentais atípicos).

O sistema jurídico, tal como teorizado por Claus-Wilhelm Canaris, compartilha das qualidades da ordem e da unidade, inerentes a todo

---

pleiteados e exercidos como tais". GARCIA, Maria. Fundamentalidade e direitos fundamentais: o § 2º do artigo 5º da CF/88. Direitos humanos e direitos e garantias fundamentais. In: PIOVESAN, Flávia; GARCIA, Maria (orgs.). **Doutrinas Essenciais Direitos Humanos:** Teoria Geral dos Direitos Humanos. São Paulo: RT, 2011. v.1, p. 777.

24. Parece-nos que a doutrina constitucionalista majoritariamente compartilha da concepção de que a Constituição Contemporânea deve ser compreendida como um sistema aberto de regras e princípios. Nesse sentido, guardadas as devidas diferenças nas concepções de cada autor, dentre outros, pode-se apontar: CANOTILHO, J. J. Gomes. **Direito Constitucional e Teoria da Constituição.** 7. ed. Coimbra: Almedina, 2003, p. 1159 e ss.; BARROSO, Luís Roberto. **Curso de Direito Constitucional Contemporâneo:** os conceitos fundamentais e a construção do novo modelo. 3.ed. São Paulo: Saraiva, 2011, p. 211-248; CASTRO, Carlos Roberto Siqueira. **A Constituição Aberta e os Direitos Fundamentais:** ensaios sobre o constitucionalismo pós-moderno e comunitário. 2.ed. Rio de Janeiro: Forense, 2010, p. 15-59; SARLET, Ingo Wolfgang. **A eficácia dos direitos fundamentais:** uma teoria geral dos direitos fundamentais na perspectiva constitucional. 10.ed. Porto Alegre: Livraria do Advogado, 2010, p. 72; ALEXY, Robert. **Teoria dos Direitos Fundamentais.** São Paulo: Malheiros, 2008, p. 85-120; FERRAJOLI, Luigi. Constitucionalismo principialista e constitucionalismo garantista. In: FERRAJOLI, Luigi; STRECK, Lenio Luiz; TRINDADE, André Karam. **Garantismo, hermenêutica e (neo)constitucionalismo.** Porto Alegre: Livraria do Advogado, 2012, p. 13 e ss.

25. BONAVIDES, Paulo. **Curso de Direito Constitucional.** 28. ed. São Paulo: Malheiros, 2013, p. 97-146.

26. Como há muito adverte Konrad Hesse, "a interpretação constitucional é "concretização" (Konkretisierung). Precisamente aquilo que não aparece, de forma clara, como conteúdo da Constituição é o que deve ser determinado mediante a incorporação da "realidade" de cuja ordenação se trata (*supra*, n. 45 e seguintes). Nesse sentido, a interpretação constitucional tem caráter criativo: o conteúdo da norma interpretada só se completa com a sua interpretação" HESSE, Konrad. **Temas Fundamentais do Direito Constitucional.** São Paulo: Saraiva, 2009, p. 81.

e qualquer sistema.[27] Para além disso, também caracteriza-se, dentre outras coisas, pela abertura, adequação, coerência e integração.[28] Para os fins deste trabalho, sem excluir ou mesmo deixar de reconhecer a importância de outras, há de se destacar essas características como as de maior relevância para o sistema constitucional brasileiro, enquanto fonte dos direitos fundamentais atípicos.[29]

Isto posto, passemos a uma breve análise de cada uma das características acima mencionadas (ordem, unidade, abertura, adequação, coerência e integração), com o escopo de trazer luz à concepção do atual sistema constitucional brasileiro, enquanto fonte dos direitos fundamentais atípicos.

Partindo-se da análise da característica da *ordem* (ou *ordenação*), há muito já caracterizada pela filosofia de Immanuel Kant,[30] pode-se dizer que ela foi, juntamente com a característica da unidade, elemento constante nas definições do sistema jurídico ao longo dos séculos.[31] Nas palavras de Claus-Wilhelm Canaris, com a ordenação pretende-se "exprimir um estado de coisas intrínseco racionalmente apreensível, isto é, fundado na realidade".[32]

Ademais, a ordem está na essência do direito, consiste numa reivindicação fundamental ético-jurídica do próprio sistema jurídico, que exige uma ordenação interior, isto é, uma ordenação de seus elementos, de um modo geral.[33] Nesse mesmo sentido, Norberto Bobbio afirma que o sistema consiste numa "*totalidade ordenada*, um conjunto de entes entre os quais existe uma certa ordem",[34] sendo que

27. CANARIS, Claus-Wilhelm. **Pensamento Sistemático e Conceito de Sistema na Ciência do Direito.** 4.ed. Lisboa: Fundação Calouste Gulbenkian, 2008.

28. GOUVEIA, Jorge Bacelar. **Os Direitos Fundamentais Atípicos.** Lisboa: Aequitas, 1995.

29. Ibidem.

30. Segundo Canaris, "é ainda determinante a definição clássica de KANT, que caracterizou o sistema como <<a unidade, sob uma ideia, de conhecimentos variados>> ou, também, como <<um conjunto de conhecimentos ordenado segundo princípios>>". CANARIS, Claus-Wilhelm. **Pensamento Sistemático e Conceito de Sistema na Ciência do Direito.** 4.ed. Lisboa: Fundação Calouste Gulbenkian, 2008, p. 9-10.

31. Nesse sentido, afirma Canaris: "Assim, por exemplo, segundo SAVIGNY, o sistema é a <<concatenação interior que liga todos os institutos jurídicos e as regras de Direito numa grande unidade>>, segundo STAMMLER <<uma unidade totalmente coordenada>>, segundo BINDER, <<um conjunto de conceitos jurídicos ordenado segundo pontos de vista unitários>>, segundo HEGLER, <<a representação de um âmbito do saber numa estrutura significativa que se apresenta a si própria como ordenação unitária e concatenada>>, segundo STOLL um <<conjunto unitário ordenado>> e segundo COING uma <<ordenação de conhecimentos segundo um ponto de vista unitário>>". Ibidem, p. 10-11.

32. Ibidem, p. 12.

33. Ibidem, p. 14-23.

34. BOBBIO, Norberto. **Teoria do ordenamento jurídico.** 10.ed. Brasília: UNB, 1999, p. 71.

entre os entes que constituem uma ordem deve-se ter "um relacionamento de coerência entre si" e com o todo.[35] Assim, segundo Bobbio, o ordenamento jurídico constitui um sistema quando suas normas (entes) estão ordenadas segundo um relacionamento de coerência com o todo e entre si.[36]

Para além disso, segundo Canaris, o sistema pode ser compreendido como uma ordem axiológica ou teleológica, isto é, orientada a valores ou a fins.[37] E, sob uma perspectiva da unidade do sistema jurídico, essa ordenação se dá pelos princípios gerais do direito.[38] Trazendo essas afirmações para a nossa realidade, pode-se dizer que o sistema jurídico-constitucional brasileiro pode ser compreendido como uma ordenação (de regras e princípios) orientada pelos princípios constitucionais, notadamente pelos princípios fundamentais previsto no Título I, da Constituição de 1988.

Tal qual a ordem, a *unidade* do sistema há muito já fora caracterizada pela filosofia de Immanuel Kant e, também, foi elemento constante nas definições do sistema jurídico ao longo dos séculos.[39] Segundo Claus-Wilhelm Canaris, "no que toca à unidade, verifica-se que este fator modifica o que resulta já da ordenação, por não permitir uma dispersão numa multitude de singularidades desconexas, antes devendo deixa-las reconduzir-se a uns quantos princípios fundamentais".[40]

Esses princípios fundamentais, ou princípios gerais do direito (do sistema jurídico vigente) conferem uma unidade ordenada ao sistema jurídico, sujeitando, inclusive, a validade das normas jurídicas,[41] vez que, modernamente, as normas que forem contrárias a tais princípios não devem ser consideradas válidas pelo intérprete, pois não podem ser reconduzidas ao sistema.

Para além disso, na esteira das lições de Santi Romano,[42] não se pode olvidar que o sistema jurídico não pode ser compreendido

35. Ibidem, idem.
36. Ibidem, idem.
37. CANARIS, Claus-Wilhelm. **Pensamento Sistemático e Conceito de Sistema na Ciência do Direito.** 4.ed. Lisboa: Fundação Calouste Gulbenkian, 2008, p. 66-76.
38. Ibidem, p. 76-102.
39. Ibidem, p. 9-11.
40. Ibidem, p. 12.
41. Para uma leitura da relação entre a unidade do sistema jurídico e a validade das normas jurídicas, ver: BOBBIO, Norberto. **Teoria do ordenamento jurídico.** 10.ed. Brasília: UNB, 1999, p. 37-70.
42. ROMANO, Santi. **O ordenamento jurídico.** Florianópolis: Fundação Boiteux, 2008, p. 66-68.

como um mero conjunto de normas, ou como uma somatória de normas, devendo antes ser compreendido como um todo unitário normativo, levando-se em conta mais que uma simples perspectiva formal, isto é, levando-se em conta uma perspectiva material das normas jurídicas que o compõem.

No atual sistema jurídico-constitucional brasileiro, a unidade repousa nos princípios constitucionais (não exclusivamente, mas predominantemente nos princípios fundamentais do Título I, da Constituição de 1988),[43] sobretudo no princípio fundamental da dignidade da pessoa humana, tendo-se em conta que a pessoa humana é o fim maior do Estado fundado por nossa atual Carta Constitucional.[44] Assim, pode-se afirmar que a unidade de nosso sistema constitucional reside nos princípios constitucionais, notadamente no da dignidade da pessoa humana.

A *abertura* do sistema jurídico, tal qual demonstram, dentre outros, Karl Larenz[45] e Claus-Wilhelm Canaris,[46] liga-se diretamente à sua incompletude, que lhe exige a capacidade de completar-se, de evoluir e se modificar. Nesse sentido, pode-se dizer que a abertura do sistema jurídico reside na incompletude e na provisoriedade do conhecimento jurídico,[47] bem como na modificabilidade dos valores fundamentais da ordem jurídica.[48]

---

43. SARLET, Ingo Wolfgang. **A eficácia dos direitos fundamentais:** uma teoria geral dos direitos fundamentais na perspectiva constitucional. 10.ed. Porto Alegre: Livraria do Advogado, 2010, especialmente p. 69-74 e 93-111.

44. Nesse sentido, Jorge Miranda afirma: "A Constituição confere uma unidade de sentido, de valor e de concordância prática ao sistema de direitos fundamentais. E ela repousa na dignidade da pessoa humana, ou seja, na conceção que faz da pessoa fundamento e fim da sociedade e do Estado [...] Para além da unidade do sistema, o que conta é a unidade da pessoa. A conjugação dos diferentes direitos e das normas constitucionais, legais e internacionais a eles atinentes torna-se mais clara a essa luz. O <<homem situado>> do mundo plural, conflitual e em acelerada mutação do nosso tempo encontra-se muitas vezes dividido por interesses, solidariedades e desafios discrepantes; só na consciência da sua dignidade pessoal retoma unidade de vida e de destino". MIRANDA, Jorge. **Manual de Direito Constitucional.** 5.ed. Coimbra: Coimbra, 2012. v.4, p. 219-220.

45. LARENZ, Karl. **Metodologia da Ciência do Direito.** 5.ed. Lisboa: Fundação Calouste Gulbenkian, 2009, especialmente p. 693-697.

46. CANARIS, Claus-Wilhelm. **Pensamento Sistemático e Conceito de Sistema na Ciência do Direito.** 4.ed. Lisboa: Fundação Calouste Gulbenkian, 2008, especialmente p. 103-126.

47. Nesse sentido, segundo Canaris, "a abertura do sistema significa a *incompleitude e a provisoriedade do conhecimento científico*. De facto, o jurista, como qualquer cientista, deve estar sempre preparado para pôr em causa o sistema até então elaborado e para o alargar ou modificar, com base numa melhor consideração. Cada sistema científico é, assim, tão só um *projecto* de sistema, que apenas exprime o estado dos conhecimentos do seu tempo; por isso e necessariamente, ele não é nem definitivo nem <<fechado>>". Ibidem, p. 106.

48. Nessa perspectiva, como explica Larenz, "o sistema interno não é, como se depreende do que foi dito, um sistema fechado em si, mas um sistema <<aberto>>, no sentido de que são possíveis tanto mutações na espécie de jogo concertado dos princípios, do seu alcance e limitação recípro-

Reside na incompletude do sistema, pois é impossível positivar-se todo o direito ou todas as situações da vida, devendo-se, portanto, abrir o sistema jurídico à cognição dos fatos, dos valores e dos conhecimentos para a identificação e/ou construção de um direito que seja capaz de resolver os problemas que se lhe apresentem. Reside na provisoriedade do conhecimento jurídico, justamente porque se o direito não conhece previamente todas as situações da vida, então o direito não pode ser completo, sendo, portanto, o seu conhecimento provisório e limitado, devendo ser completado, e até mesmo modificado, sempre que novas situações se lhe apresentarem. Reside na modificabilidade dos valores fundamentais da ordem jurídica, porque o direito, como defendemos no Capítulo 1 deste trabalho, consiste numa ciência histórica, que acompanha a evolução da pessoa humana e de suas relações.

Assim, o sistema jurídico deve acompanhar a evolução dos valores fundamentais da sociedade humana, deve ser conforme a realidade social que regula. Cabe observar que a sociedade modifica-se constantemente, contudo não se pode criar novos códigos, ou pior, novas Constituições, fundando-se novos sistemas jurídicos o tempo todo. Daí, para que o sistema jurídico possa acompanhar a sociedade, faz-se imprescindível que ele seja aberto à cognição das novas realidades e, mais do que isso, que o próprio sistema jurídico possa se modificar sem que se tenha de criar novas legislações ou novas Constituições diariamente.[49]

Nessa perspectiva, conforme explica Canaris, a abertura enquanto incompletude acresce a abertura enquanto modificabilidade do sistema jurídico, complementando-se.[50] Essa abertura, tanto como incomple-

---

ca, como também da descoberta de novos princípios; seja em virtude de alterações da legislação, seja em virtude de novos conhecimentos da Ciência do Direito ou modificações na jurisprudência dos tribunais". LARENZ, Karl. **Metodologia da Ciência do Direito.** 5.ed. Lisboa: Fundação Calouste Gulbenkian, 2009, especialmente p. 693.

49. Nas palavras de Canaris, "não é discutivel e resulta mesmo evidente que o Direito positivo, mesmo quando consiste numa ordem jurídica assente na ideia de codificação, é, notoriamente, susceptível de aperfeiçoamento, em vários campos. Os valores fundamentais constituintes não podem fazer, a isso, qualquer excepção devendo, assim, mudar também o sistema cujas unidades e adequação eles corporizem. Hoje, princípios novos e diferentes dos existentes ainda há poucas décadas, podem ter validade e ser constitutivos para o sistema. Segue-se, daí, finalmente, que o sistema, como unidade de sentido, compartilha de uma ordem jurídica concreta no seu modo de ser, isto é, que tal como esta, não é estático, mas dinâmico, assumindo pois a estrutura da historicidade". CANARIS, Claus-Wilhelm. **Pensamento Sistemático e Conceito de Sistema na Ciência do Direito.** 4. ed. Lisboa: Fundação Calouste Gulbenkian, 2008, especialmente p. 107-108.

50. Nesse sentido, Canaris afirma que "à abertura *como incompleitude do conhecimento científico acresce assim a abertura como modificabilidade da própria ordem jurídica.* Ambas as formas de abertura são

tude, tanto como modificabilidade, dá-se, nos modernos sistemas jurídicos, através, sobretudo, dos princípios jurídicos (normas jurídicas de maior densidade axiológica que permite a atualização e a complementação do direito pelo próprio direito, em face das novas realidade sociais que se lhe apresentem). Ademais, dentre outras formas,[51] há de se destacar a abertura por cláusulas de abertura dentro do próprio sistema jurídico, como a prevista no § 2º, do art. 5º, da Constituição brasileira de 1988, e por cláusulas gerais,[52] como a cláusula geral de tutela da personalidade humana, fundada constitucionalmente no princípio fundamental da dignidade da pessoa humana e, civilmente, no art. 12, do Código Civil de 2002.[53]

No âmbito do vigente sistema constitucional brasileiro a abertura é de fundamental importância, encontrando-se presente em diversas disposições constitucionais. Para além disso, a abertura constitucional liga-se antes à ideia de Constituição Material, isto é, à concepção de que a Constituição é mais do que simplesmente o texto e de que o conteúdo do texto está muito além de sua mera literalidade. Essa ideia encontra-se desde os princípios fundamentais a estruturarem nossa ordem jurídico-política e perpassa por todas as nossas normas constitucionais. Acha-se, em relação aos direitos fundamentais, especialmente na disposição do § 2º, do art. 5º, da Constituição de 1988 (fundada nos princípios da dignidade da pessoa humana e da prevalência dos direitos humanos) que abre a Constituição aos direitos fundamentais materiais, ou melhor, aos direitos fundamentais atípicos, que gozam de uma fundamentalidade material.[54]

---

essencialmente próprias so sistema jurídico e nada seria mais errado do que utilizar a abertura do sistema como objecção contra o significado da formação do sistema na Ciência do Direito ou, até, caracterizar um sistema aberto como uma contradição em si". Ibidem, p. 109.

51. Apenas para dar um exemplo, na visão de Joseph Raz, "um sistema normativo é aberto no sentido de que ele contém normas cujo propósito é conceder força vinculante a outras normas que não pertencem a ele. Quanto mais normas 'externas' forem 'adotadas' por um sistema, mais aberto ele será...". RAZ, Joseph. **Razão Prática e Normas.** Rio de Janeiro: Elsevier, 2010, p. 151.

52. Segundo Fernando Rodrigues Martins, "a cláusula geral, ao contrário, não é um conceito, mas uma técnica legislativa, em que a estruturação normativa é elaborada em termos amplíssimos, de forma que a regra passe a abranger e submeter o tratamento jurídico todo um domínio de casos". MARTINS, Fernando Rodrigues. **Estado de Perigo no Código Civil.** 2. ed. São Paulo: Saraiva, 2008, p. 102-103.

53. Sobre a cláusula geral de tutela da personalidade humana e seus fundamentos, ver: MOREIRA, Rodrigo Pereira. Os fundamentos dos direitos da personalidade: entre o direito natural, o direito positivo e o direito discursivo. In: MARTINS, Fernando Rodrigues (org.). **Direito em Diálogo de Fontes.** Belo Horizonte: D'Plácido, 2014, especialmente p. 256-258.

54. A esse respeito, escreve Ingo Sarlet que "a fundamentalidade material, por sua vez, decorre da circunstância de serem os direitos fundamentais elemento constitutivo da Constituição material, contendo decisões fundamentais sobre a estrutura básica do Estado e da sociedade. Inobstante

A *adequação*, ou *adequação valorativa*, como explica Claus-Wilhelm Canaris, liga-se diretamente à exigência de fundamentação da ordem interior e da unidade do sistema jurídico na estrutura de seu objeto. Partindo-se da concepção de que tais características (ordem e unidade), no âmbito do sistema jurídico, são fruto das mais fundamentais exigências ético-jurídicas e radicam-se na ideia mesma de direito, há de se concluir que sua adequação valorativa deve fundamentar o direito, conforme os valores ético-jurídicos sobre os quais ele mesmo está fundamentado. Mais especificamente, pode-se dizer que o sistema jurídico deve estar em conformidade com os valores ético-jurídicos fundamentais sobre os quais ele está assentado, para que goze de ordem interior e unidade.[55]

No âmbito do vigente sistema jurídico-constitucional brasileiro, além das exigências do princípio da justiça e de suas concretizações no princípio da igualdade (que presume a liberdade), bem como do princípio da segurança jurídica, ambos apontados por Canaris[56] e que fundamentam todo e qualquer sistema jurídico democrático, há de se destacar que essa adequação valorativa se dá em face dos princípios fundamentais do Título I da Constituição de 1988, especialmente

---

não necessariamente ligada à fundamentalidade formal, é por intermédio do direito constitucional positivo (art. 5º, § 2º, da CF) que a noção da fundamentalidade material permite a abertura da Constituição a outros direitos fundamentais não constantes de seu texto e, portanto, apenas materialmente fundamentais, assim como a direitos fundamentais situados fora do catálogo, mas integrantes da Constituição formal" SARLET, Ingo Wolfgang. **A eficácia dos direitos fundamentais:** uma teoria geral dos direitos fundamentais na perspectiva constitucional. 10. ed. Porto Alegre: Livraria do Advogado, 2010, p. 75.

55. Nesse sentido, Canaris afirma que "a ideia da ordem interior e da unidade carece, por isso, de uma confirmação que se deve fundamentar na própria estrutura do seu objecto, portanto na essência do Direito [...] A ordem interior e a unidade do Direito são bem mais do que pressupostos da natureza científica da jurisprudência e do que postulados da metodologia; elas pertencem, antes, às mais fundamentais exigências ético-jurídicas e radicam, por fim, na própria ideia de Direito [...] O papel do conceito de sistema é, no entanto, como se volta a frisar, o de traduzir e realizar a adequação valorativa e a unidade interior da ordem jurídica". CANARIS, Claus-Wilhelm. **Pensamento Sistemático e Conceito de Sistema na Ciência do Direito.** 4. ed. Lisboa: Fundação Calouste Gulbenkian, 2008, p. 18-23.

56. Nessa perspectiva, segundo Canaris, "a ideia do sistema jurídico justifica-se a partir de um dos mais elevados valores do Direito, nomeadamente do princípio da justiça e das suas concretizações no princípio da igualdade e na tendência para a generalização. Acontece ainda que outro valor supremo, a segurança jurídica, aponta na mesma direcção. Também ela pressiona, em todas as suas manifestações – seja como determinabilidade e previsibilidade do Direito, como estabilidade e continuidade da legislação e da jurisprudência ou simplesmente como praticabilidade da aplicação do Direito – para a formação de um sistema, pois todos esses postulados podem ser muito melhor prosseguidos através de um Direito adequadamente ordenado, dominado por poucos e alcançáveis princípios, portanto um Direito ordenado em sistema, do que por uma multiplicidade inabarcável de normas singulares desconexas e em demasiado fácil contradição umas com as outras". Ibidem, p. 22.

do princípio da dignidade da pessoa humana, vez que, a nosso ver, a pessoa humana consiste no fim maior do Estado Democrático de Direito da República Federativa do Brasil. Ademais, e em especial, essa adequação valorativa da ordem interior e da unidade do sistema jurídico-constitucional, deve guiar a identificação e a construção dos direitos fundamentais atípicos, bem como sua interpretação e aplicação no âmbito de nosso constitucionalismo, sobretudo em face do já citado princípio da dignidade da pessoa humana, que nos parece ser, em maior ou menor medida, a matriz ético-jurídica (fundamento material) de todos os direitos fundamentais.[57]

Passando-se à análise da *coerência* do sistema jurídico, pode--se dizer que inicialmente ela era vista como uma regra que podia ser expressa da seguinte maneira: "Num ordenamento jurídico não *devem* existir antinomias".[58] Bem, nos sistemas constitucionais contemporâneos essa concepção de coerência se queda ultrapassada, pois é impossível não existir antinomias.

Nos atuais sistemas jurídicos, parece-nos que a doutrina mais adequada é aquela que preceitua que a coerência das normas de um sistema (e do próprio sistema) "depende de que elas 'façam sentido' em virtude de serem racionalmente relacionadas como um conjunto instrumental ou intrinsecamente voltado para a realização de alguns valores comuns".[59] Adotando-se como referencial teórico a doutrina de Humberto Ávila, apresentar-se-á, resumidamente, o significado da coerência no atual sistema constitucional brasileiro, especialmente no que diz com os direitos fundamentais (típicos e atípicos).

Iniciando-se a análise, cumpre dizer que Humberto Ávila coloca a coerência como sendo uma espécie daquilo que ele chama de *postulados hermenêuticos* – normas jurídicas de segundo grau "cuja utilização é necessária à compreensão interna e abstrata do ordenamento jurídico".[60] Ademais, para Ávila o *postulado da coerência* consiste num subelemento do postulado da unidade do ordenamento jurídico, isto é, uma derivação da unidade sistêmica. Aqui, cumpre esclarecer, que

---

57. Nesse sentido já nos manifestamos outras vezes. Dentre todas, ver: DOS SANTOS. Eduardo R. O princípio fundamental da dignidade da pessoa humana como elemento estruturante do sistema de direitos fundamentais na constituição brasileira de 1988. **Diritto & Diritti.** Ragusa, 24 mai. 2012.
58. BOBBIO, Norberto. **Teoria do ordenamento jurídico.** 10.ed. Brasília: UNB, 1999, p. 110.
59. MACCORMICK, Neil. **Retórica e Estado de Direito.** Rio de Janeiro: Elsevier, 2008, p. 252.
60. ÁVILA, Humberto. **Teoria dos princípios:** da definição à aplicação dos princípios jurídicos. 11.ed. São Paulo: Malheiros, 2010, p. 125.

não se pretende discutir a classificação ou a nominação que se dá à coerência, seja regra, princípio ou postulado, nem mesmo se pretende adotar a teoria da norma jurídica de Humberto Ávila, mas tão somente explicar a característica da coerência do sistema jurídico pela teoria do citado professor, pois se acredita que aquilo que ele coloca sobre a coerência seja adequado ao vigente sistema constitucional brasileiro. Ademais, frise-se: para nós, se a coerência é uma regra, princípio ou postulado, isso é de menor importância, pois essa não é análise que pretendemos fazer. Isto posto, passemos à análise da coerência (ou postulado da coerência na expressão de Ávila).

O *postulado da coerência*, segundo Humberto Ávila, advém da ideia de conexão de sentido, isto é, da relação de dependência entre normas, sendo condição de possibilidade do conhecimento que deve ser preenchido através da interpretação dos textos normativos. A coerência, nos dizeres do jurista brasileiro, "é tanto um critério de relação entre dois elementos como uma propriedade resultante dessa mesma relação".[61] Mais ainda, apoiando-se em Susanne Bracker,[62] Ávila demonstra que a coerência divide-se em formal e material (ou substancial), de modo que, a *coerência formal* relaciona-se à noção de consistência e completude, e a *coerência material/substancial* liga-se à conexão positiva de sentido.[63]

No que se refere à *coerência formal*, Ávila afirma que, formalmente, um conjunto de proposições deve preencher os requisitos de *consistência* e *completude* para serem considerados coerentes. O primeiro critério, a *consistência*, implica na ausência de contradição, isto é, exige que um conjunto de proposições não contenha, simultaneamente, uma determinada proposição e sua negação. Já o segundo critério, a *completude*, implica na "relação de cada elemento com o restante do sistema, em termos de integridade (o conjunto de proposições contém todos os elementos e suas negações) e de coesão inferencial (o conjunto de proposições contém suas próprias consequências lógicas)".[64]

Quanto à *coerência substancial*, Ávila afirma que, materialmente, um conjunto de proposições caracteriza-se como sendo coerente,

---

61. Ibidem, p. 129.
62. BRACKER, Susanne. **Kohärenz und juristische Interpretation.** Baden-Baden: Nomos, 2000.
63. ÁVILA, Humberto. **Teoria dos princípios:** da definição à aplicação dos princípios jurídicos. 11. ed. São Paulo: Malheiros, 2010, p. 129.
64. Ibidem, p. 130.

quanto maiores forem: *a)* a *recíproca relação de dependência entre as proposições do conjunto*, dentro de um critério de implicação lógica e equivalência lógica;[65] e *b)* os seus *elementos comuns*, em face da semelhança dos significados de suas proposições.[66] Nesse sentido, a coerência material/substancial é graduável, isto é, permite a graduação (diferentemente da coerência formal), vez que ela pode ser maior ou menor. No que se refere à coerência substancial, há de se destacar, ainda, dois pontos importantes na obra de Ávila, que tangem à fundamentação: a *fundamentação por suporte* e a *fundamentação por justificação recíproca.*

Segundo Ávila, a *fundamentação por suporte* refere-se à sustentação de um enunciado pelo outro, de modo que, quanto mais bem sustentado (suportado) um enunciado for por outro enunciado, mais coerente será a fundamentação. Por uma questão lógica, como assinala Ávila, esta fundamentação se dá na direção do específico para o geral, isto é, os enunciados mais específicos devem ser suportados (sustentados, fundamentados) pelos mais gerais. Garante-se a intensidade através da escolha de premissas plausíveis, das quais decorram logicamente as conclusões. "A conexão de sentido fundamenta-se na ideia de unidade e coerência do sistema jurídico, bem como preconiza clareza conceitual, unidade formal e plenitude sistêmica". A estruturação das normas jurídicas deriva dos princípios da igualdade, da tendência generalizadora da justiça e da segurança jurídica, e "determina que as normas devem ser reconduzidas a poucos princípios aglutinadores".[67] Nesse sentido, os princípios de maior grau de abstração dentro do sistema determinam o significado das normas menos abstratas.[68] Assim, como bem leciona Ingo Wolfgang Sarlet, o princípio fundamental da dignidade da pessoa humana, no âmbito do constitucionalismo brasileiro vigente, é o fundamento

65. Segundo Ávila, "a coerência substancial em razão da dependência recíproca existe quando a relação entre as proposições satisfaz requisitos de implicação lógica (a verdade da premissa permite concluir pela verdade da conclusão) e de equivalência lógica (o conteúdo de verdade de uma proposição atua sobre o conteúdo de verdade da outra e vice-versa)". Ibidem, idem.

66. Segundo Ávila, "a coerência substancial em razão de elementos comuns existe quando as proposições possuem significados semelhantes". Ibidem, idem.

67. Ibidem, p. 132.

68. Nos dizeres de Ávila: "pode-se afirmar que a construção substancial de um sistema deve ser feita a partir do grau de abstração vinculado à sobreposição axiológica das normas jurídicas, no sentido de que os princípios que possuem maior grau de abstração determinam o significado normativo de outras normas menos abstratas". Ibidem, p. 133.

jurídico axiológico unificador e matriz (em maior ou menor grau) de todos os direitos fundamentais.[69]

Já a *fundamentação por justificação recíproca*, segundo Ávila, liga-se a relação entre dois elementos dentro do sistema, em que o primeiro elemento pertence à premissa da qual, logicamente, decorre o segundo elemento e, simultaneamente, o segundo elemento pertence à premissa da qual, logicamente, decorre o primeiro elemento, isto é, trata-se de uma relação lógica de reciprocidade justificante, em que, ao mesmo tempo, um justifica o outro e vice-versa.[70] Nesse sentido, como bem demonstra Ingo Wolfgang Sarlet, o princípio fundamental da dignidade da pessoa humana é a matriz jurídico-axiológica dos direitos fundamentais, ao mesmo tempo em que os direitos fundamentais consistem na materialização constitucional do princípio da dignidade da pessoa humana, isto é, através dos direitos fundamentais implementa-se o princípio fundamental da dignidade da pessoa humana, ao mesmo tempo em que o conteúdo essencial e comum dos direitos fundamentais encontra-se assegurado no princípio fundamental da dignidade da pessoa humana.[71]

Ávila afirma, ainda, que há três formas principais de fundamentação por justificação recíproca: a empírica, a analítica e a normativa. A *fundamentação recíproca empírica* se dá quando a existência de um elemento depende da existência do outro elemento e vice-versa,[72] assim, a nosso ver, não há como se chegar aos direitos fundamentais sem assegurar-se à dignidade da pessoa humana (pois trata-se de sua fonte jurídico-axiológica), bem como não há como se chegar à dignidade da pessoa humana sem assegurar os direitos fundamentais (pois são a materialização desta no âmbito do Estado Constitucional). A *fundamentação recíproca analítica* se dá quando a existência de um elemento é condição conceitual necessária para a

69. SARLET, Ingo Wolfgang. **A eficácia dos direitos fundamentais:** uma teoria geral dos direitos fundamentais na perspectiva constitucional. 10. ed. Porto Alegre: Livraria do Advogado Editora, 2010, p. 110-111.

70. ÁVILA, Humberto. **Teoria dos princípios:** da definição à aplicação dos princípios jurídicos. 11.ed. São Paulo: Malheiros, 2010, p. 134.

71. SARLET, Ingo Wolfgang. **A eficácia dos direitos fundamentais:** uma teoria geral dos direitos fundamentais na perspectiva constitucional. 10. ed. Porto Alegre: Livraria do Advogado Editora, 2010, p. 93-115.

72. ÁVILA, Humberto. **Teoria dos princípios:** da definição à aplicação dos princípios jurídicos. 11.ed. São Paulo: Malheiros, 2010, p. 134.

existência do outro e vice-versa,[73] assim, a nosso ver, não há como se conceituar o princípio fundamental da dignidade da pessoa humana (art. 1º, III, CF/88) sem mencionar os direitos fundamentais (pois consistem na sua materialização no âmbito constitucional), bem como não há como se conceituar os direitos fundamentais, no âmbito do constitucionalismo brasileiro, sem se mencionar o princípio fundamental da dignidade da pessoa humana (pois ele consiste na sua matriz jurídico-axiológica). A *fundamentação recíproca normativa* se dá "quando duas linhas argumentativas diversas podem ser combinadas uma com a outra",[74] de duas maneiras: *a)* "a fundamentação de mais de um enunciado específico por um enunciado mais geral (fundamentação dedutiva)",[75] a nosso ver, por exemplo, através da fundamentação dos diversos direitos fundamentais (enunciados mais específicos), tais como o direito fundamental a liberdade, direito fundamental a igualdade, direito fundamental a saúde etc., pelo princípio fundamental da dignidade da pessoa humana (enunciado mais geral); b) "a fundamentação de um enunciado mais geral por um enunciado mais específico (fundamentação indutiva)",[76] a nosso ver, por exemplo, abstraindo o conteúdo de dignidade humana contido em cada direito fundamental específico, isto é, abstraindo a dimensão de liberdade da dignidade da pessoa humana contida no direito fundamental à liberdade, chegando-se, então, à dignidade da pessoa humana, abstraindo a dimensão de igualdade da dignidade da pessoa humana contida no direito fundamental à igualdade, chegando-se, então, à dignidade da pessoa humana etc., até mesmo porque não há como se falar em dignidade da pessoa humana sem se falar em um mínimo de direitos inerentes a ela, que a resguardam e a promovem.

Deste modo, queda-se clara a relevância da coerência para o sistema jurídico constitucional brasileiro, em especial para os direitos e garantias fundamentais. Ainda em tempo, há de se dizer que tudo o que se exemplificou em face dos direitos fundamentais, serve tanto para os direitos fundamentais típicos, como para os atípicos,

73. Ibidem, p. 134-135.

74. Ibidem, p. 135.
75. Ibidem, idem.
76. Ibidem, idem.

pois ambos devem estar conformes à coerência do sistema jurídico constitucional.

Por último, mas não menos importante, a *integração* do sistema jurídico tem como escopo preencher as lacunas do referido sistema.[77] Um sistema jurídico, enquanto sistema de regras e princípios, não possui normas suficientes para todas as situações da vida humana, sobretudo se levar-se em consideração que nas sociedades hipercomplexas as relações se modificam numa velocidade em que o direito positivo não consegue acompanhar. Daí a importância da integração para o sistema jurídico.

Para além disso, como bem demonstra Claus-Wilhelm Canaris, o sistema jurídico possui não só lacunas lógicas, mas também teleológicas, isto é, existem lacunas, inclusive, nos valores fundamentais do direito.[78] No âmbito dos modernos sistemas constitucionais, pode-se dizer que há lacunas nos princípios fundamentais sobre os quais se estruturam os Estados Constitucionais. Em outras palavras, quer se dizer duas coisas: em primeiro lugar, que existem princípios fundamentais que não foram expressos pela ordem constitucional positiva; em segundo lugar, que existem situações da vida que não são contempladas pelos princípios do sistema constitucional (compreendida aqui a ordem constitucional formal e material).

Em relação aos direitos fundamentais atípicos, pode-se dizer que a integração está diretamente ligada a eles, pois tais direitos cumprem, dentre outras, justamente a função de integração do sistema, pois são direitos novos que, muitas das vezes serão aplicados a situações para as quais não havia norma jurídica aplicável. Assim, além dos direitos fundamentais atípicos terem como fonte o sistema jurídico constitucional (e o (sub)sistema dos direitos e garantias fundamentais), eles também o integram, isto é, preenchem suas lacunas. Deste modo, pode-se afirmar que o sistema constitucional e os direitos fundamentais atípicos possuem uma relação de reciprocidade, pois se o primeiro é fonte para o segundo, o segundo cumpre a função de preencher as lacunas do primeiro.

---

77. Dentre outros: ENGISCH, Karl. **Introdução ao pensamento jurídico.** 10. ed. Lisboa: Fundação Calouste Gulbenkian, 2008, p. 276-309; LARENZ, Karl. **Metodologia da Ciência do Direito.** 5. ed. Lisboa: Fundação Calouste Gulbenkian, 2009, 519-620; No Brasil, por todos: REALE, Miguel. **Lições preliminares de Direito.** 27.ed. São Paulo: Saraiva, 2002, p. 295-320.

78. CANARIS, Claus-Wilhelm. **Pensamento Sistemático e Conceito de Sistema na Ciência do Direito.** 4.ed. Lisboa: Fundação Calouste Gulbenkian, 2008, p. 239 e ss.

Após estes esclarecimentos sobre as características dos atuais sistemas jurídicos (constitucionais), voltemos à análise do sistema constitucional como sistema aberto de regras e princípios.

Partindo das considerações de Claus-Wilhelm Canaris[79] sobre a abertura sistêmica, pode-se dizer que o sistema constitucional é aberto em face da incompletude do conhecimento jurídico e da modificabilidade dos valores fundamentais da ordem jurídica. No âmbito do atual sistema constitucional brasileiro essa abertura se dá, sobretudo, pelos princípios constitucionais. Especificamente em relação ao subsistema constitucional dos direitos e garantias fundamentais, há de se destacar a importância da cláusula de abertura aos direitos fundamentais materiais (com fundamentalidade material, inerente à própria concepção de Constituição Material) contida no § 2º, do art. 5º, da Constituição de 1988, que confere a abertura do referido sistema aos direitos fundamentais atípicos.

Superando a clássica visão positivista, na qual a norma jurídica era compreendida somente como regra jurídica, tal qual nas teorias de Hans Kelsen[80] e Herbert Hart,[81] à luz do constitucionalismo contemporâneo, a norma jurídica passa a compreender duas espécies: as regras e os princípios.[82] Essa nova concepção da norma jurídica, promove a abertura do sistema jurídico, sobretudo pelos princípios, por serem eles normas jurídicas abertas de alta densidade axiológica.[83] No âmbito do sistema constitucional esse fenômeno (a abertura pelos princípios) é mais intenso, vez que as modernas Constituições são estruturadas essencialmente sobre princípios e, em especial, suas normas de direitos fundamentais são positivadas como princípios.[84]

---

79. CANARIS, Claus-Wilhelm. **Pensamento Sistemático e Conceito de Sistema na Ciência do Direito.** 4.ed. Lisboa: Fundação Calouste Gulbenkian, 2008, especialmente p. 103-126.

80. KELSEN, Hans. **Teoria Pura do Direito.** 6. ed. São Paulo: Martins Fontes, 2003.

81. HART, Herbert L. A. **O Conceito de Direito.** 3. ed. Lisboa: Fundação Calouste Gulbenkian, 2001.

82. Não é nossa intenção aqui teorizar sobre a norma jurídica, nem mesmo discorrer sobre suas espécies (regras e princípios). Para isso, há já na literatura jurídica, excelentes trabalhos, dentre os quais, destacam-se: DWORKIN, Ronald. **Levando os direitos a sério.** São Paulo: Martins Fontes, 2010; ALEXY, Robert. **Teoria dos Direitos Fundamentais.** São Paulo: Malheiros, 2008; ÁVILA, Humberto. **Teoria dos Princípios:** da definição à aplicação dos princípios jurídicos. 11. ed. São Paulo: Malheiros, 2010; NEVES, Marcelo. **Entre Hidra e Hércules:** princípios e regras constitucionais. São Paulo: Martins Fontes, 2013. Para uma leitura crítica, ver, ainda: STRECK, Lenio Luiz. **Verdade e Consenso:** Constituição, hermenêutica e teorias discursivas. 4.ed. São Paulo: Saraiva, 2011.

83. Nesse sentido, dentre outros: CANOTILHO, J. J. Gomes. **Direito Constitucional e Teoria da Constituição.** 7. ed. Coimbra: Almedina, 2003, p. 1159 e ss.

84. Nesse sentido, dentre outros: ALEXY, Robert. **Teoria dos Direitos Fundamentais.** São Paulo: Malheiros, 2008. No Brasil, por todos, ver: SARLET, Ingo Wolfgang. **A eficácia dos direitos fundamentais:**

Para além disso, pode-se dizer que as normas constitucionais (regras e princípios), em especial os princípios fundamentais positivados no Título I, da Constituição de 1988, compreendidas sob uma perspectiva sistêmica, devem guiar a abertura da Constituição, desde a cognição/recepção de novos direitos (ou de novas leituras de direitos já existentes) até a interpretação/aplicação e construção desses direitos (notadamente dos direitos fundamentais atípicos).

Isto é, o sistema constitucional é visto como fonte e, ao mesmo tempo como método de interpretação: interpretação sistemática ou sistêmica.[85] E, através desta interpretação sistemática (juntamente, sobretudo, com a interpretação teleológica)[86] das normas constitucionais (do sistema constitucional e não só da Constituição formal escrita) é possível chegar-se aos direitos fundamentais atípicos.

Assim, pode-se dizer que o sistema constitucional aberto, estruturado normativamente em regras e princípios consiste de um modo geral, numa fonte normativa do direito constitucional como um todo, e, em especial, numa fonte normativa dos direitos fundamentais atípicos. Ademais, o sistema constitucional mostra-se deveras importante na cognição e recepção dos novos direitos fundamentais, bem como na interpretação, na aplicação e na construção desses novos direitos, que, duma perspectiva material da Constituição, dele advém e a partir dele devem ser interpretados.

2.1.2. O regime constitucional *stricto sensu*: o sistema de direitos fundamentais

De que existe um sistema constitucional, parece que há muito não há dúvidas nem na doutrina nem na jurisprudência constitucionalista. Contudo, o mesmo não pode ser dito em relação aos direitos e garantias fundamentais. Assim, insta, além de apresentar o sistema

---

uma teoria geral dos direitos fundamentais na perspectiva constitucional. 10. ed. Porto Alegre: Livraria do Advogado Editora, 2010.

85. Como bem salienta Juarez Freitas, "interpretar a norma é interpretar o sistema inteiro, pois qualquer exegese comete, direta ou obliquamente, uma aplicação da totalidade do Direito, para além de sua dimensão textual". FREITAS, Juarez. **Interpretação sistemática do direito.** 5. ed. São Paulo: Malheiros, 2010. p. 76.

86. Como salienta Ana Paula de Barcellos, "o elemento sistemático há muito tem sido apresentado como o mais importante de todos os métodos de interpretação, ao lado do teleológico". BARCELLOS, Ana Paula. **A eficácia jurídica dos princípios constitucionais:** o princípio da dignidade da pessoa humana. 3. ed. Rio de Janeiro: Renovar, 2011, p. 182.

de direitos e garantias fundamentais brasileiro como fonte dos direitos fundamentais atípicos, demonstrar que há um sistema de direitos e garantias fundamentais no âmbito de nosso vigente constitucionalismo.

Não é recente a concepção de que os direitos e garantias fundamentais possuem um sistema próprio, isto é, um subsistema constitucional dos direitos e garantias fundamentais, contudo tal concepção é bastante controversa, sendo objeto de acirradas discussões dogmáticas no âmbito da doutrina e jurisprudência nacional[87] e estrangeira.[88]

As discussões sobre um sistema de direitos e garantias fundamentais ganham evidência com o advento do constitucionalismo do pós-Guerra, em face da clara opção dos países democráticos em colocar a pessoa humana no centro do ordenamento resguardando-lhe uma gama ímpar de direitos e garantias fundamentais.

Como demonstra Ingo Wolfgang Sarlet, no direito alemão merece destaque a doutrina de Günter Dürig que sustentou, já na primeira década do novo constitucionalismo germânico, a existência de um legítimo sistema de direitos fundamentais. Para Dürig, a Lei Fundamental da Alemanha "consagrou um sistema de direitos e garantias fundamentais isento de lacunas, baseado no princípio fundamental da dignidade da pessoa humana (art. 1º, inc. I, da LF)".[89] Nesse sentido, o sistema de direitos e garantias fundamentais da Constituição Alemã, segundo Dürig, consagra a proteção e a promoção da pessoa humana de um modo geral, através da positivação do princípio fundamental da dignidade da pessoa humana, princípio este que se concretiza pe-

---

87. Apenas como exemplos, dentre tantos outros, pode-se citar: FARIAS, Edilsom Pereira de. **Colisão de Direitos:** a honra, a intimidade, a vida privada e a imagem versus a liberdade de expressão e informação. Porto Alegre: Sergio Antonio Fabris, 1996, p. 54 e ss.; MORAES, Guilherme Braga Peña de. **Dos Direitos Fundamentais.** São Paulo: Ltr, 1997, p. 89 e ss.; SARLET, Ingo Wolfgang. **A eficácia dos direitos fundamentais:** uma teoria geral dos direitos fundamentais na perspectiva constitucional. 10. ed. Porto Alegre: Livraria do Advogado Editora, 2010, p. 69 e ss.

88. Apenas como exemplos, dentre tantos outros, na Alemanha, pode-se citar: DÜRIG, Günter. Der Grundsatz der Menschenwürde. Entwurf eines praktikablen Wertsystems der Grundrechte aus Art. 1 Abs. I in Verbindung mit Art. 19 Abs. II des Grundgesetzes. In: **AÖR,** nº 81, 1956, p. 119 e ss.; HESSE, Konrad. **Grundzüge des Verfassungsrechts der Bundesrepublik Deutchland.** 20.ed. Heidelberg: C.F. Müller, 1995, p. 136 e ss; HABERMAS, Jürgen. **Direito e Democracia:** entre facticidade e validade. 2. ed. Rio de Janeiro: Tempo Brasileiro, 2012. v. I, p. 113 e ss. Na Espanha, pode-se citar: PÉREZ LUÑO, Antonio-Enrique. **Los Derechos Fundamentales.** 10. ed. Madrid: Tecnos, 2011, p. 135 e ss. Em Portugal, pode-se citar: MIRANDA, Jorge. **Manual de Direito Constitucional.** 5. ed. Coimbra: Coimbra, 2012. v.4, p. 159 e ss.; ANDRADE, José Carlos Vieira de. **Os Direitos Fundamentais na Constituição Portuguesa de 1976.** 5. ed. Coimbra: Almedina, 2012, p. 71 e ss.

89. SARLET, Ingo Wolfgang. **A eficácia dos direitos fundamentais:** uma teoria geral dos direitos fundamentais na perspectiva constitucional. 10. ed. Porto Alegre: Livraria do Advogado Editora, 2010, p. 70.

los diversos direitos e garantias fundamentais positivados na própria Carta Constitucional. Ademais, o autor alemão apresenta uma série de justificativas para sustentar a existência de um autentico sistema de direitos e garantias fundamentais na Lei Fundamental alemã, especialmente referentes ao regime próprio desses direitos e garantias, como sua aplicabilidade imediata (art. 1º, III, da LF), a preservação de seu núcleo essencial (art. 19, II, da LF), sua colocação no rol das cláusulas pétreas (art. 79, III, da LF) etc.[90]

Conforme esclarece Ingo Sarlet, na doutrina de Günter Dürig, "a noção de um sistema isento de lacunas deve ser compreendida no sentido de um sistema de proteção abrangente e completo, e não como significando um sistema fechado e hermético".[91] Aqui faz-se de fundamental importância relembrar das lições de Konrad Hesse, para quem, em que pese a existência de determinadas conexões de natureza sistêmica, seria impossível sustentar que há um sistema de direitos fundamentais autônomo e fechado no âmbito da Lei Fundamental da Alemanha, como sustenta parte da doutrina e da jurisprudência do Tribunal Federal Constitucional Alemão.[92-93] Nesse sentido, no âmbito do constitucionalismo alemão só pode-se falar em um sistema de direitos fundamentais que seja aberto e flexível, mas jamais fechado, hermético ou autônomo (no sentido de não possuir conexões com o sistema constitucional).

O mesmo parece ser aplicável ao sistema de direitos e garantias fundamentais da atual Constituição brasileira. Isto porque, em primeiro lugar, o próprio sistema constitucional positivo se abre a novos direitos e garantias fundamentais através do § 2º, de seu art. 5º (cláusula de não tipicidade dos direitos), isto é, se abre a outras

90. Ibidem, idem.
91. Ibidem, idem.
92. HESSE, Konrad. **Elementos de Direito Constitucional da República Federal da Alemanha.** Porto Alegre: Sergio Antonio Fabris Editor, 1998.
93. Nesse sentido, esclarece Ingo Sarlet: "Para Hesse, os direitos fundamentais, apesar de comumente agrupados em um catálogo, são garantias pontuais, que se limitam à proteção de determinados bens e posições jurídicas especialmente relevantes ou ameaçados. De outra parte, a existência de direitos fundamentais dispersos no texto constitucional, a ausência de uma fundamentação direta de todos os direitos fundamentais no princípio da dignidade da pessoa humana, bem como o estreito entrelaçamento entre os direitos fundamentais e o restante das normas constitucionais, impedem, segundo a perspectiva de Hesse, a existência de um sistema autônomo, fechado (no sentido de isento de lacunas), tal como sustentado por parte da doutrina e, ao menos de forma majoritária, pelo próprio Tribunal Federal Constitucional". SARLET, Ingo Wolfgang. **A eficácia dos direitos fundamentais:** uma teoria geral dos direitos fundamentais na perspectiva constitucional. 10. ed. Porto Alegre: Livraria do Advogado Editora, 2010, p. 71.

fontes e outras possibilidades de se encontrar, identificar e construir direitos fundamentais, consagrando, assim, o caráter exemplificativo do rol de direitos fundamentais positivado no Título II, da Constituição de 1988. Além disso, há de se lembrar da pluralidade de conteúdo e natureza dos direitos e garantias fundamentais positivados em nossa Carta Maior, o que também está na contramão de um sistema fechado e hermético, tendo muito mais afinidade com a abertura sistêmica. Ademais, em que pese a dignidade da pessoa humana ser apontada como o núcleo fundamental e a matriz jurídico-axiológica dos direitos e garantias fundamentais (de todos eles, em maior ou menor grau), há de se reconhecer que os demais princípios constitucionais, notadamente os positivados no Título I de nossa Constituição, também consistem em matrizes desses direitos e garantias, sendo, muitas das vezes, até mais significativos para determinados direitos do que a própria dignidade da pessoa humana, o que reforça o caráter aberto de nosso sistema de direitos e garantias fundamentais.[94]

Nada obstante, em relação ao princípio fundamental da dignidade da pessoa humana, há de se destacar a sua multifuncionalidade no sistema de direitos e garantias fundamentais brasileiro. Em primeiro lugar, em razão da exigência de unidade e coerência do sistema, vez que a dignidade consiste na matriz jurídico-axiológica comum desses direitos e garantias, que confere harmonia a um sistema tão conflitante, vez que muitos desses direitos, muitas das vezes, apresentam-se conflitantes nos casos concretos.[95] Para além disso, há de se destacar a importância da dignidade na própria abertura do sistema de direitos e garantias fundamentais, pois trata-se de seu fundamento material, consistindo não só em fonte dos direitos e garantias atípicos, mas também em norma a orientar a interpretação e aplicação/concretização de todos os direitos e garantias fundamentais.[96]

Em relação à abertura do sistema de direitos e garantias fundamentais e aos direitos fundamentais atípicos, para além de ser

94. Ibidem, idem.

95. Nesse sentido, dentre outros: SARMENTO, Daniel. **Direitos Fundamentais e Relações Privadas.** 2.ed. Rio de Janeiro: Lumen Juris, 2010, p. 85 e ss.; SARLET, Ingo Wolfgang. **A eficácia dos direitos fundamentais:** uma teoria geral dos direitos fundamentais na perspectiva constitucional. 10. ed. Porto Alegre: Livraria do Advogado Editora, 2010, p. 72.

96. Nesse sentido, dentre outros: MIRANDA, Jorge. **Manual de Direito Constitucional.** 5.ed. Coimbra: Coimbra, 2012. v.4; p. 202; ANDRADE, José Carlos Vieira de. **Os Direitos Fundamentais na Constituição Portuguesa de 1976.** 5.ed. Coimbra: Almedina, 2012, p. 93 e ss.

o referido sistema verdadeira fonte dos mencionados direitos, há de se destacar as importantes funções que estes últimos cumprem para a aludida abertura, notadamente duas: integração e adequação. A integração busca completar o sistema em razão de suas lacunas, vez que o elenco de direitos e garantias fundamentais não se queda completo em face das novas situações e necessidades das pessoas e dos novos problemas sociais, bem como em face das situações antigas, mas que na contemporaneidade reclamam novas respostas. Já a adequação tem como escopo suprir e aprimorar as regulações do sistema que necessitam de aprimoramento, sobretudo levando-se em conta que a regulação positiva dos direitos fundamentais no Brasil é demasiado deficiente.[97]

Em que pese, como acabou-se de afirmar, a regulação positiva do sistema de direitos e garantias fundamentais na Constituição de 1988 ser bastante deficiente,[98] pode-se destacar, ainda, para a melhor visualização do referido sistema, as disposições constitucionais positivadas pelo art. 5º, § 1º, e pelo art. 60, § 4º, IV, de nossa Carta Constitucional.

O § 1º, do art. 5º, da atual Constituição brasileira, ao afirmar que "as normas definidoras dos direitos e garantias fundamentais têm aplicação imediata" implementou uma inovação de grande importância

97. Nesse sentido, Jorge Bacelar Gouveia afirma: "O raciocínio imanente à consagração de uma tipologia exemplificativa de direitos fundamentais é o de *permitir a abertura da pluralidade dos tipos constitucionalmente tipificados, qualificando consequentemente esse sistema como sistema aberto, e reconhecendo, ao mesmo tempo, a sua insuficiência na captação da respectiva fenomenologia.* Essa abertura define-se essencialmente pela incapacidade de encontrar resposta para todas as situações a merecer tratamento ao nível dos direitos fundamentais. Os direitos fundamentais atípicos vão assim desempenhar *duas importantes funções na abertura do sistema*: - a função de integração; e - a função de adequação [...] A mais importante – e também a mais comum – é a primeira, que vai permitir que o sistema não fique incompleto (ou fique menos incompleto) e seja preenchido por outros direitos que não foram incluídos, por dois diferentes motivos: a elaboração do elenco de direitos fundamentais nunca é tarefa acabada e perante novas necessidades e novos problemas pode ser forçoso dar uma resposta ao nível da construção de novos tipos de direitos; pode também suceder que, por circunstâncias várias, certos direitos, apesar de idealizados, não cheguem a ser incluídos em face de compromissos do momento [...] A outra cura do acompanhamento, por parte do sistema de direitos fundamentais, da evolução da realidade e relaciona-se com deficiências de regulação que carecem de aperfeiçoamento. Não há aqui, propriamente, uma omissão na sua positivação; sente-se é a imperfeição dessa regulação, seja pela necessidade de complementar os tipos de direitos previstos com novas faculdades de aproveitamento, seja pela necessidade de actualizar a respectiva configuração em face da mutação acelerada das situações da vida a retratar". GOUVEIA, Jorge Bacelar. **Os Direitos Fundamentais Atípicos.** Lisboa: Aequitas, 1995, p. 72-74.
98. Nesse sentido, por todos, ver: SARLET, Ingo Wolfgang. **A eficácia dos direitos fundamentais:** uma teoria geral dos direitos fundamentais na perspectiva constitucional. 10. ed. Porto Alegre: Livraria do Advogado Editora, 2010, p. 68-69.

para nosso sistema de direitos e garantias fundamentais, assegurando a aplicabilidade imediata desses direitos e consagrando que não se trata de normas meramente programáticas.[99] Ademais, o princípio da aplicabilidade imediata dos direitos fundamentais reforça o caráter distinto e específico dos direitos e garantias fundamentais, que não se desconectam do sistema constitucional, mas que no âmbito desse sistema formam um subsistema específico, com normas e regulações inerentes só a tais direitos e garantias.

Já o § 4º, IV, do art. 60, de nossa Carta Maior, ao preceituar que "não será objeto de deliberação a proposta de emenda tendente a abolir: iv – os direitos e garantias individuais", conferiu especial proteção às normas do sistema de direitos e garantias fundamentais.[100] A citada cláusula de proibição de retrocesso com núcleo pétreo, ou "cláusula pétrea", demonstra mais uma vez que os direitos e garantias fundamentais gozam de um regime jurídico especial, diferenciado e que possuem um sistema próprio no âmbito da Constituição de 1988, contudo, comprova também, justamente por estar expressa em outro Título (IV) que não o específico dos direitos fundamentais (Título II), que o sistema de direitos e garantias fundamentais é conexo, comunicante e englobado pelo sistema constitucional.

Há de se ressaltar, mais uma vez, que o subsistema constitucional dos direitos e garantias fundamentais da Constituição brasileira de 1988 consiste num sistema aberto e flexível de regras e princípios jurídicos, cuja matriz jurídico-axiológica comum e que lhes confere unidade sistêmica reside nos princípios fundamentais (Título I), de forma especial na dignidade da pessoa humana.

Por fim, enquanto fonte dos direitos fundamentais atípicos, o sistema dos direitos e garantias fundamentais atua desde a identificação, desenvolvimento e construção até a interpretação, aplicação e

99. Sobre a aplicabilidade das normas constitucionais, em especial das normas de direitos e garantias fundamentais, dentre outros, ver: SILVA, José Afonso. **Aplicabilidade das normas constitucionais.** 8.ed. São Paulo: Malheiros, 2012; BARROSO, Luis Roberto. **O direito constitucional e a eficácia de suas normas.** 5.ed. Rio de Janeiro: Renovar, 2001; BRITTO, Carlos Ayres; BASTOS, Celso Ribeiro. **Interpretação e aplicação das normas constitucionais.** São Paulo: Saraiva, 1982; SARLET, Ingo Wolfgang. **A eficácia dos direitos fundamentais:** uma teoria geral dos direitos fundamentais na perspectiva constitucional. 10. ed. Porto Alegre: Livraria do Advogado Editora, 2010, p. 223 e ss.

100. Sobre a cláusula prevista pelo art. 60, § 4º, IV, por todos, ver: SARLET, Ingo Wolfgang; BRANDÃO, Rodrigo. Comentário ao art. 60. In: CANOTILHO, J.J. Gomes; MENDES, Gilmar Ferreira; SARLET, Ingo Wolfgang; STRECK, Lenio Luiz (coord.). **Comentários à Constituição do Brasil.** São Paulo: Saraiva, 2013, p. 1135 e ss.

concretização desses direitos, devendo os direitos atípicos guardarem uma unidade mínima com os típicos. Ademais, na análise do sistema de direitos e garantias fundamentais enquanto fonte dos direitos fundamentais atípicos, há de se destacar o papel desenvolvido pelos *direitos fundamentais individuais básicos, positivados no caput do art. 5º* (vida, liberdade, igualdade, segurança e propriedade)[101] e dos *direitos sociais mínimos positivados no art. 6º* (educação, saúde, alimentação, trabalho, moradia, lazer, segurança, previdência social, proteção à maternidade e à infância, assistência aos desamparados), dos quais pode-se abstrair a maior parte dos demais direitos fundamentais expressos em nosso texto constitucional, bem como outros nele não expressos.

2.2. OS PRINCÍPIOS CONSTITUCIONAIS

Os princípios constitucionais, enquanto fontes dos direitos fundamentais atípicos, também não são uma novidade introduzida pela cláusula de abertura do § 2º, do art. 5º, da Constituição de 1988. Em verdade, eles foram previstos por todas as cláusulas de abertura a novos direitos fundamentais que já vigoraram em nosso constitucionalismo.

De início, cumpre esclarecer que não estamos a falar aqui das normas constitucionais que se enquadrem na espécie princípios, nem mesmo sobre as novas concepções da norma jurídica e seus criticáveis métodos de aplicação[102] (discussão travada por diversos doutrinadores de peso, como Dworkin,[103] Alexy[104] e Zagrebelsky;[105] no Brasil, por todos ver Silva,[106] Ávila[107] e Neves[108]). Ademais, há de se esclarecer que

---

101. Em sentido próximo, mas não idêntico: GARCIA, Maria. Mas, quais são os direitos fundamentais? In: PIOVESAN, Flávia; GARCIA, Maria (orgs.). **Doutrinas Essenciais Direitos Humanos:** Teoria Geral dos Direitos Humanos. São Paulo: RT, 2011. v.1.
102. Para uma leitura crítica das teorias dos princípios ou da norma jurídica, bem como de seus métodos de aplicação (ponderação), ver, por todos: MÜLLER, Friedrich. **Metodologia do Direito Constitucional.** 4.ed. São Paulo: RT, 2011. No Brasil, a já indicada crítica de: STRECK, Lenio Luiz. **Verdade e Consenso:** Constituição, hermenêutica e teorias discursivas. 4.ed. São Paulo: Saraiva, 2011.
103. DWORKIN, Ronald. **Levando os direitos a sério.** São Paulo: Martins Fontes, 2010.
104. ALEXY, Robert. **Teoria dos Direitos Fundamentais.** São Paulo: Malheiros, 2008.
105. ZAGREBELSKY, Gustavo. **El Derecho Dúctil.** 6.ed. Madrid: Trotta, 2005.
106. SILVA, Virgílio Afonso da. Princípios e Regras: mitos e equívocos acerca de uma distinção. **Revista Latino-Americana de Estudos Constitucionais.** Belo Horizonte, n. 1, p. 607-630, jan/jun, 2003.
107. ÁVILA, Humberto. **Teoria dos Princípios:** da definição à aplicação dos princípios jurídicos. 11. ed. São Paulo: Malheiros, 2010.
108. NEVES, Marcelo. **Entre Hidra e Hércules:** princípios e regras constitucionais. São Paulo: Martins Fontes, 2013.

não é pretensão deste trabalho discutir ou se posicionar teoricamente sobre essas teorias.[109]

Nada obstante, partimos do pressuposto lógico do constitucionalismo contemporâneo de que as normas constitucionais, em especial os princípios constitucionais, possuem normatividade,[110] dado que independe de qualquer dessas teorias acima apontadas, em que pese elas terem contribuído de forma contundente para o reconhecimento da referida normatividade dos princípios.[111]

Isto posto, tem-se por princípios constitucionais, enquanto fonte dos direitos fundamentais atípicos, aqueles princípios jurídicos positivados na Constituição de 1988, como sendo a matriz jurídico-axiológica do sistema constitucional como um todo e, em especial, do sistema de direitos e garantias fundamentais, sendo, por isso, chamados de princípios fundamentais.[112] Isto é, tratam-se das normas

---

109. Por todos, os esclarecimentos de José Adércio Leite Sampaio: "*Os 'princípios clássicos' podem conviver com os princípios em 'sentido moderno'.* Alguns até devem fazê-lo. A necessidade da existência e da operação do direito como sistema impõe a necessidade de alguns deles. São os 'princípios estruturais', divididos em condições de possibilidade, referidas tanto à existência do sistema (legalidade), quanto de sua organização (supremacia da Constituição, sistema de fontes do direito, rigidez constitucional, coerência sistêmica). Há os que possibilitam o funcionamento adequado do sistema (os instrumentais ou operacionais), sendo exemplos os 'métodos' interpretativos. Abaixo deles, e já no plano de normas positivadas, estão os chamados princípios constitucionais, divididos em fundamentais, materiais e formais. *Os fundamentais veiculam as opções políticas centrais e a ideologia constitucionalmente adotadas. Tais princípios são pontos de partida para desenvolvimento dos princípios materiais (que dispõem predominantemente sobre os direitos fundamentais) e dos princípios formais (sobre organização e funcionamento do Estado, competência e tarefas)* [...] Os princípios constitucionais, em geral, chamados apenas de 'princípios' ou de 'princípios jurídico-normativos' são os que apresentam problemas de identidade com as regras constitucionais, sugestivamente resolvidos pelos critérios genéticos, materiais, estruturais e funcionais. Vimos que alguns são problemáticos ao código do direito (otitivos); outros são incompletos (indeterminação, defectibilidade, aplicação). *Não parece tampouco prejudicial à 'ciência jurídica' que se continue a chamar princípios àqueles que estabelecem os parâmetros da normação de um dado sistema (como a legalidade e a irretroatividade no direito penal), mesmo que, sob outro critério de distinção., sejam identificados como regra. Basta que se tenha em mente do que estamos a tratar e em que plano de linguagem o fazemos*" (grifo nosso). SAMPAIO, José Adércio. **Teoria da Constituição e dos Direitos Fundamentais.** Belo Horizonte: Del Rey, 2013, p. 406.

110. Sobre a força normativa da Constituição e de suas normas, por todos: HESSE, Konrad. **A força normativa da Constituição.** Porto Alegre; Sergio Antonio Fabris Editor, 1991.

111. Sobre a normatividade dos princípios constitucionais, ver: BARROSO, Luís Roberto; BARCELLOS, Ana Paula de. O começo da história: a nova interpretação constitucional e o papel dos princípios no direito brasileiro. **Revista Latino-Americana de Estudos Constitucionais.** Belo Horizonte, n. 2, p. 167-210, jul/dez, 2003.

112. Especificamente sobre os princípios constitucionais fundamentais, Barroso afirma que "princípios fundamentais são aqueles que contêm as decisões políticas estruturais do Estado, no sentido que a elas empresta Carl Schmitt. Constituem, como afirmam Canotilho e Vital Moreira, 'síntese ou matriz de todas as restantes normas constitucionais, que àquelas podem ser direta ou indiretamente reconduzidas'. São tipicamente os fundamentos da organização política do Estado, correspondendo ao que referimos anteriormente como princípios constitucionais de organização. Neles se substan-

jurídico-fundamentais que são a base e o fundamento das demais normas constitucionais, que devem ser observadas desde a criação das demais normas até à sua aplicação, bem como podendo ser, inclusive, aplicadas diretamente, desde que não haja já norma específica para a resolução do caso (afinal, não faria sentido recorrer a um princípio constitucional para resolver um determinado caso em que a própria Constituição, por norma específica, lhe dá solução[113]).[114]

Nesse sentido, Paulo Bonavides ensina que a partir dos grandes momentos constituintes da última metade do século XX, "as novas Constituições promulgadas acentuam a hegemonia axiológica dos princípios, convertidos em pedestal normativo sobre o qual assenta todo o edifício jurídico dos novos sistemas constitucionais",[115] sobretudo em face de sua dinamicidade.[116] Na esteira desse pensamento, J.J. Gomes

---

cia a opção política entre Estado unitário e federação, república ou monarquia, presidencialismo ou parlamentarismo, regime democrático etc.[...] Esses princípios constitucionais fundamentais, exprimindo, como já se disse, a ideologia política que permeia o ordenamento jurídico, constituem, também, o núcleo imodificável do sistema, servindo como limite às mutações constitucionais. Sua superação exige um novo momento constituinte originário. Nada obstante, esses princípios são dotados de natural força de expansão, comportando desdobramentos em outros princípios e em ampla integração infraconstitucional". BARROSO, Luís Roberto. **Interpretação e aplicação da Constituição.** 7. ed. São Paulo: Saraiva, 2009, p. 159.

113. Nesse sentido, por exemplo, não há que se utilizar a dignidade da pessoa humana em uma decisão judicial em que se discute o direito à saúde, pois, por mais que ela seja o seu fundamento jurídico--axiológico maior, esse direito já está constitucionalmente reconhecido no art. 6º, da CF/88. Não é que não se possa apontar a dignidade como fundamento do direito à saúde (isso faz parte da fundamentação), contudo não se deve aplicar a dignidade da pessoa humana diretamente, isto é, decidir com base na dignidade da pessoa humana, pois já há direito constitucional específico que assegura a proteção à saúde. Assim, o que se deve aplicar é o direito à saúde, deve-se decidir com base no direito à saúde, por mais que a dignidade seja seu fundamento.

114. Em sentido semelhante, Barroso afirma que "Os princípios constitucionais, portanto, explícitos ou não, passam a ser a síntese dos valores abrigados no ordenamento jurídico. Eles espelham a ideologia da sociedade, seus postulados básicos, seus fins. Os princípios dão unidade ao e harmonia ao sistema, integrando suas diferentes partes e atenuando tensões normativas. De parte isto, servem de guia para o intérprete, cuja atuação deve pautar-se pela identificação do princípio maior que rege o tema apreciado, descendo do mais genérico ao mais específico, até chegar à formulação da regra concreta que vai reger a espécie [...] O pós-positivismo é uma superação do legalismo, não com recurso a ideias metafísicas e abstratas, mas pelo reconhecimento de valores compartilhados por toda a comunidade. Esses valores integram o sistema jurídico, mesmo que não positivados em um texto normativo específico. Os princípios expressam os valores fundamentais do sistema, dando-lhe unidade e condicionamento a atividade do intérprete". BARROSO, Luís Roberto. **Interpretação e aplicação da Constituição.** 7. ed. São Paulo: Saraiva, 2009, p. 329-340.

115. BONAVIDES, Paulo. **Curso de Direito Constitucional.** 13. ed. São Paulo: Malheiros, 2003, p. 264.

116. Nesse sentido, Ruy Samuel Espíndola explica que "os princípios constitucionais são multifuncionais, cumprem diversos papeis na ordem jurídica. Vinculam a prática de atos jurídico-públicos: leis, sentenças e atos administrativos. Vinculam as ações dos poderes públicos (executivo, legislativo e judiciário, federais, estaduais e municipais) e dos poderes privados. Concretizam-se por meio do processo legislativo, do processo administrativo e do processo judicial, além, é claro, do processo de interpretação e aplicação privada pelos particulares". ESPÍNDOLA, Ruy Samuel. Princípios Constitucionais e Atividade Jurídico-Administrativa: anotações em torno de questões contemporâneas.

Canotilho conceitua os princípios jurídicos fundamentais como sendo "*os princípios historicamente objectivados e progressivamente introduzidos na consciência jurídica e que encontram uma recepção expressa ou implícita no texto constitucional*"[117] e Celso Antônio Bandeira de Mello os define da seguinte maneira:

> Princípio é, pois, por definição, mandamento nuclear de um sistema, verdadeiro alicerce dele, disposição fundamental que se irradia sobre diferentes normas, compondo-lhes o espírito e servindo de critério para a exata compreensão e inteligência delas, exatamente porque define a lógica e a racionalidade do sistema normativo, conferindo-lhe a tônica que lhe dá sentido harmônico.[118]

No direito constitucional positivo é possível identificar esses princípios constitucionais apontados pelo § 2º, do art. 5º, da Constituição brasileira de 1988 (princípios constitucionais como fonte dos direitos fundamentais atípicos), como sendo os princípios fundamentais positivados em seu Título I (arts. 1º ao 4º).[119] Aqui, cabe observar que esses princípios fundamentais são as fontes, ao menos em alguma medida, de todos os direitos e garantias fundamentais, inclusive dos já positivados no rol do Título II da Constituição.[120]

Fixado esse parâmetro constitucional positivo, pode-se apontar como fonte dos direitos fundamentais atípicos no atual constitucionalismo brasileiro, os princípios fundamentais da república, da

Revista Latino-Americana de Estudos Constitucionais. Belo Horizonte, n. 2, p. 393-426, jul/dez, 2003, p. 394.

117. CANOTILHO, José Joaquim Gomes. **Direito Constitucional e Teoria da Constituição.** 7. ed. Coimbra: Almedina, 2003, p. 1165.

118. BANDEIRA DE MELLO, Celso Antônio. **Curso de Direito Administrativo.** 27. ed. São Paulo: Malheiros, 2010, p. 53.

119. Nesse sentido: SARLET, Ingo Wolfgang. **A eficácia dos direitos fundamentais:** uma teoria geral dos direitos fundamentais na perspectiva constitucional. 10. ed. Porto Alegre: Livraria do Advogado Editora, 2010, p. 93 e ss.

120. Nesse sentido, Ingo Sarlet afirma: "o fato é que tanto os direitos integrantes do catálogo, quanto os que lhe são estranhos (escritos, ou não) guardam alguma relação – ainda que diversa no que tange ao seu conteúdo e intensidade – com os princípios fundamentais de nossa Carta Magna. Neste contexto, basta apontar para alguns exemplos para verificarmos esta estreita vinculação entre os direitos e os princípios fundamentais. Assim, não há como negar que os direitos à vida, bem como os direitos de liberdade e de igualdade correspondem diretamente às exigências mais elementares da dignidade da pessoa humana. Da mesma forma, os direitos políticos (de modo especial, o sufrágio, o voto e a possibilidade de concorrer a cargos públicos eletivos) são manifestações do princípio democrático e da soberania popular. Igualmente, percebe-se, desde logo, que boa parte dos direitos sociais radica tanto no princípio da dignidade da pessoa humana (saúde, educação, etc.), quanto nos princípios que, entre nós, consagram o Estado social de Direito." Ibidem, p. 94.

federação, do Estado de Direito e da democracia, bem como a soberania, a cidadania, a dignidade da pessoa humana, os valores sociais do trabalho e da livre iniciativa, o pluralismo político, a soberania popular e a representatividade política, todos fundamentos do Estado e da Constituição brasileira, previstos no art. 1º da CF/88. Aponte-se, também, a separação, independência e harmonia dos poderes previstos no art. 2º, de nossa atual Carta Maior. São, ainda, princípios fundamentais de nosso constitucionalismo, construir uma sociedade livre, justa e solidária, garantir o desenvolvimento nacional, erradicar a pobreza e a marginalização e reduzir as desigualdades sociais e regionais, promover o bem de todos, sem preconceitos de origem, raça, sexo, cor, idade e quaisquer outras formas de discriminação, que constituem os objetivos fundamentais de nossa República, positivados no art. 3º, da CF/88. Por fim, são princípios fundamentais de nossa Constituição, aqueles que regem o Brasil nas relações internacionais, sendo: a independência nacional, a prevalência dos direitos humanos, a autodeterminação dos povos, a não-intervenção, a igualdade entre os Estados, a defesa da paz, a solução pacífica dos conflitos, o repúdio ao terrorismo e ao racismo, a cooperação entre os povos para o progresso da humanidade, a concessão de asilo político e a busca da integração econômica, política, social e cultural dos povos da América Latina, visando à formação de uma comunidade latino-americana de nações, todos positivados no art. 4º, de nossa Magna Carta.

Por fim, como já adiantamos, dentre os princípios fundamentais da Constituição, há de se ressaltar o papel de proeminência do princípio fundamental da dignidade da pessoa humana (art. 1º, III, da CF/88) que atua tanto no âmbito do regime constitucional como no âmbito dos princípios constitucionais, tratando-se da principal matriz jurídico-axiológica dos direitos fundamentais atípicos, devendo todos eles, em maior ou menor grau, encontrarem suas raízes na dignidade da pessoa humana.

Isto posto, passemos a uma análise mais detida desse princípio.

2.2.1. O princípio fundamental da dignidade da pessoa humana

A dignidade da pessoa humana, assim como os direitos da pessoa humana (sejam eles direitos naturais, direitos civis, direitos humanos ou direitos fundamentais), recorrendo-se às ideias de Hannah Arendt, não é um dado, mas sim um construído.[121] Essa nos parece ser a principal informação que deva nortear todo e qualquer estudo que se proponha a examiná-la.[122]

Partindo-se dessa compreensão, tem-se que, sob uma perspectiva histórica, a dignidade nem sempre foi compreendida como sendo uma qualidade especial que atribui a cada ser humano um valor intrínseco indissociável. Num primeiro momento, a dignidade da pessoa humana referia-se à posição social e aos cargos ocupados pelo indivíduo, isto é, cada indivíduo possuía, ou mesmo não possuía, uma dignidade de acordo com a posição social e os cargos ocupados, podendo falar-se, inclusive, numa hierarquização ou quantificação de dignidade. Essa concepção da dignidade, enquanto *status* social, pode ser encontrada desde a Antiguidade Clássica, passando pela Idade Média, até a ascensão do Estado Liberal.[123]

Como dissemos, essa ideia de dignidade pode ser encontrada desde as sociedades greco-romanas da Antiguidade Clássica. Contudo, na Roma Antiga, a partir das formulações do jurisconsulto, político e filósofo Marco Túlio Cícero, a dignidade passou a não ser compreendida exclusivamente como uma posição social, mas também como um valor intrínseco indissociável de todos os homens, vez que, para ele, "a natureza preceitua que o homem deve fazer o bem a seu semelhante pela única razão de ser homem" e deve respeitar os direitos de

121. ARENDT, Hannah. **Origens do totalitarismo.** São Paulo: Companhia das Letras, 1998. Essa é a interpretação feita por Celso Lafer e que, parece-nos, consolidou-se no discurso jurídico contemporâneo. Nesse sentido, ver: LAFER, Celso. A reconstrução dos direitos humanos: a contribuição de Hannah Arendt. In: **Scielo.** Estudos Avançados, v.11, n. 30, 1997. Disponível em: <http://www.scielo.br/pdf/ea/v11n30/v11n30a05.pdf>. Acesso em 05 de junho de 2014.

122. Afirmamos isso não no sentido de excluir uma dimensão ontológica ou mesmo transcendental da dignidade da pessoa humana, vez que, independentemente de seu reconhecimento pelas sociedades ao longo do tempo, defende-se sim que ela já existia e deveria ser respeitada, sendo o homem digno pela simples razão de ser pessoa humana, tal qual há muito já defendido por Kant. Afirma-se, então, que a dignidade da pessoa humana é um construído, pois sua implementação, proteção e promoção dependeu, depende e sempre dependerá das construções humanas, seja pela espada, seja pela caneta. O que se quer dizer é que, independentemente de se acreditar que a dignidade da pessoa humana existe e sempre existiu, para que ela fosse respeitada, a humanidade teve de construí-la, pois ela não foi um presente de "Deus", ou de qualquer filosofia. Em verdade, ela é uma construção secular, fruto de uma árdua e interminável luta, em favor dos direitos da pessoa humana e contra a barbárie, o mal, e aquilo que se habituou chamar de desumanidade. É fruto da razão prática, da experiência das sociedades humanas e das culturas vivencias ao longo dos séculos.

123. Nesse sentido: BARROSO, Luís Roberto. **A dignidade da pessoa humana no direito constitucional contemporâneo:** a construção de um conceito jurídico à luz da jurisprudência mundial. Belo Horizonte: Fórum, 2013, p. 13-14; e SARLET, Ingo Wolfgang. **Dignidade da pessoa humana e direitos fundamentais na Constituição Federal de 1988.** 9.ed. Por Alegre: Livraria do Advogado, 2011, p.33 e ss.

todos os homens e não só de seus concidadãos.[124] Assim, em Roma, especialmente a partir das formulações de Cícero, pode-se dizer que a dignidade passou a desenvolver-se num duplo sentido: num sentido moral, cujas bases remontam às virtudes pessoais e ao valor do ser humano enquanto ser humano, e num sentido sociopolítico, cujas bases referem-se à posição social e política que cada indivíduo ocupa.[125]

Essa dupla perspectiva da dignidade, também, pode ser encontrada na filosofia católica da Idade Média, em que é possível apontar-se uma dimensão ontológica da dignidade, cujas bases remontam à "*Imago Dei*", pautada na ideia de que o homem é digno porque foi feito à imagem e semelhança de Deus, e uma dimensão existencial ou adquirida da dignidade, cujas bases remontam à obediência aos ditames católicos, devendo o ser humano portar-se conforme as leis da Igreja para que possa ser considerado digno.[126] Por outro lado, a contrassenso, essa segunda dimensão da dignidade, tal como demonstra Bruno Weyne, "remete a todo um sistema de estratificação social que foi instituído durante o feudalismo, em que se admitiam relações de subordinação entre o senhor e o vassalo, e, consequentemente, a privação da dignidade das classes inferiores".[127]

Nada obstante, o que nos interessa neste trabalho não é a dignidade enquanto atributo ou qualidade daquele que ocupada determinado *status* social. Na verdade, para nosso estudo, devemos nos concentrar na dignidade da pessoa humana enquanto atributo indissociável da pessoa, enquanto qualidade especial que exige um respeito diferenciado a toda e qualquer pessoa humana, independente de qualquer desenvolvimento da dignidade enquanto *status* social.

Deste modo, para o melhor desenvolvimento de nossas ideias acerca da dignidade da pessoa humana atrelada ao respeito especial exigido pela condição humana, dividimos nossa abordagem em três pontos: 2.2.1.1. Os marcos fundamentais da dignidade da pessoa humana; 2.2.1.2. As principais dimensões da dignidade da pessoa humana;

---

124. CÍCERO. **Dos deveres.** São Paulo: Martin Claret, 2007, p. 120-121.

125. SARLET, Ingo Wolfgang. **Dignidade da pessoa humana e direitos fundamentais na Constituição Federal de 1988.** 9.ed. Por Alegre: Livraria do Advogado, 2011, p.34-36.

126. RUOTOLO, Marco. Appunti sulla Dignità Umana. In: **Direitos Fundamentais & Justiça.** n.11, abr./jun. 2010, p. 125-126.

127. WEYNE, Bruno Cunha. **O principio da dignidade humana:** reflexões a partir da filosofía de Kant. São Paulo: Saraiva, 2013, p. 42-43.

e 2.2.1.3. O princípio fundamental da dignidade da pessoa humana e os direitos fundamentais (típicos e atípicos) na Constituição de 1988.

2.2.1.1. Os marcos fundamentais da dignidade da pessoa humana

A dignidade da pessoa humana possui muitos marcos teóricos fundamentais, sejam eles jurídicos, políticos, filosóficos etc. Contudo, neste trabalho, elegemos três marcos principais: *o monoteísmo judaico-cristão como marco religioso, os desenvolvimentos filosóficos do Iluminismo, especialmente os de Immanuel Kant, como marco filosófico e o período imediatamente posterior ao fim da Segunda Guerra Mundial como marco histórico*, por ter incorporado e alçado a dignidade da pessoa humana ao centro do debate jurídico-político.

A começarmos pelo *marco religioso*, tem-se que as diversas religiões sempre buscaram justificar a condição da pessoa humana como sendo uma condição especial, diferenciada, alçando o homem a um lugar especial no universo.[128] Nessa perspectiva, a dignidade da pessoa humana reside no "coração" das mais variadas religiões (por óbvio, que cada uma a compreende de um modo diferente). Contudo, em face de nossa história e de nossas tradições, interessa-nos as concepções religiosas predominantes do "Ocidente", deste modo, interessa-nos como a dignidade da pessoa humana desenvolveu-se na perspectiva das religiões judaico-cristãs.

Assim, em que pese não seja correto reivindicar a exclusividade, ou mesmo a originalidade, do desenvolvimento religioso de uma ideia de dignidade da pessoa humana à doutrina judaico-cristã, não há dúvidas de que nessa matriz religiosa, seja no velho[129] ou no novo testamento,[130] pode-se encontrar diversas passagens que conferem ao ser humano um *locus* especial no universo, notadamente em face de ter sido feito o homem à imagem e semelhança de Deus (*Imago Dei*), impondo-lhe um dever de amor incondicional ao próximo.[131] Ademais, em face da influência determinante do cristianismo no de-

128. BARROSO, Luís Roberto. **A dignidade da pessoa humana no direito constitucional contemporâneo:** a construção de um conceito jurídico à luz da jurisprudência mundial. Belo Horizonte: Fórum, 2013, p. 14-16.

129. Gênesis, cap. 1, vers. 26-27; Levítico, cap. 19, vers. 18; dentre outras passagens.

130. Efésios, cap. 4, vers. 24; Mateus, cap. 22, vers. 39; dentre outras passagens.

131. SARLET, Ingo Wolfgang. **Dignidade da pessoa humana e direitos fundamentais na Constituição Federal de 1988.** 9.ed. Por Alegre: Livraria do Advogado, 2011, p. 34.

senvolvimento da civilização ocidental, alguns autores demonstram que no texto bíblico há passagens das quais pode-se abstrair não só uma ideia de dignidade da pessoa humana, mas também de elementos de individualismo, igualdade e solidariedade, os quais foram essenciais para a compreensão hodierna da dignidade.[132]

Na contramão das construções teóricas cristãs mencionadas, a Igreja Católica, enquanto religião cristã predominante da Idade Média, foi, sem dúvida alguma, uma das principais responsáveis pelas atrocidades contra a pessoa humana, ao longo da história da humanidade. Assim, em que pese o grande esforço de alguns de seus teóricos em defender uma concepção de dignidade humana, como Agostinho de Hipona[133] e Tomás de Aquino,[134] a Igreja sempre esteve à frente dos grandes momentos de destruição e reificação da pessoa humana, a exemplificarmos pela "Santa Inquisição", que perseguia, torturava e matava, pelo apoio da Igreja à escravidão dos negros, sob o fundamento de que eles não teriam alma, pelo apoio da Igreja a Benito Mussolini e Adolf Hitler e seus regimes fascista e nazista, especialmente no holocausto judeu etc.[135]

Ao longo da Idade Média, a dignidade da pessoa humana sempre esteve atrelada às concepções religiosas, sendo compreendida como uma dádiva divina, um presente de Deus aos homens, algo que era inerente ao ser humano porque Deus assim os fez à sua imagem e semelhança, estando a *ratio* humana submetida à *ratio* cristã, mais precisamente às ideias e concepções da Igreja. Assim, em que pese digno e livre (livre arbítrio), o homem estava condicionado e limitado pela Igreja.[136]

Como bem explica Luís Roberto Barroso, "foi apenas em 1486, com Giovanni Picco, Conde de Mirandola, que a *ratio philosophica* começou a se afastar de sua subordinação à *ratio theologica*", sendo

132. STARCK, Christian. The religious and philosophical background of human dignity and its place in modern Constitutuions. In: KRETZMER, David; KLEIN, Eckart (Ed.). **The concept of human dignity in human rights discourse.** The Hague: Kluwer Law International, 2002.

133. AGOSTINHO. **Confissões.** 2. ed. São Paulo: Abril Cultural, 1980.

134. AQUINO, Tomás de. **Suma Teológica.** 2. ed. São Paulo: Loyola, 2003. v.1.

135. Nesse sentido, Barroso afirma que "a Igreja em si, como uma instituição humana, tem estado em desacordo com a dignidade humana em diversas ocasiões, incluindo sua participação na divisão da sociedade em propriedades, no apoio à escravidão e na perseguição de 'hereges'". BARROSO, Luís Roberto. **A dignidade da pessoa humana no direito constitucional contemporâneo:** a construção de um conceito jurídico à luz da jurisprudência mundial. Belo Horizonte: Fórum, 2013, p. 16.

136. Ibidem, p. 16-17.

sua "*Oratio de Hominis Dignity*" considerada o escrito fundador do humanismo renascentista.[137]

Giovanni Picco Della Mirandola, partindo ainda das ideias cristãs, sobretudo da *Imago Dei*, propõe uma emancipação do homem, sob o argumento de que sendo o homem feito à imagem e à semelhança de Deus e sendo ao homem dado o livre arbítrio, estaria ele livre para fazer suas próprias escolhas existenciais, isto é, para construir livremente a sua existência e realizar as escolhas que irão determinar o seu destino.[138] Deste modo, no limiar da Idade Moderna, Picco Della Mirandola "justifica a importância da busca humana pelo conhecimento, trazendo o homem e a razão para o centro do mundo". Assim, "não chega a ser uma surpresa, portanto, que suas teses tenham sido consideradas heréticas pelo Papa Inocêncio VIII e consequentemente proibidas pela Inquisição".[139]

137. Ibidem, idem.

138. "Li nos escritos dos Árabes, venerandos Padres, que, interrogado Abdala Sarraceno sobre qual fosse a seus olhos o espectáculo mais maravilhoso neste cenário do mundo, tinha respondido que nada via de mais admirável do que o homem. Com esta sentença concorda aquela famosa de Hermes : "Grande milagre, ó Asclépio, é o homem" [...] Ora, enquanto meditava acerca do significado destas afirmações, não me satisfaziam de todo as múltiplas razões que são aduzidas habitualmente por muitos a propósito da grandeza da natureza humana: ser o homem vínculo das criaturas, familiar com as superiores, soberano das inferiores; pela agudeza dos sentidos, pelo poder indagador d razão e pela luz do intelecto, ser intérprete da natureza; intermédio entre o tempo e a eternidade e, como dizem os Persas, cópula, portanto, himeneu do mundo e, segundo atestou David, em pouco inferior ao anjos [...] Finalmente, pareceu-me ter compreendido por que razão é o homem o mais feliz de todos os seres animados e digno, por isso, de toda a admiração, e qual enfim a condição que lhe coube em sorte na ordem universal, invejável não só pelas bestas, mas também pelos astros e até pelos espíritos supramundanos. Coisa inacreditável e maravilhosa. E como não? Já que precisamente por isso o homem é dito e considerado justamente um grande milagre e um ser animado, sem dúvida digno de ser admirado [...] Estabeleceu, portanto, o óptimo artífice que, àquela a quem nada de especificamente próprio podia conceder, fosse comum tudo o que tinha sido dado parcelarmente aos outros. Assim, tomou o homem como obra de natureza indefinida e, colocando-o no meio do mundo, falou-lhe deste modo: "Ó Adão, não te demos nem um lugar determinado, nem um aspecto que te seja próprio, nem tarefa alguma específica, a fim de que obtenhas e possuas aquele lugar; aquele aspecto, aquela tarefa que tu seguramente desejares, tudo segundo o teu parecer e a tua decisão. A natureza bem definida dos outros seres é refreada por leis por nós prescritas. Tu, pelo contrário, não constrangido por nenhuma limitação, determiná-la-ás para ti, segundo o teu arbítrio, a cujo poder te entreguei. Coloquei-te no meio do mundo para que daí possas olhar melhor tudo o que há no mundo" [...] Ó suma liberalidade de Deus pai, ó suma e admirável felicidade do homem! Ao qual é concedido obter o que deseja, ser aquilo que quer. As bestas, no momento em que nascem, trazem consigo do ventre materno, como diz Lucílio, tudo aquilo que depois terão. Os espíritos superiores ou desde o princípio, ou pouco depois, foram o que serão eternamente. Ao homem nascente o Pai conferiu sementes de toda a espécie e germes de toda a vida, e segundo a maneira de cada um os cultivar assim estes nele crescerão e darão os seus frutos." MIRANDOLA, Giovanni Pico Della. **Discurso sobre a Dignidade do Homem.** Edição Bilingue. 6.ed. Lisboa: Edições 70, 2010, p. 53-57.

139. BARROSO, Luís Roberto. **A dignidade da pessoa humana no direito constitucional contemporâneo:** a construção de um conceito jurídico à luz da jurisprudência mundial. Belo Horizonte: Fórum, 2013, p. 17.

No limiar dos séculos XVI e XVII, muitos filósofos consagrados contribuíram para o desenvolvimento da ideia de dignidade humana, especialmente em relação aos direitos naturais da pessoa. Nada obstante, foi durante o *século das luzes (século XVIII)*, com o *Iluminismo*,[140] que o conceito de dignidade da pessoa humana ganhou desenvolvimento significante em si mesmo, com base na ideia de centralidade do homem, enquanto *sujeito de direitos* merecedor de especial respeito e consideração de seus semelhantes e do Estado,[141] concepção determinante até hoje para a definição de dignidade da pessoa humana.[142]

Mais precisamente, pode-se dizer que foi com *Immanuel Kant* que a dignidade da pessoa humana completou seu processo de secularização, com alicerces na autonomia ética e racional do ser humano.[143] A contribuição de Kant, sem dúvida alguma, parece-nos ser a mais determinante e significativa para a construção da dignidade da pessoa humana, sendo recepcionada pelo discurso jurídico mundial contemporâneo[144] e, em especial, pela doutrina jurídica[145] e jurisprudência brasileiras.[146]

---

140. Tomando de empréstimo as formulações de Peter Gay, pode-se dizer que o Iluminismo, na busca pela emancipação do homem dos dogmas cristãos, foi um programa de "secularismo, humanismo, cosmopolitismo e liberdade". GAY, Peter. **The enlightenment:** an interpretation. New York: W.W. Norton & Company, 1977.

141. BARROSO, Luís Roberto. **A dignidade da pessoa humana no direito constitucional contemporâneo:** a construção de um conceito jurídico à luz da jurisprudência mundial. Belo Horizonte: Fórum, 2013, p. 18.

142. Nesse sentido, por todos: KIRSTE, Stephan. A dignidade humana e o conceito de pessoa de direito. In: SARLET, Ingo Wolfgang (org.). **Dimensões da dignidade:** ensaios de filosofia do direito e direito constitucional. 2.ed. Porto Alegre: Livraria do Advogado, 2009.

143. SARLET, Ingo Wolfgang. **Dignidade da pessoa humana e direitos fundamentais na Constituição Federal de 1988.** 9.ed. Por Alegre: Livraria do Advogado, 2011, p. 39-40.

144. BARROSO, Luís Roberto. **A dignidade da pessoa humana no direito constitucional contemporâneo:** a construção de um conceito jurídico à luz da jurisprudência mundial. Belo Horizonte: Fórum, 2013, p. 68.

145. Exemplificativamente, pode-se citar a recepção da doutrina kantiana da dignidade da pessoa humana, dentre outros, pelos seguintes autores: MARTINS, Flademir Jerônimo Belinati. **Dignidade da pessoa humana:** princípio constitucional fundamental. Curitiba: Juruá, 2009, p. 25; SANTOS, Fernando Ferreira dos. **Princípio constitucional da dignidade da pessoa humana.** São Paulo: Celso Bastos, 1999, p. 20 e ss.; SILVA, José Afonso da. A dignidade da pessoa humana como valor supremo da democracia. In: **Líber Amicorum, Hector Fix-Zamudio.** San José: Corte Interamericana de Derechos Humanos, 1998, p. 587-591. v. 1.; ROCHA, Carmen Lúcia Antunes. O princípio da dignidade da pessoa humana e a exclusão social. **Revista Interesse Público,** n. 4, p. 23-48, 1999.; BARCELLOS, Ana Paula. **A eficácia jurídica dos princípios constitucionais:** o princípio da dignidade da pessoa humana. 3. ed. Rio de Janeiro: Renovar, 2011.; WEYNE, Bruno Cunha. **O principio da dignidade humana:** reflexões a partir da filosofía de Kant. São Paulo: Saraiva, 2013, p. 200. SARLET, Ingo Wolfgang. **Dignidade da pessoa humana e direitos fundamentais n;a Constituição Federal de 1988.** 9. ed. Por Alegre: Livraria do Advogado, 2011, p. 42.

146. Exemplificativamente, no âmbito do Supremo Tribunal Federal, nos últimos anos, pode-se citar o voto do Min. Joaquim Barbosa, em voto proferido no RE 398.041, em que afirma que "o constituinte de

Resumidamente e correndo os riscos da simplificação de um pensamento tão complexo, pode-se dizer que Kant defendia que tudo na vida possuía um preço ou uma dignidade, sendo que aquilo que fosse *insubstituível* (*único*) teria uma dignidade, ao contrário, aquilo que pudesse ser substituído (aquilo que em seu lugar se pudesse pôr um *equivalente*) teria um preço, sendo a dignidade um valor espiritual posto infinitamente acima de qualquer preço.[147]

Para ser insubstituível e não ser considerado coisa dever-se-ia tratar de algo que possuísse um *fim em si mesmo*, algo que necessariamente fosse *racional* por natureza e, portanto, fosse senhor de si mesmo (legislador de si mesmo), portador de uma *autonomia de vontade*, uma *autonomia moral*, capaz de realizar suas próprias escolhas à luz de sua própria razão, capaz de realizar, por si só, suas escolhas existenciais.[148]

Apenas o *ser racional* possui tais características, portanto somente o ser racional possui dignidade, vez que, para Kant, "a *autonomia* é pois o fundamento da dignidade da natureza humana e de toda a natureza racional".[149] Deste modo, o homem (enquanto ser racional conhecido)[150] é o único capaz de realizar suas próprias escolhas existenciais à luz de sua própria razão (o único ser que possuí autonomia de vontade e autonomia moral), sendo, portanto, um fim em si mesmo, e estando submetido à lei, segundo a qual, os seres racionais jamais devem tratar-se a si mesmos ou a outros seres racionais meramente

---

1987/1988 [...] inovou ao incluir o princípio da dignidade humana no rol dos princípios informadores de toda a ordem jurídica nacional. E o fez certamente inspirado na máxima kantiana segundo a qual *'l'humanité ele-même est une dignité'* (a condição humana em si mesma é dignidade)". No mesmo sentido, a Min. Carmen Lúcia Antunes Rocha, em voto proferido na ADIN 3.510, referiu-se a Kant como sendo "o grande filósofo da dignidade".

147. Nesse sentido, afirma Kant: "No reino dos fins tudo tem ou um **preço** ou uma **dignidade**. Quando uma coisa tem um preço, pode-se pôr em vez dela qualquer outra como *equivalente*; mas quando uma coisa está acima de todo o preço, e portanto não permite equivalente, então tem ela dignidade [...] Esta apreciação dá pois a conhecer como dignidade o valor de uma tal disposição de espírito e põe-na infinitamente acima de todo o preço. Nunca ela poderia ser posta em cálculo ou confronto com qualquer coisa que tivesse um preço, sem de qualquer modo ferir a sua santidade". Kant, Immanuel. **Fundamentação da Metafísica dos Costumes.** Lisboa: Edições 70, 2009, p.82-83.

148. Nessa perspectiva, segundo Kant, "aquilo porém que constitui a condição só graças à qual qualquer coisa pode ser um fim em si mesma, não tem somente um valor relativo, isto é um preço, mas um valor íntimo, isto é *dignidade* [...] Ora a moralidade é a única condição que pode fazer de um ser racional um fim em si mesmo, pois só por ela lhe é possível ser membro legislador no reino dos fins. Portanto a moralidade, e a humanidade enquanto capaz de moralidade, são as únicas coisas que têm dignidade". Ibidem, p. 82.

149. Ibidem, p. 84.

150. Kant fala em ser racional, então, a nosso ver, se houvesse ou se se encontrasse vida inteligente (ser racional) para além da humanidade, esta também teria dignidade à luz da teoria kantiana.

como meios, mas sempre, concomitantemente, como fins em si (aqui reside, segundo Kant, a condição suprema que limita a liberdade das ações de cada homem).[151]

Nas palavras do próprio Kant, como arremate à sua concepção de dignidade humana e trazendo à reflexão uma de suas sentenças categóricas, tem-se:

> O homem, e, duma maneira geral, todo o ser racional, *existe* como fim em si mesmo, *não só como meio* para o uso arbitrário desta ou daquela vontade. Pelo contrário, em todas as suas ações, tanto nas que se dirigem a ele mesmo como nas que se dirigem // a outros seres racionais, ele tem sempre de ser considerado *simultaneamente como fim*. [...] Portanto o valor de todos os objetos que possamos *adquirir* pelas nossas acções é sempre condicional. Os seres cuja existência depende, não em verdade da nossa vontade, mas da natureza, têm contudo, se são seres irracionais, apenas um valor relativo como meios e por isso se chamam *coisas*, ao passo que os seres racionais se chamam *pessoas*, porque a sua natureza os distingue já como fins em si mesmos, quer dizer como algo que não pode ser empregado como simples meio e que, por conseguinte, limita nessa medida todo o arbítrio (e é um objecto do respeito). Estes não são portanto meros fins subjectivos cuja existência tenha *para nós* um valor como efeito da nossa acção, mas sim *fins objectivos*, quer dizer, coisas cuja existência é em si mesma um fim, e um fim tal que se não pode pôr nenhum outro no seu lugar em relação ao qual essas coisas servissem *apenas* como meios; porque de outro modo nada em parte alguma se encontraria que tivesse *valor absoluto*; mas se todo // o valor fosse condicional, e por conseguinte contingente, em parte alguma se poderia encontrar um princípio prático supremo para a razão [...] O fundamento deste princípio é: A *natureza racional existe como fim em si*. É assim que o homem se representa necessariamente a sua própria existência; e, neste sentido, este princípio é um princípio *subjectivo* das acções humanas. Mas é também assim que qualquer outro ser racional se representa a sua existência, em virtude exactamente do mesmo princípio racional que é válido também para mim; é portanto simultaneamente um princípio *objectivo*, do qual como princípio prático supremo se tem de poder derivar todas as leis da vontade. O imperativo prático será pois o seguinte: *Age de tal*

151. Ibidem, p. 73-80.

> *maneira que uses a humanidade, tanto na tua pessoa como na pessoa de qualquer outro, sempre e simultaneamente como fim e nunca // simplesmente como meio.*[152]

Assim, como bem salienta Bruno Cunha Weyne,[153] pode-se responder com apoio na filosofia de Immanuel Kant à pergunta: por que o ser humano possui uma dignidade? Ora, o ser humano possui uma dignidade porque é um ser racional, isto é, porque possui razão, porque é capaz de realizar suas próprias escolhas existenciais e diferenciar-se de todos os demais de sua espécie em alguma medida, sendo, portanto, único e insubstituível. É exatamente a sua autonomia de vontade[154] (cujas bases residem na *ratio*) que o torna especial e diferente, atribuindo-lhe um valor intrínseco absoluto, intransponível, conferindo-lhe um *locus* especial no universo, exigindo, consequentemente, que ao ser humano seja destinado especial respeito e consideração, tanto pelos seus semelhantes, como pelo Estado.

A filosofia kantiana acerca da dignidade da pessoa humana, como dissemos, encontra grande aceitação no discurso jurídico contemporâneo. Contudo, isso não significa que depois das ideias de Kant, outras boas concepções não tenham sido formuladas, como, por exemplo, as reflexões de Friedrich Hegel,[155] no século XIX, cujas bases

---

152. Ibidem, p. 72-73.

153. WEYNE, Bruno Cunha. **O principio da dignidade humana:** reflexões a partir da filosofia de Kant. São Paulo: Saraiva, 2013, p. 315.

154. "A *autonomia* da vontade é o único princípio de todas as leis morais e dos deveres correspondentes a elas; e, ao contrário, toda *heteronomia* do livre-arbítrio não apenas deixa de fundar qualquer obrigação, como também se opõe ao princípio desse livre-arbítrio e à moralidade da vontade. Com efeito, é na independência de toda a matéria da lei (isto é, de um objeto desejado) e, ao mesmo tempo, na determinação do livre-arbítrio por meio da forma legisladora universal comum, de que toda máxima deve ser capaz, que consiste o princípio único da moralidade [...] Essa *independência*, porém, é *liberdade* em sentido *negativo*, enquanto esta *legislação própria* da razão pura e, como tal, prática, é liberdade no *sentido positivo*. Consequentemente, a lei moral exprime tão-somente a *autonomia* da razão pura prática, isto é, da liberdade, e esta é mesmo a condição formal de todas as máximas, sob cuja condição unicamente elas podem coincidir com a lei prática suprema. Dessa forma, se a matéria do querer, que não pode ser outra além do objeto de um desejo, conjugado à lei, intervém na lei pratica como sua *condição de possibilidade*, daí resulta a heteronomia do livre-arbítrio, isto é, a dependência desta em relação à lei natural, de seguir uma inclinação ou um impulso qualquer, e a vontade não se impõe a si a lei, mas somente o preceito [Vorschrift] de seguir racionalmente leis patológicas; entretanto, a máxima que, desse modo, nunca pode conter em si a forma legisladora universal, não somente não funda qualquer obrigação, como também contraria o princípio de uma *razão pura* prática e, por consequência, também a disposição [Gesinnung] moral, ainda que a ação dela resultante devesse ser conforme a lei". KANT, Immanuel. **Crítica da razão prática.** São Paulo: Martin Claret: 2006, p. 43.

155. HEGEL, G. W. Friedrich. **Princípios da filosofia do Direito.** 2. ed. São Paulo: Martins Fontes, 2003. Para uma leitura contemporânea da dignidade da pessoa humana na filosofia de Hegel, ver: SEELMAN Kurt. Pessoa e dignidade da pessoa humana na filosofia de Hegel. In: SARLET, Ingo Wolfgang (org.).

de uma dignidade humana residiam na ideia de eticidade, segundo a qual cada um deve ser pessoa e respeitar outros como pessoas, conforme explica Carlos Ruiz Miguel.[156] Nada obstante, foram as ideias de Kant que alçaram a dignidade da pessoa humana ao centro do discurso filosófico e afastou sua fundamentação das concepções religiosas, universalizando a dignidade e os direitos dela decorrentes. Mais ainda, são as ideias kantianas a base de grande parte dos discursos filosóficos, jurídicos e políticos do mundo contemporâneo, como facilmente se perceberá em nossa análise sobre as dimensões da dignidade humana.

Passando-se ao exame do *marco histórico* da dignidade da pessoa humana, isto é, ao exame do período imediatamente posterior ao fim da Segunda Guerra Mundial, tem-se justificada sua análise por ter sido justamente a reação aos horrores vividos ao longo da Guerra[157] o fator que conduziu a sociedade mundial à incorporação e elevação da dignidade da pessoa humana ao centro do debate jurídico-político. Nesse sentido, afirma Luís Roberto Barroso que, após o fim da Segunda Guerra, "na reconstrução de um mundo moralmente devastado pelo totalitarismo e pelo genocídio, a dignidade humana foi incorporada ao discurso político dos vitoriosos como uma das bases para uma longamente aguardada era de paz, democracia e proteção dos direitos humanos". [158]

Apoiando-nos, ainda, em Luís Roberto Barroso, há de se destacar dois fatores determinantes para que a dignidade da pessoa humana fosse, então, importada para o discurso jurídico após o fim da Guerra: a positivação (tanto na perspectiva internacional como na perspectiva nacional) e a ascensão de uma doutrina superadora do positivismo jurídico, cujas bases residem, dentre outras coisas, na reaproximação entre direito e moral e na proeminência dos direitos da pessoa humana.[159]

Dimensões da dignidade: ensaios de filosofia do direito e direito constitucional. 2.ed. Porto Alegre: Livraria do Advogado, 2009.

156. MIGUEL, Carlos Ruiz. **Human dignity:** history of an idea. Santiago de Compostela, Ed. Santiago de Compostela, 2004.

157. Aqui pode-se citar, exemplificativamente, as experiências químicas e médicas com pessoas vivas realizadas pelos nazistas, o Holocausto e os atentados nucleares à Hiroshima e Nagasaki, sobre os quais já tecemos comentários mais detalhados ao longo do primeiro capítulo.

158. BARROSO, Luís Roberto. **A dignidade da pessoa humana no direito constitucional contemporâneo:** a construção de um conceito jurídico à luz da jurisprudência mundial. Belo Horizonte: Fórum, 2013, p. 18-19.

159. Ibidem, p. 19.

No que se refere ao primeiro fator: positivação da dignidade da pessoa humana nos documentos jurídicos, há de se destacar que, após o fim da Guerra, a dignidade humana foi positivada em relevantes documentos internacionais, como a Carta das Nações Unidas (1945), a Declaração Universal dos Direitos Humanos (1948), a Convenção Internacional para a Eliminação de Todas as Formas de Discriminação Racial (1965), o Pacto Internacional de Direitos Civis e Políticos (1966), o Pacto Internacional de Direitos Econômicos, Sociais e Culturais (1966), a Convenção Interamericana de Direitos Americana (1978), a Convenção sobre a Eliminação de Todas as Formas de Discriminação Contra as Mulheres (1979), a Carta Africana de Direitos Humanos e dos Povos (1981), a Convenção Contra a Tortura e outros Tratamentos Cruéis, Desumanos ou Degradantes (1984), a Convenção de Direitos da Criança (1989), a Carta dos Direitos Fundamentais da União Europeia (2000), a Carta Árabe de Direitos Humanos (2004) etc. Já no âmbito do constitucionalismo dos Estados soberanos, merece menção o fato de que a dignidade humana fora positivada inicialmente na Constituição do México (1917) e na Constituição de Weimar (1919), contudo, foi após o fim da Segundo Guerra que ela efetivamente foi incorporada ao discurso jurídico-constitucional dos países, sendo positivada nas atuais constituições de Alemanha, Itália, Japão, Portugal, Espanha, África do Sul, Brasil, Chile, Venezuela, Equador, Israel, Hungria, Suécia, Irlanda, Índia, Canadá etc.[160-161]

Em relação ao segundo fator, isto é, à ascensão de uma doutrina superadora do positivismo jurídico, também chamada de pós-positivismo jurídico, faz-se *mister* esclarecer que não se trata de doutrina unanime, nem mesmo em relação à sua nomenclatura, vez que o prefixo "pós" poderia indicar, segundo alguns, tudo aquilo que veio após o positivismo.[162] Para além dessa discussão, deve-se ter claro que o pós-positivismo não é um só, mas na verdade, muitos são os pós-positivismos, portanto, tal doutrina ainda reclama maior

160. No caso de Irlanda, Índia e Canadá, a dignidade aparece no preâmbulo e não no texto constitucional propriamente dito.

161. Ibidem, p. 19-32.

162. Em relação às críticas terminológicas, em especial, às direcionadas ao prefixo "pós", ver: SILVA. Alexandre Garrido da. Pós-positivismo e democracia: em defesa de um neoconstitucionalismo aberto ao pluralismo. In: **XVI Congresso Nacional do CONPEDI.** Belo Horizonte: CONPEDI, 2007. Disponível em: <http://www.conpedi.org.br/manaus/arquivos/anais/bh/alexandre_garrido_da_silva.pdf>Acesso em 01 de março de 2011.

desenvolvimento e sedimentação.[163] Nada obstante, com apoio em Luís Roberto Barroso, é possível identificar o pós-positivismo como a designação provisória de uma doutrina que visa superar a estrita legalidade positivista, reaproximando o direito e a moral, tendo como base a dignidade da pessoa humana e os direitos da pessoa humana dela decorrentes, numa perspectiva ético-humanista.[164]

Brevemente analisados os marcos fundamentais (religioso, filosófico e histórico) do surgimento e sedimentação da dignidade da pessoa humana, faz-se necessário um exame mais detido do significado da dignidade da pessoa humana no direito contemporâneo, sobretudo no direito constitucional contemporâneo. Este exame dar-se-á a partir de uma análise das principais dimensões da dignidade da pessoa humana no discurso jurídico atual. Vejamos.

2.2.1.2. As principais dimensões da dignidade da pessoa humana

A dignidade da pessoa humana, em face da complexidade do gênero humano em si mesmo, sobretudo do desenvolvimento e das manifestações da personalidade humana, possui diversas dimensões de cunho jurídico e filosófico.[165] No direito, o reconhecimento dessas

---

163. DOS SANTOS, Eduardo R. **O Pós-positivismo jurídico e a normatividade dos princípios jurídicos.** Belo Horizonte: D'Plácido, 2014.

164. Nesse sentido, afirma Barroso que "doutrina pós-positivista se inspira na revalorização da razão prática, na teoria da justiça e na legitimação democrática. Nesse contexto, busca ir além da legalidade estrita, mas não despreza o direito posto; procura empreender uma leitura moral da Constituição e das leis, mas sem recorrer a categorias metafísicas. No conjunto de ideias ricas e heterogêneas que procuram abrigo nesse paradigma em construção, incluem-se a reentronização dos valores na interpretação jurídica, com o reconhecimento de normatividade aos princípios e de sua diferença qualitativa em relação às regras; a reabilitação da razão prática e da argumentação jurídica; a formação de uma nova hermenêutica; e o desenvolvimento de uma teoria dos direitos fundamentais edificada sobre a dignidade da pessoa humana. Nesse ambiente, promove-se uma reaproximação entre o Direito e a ética". BARROSO, Luís Roberto. **Curso de Direito Constitucional Contemporâneo:** os conceitos fundamentais e a construção do novo modelo. 3.ed. São Paulo: Saraiva, 2011, p. 271-272.

165. Sobre as dimensões da dignidade da pessoa humana, afirma Ingo Sarlet: "a dignidade, acima de tudo, diz com a condição humana do ser humano e, portanto, guarda relação com as complexas, e, de modo geral, imprevisíveis e praticamente incalculáveis manifestações da personalidade humana [...] quando aqui se fala em dimensões da dignidade da pessoa humana, está-se a referir – num primeiro momento – a complexidade da própria pessoa humana e do meio no qual desenvolve sua personalidade [...]a noção de dignidade da pessoa humana (especialmente no âmbito do Direito), para que possa dar conta da heterogeneidade e da riqueza da vida, integra um conjunto de fundamentos e uma série de manifestações. Estas, ainda que diferenciadas entre si, guardam um elo comum, especialmente pelo fato de comporem o núcleo essencial da compreensão e, portanto, do próprio conceito de dignidade da pessoa humana". SARLET, Ingo Wolfgang. As dimensões da dignidade da pessoa humana: construindo uma compreensão jurídico-constitucional necessária e possível. In: SARLET, Ingo Wolfgang (org.). **Dimensões da dignidade:** ensaios de filosofia do direito e direito constitucional. 2.ed. Porto Alegre: Livraria do Advogado, 2009, p. 15-17.

dimensões faz-se de extrema relevância na eterna luta de proteção e promoção da pessoa humana.

Neste trabalho, em face de nossas limitações, sobretudo por não ser o objeto principal de nossa pesquisa, trabalhar-se-á apenas algumas das principais dimensões da dignidade da pessoa humana, sendo elas: *i) dimensão ontológica; ii) dimensão comunicativa e relacional; iii) dimensão histórico-cultural; iv) dimensão negativa e positiva (protetiva e prestacional); v) dignidade da vida; vi) a fórmula do homem-objeto.*

A começarmos pela *dimensão ontológica, mas não necessariamente (ou, ao menos, não exclusivamente) biológica da dignidade da pessoa humana*, há de se dizer que, nessa perspectiva, a dignidade é tida como qualidade intrínseca da pessoa (de toda e qualquer pessoa humana, ou ainda, na concepção kantiana, de todo e qualquer ser racional), dele não podendo ser destacada, sendo, portanto, irrenunciável e inalienável.[166] Nessa perspectiva, a dignidade, ontologicamente, está abarcada como qualidade integrante da própria condição humana,[167] podendo ser reconhecida, respeitada, promovida e protegida, mas jamais criada, concedida ou retirada, conquanto possa ser violada em face dos atos e fatos da vida humana.[168]

Assim, não faz qualquer sentido uma pessoa (digna por natureza, ou digna pelo simples fato de ser pessoa humana) ser titular de uma pretensão à qual lhe seja concedida a dignidade, pois a dignidade ela já possui, por ser pessoa humana. Por óbvio, a dignidade pode ser violada (por atos comissivos ou omissivos), caso em que a pessoa poderá ser titular de uma pretensão que vise por fim a essa violação,

---

166. Há quem diga, inclusive, que a dignidade consiste no "valor absoluto de cada ser humano, que, não sendo indispensável, é insubstituível". LOUREIRO, João Carlos Gonçalves. O direito à identidade genética do ser humano. In: **Portugal-Brasil, Ano 2000, Boletim da Faculdade de Direito de Coimbra.** Coimbra, Coimbra Editora, 1999, p. 280. Nada obstante, como salienta Ingo Sarlet, isso, "por si só, não afasta necessariamente a possibilidade de uma abordagem de cunho crítico e não inviabiliza, ao menos não por si só, eventual relativização da dignidade, notadamente na sua condição jurídico--normativa (ou seja, na condição de princípio jurídico) e em alguma de suas facetas" SARLET, Ingo Wolfgang. As dimensões da dignidade da pessoa humana: construindo uma compreensão jurídico--constitucional necessária e possível. In: SARLET, Ingo Wolfgang (org.). **Dimensões da dignidade:** ensaios de filosofia do direito e direito constitucional. 2.ed. Porto Alegre: Livraria do Advogado, 2009, p. 21.

167. Nesse sentido, dentre outros: STERN, Klaus. **Das Staatrecht der Bundesrepublik Deutschland.** München: C.H. Beck, 1988. v.3, p. 6.

168. SARLET, Ingo Wolfgang. As dimensões da dignidade da pessoa humana: construindo uma compreensão jurídico-constitucional necessária e possível. In: SARLET, Ingo Wolfgang (org.). **Dimensões da dignidade:** ensaios de filosofia do direito e direito constitucional. 2.ed. Porto Alegre: Livraria do Advogado, 2009, p. 20-21.

mas não de uma pretensão de concessão de dignidade, pois dignidade ela já possui. Mais ainda, a pessoa será titular de direitos e garantias que visem proteger e promover sua dignidade da forma mais ampla e profunda possível, como, por exemplo, os direitos fundamentais da pessoa humana consagrados na Constituição de 1988 ou os direitos humanos consagrados na Declaração Universal dos Direitos Humanos de 1948.[169]

Na esteira dos desenvolvimentos de Ingo Sarlet, há de se destacar que a dignidade "não existe apenas onde é reconhecida pelo Direito e na medida que este a reconhece,[170] já que – pelo menos em certo sentido – constitui dado prévio, no sentido de preexistente e anterior a toda experiência especulativa".[171] Se existe independentemente de reconhecida pelo Direito, também existe independentemente das circunstancias fáticas, vez que inerente a qualquer pessoa, pois todos são igualmente dignos, independentemente de portarem-se de forma digna em suas relações com seus semelhantes ou consigo mesmos.[172] Assim, mesmo o maior dos criminosos possui dignidade.[173]

A dimensão ontológica retoma a ideia kantiana de dignidade, consagrando-se nos documentos jurídicos nacionais e internacionais de proteção aos direitos da pessoa humana, sobretudo após o fim da barbárie e do horror vivenciados durante a Segunda Guerra Mundial, como bem se percebe, *v.g.*, da redação do art. 1º, da Declaração Universal dos Direitos Humanos da ONU de 1948, segundo o qual *"todos os seres humanos nascem livres e iguais em dignidade e direitos. Dotados de razão e consciência, devem agir uns para com os outros em espírito de fraternidade"*.[174]

---

169. Ibidem. p. 20 e passim.
170. Nesse sentido, dentre outros: MARTÍNEZ, Miguel Angel Alegre. **La dignidad de la persona como fundamento del ordenamiento constitucional espanõl.** León: Universidad de León, 1996.
171. SARLET, Ingo Wolfgang. As dimensões da dignidade da pessoa humana: construindo uma compreensão jurídico-constitucional necessária e possível. In: SARLET, Ingo Wolfgang (org.). **Dimensões da dignidade:** ensaios de filosofia do direito e direito constitucional. 2.ed. Porto Alegre: Livraria do Advogado, 2009, p. 21.
172. Nesse sentido, dentre outros: PÉREZ, Jesús Gonzáles. **La dignidade de la persona.** Madrid: Civitas, 1986, p. 25, para quem a dignidade da pessoa não desaparece ou diminui por mais baixa que seja a conduta do ser humano.
173. SARLET, Ingo Wolfgang. As dimensões da dignidade da pessoa humana: construindo uma compreensão jurídico-constitucional necessária e possível. In: SARLET, Ingo Wolfgang (org.). **Dimensões da dignidade:** ensaios de filosofia do direito e direito constitucional. 2.ed. Porto Alegre: Livraria do Advogado, 2009, p. 21-22.
174. Ibidem, p. 21-23.

Assim, a dignidade da pessoa humana, na dimensão ontológica, liga-se à autodeterminação humana, que reside na vontade livre de fazer as próprias escolhas existenciais (ao menos potencialmente), que só os seres racionais possuem. Aqui, fala-se na dignidade como qualidade intrínseca à pessoa humana, sendo todo homem digno por natureza, em face de sua *ratio* que o diferencia dos demais seres, tornando-o único e insubstituível.[175] É digno porque é racional, é digno porque é pessoa humana.[176]

Nesse sentido, Günter Frankberg afirma que foi a partir da filosofia kantiana que a autonomia ética do ser humano passou a ser o ponto central da compreensão da dignidade da pessoa, em face da capacidade do homem de ditar as suas próprias leis.[177] Isso é perceptível na doutrina jurídica contemporânea de um modo geral, como já demonstramos quando tratamos especificamente da dignidade da pessoa humana em Kant, contudo, de modo especial, vale lembrar a clássica definição de Günter Durig, para quem a dignidade da pessoa humana reside no fato de que "cada ser humano é humano por força de seu espírito, que o distingue da natureza impessoal e que o capacita para, com base em sua própria decisão, tornar-se consciente de si mesmo, de autodeterminar sua conduta, bem como da formatar a sua existência e o meio que o circunda".[178] No mesmo sentido, além da doutrina, está sedimentada a jurisprudência constitucional, como bem demonstra Ingo Sarlet exemplificando que Tribunal Constitucional da Espanha já "manifestou-se no sentido de que a dignidade é um valor espiritual e moral inerente à pessoa, que se manifesta singularmente na autodeterminação consciente

175. Kant, Immanuel. **Fundamentação da Metafísica dos Costumes.** Lisboa: Edições 70, 2009.

176. Aqui recorremos também às lições de Béatrice Maurer, segundo quem, "a inteligência a liberdade e a capacidade de amar é o que coloca a pessoa radicalmente acima do mundo animal e lhe revela a sua dignidade eminente. É isso o que faz com que lhe devamos um respeito absoluto. A experiência do que é o homem nos permite descobrir que a pessoa é irredutível aos condicionamentos psicológicos e sociológicos, isto é, que é livre e autônoma. A dignidade da pessoa humana é a primeira 'qualidade da pessoa humana'". MAURER, Béatrice. Notas sobre o respeito da dignidade da pessoa humana... ou pequena fuga incompleta em torno de um tema central. In: SARLET, Ingo Wolfgang (org.). **Dimensões da dignidade:** ensaios de filosofia do direito e direito constitucional. 2.ed. Porto Alegre: Livraria do Advogado, 2009, p. 142.

177. FRANKENBERG, Günter. **Autorität und Integration:** Zur Gramatik von Recht und Verfassung. Frankfurt: Suhrkamp, 2003, p. 270.

178. DÜRIG, Günter. Der Grundsatz der Menschenwürde. Entwurf eines praktikablen Wertsystems der Grundrechte aus Art. 1 Abs. I in Verbindung mit Art. 19 Abs. II des Grundgesetzes. In: **AÖR,** nº 81, 1956, p. 125.

e responsável da própria vida e que leva consigo a pretensão ao respeito por parte dos demais".[179]

Passando-se à análise da *dimensão comunicativa e relacional da dignidade da pessoa humana*, na esteira das lições de Ingo Sarlet, pode-se sustentar que a dignidade da pessoa humana, além de ligar-se à condição humana de cada um (dimensão ontológica), liga-se, numa dimensão comunitária (também chamada de social), à "dignidade de cada pessoa e de todas as pessoas, justamente por serem todos reconhecidos como iguais em dignidade e direitos (na iluminada fórmula da Declaração Universal de 1948) e pela circunstância de nesta condição conviverem em determinada comunidade".[180] Em sentido semelhante, Ulfried Neumann afirma que "o princípio da dignidade humana tem, por isso, não apenas uma dimensão jurídico-estatal, mas também uma dimensão sócio-estatal".[181]

Partindo da concepção de que o homem não é um ser isolado, mas sim um ser relacional que convive e se relaciona com seus semelhantes, Pérez Luño, na esteira de Werner Maihofer e inspirado, também, na ideia kantiana de dignidade, demonstra haver uma dimensão intersubjetiva da dignidade humana, na qual o ser humano é considerado para além da sua esfera individual, como membro de uma comunidade humana, sem que com isto esteja-se a defender ou justificar sacrifícios da dignidade individual em prol da sociedade.[182] Como bem destaca Ingo Sarlet, a dignidade da pessoa humana (bem como a própria existência e condição humana, de acordo com Hannah Arendt[183]), "sem prejuízo de sua dimensão ontológica e, de certa forma, justamente em razão de se tratar do valor próprio de cada uma e de todas as pessoas, apenas faz sentido no âmbito da intersubjetividade e da pluralidade".[184]

---

179. SARLET, Ingo Wolfgang. As dimensões da dignidade da pessoa humana: construindo uma compreensão jurídico-constitucional necessária e possível. In: SARLET, Ingo Wolfgang (org.). **Dimensões da dignidade:** ensaios de filosofia do direito e direito constitucional. 2.ed. Porto Alegre: Livraria do Advogado, 2009, p. 22.

180. Ibidem, p. 24.

181. NEUMANN, Ulfried. A dignidade humana como fardo – ou como utilizar um direito contra o respectivo titular. In: SARLET, Ingo Wolfgang (org.). **Dimensões da dignidade:** ensaios de filosofia do direito e direito constitucional. 2.ed. Porto Alegre: Livraria do Advogado, 2009, p. 240.

182. PÉREZ LUÑO, Antonio-Enrique. **Derechos Humanos, Estado de Derecho y Constitución.** 5. ed. Madrid: Tecnos, 1995, p. 318 e ss.

183. ARENDT. Hannah. **A condição humana.** 11.ed. Rio de Janeiro: Forense Universitária, 2010, p. 8 e ss.

184. SARLET, Ingo Wolfgang. As dimensões da dignidade da pessoa humana: construindo uma compreensão jurídico-constitucional necessária e possível. In: SARLET, Ingo Wolfgang (org.). **Dimensões**

Resumindo-se: a dimensão comunicativa e relacional da dignidade da pessoa humana liga-se à dignidade que cada ser humano possui em relação ao seu próximo, vez que todos os homens são iguais em dignidade, devendo gozar do mesmo respeito e consideração. Ademais, trata-se da dimensão intersubjetiva, ou relacional (relação do homem com os outros homens) da pessoa, constituindo uma categoria de co-humanidade de cada indivíduo.[185]

Assim, em conformidade com os ensinamentos de Ingo Sarlet e para fins de delimitação acadêmica, pode-se dizer que a *dignidade da pessoa humana* consiste na dignidade individualizada de cada pessoa e comporta diversas dimensões, inclusive uma comunicativa e relacional, não se confundindo, entretanto, com a dignidade humana coletivizada, aquela que resulta da somatória da dignidade de todas as pessoas humanas, essa chamada de *dignidade humana*.[186]

Já numa *perspectiva dimensional histórico-cultural*, isto é, enquanto um construído histórico-cultural das sociedades humanas, tem-se que a dignidade da pessoa humana consiste, como já afirmado, num conceito que não pode ser fixado, ou mesmo totalmente delimitado, pois encontra-se em constante evolução, sendo densamente plural em face das diversas experiências da humanidade.[187]

Nesse sentido, já se manifestou o Tribunal Constitucional de Portugal, no Acórdão nº, 90-105-2, de 29 de março de 1990, afirmando que "a ideia de dignidade da pessoa humana, no seu conteúdo concreto – nas exigências ou corolários em que se desmultiplica – não é algo puramente apriorístico, mas que necessariamente tem de concretizar-se histórico-culturalmente". Nessa decisão fica claro o reconhecimento, pela Corte Constitucional portuguesa, de que a dignidade não é um conceito pré-fixado, rigidamente estabelecido, e que varia de acordo com as condicionantes histórico-culturais da sociedade humana envolvida.

---

da dignidade: ensaios de filosofia do direito e direito constitucional. 2.ed. Porto Alegre: Livraria do Advogado, 2009, p. 25.

185. Expressão cunhada por Hasso Hofmann (*Mitmenschlichkeit des Individuums*). HOFMANN, Hasso. Die versprochene Menschenwürde. In: **AÖR,** 118, 1993.

186. SARLET, Ingo Wolfgang. **A eficácia dos direitos fundamentais:** uma teoria geral dos direitos fundamentais na perspectiva constitucional. 10. ed. Porto Alegre: Livraria do Advogado Editora, 2010, p. 93 e ss.

187. SARLET, Ingo Wolfgang. As dimensões da dignidade da pessoa humana: construindo uma compreensão jurídico-constitucional necessária e possível. In: SARLET, Ingo Wolfgang (org.). **Dimensões da dignidade:** ensaios de filosofia do direito e direito constitucional. 2.ed. Porto Alegre: Livraria do Advogado, 2009, p. 27.

Analisando-se a dignidade a partir da *dupla dimensão negativa (protetiva) e positiva (prestacional)*, pode-se dizer, de início, que a dimensão negativa reside na autonomia da pessoa, na sua capacidade de autodeterminação no que diz com as decisões essenciais a respeito da própria existência, reside numa não interferência em tal autodeterminação, sob pena de violá-la. Por outro lado, a dimensão positiva reside na necessidade de proteção (assistência, prestação) por parte da comunidade e do Estado, sobretudo quando fragilizada ou inexistente a capacidade de autodeterminação.[188]

Assim, a dignidade da pessoa humana consiste simultaneamente em limite e tarefa dos poderes estatais e mesmo da sociedade de um modo geral, estando, esta condição dúplice, paralelamente conexa às dimensões constitucionais defensivas e prestacionais da dignidade. Como limite, a dignidade implica na vedação jurídica de reduzir-se a pessoa a mero objeto da vontade ou da realização dos fins alheios (reificação) gerando direitos fundamentais, de cunho negativo, que visam impedir atos que a violem ou a ameacem violar. Como tarefa, a dignidade impõe deveres fundamentais (implícitos ou explícitos) ao Estado de proteção e promoção da própria dignidade de todos, bem como dos direitos fundamentais a ela inerentes.[189]

Dessa dupla dimensão, em especial da dimensão prestacional, emerge a *perspectiva dimensional da dignidade da vida humana*, partindo-se do pressuposto de que toda e qualquer vida humana merece consideração e respeito, mesmo que o ser humano não possua capacidade de autodeterminação ou ela esteja fragilizada, assim, defende-se que têm dignidade, por exemplo, as pessoas com deficiência mental.[190]

Aqui, partindo-se das considerações de Jürgen Habermas, pode-se sustentar que a vida humana, ou mesmo a potencial vida humana, possui uma dignidade em si mesma. Deste modo, merece proteção e

188. Nesse sentido, segundo Ingo Sarlet, "de acordo com Martin Koppernock, a dignidade, na sua perspectiva assistencial (protetiva) da pessoa humana, poderá, dadas as circunstâncias, prevalecer em face da dimensão autonômica, de tal sorte que, todo aquele a quem faltarem as condições para uma decisão própria e responsável (de modo especial no âmbito da biomedicina e bioética) poderá até mesmo perder – pela nomeação eventual de um curador ou submissão involuntária a tratamento médico e/ou internação – o exercício pessoal de sua capacidade de autodeterminação, restando-lhe, contudo, o direito a ser tratado com dignidade (protegido e assistido)". Ibidem, p. 30.

189. Ibidem, p. 32

190. Ibidem, p. 31

respeito, inclusive, o feto humano antes mesmo do nascimento, vez que se trata de uma vida humana em potencial. Isso se dá em face não só da própria humanidade em potencial que nele reside, mas também em face da sua pré-socialização no mundo, como por exemplo, nos discursos e na preparação dos pais e familiares da criança que há de nascer.[191]

Em sentido semelhante encontra-se, também, a doutrina de Ronald Dworkin, para quem, a dignidade possui tanto uma voz ativa quanto uma voz passiva sendo que ambas se encontram conectadas, de modo que mesmo uma pessoa que não possui consciência de sua dignidade merece respeito e consideração por ela (dignidade), em face do valor intrínseco da vida humana.[192] Ao justificar o valor transcen-

---

191. Nesse sentido, sustenta Habermas: "Ninguém duvida do valor intrínseco da vida humana antes do nascimento – quer a chamemos simplesmente de "sagrada", quer recusemos tal "sacralização" daquilo que constitui um fim em si mesmo [...] Uma vez que o ser humano nasce "incompleto", no sentido biológico, e passa a vida dependendo do auxílio, da atenção e do reconhecimento do seu ambiente social, a *imperfeição* de uma individualização fruto de sequências de DNA tornar-se momentaneamente visível quando tem início o processo de individualização social. A individualização da história de vida realiza-se por meio da socialização. Aquilo que somente pelo nascimento, transforma o organismo numa pessoa, no sentido completo da palavra, é o ato socialmente individualizante de admissão no contexto *público* de interação de um mundo da vida partilhado intersubjetivamente. Somente a partir do momento em que a simbiose com a mãe é rompida é que a criança entra num mundo de pessoas, que *vão ao seu encontro*, que lhe dirigem a palavra e podem conversar com ela. O ser geneticamente individualizado no ventre materno, enquanto exemplar de uma comunidade reprodutiva, não é absolutamente uma pessoa "já pronta". Apenas na esfera pública de uma comunidade linguística é que o ser natural se transforma ao mesmo tempo em indivíduo e em pessoa dotada de razão [...] Na rede simbólica das relações de reconhecimento recíprocas entre pessoas que agem visando à comunicação, o recém-nascido é identificado como "um" ou "um de nós" e aprende aos poucos a identificar totalmente como pessoa como parte ou membro de sua(s) comunidade(s) social(is) e como indivíduo único e inconfundível, sendo também moralmente insubstituível. Nessa diferenciação da auto-referência reflete-se a estrutura da comunicação linguística. Somente aqui, no *space of reasons* [espaço das rezaões] colocado em discussão (Sellars), é que o patrimônio cultural da espécie representado pela razão pode desenvolver sua força unificadora e formadora de consenso, na diferença das múltiplas perspectivas de si próprio e do mundo [...] Antes de ser inserida em contexto públicos de interação, a vida humana, enquanto ponto de referência dos nossos deveres, goza de proteção legal, sem ser, por si só, um sujeito de deveres e um portador de direitos humanos. Disso não devemos tirar conclusões erradas. Os pais não apenas falam *sobre* a criança que cresce *in útero*, mas, *de certo modo*, também já se comunicam com ela. Não é apenas a visualização dos traços inegavelmente humanos do feto na tela que faz da criança que se move no útero materno um destinatário, no sentido de uma *anticiparoty socialization* [socialização por antecipação]. Obviamente, temos para com ela e *em consideração* a ela deveres morais e jurídicos. Além disso, a vida pré-pessoa, anterior a um estágio em que se pode atribuir a ela o *papel destinado* a uma segunda pessoa, a quem se pode dirigir a palavra, também conserva um valor integral para a totalidade de uma forma de vida *eticamente* constituída. Nesse aspecto, dá-se a distinção entre a dignidade da vida humana e a dignidade humana garantida juridicamente a toda pessoa – uma distinção que, de resto, reflete-se na fenomenologia da nossa maneira sentimentalizada de tratar os mortos [...] O caráter dos entraves morais, difíceis de definir, que regulam o trato com a vida humana antes do nascimento e após a morte explica a escolha de expressões semanticamente *flexíveis*. A vida humana também desfruta, em suas formas anônimas, de "dignidade" e exige "respeito"." HABERMAS, Jürgen. **O futuro da natureza humana.** 2.ed. São Paulo: Martins Fontes, 2010, p. 46-52.

192. DWORKIN, Ronald. **Domínio da vida:** aborto, eutanásia e liberdades individuais. 2.ed. São Paulo: Martins Fontes, 2009.

dental da vida humana, Dworkin afirma que "a razão mais forte que temos para querer que os outros respeitem o valor intrínseco da vida humana, segundo as exigências que (a nosso ver) esse valor impõe, não é de modo algum nossa preocupação com nossos interesses e os de outras pessoas, mas sim nosso respeito pelo valor em si mesmo".[193]

Por último, examinando-se a dignidade a partir da *dimensão identificada pela fórmula do homem-objeto* – criada por Günter Dürig[194] e acolhida pelo Tribunal Constitucional da Alemanha – tem-se que toda vez que o ser humano for reduzido a objeto, a coisa (processo de reificação da pessoa), a mero instrumento de realização dos fins alheios (aqui, nota-se a forte inspiração kantiana da fórmula de Dürig[195]), sempre que o ser humano for descaracterizado enquanto sujeito de direitos, então a dignidade da pessoa humana terá sido atingida e violada.[196]

Nesse sentido, é possível afirmar que a fórmula do homem-objeto é uma fórmula que depende de violações reais e concretas da dignidade, sendo verificável e identificável a dignidade da pessoa humana sempre que violada no caso concreto. Aqui, apresenta-se relevante, sobretudo, a experiência das Cortes Constitucionais e das Cortes Internacionais de Direitos Humanos na identificação daquilo que se deve ter por dignidade, através do julgamento de casos em que ela fora violada. Assim, como bem afirma Ingo Sarlet, é possível concluir que no âmbito do ordenamento jurídico contemporâneo, em especial do ordenamento constitucional, a fórmula do homem-objeto "constitui justamente a antítese da dignidade da pessoa humana".[197]

Por fim, há de se reiterar que as dimensões da dignidade da pessoa humana devem ser vistas numa perspectiva de complementaridade e

---

193. DWORKIN, Ronald. **O direito da liberdade:** a leitura moral da Constituição norte-americana. São Paulo: Martins Fontes, 2006, p.181.

194. DÜRIG, Günter. Der Grundsatz der Menschenwürde. Entwurf eines praktikablen Wertsystems der Grundrechte aus Art. 1 Abs. I in Verbindung mit Art. 19 Abs. II des Grundgesetzes. In: **AÖR,** nº 81, 1956.

195. Nesse sentido, dentre outros: STARCK, Christian. Dignidade humana como garantia constitucional: o exemplo da Lei Fundamental Alemã. In: SARLET, Ingo Wolfgang (org.). **Dimensões da dignidade:** ensaios de filosofia do direito e direito constitucional. 2.ed. Porto Alegre: Livraria do Advogado, 2009, p. 211.

196. SARLET, Ingo Wolfgang. As dimensões da dignidade da pessoa humana: construindo uma compreensão jurídico-constitucional necessária e possível. In: SARLET, Ingo Wolfgang (org.). **Dimensões da dignidade:** ensaios de filosofia do direito e direito constitucional. 2.ed. Porto Alegre: Livraria do Advogado, 2009, p. 34.

197. Ibidem, p. 35.

nunca de exclusão, isto é, uma complementa a outra e não exclui. Isso se dá em face das características da própria humanidade (complexa por natureza) e de sua dignidade nos diversos contextos em que ela se desenvolve, sobretudo nas atuais sociedades hipercomplexas em que vivemos, marcadas pela pluralidade e pelo multiculturalismo.

2.2.1.3. O princípio fundamental da dignidade da pessoa humana e os direitos fundamentais (típicos e atípicos) na Constituição de 1988

Após essa breve digressão geral sobre o conteúdo da dignidade da pessoa humana, analisar-se-á, agora, a dignidade no âmbito do constitucionalismo brasileiro contemporâneo, isto é, enquanto princípio jurídico fundamental consagrado no art. 1º, III, da Constituição de 1988, especialmente enquanto fonte dos direitos fundamentais atípicos.

Partindo-se do conceito de dignidade da pessoa humana formulado por Ingo Sarlet, é possível identificá-la como a fonte de uma gama variada e complexa de direitos e deveres que visam proteger e promover o homem de maneira ampla e profunda nos mais variados contextos espaço-temporais. Nesse sentido, para Ingo:

> temos por dignidade da pessoa humana *a qualidade intrínseca e distintiva reconhecida em cada ser humano que o faz merecedor do mesmo respeito e consideração por parte do Estado e da comunidade, implicando, neste sentido, um complexo de direitos e deveres fundamentais que assegurem a pessoa tanto contra todo e qualquer ato de cunho degradante e desumano, como venham a lhe garantir as condições existenciais mínimas para uma vida saudável, além de propiciar e promover sua participação ativa e co-responsável nos destinos da própria existência e da vida em comunhão com os demais seres humanos, mediante o devido respeito aos demais seres que integram a rede da vida.*[198]

Na perspectiva constitucional, pode-se dizer que a dignidade da pessoa humana consiste no princípio jurídico-axiológico fonte dos direitos e garantias fundamentais do homem, que visa à proteção e à promoção do ser humano no maior grau possível. Isto é, a dignidade

198. SARLET, Ingo Wolfgang. **Dignidade da pessoa humana e direitos fundamentais na Constituição Federal de 1988.** 9.ed. Por Alegre: Livraria do Advogado, 2011, p. 73.

é a matriz jurídica dos direitos constitucionais da pessoa humana. Parece ser esse o entendimento da doutrina constitucionalista majoritária, destacando-se, para além da vasta obra de Ingo Sarlet (aqui reiteradamente citada), *v.g.*, a contribuição de autores como Flávia Piovesan,[199] Luís Roberto Barroso,[200] Carlos Roberto Siqueira Castro,[201] José Carlos Vieira de Andrade,[202] Jorge Miranda,[203] Gregório Robles,[204] Matthias Kaufmann[205], dentre outros.

Esse, a nosso ver, foi, também, o entendimento privilegiado pelo Constituinte de 1988 ao consagrar a dignidade da pessoa humana enquanto princípio fundamental da Constituição (Título I) e fundamento da República Federativa do Brasil (art. 1º), sendo, portanto, a matriz jurídico-axiológica basilar de toda a ordem jurídico-positiva (em especial dos direitos da pessoa humana) não só por critérios jurídicos materiais, mas também formais, conferindo-lhe unidade e possibilitando-lhe a abertura sistêmica.[206]

Em outras palavras o que se quer dizer é que a dignidade da pessoa humana, enquanto princípio fundamental consagrado no art. 1º, III, da CF/88, consiste na principal *fonte* jurídico-axiológica de nosso sistema constitucional. Ademais, como pretendemos demonstrar

---

199. PIOVESAN, Flávia. **Direitos Humanos e o Direito Constitucional Internacional.** 13. ed. São Paulo: Saraiva, 2012, p. 81 e ss.

200. Nesse sentido, segundo Barroso, "como um valor fundamental que é também um princípio constitucional, a dignidade humana funciona tanto como justificação moral quanto como fundamento jurídico-normativo dos direitos fundamentais". BARROSO, Luís Roberto. **A dignidade da pessoa humana no direito constitucional contemporâneo:** a construção de um conceito jurídico à luz da jurisprudência mundial. Belo Horizonte: Fórum, 2013, p.64.

201. CASTRO, Carlos Roberto Siqueira. **A Constituição Aberta e os Direitos Fundamentais:** ensaios sobre o constitucionalismo pós-moderno e comunitário. 2.ed. Rio de Janeiro: Forense, 2010, p. 15 e ss.

202. Nessa perspectiva, afirma Vieira de Andrade que "a consagração de um conjunto de direitos fundamentais tem *uma intenção específica*, que justifica a sua primariedade: explicitar uma ideia de homem decantada pela consciência universal ao longo dos tempos, enraizada na cultura dos homens que formam cada sociedade recebida, por essa via, na Constituição de cada Estado concreto. Ideia de homem que, no âmbito da nossa cultura, se manifesta juridicamente num princípio de valor, que é o primeiro da Constituição portuguesa: o princípio da *dignidade da pessoa humana*". ANDRADE, José Carlos Vieira de. **Os Direitos Fundamentais na Constituição Portuguesa de 1976.** 5.ed. Coimbra: Almedina, 2012, p. 80.

203. MIRANDA, Jorge. **Manual de Direito Constitucional.** 5. ed. Coimbra: Coimbra, 2012. v. 4, p. 12 e passim.

204. ROBLES, Gregório. **Os direitos fundamentais e a ética na sociedade atual.** Barueri: Manole, 2005, especialmente p. 121-125.

205. KAUFMANN, Matthias. **Em defesa dos direitos humanos:** considerações históricas e de princípio. São Leopoldo: Unisinos, 2013, especialmente p. 54-75

206. Nesse sentido, dentre outros: SARLET, Ingo Wolfgang. **A eficácia dos direitos fundamentais:** uma teoria geral dos direitos fundamentais na perspectiva constitucional. 10. ed. Porto Alegre: Livraria do Advogado Editora, 2010, p. 95.

(com os argumentos que se seguem e com os que precederam essa afirmação), consiste em *fonte comum a todos os direitos e garantias fundamentais* da Constituição de 1988, típicos e atípicos.

Em primeiro lugar, constata-se que, com a positivação da dignidade da pessoa humana como princípio fundamental da Constituição de 1988, a República Federativa do Brasil, além de ter adotado uma posição basilar acerca do sentido, da finalidade e da justificação do exercício do poder do Estado, "reconheceu expressamente que é o Estado que existe em função da pessoa humana, e não o contrário, já que o homem constitui a finalidade precípua, e não meio da atividade estatal".[207] Isso, após a exposição da doutrina kantiana acerca da dignidade, parece-nos óbvio, já que a pessoa não pode ser usada meramente como meio para a consecução dos fins alheios, mesmo que esses fins sejam do Estado ou da sociedade, nem reduzida a objeto ou coisa (reificação do ser humano, como ocorrido, por exemplo, nos anos de chumbo do governo militar). Essa, inclusive, parece-nos ser uma exigência de Estados Democráticos Constitucionais de Direito: reconhecer que o ser humano consiste no fim primeiro, e último, no escopo maior do Estado, afinal, para que existe o Estado senão para servir o homem? O Estado deve ser visto como meio para a realização dos fins da pessoa humana, especialmente em Estados Democráticos Constitucionais de Direito como é a República Federativa do Brasil.[208] Em síntese, a partir do momento que se consagra

207. Ibidem, p. 98.

208. Nesse sentido, J. C. Ataliba Nogueira há muito já afirmava: "Organismo moral, o estado reduz à unidade grupos sociais ainda que heterogêneos na sua formação, submetidos à sua soberania, com o fim de atingir o bem coletivo, que não póde diminuir ou reduzir o bem particular dos aludidos grupos mas, pelo contrario, fortalece-lo [...] Pode até a nação existir sem o estado, desde que se mantenha fiel ao seu fim imediato, que consiste na conservação, transmissão e desenvolvimento dos elementos de cultura proprios, em beneficio da pessoa humana [...] O fim do estado consiste na prosperidade publica, na *sufficientia vitae* necessária a cada um para atingir a perfeição física, intelectual e moral, correspondendo às necessidades e as deficiências naturais mais profundas, que não pódem ser satisfeitas nem pelo individuo só, nem pela família isolada, nem por outros grupos sociais solitarios [...] Voltando ao estado, vimos que o seu fim é a segurança dos direitos individuais, da liberdade e a conservação e aperfeiçoamento da vida social [...] mesmo visando ao bem da coletividade, o que tem em mira o estado é a tutela e o desenvolvimento da pessôa humana. Assim o exigem a dignidade e o destino eterno do homem, ao qual tudo neste mundo está subordinado como a seu fim, de modo que tudo ha de ser meio para conseguir a pessôa humana o seu fim ultimo [...] Por destino natural é o estado meio para o pleno desenvolvimento das faculdades individuais e sociais, meio de que o homem deve valer-se, ora dando, ora recebendo alguma coisa para o seu bem e para o bem dos outros [...] É o estado meio natural, de que pode e deve servir-se o homem, para consecução de seu fim, sendo o estado para o homem e não o homem para o estado [...] É por isto que afirmamos que o individuo não foi feito para o estado, mas sim o estado para i individuo, para o seu bem estar moral e material, para a sua felicidade [...] O direito não nasce com o estado, mas com o homem.

constitucionalmente a dignidade da pessoa humana como princípio estruturante e fundamento de determinado Estado Democrático de Direito, o Estado passa a ser instrumento (meio) que deve garantir a proteção e a promoção da pessoa humana (fim), de sua dignidade e dos direitos a ela inerentes.[209]

Para além da constatação de que a positivação da dignidade da pessoa humana como princípio fundamental da República Federativa do Brasil implica no reconhecimento da tese (a nosso ver, mais que elementar, numa perspectiva humanista) de que o Estado existe para a consecução dos fins humanos, isto é, de que o Estado é meio (mecanismo) para a promoção e a proteção da pessoa humana, há que se destacar que a referida positivação é esclarecedora no sentido de demonstrar formalmente que a dignidade da pessoa humana não consiste em um direito subjetivo autônomo (direito fundamental à dignidade da pessoa humana), mas sim em um princípio jurídico-axiológico fundamental que é fonte do sistema de direitos e garantias fundamentais de nossa Constituição.[210]

Em que pese o esforço da sapiente doutrina constitucionalista brasileira divergente[211] em sustentar que a dignidade da pessoa hu-

---

Escrito ou consuetudinário, não deixou nunca de acompanhar o homem. Existe para servir o homem, como tambem para servir o homem existe o estado [...] O estado não é fim do homem, sua missão é ajudar o homem a conseguir o seu fim. É meio, visa à ordem externa para a prosperidade comum dos homens". NOGUEIRA, J. C. Ataliba. **O Estado é meio e não fim.** 2. ed. São Paulo: Saraiva, 1945, p.147-155.

209. Nesse sentido, dentre outros: NOVAIS, Jorge Reis. **Os princípios constitucionais estruturantes da República Portuguesa.** Coimbra: Coimbra, 2004, p. 52

210. Nesse sentido, alinham-se as *doutrinas portuguesa, brasileira e espanhola* dominantes. No Brasil, destaque-se, por todos: SARLET, Ingo Wolfgang. **Dignidade da pessoa humana e direitos fundamentais na Constituição Federal de 1988.** 9. ed. Por Alegre: Livraria do Advogado, 2011, p. 75-90. No direito português: MIRANDA, Jorge; MEDEIROS, Rui. **Constituição Portuguesa Anotada.** Coimbra: Coimbra, 2005, v. 1, p. 52 e ss.; e CANOTILHO, J. J. Gomes; MOREIRA, Vital. **Constituição da República Portuguesa Anotada:** artigos 1º a 107. 4. ed. Coimbra: Coimbra, 2007, p. 198 e ss. Na Espanha: PÉREZ LUÑO, Antonio-Enrique. **Derechos Humanos, Estado de Derecho y Constitución.** 5. ed. Madrid: Tecnos, 1995, p. 180 e ss. No mesmo sentido, isto é, pelo entendimento de que a dignidade da pessoa humana não é um direito fundamental autônomo, mas sim um princípio fundamental, ou ainda, "um valor subjacente, tanto aos direitos expressos quanto aos não enumerados", é o entendimento da *Suprema Corte dos Estados Unidos da América do Norte*, como bem demonstra: BARROSO, Luís Roberto. **A dignidade da pessoa humana no direito constitucional contemporâneo:** a construção de um conceito jurídico à luz da jurisprudência mundial. Belo Horizonte: Fórum, 2013, especialmente p. 42.

211. Nesse sentido, por todos, João Costa Neto, segundo quem: "Seria, além disso, a dignidade humana apenas um princípio, norteador da interpretação das normas, ainda que com aptidão derrogatória diretiva em face das normas-regras, ou seria ela um direito fundamental, com base no qual estão fundados direitos subjetivos e pretensões concretas? Ou seria ela, até mesmo, simultaneamente, ambos? No *Grundgesetz*, a dignidade humana aparece como o primeiro direito fundamental. Na Constituição Federal de 1988 (CF), como fundamento da República Federativa do Brasil. Ao que

mana consiste tanto num princípio fundamental como num direito fundamental, sobretudo inspirando-se no direito constitucional tedesco (lembrando-se que na Lei Fundamental alemã a dignidade da pessoa humana está positivada como direito fundamental), parece-nos, com as devidas vênias, que não é esse o caso do atual sistema constitucional tupiniquim, vez que a dignidade da pessoa humana consiste no fundamento dos direitos e garantias fundamentais não podendo ser ela mesma um direito autônomo.[212] O que ocorre é que os direitos

---

tudo indica, a Constituição brasileira foi prudente ao estipular assim. Na própria Alemanha, embora a dignidade humana esteja prevista no capítulo dedicado aos direitos fundamentais, houve, no passado, aqueles que questionavam se se tratava, ou, não, efetivamente, de um direito fundamental. Hodiernamente, na Alemanha, já não subsiste tal polêmica (KLOEPFER, 2010, p. 116). No Brasil, a questão é ainda mais complexa, já que a dignidade humana sequer está prevista no art. 5º da CF ou, tampouco, no cart. 6º, que são partes da Constituição Federal em que, reconhecidamente, constam vários direitos fundamentais. Sabe-se, de qualquer maneira, que, em virtude da forma como foi redigida, há direitos fundamentais espalhados em toda a nossa Constituição. Por um lado, parece ser bastante razoável afirmar que, na Constituição Federal, a dignidade humana é sim um direito fundamental e que, como tal, está gravada de cláusula pétrea (art. 60, § 4º, IV, CF), conceito análogo ao da cláusula de eternidade (*Ewigkeitsklausel*), prevista no art. 70, (3), do *Grundgesetz*. Esse é o caso porque a dignidade humana serve de alicerce para um dever de respeito e proteção ao ser humano ao qual corresponde um direito que é, a seu turno, como esclarece JAN- ULF SUCHOMEL (2010,p. 59), individual e "justiciável" (*justiziabel*). É possível derivar da dignidade humana pretensões jurídicas pertinentes ao indivíduo, sem que seja necessária uma mediação infralegal, embora tal mediação, por vezes, esteja presente. O direito ao mínimo existencial, por exemplo, é concretizado por meio de lei, mas é possível ingressar em juízo contra uma lei que, a pretexto de concretizar tal corolário da dignidade humana, não o faça de forma transparente, satisfatória e coerente. Nesse sentido, a dignidade humana funda reivindicações bastante concretas e, portento, direitos subjetivos. Por outro lado, a dignidade humana é também princípio, pois, como escolha axiológica feita pelo legislador constituinte originário, ela perpassa, enquanto vetor objetivo, por meio de "pontos de irrupção" ou "portas de entrada" (*Einbruchstellen*) – como, por exemplo, as cláusulas gerais –, todo o ordenamento jurídico, inclusive o direito privado, o qual deverá ser interpretado, ela funda não apenas pretensões subjetivas e concretas, mas é uma garantia para toda a sociedade e, como tal, possui dimensão objetiva. Com efeito, fez bem o constituinte brasileiro ao chamar a dignidade humana de fundamento da República Federativa do Brasil. Isso só pode significar que ela é, simultaneamente, direito fundamental e princípio e que, como tal, possui lugar de distinção na ordem jurídico-constitucional brasileira". COSTA NETO, João. **Dignidade humana:** visão do Tribunal Constitucional Federal Alemão, do STF e do Tribunal Europeu. São Paulo: Saraiva, 2014, p. 46-48.

212. Nesse sentido, são esclarecedores os dizeres de Ingo Sarlet, *in verbis*. "Embora entendamos que a discussão em torno da qualificação da dignidade da pessoa como princípios ou direito fundamental não deva ser hipostasiada, já que não se trata de conceitos antitéticos e reciprocamente excludentes (notadamente pelo fato de as próprias normas de direitos fundamentais terem cunho eminentemente – embora não exclusivamente – principiológico) compartilhamos do entendimento de que, muito embora os direitos fundamentais encontrem seu fundamento, ao menos em regra, na dignidade da pessoa humana e tendo em conta que – como ainda teremos oportunidades de demonstrar – do próprio princípio da dignidade da pessoa (isoladamente considerado) podem e até mesmo devem ser deduzidos direitos fundamentais autônomos, não especificados (e, portanto, também se poderá admitir que – neste sentido – se trata de uma norma de direito fundamental), não há como reconhecer que existe um direito fundamental à dignidade, ainda que vez por outra se encontre alguma referência neste sentido. Com efeito, parece-nos já ter suficientemente repisado que a dignidade, como qualidade intrínseca da pessoa humana, não poderá ser ela própria concedida pelo ordenamento jurídico. Tal aspecto, embora seguindo sentido inverso, chegou a ser objeto de lúcida referência feita pelo Tribunal federal Constitucional da Alemanha. Ao considerar que a dignidade da

fundamentais, cujo fundamento maior é a dignidade da pessoa humana, consistem na materialização jurídico-subjetiva da dignidade, isto é, a dignidade, juridicamente, materializa-se e implementa-se (seja protegendo, seja promovendo o ser humano) através dos direitos e garantias fundamentais que dela decorrem.

Assim, do princípio fundamental da dignidade da pessoa humana emergem os direitos e garantias fundamentais, sejam eles típicos (positivados expressamente no título constitucional específico – Título II da CF/88), sejam eles atípicos (decorrentes do regime e dos princípios por ela adotados, ou dos tratados internacionais em que a República Federativa do Brasil seja parte – § 2º, do art. 5º, da CF/88).[213] Nesse sentido, aquilo que parte da doutrina chama de direito fundamental à dignidade da pessoa humana, na verdade corresponde a um conjunto de direitos e garantias fundamentais atípicos[214] que têm como *fundamento* o princípio fundamental da dignidade da pessoa humana e, mais ainda, que com ele têm grande identidade.[215]

---

pessoa não poderá ser retirada de nenhum ser humano, muito embora seja violável a pretensão de respeito e proteção que dela (da dignidade) decorre. Assim, quando se fala – no nosso sentir equivocadamente – em direito à dignidade, se está, em verdade, a considerar o direito a reconhecimento, respeito, proteção e até mesmo promoção e desenvolvimento da dignidade, podendo inclusive falar-se de um direito a uma existência digna, sem prejuízo de outros sentidos que se possa atribuir aos direitos fundamentais relativos à dignidade da pessoa. Por essa razão, consideramos que neste sentido estrito – de um direito à dignidade como concessão – efetivamente poder-se-á sustentar que a dignidade da pessoa humana não é e nem poderá ser, ela própria, um direito fundamental". SARLET, Ingo Wolfgang. **Dignidade da pessoa humana e direitos fundamentais na Constituição Federal de 1988.** 9. ed. Por Alegre: Livraria do Advogado, 2011, p. 83-84.

213. Nesse sentido, afirma Ingo Sarlet: "o enquadramento como princípio fundamental é justamente o que melhor afina com a doutrina luso-brasileira dominante, encontrando suporte igualmente no âmbito da doutrina espanhola. Não se cuidando, portanto, de autêntico e típico direito fundamental, tal não significa, por outro lado, que do princípio fundamental da dignidade da pessoa humana não possam ser deduzidas posições jurídico-fundamentais não-escritas, inclusive de natureza subjetiva, o que, aliás, foi expressamente considerado pelo art. 5º, § 2º, da CF de 1988, que trata dos direitos decorrentes do regime e dos princípios, bem como dos constantes em tratados internacionais. Da mesma forma, não se deve esquecer o fato de que os direitos fundamentais, ao menos de modo geral, podem (e assim efetivamente o são) ser considerados concretizações das exigências do princípio da dignidade da pessoa humana". SARLET, Ingo Wolfgang. **A eficácia dos direitos fundamentais:** uma teoria geral dos direitos fundamentais na perspectiva constitucional. 10. ed. Porto Alegre: Livraria do Advogado Editora, 2010, p. 105.

214. Registre-se que esse conjunto varia consideravelmente de acordo com a concepção dos autores, contudo comumente citam-se, como compondo o direito à dignidade da pessoa humana, o direito ao mínimo existencial, direito ao reconhecimento, ao respeito, à proteção e à promoção do desenvolvimento humano (ou da dignidade), direito à existência digna etc.

215. Em sentido semelhante já afirmou Peter Häberle: "A maioria dos direitos fundamentais individualmente considerados é marcada por uma diferenciada amplitude e intensidade no que diz com sua conexão com a dignidade humana. Os direitos fundamentais (individualmente considerados) subsequentes, assim como os objetivos estatais e as variantes das formas estatais, têm a dignidade como premissa e encontram-se a seu serviço. No processo histórico do novo desenvolvimento estatal-

No que se refere especificamente aos direitos fundamentais atípicos (direitos fundamentais não positivados expressamente no título II da CF/88), a dignidade da pessoa humana (complementada pelos demais princípios constitucionais)[216] consiste, para além da matriz fundamental mais íntima e essencial à sua criação/identificação/construção (fundamentalidade material do direito), no valor-guia de todo o seu desenvolvimento, bem como de seu processo hermenêutico (integração, construção, interpretação e aplicação). Aqui, a dignidade assume maior relevância ainda, vez que o direito não fora positivado e expressamente consagrado no título II da Constituição (fundamentalidade formal – tipicidade do direito fundamental).[217] Por outro lado, isso não diminui a fundamentalidade do direito atípico, nem o torna menos ou mais, melhor ou pior, hierarquicamente inferior ou superior aos demais direitos fundamentais, vez que se trata de direito fundamental e entre eles não há hierarquia, pois compartilham do mesmo fundamento: a dignidade da pessoa humana (fundamento comum presente em todos os direitos e garantias fundamentais, em maior ou menor grau a variar do direito especificamente tratado, como se demonstrará mais adiante).

Para além do que já fora exposto, a positivação da dignidade da pessoa humana como princípio fundamental constitucional con-

---

-constitucional dos direitos fundamentais, a construção jurisprudencial ou as novas formulações textuais de direitos fundamentais individualmente considerados atuam como novas atualizações do postulado-base de proteção da dignidade humana em face de novas zonas de perigo, por meio de um aperfeiçoamento jusfundamental". HÄBERLE, Peter. A dignidade humana como fundamento da comunidade estatal. In: SARLET, Ingo Wolfgang (org.). **Dimensões da dignidade:** ensaios de filosofia do direito e direito constitucional. 2. ed. Porto Alegre: Livraria do Advogado, 2009, p. 81-82.

216. Como já dissemos são fontes, segundo a dicção do § 2º, do art. 5º, da CF/88, os princípios constitucionais (princípios fundamentais da Constituição – título I), todos eles. Contudo, como já salientamos, há um proeminência do princípio fundamental da dignidade da pessoa humana que toca todos os direitos e garantias fundamentais, em maior ou menor grau, mas que pode ser complementado por outros princípios fundamentais, também em maior ou menor grau a variar com o direito especificamente em análise.

217. Nesse sentido, afirma Ingo Sarlet: "É justamente neste contexto que assume relevo os demais princípios fundamentais, visto que, a exemplo da dignidade da pessoa humana, também cumprem função como referencial hermenêutico, tanto para os direitos fundamentais, quanto para o restante das normas da Constituição. Além de atuarem como fundamento para eventual dedução de direitos não-escritos (mais especificamente, dos direitos decorrentes dos quais fala o art. 5º, § 2º, da CF), deverão servir de referencial obrigatório para o reconhecimento da fundamentalidade material dos direitos garimpados fora do catálogo, que, consoante já frisado, devem guardar sintonia com os princípios fundamentais de nossa Carta". SARLET, Ingo Wolfgang. **A eficácia dos direitos fundamentais:** uma teoria geral dos direitos fundamentais na perspectiva constitucional. 10. ed. Porto Alegre: Livraria do Advogado Editora, 2010, p. 111. Em sentido semelhante, contudo tendo como referencial a cláusula de abertura da Constituição Portuguesa de 1976 (art. 16, nº 1): MIRANDA, Jorge. **Manual de Direito Constitucional.** 5.ed. Coimbra: Coimbra, 2012. v. 4, p. 202.

sagra-a como valor jurídico-axiológico fundamental e estruturante do constitucionalismo de nosso Estado Democrático de Direito, sendo o principal valor-guia jusfundamental da ordem jurídica-constitucional estabelecida em 1988, especialmente dos direitos e garantias fundamentais,[218] sendo, inclusive, por grande parte dos autores, considerado o "*princípio constitucional de maior hierarquia axiológico-valorativa*",[219] o "*princípio dos princípios constitucionais*",[220] um "*superprincípio*"[221], ou ainda um "*metaprincípio*".[222]

A dignidade da pessoa humana nesse cenário consagra-se como valor jurídico-axiológico que irá orientar e informar toda a ordem jurídica vigente, devendo ser observada desde a criação das normas até à sua interpretação. Na perspectiva dos direitos e garantias fundamentais ela ganha mais relevo ainda, vez que é dela que eles emergem, sejam eles típicos ou atípicos, devendo sempre ser interpretados à luz da dignidade da pessoa humana, já que são direitos e garantias da pessoa.[223] Assim, a dignidade da pessoa humana firma-se como a norma jurídica-fundamental que irá conferir unidade e coerência ao sistema jurídico-constitucional pátrio,[224] especialmente ao subsistema constitucional dos direitos e garantias fundamentais.[225]

---

218. ROCHA, Cármen Lúcia Antunes. O mínimo existencial e o princípio da reserva do possível. **Revista Latino-Americana de Estudos Constitucionais.** Belo Horizonte, n. 5, p. 439-461, jan/jun, 2005, p. 440 e ss.

219. SARLET, Ingo Wolfgang. **A eficácia dos direitos fundamentais:** uma teoria geral dos direitos fundamentais na perspectiva constitucional. 10. ed. Porto Alegre: Livraria do Advogado Editora, 2010, p.105.

220. CASTRO, Carlos Roberto Siqueira. Dignidade da pessoa humana: o princípio dos princípios constitucionais. **Revista Latino-Americana de Estudos Constitucionais.** Belo Horizonte, n. 5, p. 249-285, jan/jun, 2005.

221. PIOVESAN, Flávia. **Direitos Humanos e o Direito Constitucional Internacional.** 13. ed. São Paulo: Saraiva, 2012, p. 87.

222. MIRANDA, Jorge. **Manual de Direito Constitucional.** 5. ed. Coimbra: Coimbra, 2012. v. 4, p. 222.

223. Nesse sentido, afirma Ingo Sarlet: "impõe-se seja ressaltada a função instrumental integradora e hermenêutica do princípio, na medida em que este serve de parâmetro para a aplicação, interpretação e integração não apenas dos direitos fundamentais e do restante das normas constitucionais, mas de todo o ordenamento jurídico, imprimindo-lhe, além disso, sua coerência interna". SARLET, Ingo Wolfgang. **A eficácia dos direitos fundamentais:** uma teoria geral dos direitos fundamentais na perspectiva constitucional. 10. ed. Porto Alegre: Livraria do Advogado Editora, 2010, p. 107.

224. Segundo Bonavides: "nenhum princípio é mais valioso para compendiar a unidade material da Constituição que o princípio da dignidade da pessoa humana". BONAVIDES, Paulo. **Teoria Constitucional da democracia participativa:** por um direito constitucional de luta e resistência, por uma nova hermenêutica, por uma repolitização da legitimidade. São Paulo: Malheiros, 2001, p. 233.

225. Nessa perspectiva, Flávia Piovesan: "Considerando que toda Constituição há de ser compreendida como unidade e como sistema que privilegia determinados valores sociais, pode-se afirmar que a Carta de 1988 elege o valor da dignidade humana como valor essencial, que lhe dá unidade de sentido. Isto é, o valor da dignidade humana informa a ordem constitucional de 1988, imprimindo-

É também a dignidade da pessoa humana que atribui a racionalidade necessária à ordem do nosso sistema jurídico-constitucional vigente, sobretudo em face de ser o referido princípio fundamental, a nosso ver, o mais apto e capaz de compatibilizar os diversos valores fundamentais distintos, bem como os diversos direitos constitucionais (mormente os direitos e garantias fundamentais) tantas vezes conflitantes, vez que tais valores nunca podem estar acima da própria pessoa humana e vez que os direitos são essencialmente direitos da pessoa, além, é claro, de ser o Estado meio para a consecução dos fins humanos, como já salientado.[226]

Ademais, a dignidade da pessoa humana, para além de fundamento dos direitos e garantias fundamentais (típicos e atípicos), funciona como principal vetor jurídico-axiológico da abertura do atual sistema constitucional brasileiro, mormente do subsistema de direitos e garantias fundamentais, sendo, portanto, especialmente relevante para a criação/identificação/construção dos direitos fundamentais atípicos, devendo tais direitos, em maior ou menor medida, ligarem-se a ela (dignidade) e visarem proteger ou promover a pessoa humana.[227]

Nessa perspectiva, Flávia Piovesan, com base especialmente nas doutrinas de Hesse e Canotilho, demonstra que as Constituições

-lhe uma feição particular". PIOVESAN, Flávia. **Direitos Humanos e o Direito Constitucional Internacional.** 13. ed. São Paulo: Saraiva, 2012, p. 84. No mesmo sentido Jorge Miranda afirma que "A Constituição confere uma unidade de sentido, de valor e de concordância prática ao sistema de direitos fundamentais. E ela repousa na dignidade da pessoa humana, ou seja, na concepção que faz da pessoa fundamento e fim da sociedade e do Estado". MIRANDA, Jorge. **Manual de Direito Constitucional.** 5. ed. Coimbra: Coimbra, 2012. v. 4, p. 219.

226. Em sentido semelhante, Flávia Piovesan afirma que "é no princípio da dignidade humana que a ordem jurídica encontra o próprio sentido, sendo seu ponto de partida e seu ponto de chegada, para a hermenêutica constitucional contemporânea. Consagra-se, assim, a dignidade humana como verdadeiro superprincípio, a orientar tanto o Direito Internacional como Direito interno". PIOVESAN, Flávia. **Direitos Humanos e o Direito Constitucional Internacional.** 13. ed. São Paulo: Saraiva, 2012, p. 86-87. No mesmo sentido, José Carlos Vieira de Andrade afirma: "Neste contexto se deve entender o princípio da dignidade da pessoa humana – consagrado no artigo 1º como o primeiro princípio fundamental da Constituição – como o princípio de valor que está na base do estatuto jurídico dos indivíduos e confere unidade de sentido ao conjunto dos preceitos relativos aos direitos fundamentais. Estes preceitos não se justificam isoladamente pela proteção de bens jurídicos avulsos, só ganham sentido enquanto ordem que manifesta o respeito pela unidade existencial de sentido que cada homem é para além dos seus atos e atributos [...] E esse princípio da dignidade da pessoa humana há de ser interpretado como referido a cada pessoa (individual), a todas as pessoas sem discriminações (universal) e a cada homem como ser autónomo (livre)". ANDRADE, José Carlos Vieira de. **Os Direitos Fundamentais na Constituição Portuguesa de 1976.** 5. ed. Coimbra: Almedina, 2012, p. 96-97.

227. Em sentido semelhante, por todos, ver: CASTRO, Carlos Roberto Siqueira. Dignidade da pessoa humana: o princípio dos princípios constitucionais. **Revista Latino-Americana de Estudos Constitucionais.** Belo Horizonte, n. 5, p. 249-285, jan/jun, 2005, especialmente p. 274-275.

contemporâneas abrem-se, enquanto sistemas normativos, através, sobretudo, dos princípios jurídicos e, no cenário de seus subsistemas de direitos e garantias fundamentais, essa abertura se dá, mormente, pelo princípio da dignidade da pessoa humana, por compreender "aquele 'mínimo ético irredutível' enquanto parâmetro a conferir validade à toda e qualquer norma".[228]

Nesse sentido, Jorge Miranda, em Portugal, advoga que a abertura do sistema de direitos e garantias fundamentais tem como parâmetro o próprio sistema constitucional, especialmente os princípios constitucionais, notadamente o princípio da dignidade da pessoa humana.[229] Ademais, com base no autor português, pode-se dizer que a *jusfundamentalidade* dos direitos fundamentais em sentido material (direitos fundamentais atípicos) reside na proteção e na promoção da própria pessoa humana, tendo como parâmetro a complementariedade do sistema constitucional de direitos fundamentais, cujo catálogo é insuficiente, sobretudo quando se considera as características das atuais sociedades hipercomplexas e multiculturais.

No mesmo sentido, nos Estados Unidos da América do Norte, como bem demonstra Luís Roberto Barroso, a Suprema Corte reconhece a dignidade da pessoa humana como fundamento dos direitos expressos e dos não enumerados, isto é, como sendo o princípio que possibilita a abertura do sistema de direitos e garantias fundamentais estadunidense a novos direitos ou mesmo a novas leituras de direitos antigos.[230]

Em alguns momentos dissemos que os direitos fundamentais (todos eles, típicos ou atípicos) encontram sua *jusfundamentalidade*, em maior ou menor grau, na dignidade da pessoa humana. Bem, essa afirmação implica no reconhecimento de que todos os direitos fundamentais possuem, em alguma medida (maior ou menor, a variar com o direito em espécie), relação matricial com a dignidade da pessoa humana, isto é, quer-se dizer que cada direito tem a dignidade como

---

228. PIOVESAN, Flávia. Direitos humanos, o princípio da dignidade da pessoa humana e a Constituição de 1988. In: PIOVESAN, Flávia; GARCIA, Maria (orgs.). **Doutrinas Essenciais Direitos Humanos:** Teoria Geral dos Direitos Humanos. São Paulo: RT, 2011. v.1, p. 322.

229. MIRANDA, Jorge. **Manual de Direito Constitucional.** 5.ed. Coimbra: Coimbra, 2012. v.4, p. 201-202.

230. BARROSO, Luís Roberto. **A dignidade da pessoa humana no direito constitucional contemporâneo:** a construção de um conceito jurídico à luz da jurisprudência mundial. Belo Horizonte: Fórum, 2013, especialmente p. 42 e p.49.

fonte e, concomitantemente, visa proteger ou promover a dignidade em alguma esfera, grau ou condição.[231] Por óbvio que, com essa afirmação, não se quer dizer que todos os direitos possuem como fonte única o princípio fundamental da dignidade da pessoa humana, mas pelo contrário, em regra, os direitos fundamentais encontram matriz, concomitantemente, no sistema constitucional (lato e estrito senso), nos demais princípios fundamentais e valores jurídico-fundamentais (da ordem interna ou mesmo externa) e nos documentos internacionais de proteção e promoção da pessoa humana.

Nesse sentido, pode-se afirmar que o princípio da dignidade da pessoa humana consiste no critério basilar (elementar) de todos os direitos e garantias fundamentais, contudo não consiste num critério exclusivo.[232] Mais ainda, com base no exposto, pode-se concluir que o princípio fundamental da dignidade da pessoa humana consiste no principal critério de jusfundamentalidade dos direitos fundamentais, devendo tocar, em maior ou menor grau, todos os direitos fundamentais que, consequentemente, devem ser desdobramentos de sua materialização constitucional, seja na perspectiva protetiva ou promocional da pessoa humana.[233]

---

231. SARLET, Ingo Wolfgang. **A eficácia dos direitos fundamentais:** uma teoria geral dos direitos fundamentais na perspectiva constitucional. 10. ed. Porto Alegre: Livraria do Advogado Editora, 2010, especialmente p. 110-111; e ANDRADE, José Carlos Vieira de. **Os Direitos Fundamentais na Constituição Portuguesa de 1976.** 5.ed. Coimbra: Almedina, 2012, p. 97 e ss.

232. Nesse sentido, analisando o princípio fundamental da dignidade da pessoa humana enquanto fundamento dos direitos fundamentais e, especificamente, dos direitos fundamentais atípicos, no âmbito do constitucionalismo peruano (art. 3º), Edgar Carpio Marcos afirma: "Desde esa perspectiva, entonces, el principio de dignidad de la persona aparece, tal vez no como el único, pero decididamente sí como el más importante de los principios morales desde donde es posible explicar y entender la propia justificación de los derechos que la Constitución anida [...] Así, la dignidad de la persona humana ha de suponer un rango o categoría que corresponde al hombre en tanto ser dotado de inteligencia y libertad, distinto y superior a todo lo creado, que exige un tratamiento acorde en todo momento con la naturaleza humana. O, en palabras del propio Nino, el que 'los hombres deban ser tratados según sus decisiones, intenciones o manifestaciones de consentimiento', respetándose su autonomía e inviolabilidad, que presupone el respeto de la libertad de decisión que un individuo pueda adoptar y no se le cosifique [...] Precisamente de esta consideración moral del hombre ha de derivarse la propia justificación de aquel conjunto mínimo de derechos o atributos subjetivos con los que ha de contar el hombre, que pueden o no estar detallados en la Constitución, pero que es absolutamente necesario reconocer para que éste pueda desarrollar, responsablemente, su proyecto vital [...] De esta forma, el hombre individualmente considerado, y el respeto de su dignidad, se convierten en la clave de bóveda de nuestro ordenamiento jurídico, al mismo tiempo que se erige en el núcleo axiológico legitimizador de cualquier construcción artificial". MARCOS, Edgar Carpio. El significado de la cláusula de los derechos no enumerados. **Cuestiones Constitucionales – Revista Mexicana de Derecho Constitucional.** México, D.F., n. 3, p. 3-25, jul/dez, 2000, p. 25.

233. SARLET, Ingo Wolfgang. **A eficácia dos direitos fundamentais:** uma teoria geral dos direitos fundamentais na perspectiva constitucional. 10. ed. Porto Alegre: Livraria do Advogado Editora, 2010, p. 111.

Por outro lado, não se pode deixar de advertir: o fato da dignidade da pessoa humana ser fundamento material de todos os direitos fundamentais não implica na necessidade de se invocar o tempo todo à dignidade para o debate jurídico dos direitos fundamentais, especialmente no que diz com a aplicação desses direitos, pois esses já estão revestidos de dignidade, dispensando o recurso ao referido princípio fundante, sob pena de se banalizar o discurso jurídico da dignidade como vem se vislumbrando na práxis jurídica brasileira em que juízes, advogados, promotores e demais juristas recorrem à dignidade como se recorressem a uma moldura de silicone, que a tudo se amolda.[234-235] Se assim agirmos, então poderemos (assim como já estamos procedendo no cotidiano de nossos tribunais) usar a dignidade contra a própria dignidade, para usarmos aqui a expressão de Ulfried Neumann.[236]

A dignidade da pessoa humana, enquanto princípio fundamental de nosso sistema constitucional e critério de jusfundamentalidade material dos direitos e garantias fundamentais, não pode ser considerada uma moldura que se amolda a toda e qualquer situação, não pode ser concebida como um critério que comporta todo e qualquer direito, bem como não pode ser chamada à resolução de casos para os quais já existe direito constitucionalmente consagrado apto a resolução, sob pena de tornarmos *tudo* dignidade da pessoa humana. E, assim como quando tudo se torna fundamental, nada mais é fundamental, quando tudo se torna digno, então nada mais é digno. Concluindo: enquanto fonte dos direitos fundamentais atípicos, a dignidade da pessoa humana não pode, de forma alguma, ser considerada apta a sustentar todo e qualquer direito, como se todos os direitos pudessem ser fundamentais. É preciso ser criterioso e reconhecer como fundamentais somente aqueles que efetivamente irão contribuir para a proteção e promoção da pessoa humana. O reconhecimento/identificação/construção desses novos direitos é um trabalho árduo que

---

234. Ibidem, p. 109-111.

235. Para uma crítica à banalização da dignidade da pessoa humana no discurso jurídico, por todos, ver: SILVA, Virgílio Afonso da. **Direitos Fundamentais:** conteúdo essencial, restrições e eficácia. 2. ed. São Paulo: Malheiros, 2010, p. 193-196; e COSTA NETO, João. **Dignidade humana:** visão do Tribunal Constitucional Federal Alemão, do STF e do Tribunal Europeu. São Paulo: Saraiva, 2014, especialmente p. 115-118.

236. NEUMANN, Ulfried. A dignidade humana como fardo – ou como utilizar um direito contra o respectivo titular. In: SARLET, Ingo Wolfgang (org.). **Dimensões da dignidade:** ensaios de filosofia do direito e direito constitucional. 2.ed. Porto Alegre: Livraria do Advogado, 2009.

deve ser concretizado, especialmente, pela Corte Constitucional, o que, por óbvio, não exclui a fundamentalidade do trabalho da doutrina no seu desenvolvimento e na necessária crítica.

2.3. OS TRATADOS INTERNACIONAIS DE DIREITOS HUMANOS

A terceira fonte dos direitos fundamentais atípicos, prevista pela cláusula de abertura a novos direitos fundamentais do § 2º, do art. 5º, de nossa atual Constituição, como já dissemos, são os tratados internacionais de direitos humanos dos quais o Brasil seja signatário. Essa é, também, a nosso ver, a fonte de mais fácil lido, pois exige um esforço interpretativo menor do intérprete constitucional.

Contudo, como já advertimos, nossa jurisprudência, inclusive e, sobretudo, a do Supremo Tribunal Federal, bem como parte de nossa doutrina,[237] vêm demonstrando como é possível complicar e desvirtuar as normas constitucionais, conferindo interpretação equivocada e reducionista aos diretos humanos internacionais, contrariando, dentre outros, os princípios fundamentais da dignidade da pessoa humana (art. 1º, III) e da prevalência dos direitos humanos (art. 4º, II).

Assim, para demonstrarmos o panorama constitucional dos tratados internacionais de direitos humanos à luz da Constituição brasileira de 1988, façamos primeiro uma análise da atual situação jurisprudencial e doutrinária brasileira dos tratados internacionais de direitos humanos dos quais o Brasil é signatário, começando pela apresentação do entendimento do Supremo Tribunal Federal e sua evolução ao longo do tempo.

2.3.1. O Supremo Tribunal Federal e a hierarquia dos tratados internacionais de direitos humanos

A incorporação dos tratados internacionais pelo ordenamento jurídico brasileiro e, em especial, dos tratados sobre direitos humanos, tomando por referência a jurisprudência do Supremo Tribunal Federal, passou por fases bem distintas, sobretudo no que tange à hierarquia destes tratados.

---

237. A doutrina que muitas das vezes não doutrina, mas somente repete aquilo que os tribunais dizem. Nesse sentido a sempre instigante crítica de STRECK, Lenio Luiz. **Compreender Direito:** desvelando as obviedades do discurso jurídico. São Paulo: RT, 2013, especialmente p. 190-191.

Os tratados internacionais, sejam eles de direitos humanos ou não, até o ano de 1977, quando o Supremo Tribunal Federal julgou o Recurso Extraordinário nº. 80.004, possuíam força normativa superior à legislação infraconstitucional e inferior à Constituição, ao menos era esse o entendimento da doutrina internacionalista brasileira e que, geralmente, era aceito pelos Tribunais pátrios, inclusive pelo Supremo Tribunal Federal,[238] como bem observa Jacob Dolinger.[239]

Entretanto, no ano de 1977, ao julgar o RE 80.004, o Supremo Tribunal Federal posicionou-se, por maioria, pela paridade hierárquica entre tratados internacionais e legislação federal, inclusive em relação aos tratados internacionais de direitos humanos. Como explica Flávia Piovesan,[240] este posicionamento sofreu duras críticas, especialmente da doutrina internacionalista,[241] sobretudo por ir contra a disposição do art. 27 da Convenção de Viena, que afirma não poder o Estado invocar disposições de direito interno como justificativa para não cumprir o tratado que assinou, afrontando, assim, dentre outros, o princípio da boa-fé e do *pacta sunt servanda*.

---

238. Exemplificando, afirma Flávia Piovesan: "Observe-se que, anteriormente a 1977, há diversos acórdãos consagrando o primado do Direito Internacional, como é o caso da União Federal *vs.* Cia. Rádio Internacional do Brasil (1951), em que o Supremo Tribunal Federal decidiu unanimemente que um tratado revogava as leis anteriores (Apelação Cível n. 9.587). Merece também menção um acórdão do STF, em 1914, no Pedido de Extradição n. 7 de 1913, em que se declarava estar em vigor e aplicável um tratado, apesar de haver uma lei posterior contrária a ele. O acórdão na Apelação Cível n. 7.872 de 1943, com base no voto de Philadelpho de Azevedo, também afirma que a lei não revoga o tratado. Ainda neste sentido está a Lei n. 5.172/66 que estabelece: 'Os tratados e as convenções internacionais revogam ou modificam a legislação tributárias interna e serão observados pela que lhe sobrevenha'". PIOVESAN, Flávia. **Direitos Humanos e o Direito Constitucional Internacional.** 13.ed. São Paulo, 2012, p.118.
239. DOLINGER, Jacob. **A nova Constituição e o direito internacional.** Rio de Janeiro: Freitas Bastos, 1987.
240. PIOVESAN, Flávia. **Direitos Humanos e o Direito Constitucional Internacional.** 13.ed. São Paulo, 2012, p. 116-118.
241. A exemplo, Jacob Dolinger há muito afirmava que "Hans Kelsen, que deu ao monismo jurídico sua expressão científica definitiva, advogava a primazia do direito internacional sobre o direito interno por motivos de ordem prática: a primazia do direito interno acarretaria o despedaçamento do direito e, consequentemente, sua negação. De acordo com a teoria kelseniana, a ordem jurídica interna deriva da ordem jurídica internacional como sua delegada. Esta foi a posição abraçada pelos internacionalistas brasileiros, tanto os publicistas como os privatistas, e que era geralmente aceita pelos Tribunais brasileiros, inclusive pelo Supremo Tribunal Federal, até que, em 1977, ao julgar o Recurso Extraordinário n. 80.004, a Suprema Corte modificou seu ponto de vista, admitindo a derrogação de um tratado por lei posterior, posição que vem sendo criticada pela doutrina pátria". DOLINGER, Jacob. **A nova Constituição e o direito internacional.** Rio de Janeiro: Freitas Bastos, 1987, p. 13. No mesmo sentido, Celso de Albuquerque Mello lecionava que "a tendência mais recente no Brasil é a de um verdadeiro retrocesso nesta matéria. No Recurso Extraordinário n. 80.004, decidido em 1877, o Supremo Tribunal Federal estabeleceu que uma lei revoga o tratado anterior. Esta decisão viola também a Convenção de Viena sobre Direito dos Tratados (1969) que não admite o término de tratado por mudança de direito superveniente". MELLO, Celso de Albuquerque. **Curso de direito internacional público.** 6.ed. Rio de Janeiro: Freitas Bastos, 1979, p. 70.

Após o julgamento do RE 80.004, em 1977, o Supremo Tribunal Federal passou a considerar que os tratados internacionais, sejam eles de direitos humanos ou não, incorporados ao ordenamento jurídico brasileiro, possuíam hierarquia igual a da legislação ordinária, de modo que entre eles não existiria prevalência automática, sujeitando-se um eventual conflito entre essas normas aos critérios de cronologia e de especialidade, o que evidentemente foi "um passo à trás" em matéria de direitos humanos.

Com o advento da Constituição da República Federativa do Brasil de 1988 (a Constituição cidadã, dos direitos humanos, do Estado Democrático de Direito), sobretudo, em face do disposto em seu art. 5º, § 2º (cláusula de abertura material da Constituição que reconheceu expressamente hierarquia constitucional aos tratados internacionais de direitos humanos), pensou-se, ao menos parte da doutrina capitaneada pelas ideias de Antonio Augusto Cançado Trindade,[242] que o entendimento do Supremo Tribunal Federal, no que tange à hierarquia das normas de direito internacional, fosse cambiar em favor, pelo menos, dos direitos humanos, vez que o referido dispositivo é claro em dizer que estas normas ingressam no ordenamento jurídico brasileiro com hierarquia constitucional.

Entretanto, o exemplo do depositário infiel serve bem para mostrar que nossa Suprema Corte não conseguiu acompanhar nossa Norma Suprema, ficando estagnada em tempos obscuros de um governo ditatorial em que os direitos humanos eram "um pedaço de pau de pouco mais de um metro" que servia para resguardar a ordem e reprimir os "desordeiros". É como se os princípios fundamentais da dignidade da pessoa humana (art. 1º, III), da prevalência dos direitos humanos (art. 4º, II) e a clausula de abertura material da Constituição (art. 5º, § 2º) fossem letras mortas, ou mesmo disposições ilustrativas para dizer-se que no Brasil reconhecem-se os direitos humanos.

Assim, em 1992, ano em que o Brasil aderiu à Convenção Americana sobre Direitos Humanos (Pacto de San José da Costa Rica de 1969), pensou-se que a prisão civil do depositário infiel, assim como qualquer outra prisão civil que não a do devedor de obrigação alimen-

242. CANÇADO TRINDADE, Antonio Augusto. Memorial em prol de uma nova mentalidade quanto à proteção dos direitos humanos nos planos internacional e nacional. In: **Anais do VI Seminário Nacional de Pesquisa e Pós-graduação em Direito.** Rio de Janeiro: Faculdade de Direito da UERJ, 1997. p. 3-48.

tícia, fosse ser considerada inconstitucional pelo Supremo Tribunal Federal, vez que em seu art. 7º, 7, o referido tratado internacional de direitos humanos veda expressamente tais possibilidades, assim dizendo: "*Ninguém deve ser detido por dívidas. Este princípio não limita os mandados de autoridade judiciária competente expedidos em virtude de inadimplemento de obrigação alimentar*".

Contudo, ao discutir a matéria no julgamento do HC 72.131, em 1995, o Supremo Tribunal Federal decidiu que os tratados internacionais, inclusive os de direitos humanos, possuíam o mesmo grau hierárquico que a legislação ordinária, mantendo a posição pretérita, sedimentada no RE 80.004 de 1977 e desconsiderando as determinações do § 2º, do art. 5º da CF/88. Deste modo, no entendimento da Corte Constitucional brasileira, o art. 7º, 7, do referido tratado deveria se submeter à disposição expressa do art. 5º, LXVII de nossa Constituição que prevê a possibilidade (possibilidade ≠ obrigatoriedade) de prisão civil não só para o caso do devedor de alimentos, mas também para o caso do depositário infiel.

Assim, desconsiderando não só a cláusula de abertura aos direitos fundamentais atípicos, mas também os princípios fundamentais da dignidade da pessoa humana e da prevalência dos direitos humanos, bem como da prevalência da norma jurídica mais favorável à pessoa humana (aplicável em casos de conflitos normativos que envolvam direitos da pessoa humana – sejam direitos humanos internacionais, sejam direitos fundamentais constitucionais), o Tribunal Constitucional brasileiro julgou contra a Constituição, contra a pessoa humana (fim primeiro e último de nosso Estado) e em favor das grandes instituições financeiras que tinham forte interesse na causa.

Recorrendo às lições de Luiz Flávio Gomes, ao comentar o art. 7, 7, da Convenção Americana sobre Direitos Humanos tem-se a curiosa informação de que o Império Romano pôs fim a prisão civil por dívidas (com exceção as dívidas de caráter alimentício) no século V a.C., ao revogar a *Lex Paetelia Papiria*, pois "os romanos concluíram que a liberdade da pessoa não podia ser tolhida em função de dívidas".[243] No Brasil, vinte e seis séculos depois, passados os horrores da Inquisição, do Holocausto, das bombas atômicas de Hiroshima

243. GOMES, Luiz Flávio; MAZZUOLI, Valerio de Oliveira. **Comentários à Convenção Americana sobre Direitos Humanos:** Pacto de San José da Consta Rica. 4. ed. São Paulo: Revista dos Tribunais, 2013.

e Nagasaki, da ditadura militar etc., muitos dos ministros de nosso Supremo Tribunal Federal ainda não tinham conseguido entender que a liberdade da pessoa humana não pode ser tolhida em razão de dívidas, só se chegando a essa "dificílima" conclusão no ano de 2008.[244] Nesse sentido, pode-se afirmar que o Tribunal Constitucional brasileiro, em pleno século XXI, quedava-se vinte e seis séculos atrasado em matéria de direitos humanos e de liberdade fundamental.

Nada obstante, há de se registrar que houve divisão de votos no referido *leading case*, votando pela concessão da ordem e, consequentemente, pela prevalência da Convenção Americana de Direitos Humanos, em consonância com a cláusula de abertura aos direitos fundamentais atípicos e com os princípios fundamentais da dignidade da pessoa humana e da prevalência dos direitos humanos, os ministros Marco Aurélio (relator originário), Francisco Rezek, Carlos Velloso e Sepúlveda Pertence. Já pelo indeferimento da ordem e, consequentemente, pela manutenção da prisão civil do depositário infiel, em contramão à própria ordem constitucional vigente e em desfavor da pessoa humana, votaram Moreira Alves (relator para o acórdão), Maurício Corrêa, Ilmar Galvão, Celso de Mello, Octavio Gallotti, Sydney Sanches e Néri da Silveira.

Em 2004, com a Emenda Constitucional nº 45, foi inserido um § 3º no art. 5º de nossa Constituição com o escopo de reforçar o entendimento de que as normas previstas em tratados internacionais de direitos humanos devem ingressar no ordenamento jurídico brasileiro com hierarquia de normas constitucionais, compondo, assim, o bloco de constitucionalidade, como bem observam Alexandre Walmott Borges, Luciana Campanelli Romeu e Altamirando Pereira da Rocha, em análise do referido dispositivo.[245]

---

244. Aqui cabe a crítica e a advertência de Costas Douzinas, para quem, não basta o reconhecimento dos direitos humanos nas Constituições e em inúmeros tratados internacionais, há de se preocupar com a implementação desses direitos, sob pena de se por um fim nos direitos humanos, acreditando-se cegamente que eles já estão implementados por estarem reconhecidos. "Na medida em que os direitos humanos começam a distanciar-se de seus propósitos dissidentes e revolucionários iniciais, na medida em que se fim acaba obscurecido em meio a mais e mais declarações, tratados e almoços diplomáticos, podemos estar inaugurando a época do fim dos direitos humanos e o triunfo de uma humanidade monolítica". DOUZINAS, Costas. **O Fim dos Direitos Humanos.** São Leopoldo: Unisinos, 2009, p. 384.

245. BORGES, Alexandre Walmott; ROMEU, Luciana Campanelli; ROCHA, Altamirando Pereira da. Análise da Jurisprudência do STF sobre a forma de incorporação dos documentos de direito internacional: alterações com o advento da EC 45/2004. **Revista de Direito Brasileira.** São Paulo, Ano 2, vol. 3, p. 55-76, jul/dez, 2012.

Isto é, o próprio Constituinte Reformador, em face da evidente posição reducionista e inconstitucional adotada pelo Supremo Tribunal Federal em relação aos direitos humanos internacionais, propôs novo dispositivo no intuito de dar hierarquia constitucional aos tratados internacionais de direitos humanos, corrigindo a equivocada posição de nossa Corte Constitucional que ainda não havia compreendido (e até hoje não compreendeu) que a Constituição de 1988 é uma Carta Constitucional da e para a pessoa humana e não dos lobistas, banqueiros, grandes grupos econômicos, latifundiários, torturadores, ditadores etc.

Assim, desde o ano de 2004, nossa Constituição conta, em seu art. 5º, além do § 2º (que reconhece constitucionalidade material aos direitos humanos), com o § 3º (que reconhece constitucionalidade formal aos direitos humanos, cujos respectivos tratados passem por seu procedimento), que assim dispõe: "*Os tratados e convenções internacionais sobre direitos humanos que forem aprovados, em cada Casa do Congresso Nacional, em dois turnos, por três quintos dos votos dos respectivos membros, serão equivalentes às emendas constitucionais*".

Entretanto, apesar do nobre intuito do constituinte reformador, na esteira do pensamento de André de Caravalho Ramos,[246] Sílvio Dobrowolski,[247] Diogo Pignataro de Oliveira,[248] Fernando Luiz Ximenes Rocha,[249] Giuliana Redin[250], dentre outros, entendemos que a inserção do § 3º só fez complicar e dificultar a prevalência dos direitos humanos e sua imediata inserção no ordenamento jurídico brasileiro (art. 5º, § 1º) com hierarquia de normas constitucionais (art. 5º, § 2º), corroborando para o entendimento equivocado de que

---

246. RAMOS, André de Carvalho. O Supremo Tribunal Federal e o Direito Internacional dos Direitos Humanos. In: SARMENTO, Daniel; SARLET, Ingo Wolfgang (coord.). **Direitos Fundamentais no Supremo Tribunal Federal:** Balanço e Crítica. Rio de Janeiro: Lumen Juris, 2011, p. 12-16.

247. DOBROWOLSKI, Sílvio. A cláusula de Expansão do Artigo 5º, Parágrafo 2º da Constituição de 1988. **Revista Latino-Americana de Estudos Constitucionais.** Belo Horizonte, n. 7, jan/jun, 2006, p. 255-256.

248. OLIVEIRA, Diogo Pignataro. Os tratados de direitos humanos na contemporaneidade e sua aplicabilidade dentro da nova concepção constitucional brasileira: uma análise crítica a teor do § 3 º do artigo 5º, da Constituição Federal de 1988. In: PIOVESAN, Flávia; GARCIA, Maria (orgs.). **Doutrinas Essenciais Direitos Humanos:** Proteção Internacional dos Direitos Humanos. São Paulo: RT, 2011. v.6, p. 122-131.

249. ROCHA, Fernando Luiz Ximenes. A reforma do judiciário e os tratados internacionais sobre direitos humanos. In: PIOVESAN, Flávia; GARCIA, Maria (orgs.). **Doutrinas Essenciais Direitos Humanos:** Proteção Internacional dos Direitos Humanos. São Paulo: RT, 2011. v. 6, p. 189-197.

250. REDIN, Giuliana. Crítica ao § 3º do art. 5º da Constituição Federal de 1988. In: PIOVESAN, Flávia; GARCIA, Maria (orgs.). **Doutrinas Essenciais Direitos Humanos:** Proteção Internacional dos Direitos Humanos. São Paulo: RT, 2011. v. 6, p. 237-240.

existiriam duas hierarquias diferentes para os tratados internacionais de direitos humanos.

Nesse sentido, em 2008, no julgamento conjunto do RE 466.343 e do RE 349.703, que também tratavam da prisão civil do depositário infiel, o Supremo Tribunal Federal considerou que os tratados internacionais de direitos humanos (diferentemente dos demais tratados internacionais que continuaram a ter hierarquia de lei ordinária),[251] passaram, com o advento do § 3º do art. 5º, a possuir dupla hierarquia normativa. Aqueles tratados aprovados em conformidade com o procedimento previsto no novel dispositivo, introduzido pela Emenda Constitucional nº 45 de 2004, passaram a compor o bloco de constitucionalidade e a ter hierarquia de norma constitucional, enquanto aqueles tratados que não foram submetidos ao referido procedimento passaram a ter hierarquia supralegal (acima da legislação ordinária), mas infraconstitucional (abaixo da Constituição).

Este novo posicionamento do Supremo Tribunal Federal foi capitaneado pelo Min. Gilmar Mendes, retomando o voto pioneiro do Min. Sepúlveda Pertence no HC 79.785-RJ, e foi acompanhado pelos ministros Marco Aurélio, Ricardo Lewandowski, Cármen Lúcia e Menezes Direito, formando a maioria. Discordando da maioria votaram os ministros Celso de Mello, Cesar Peluso, Eros Grau e Ellen Gracie, que reconheceram a hierarquia de norma constitucional a todos os tratados internacionais de direitos humanos, que deveriam compor o bloco de constitucionalidade, tal qual estabelecido expressamente pelo § 2º, do art. 5º, da Constituição brasileira de 1988.

Assim, a partir deste julgamento, a prisão civil do depositário infiel passou a ser proibida no Brasil, não por ser inconstitucional, visto que a Convenção Americana de Direitos Humanos não passou pelo procedimento do § 3º do art. 5º da Constituição Federal, mas sim, porque o referido tratado internacional possui hierarquia superior à lei que regulamenta a prisão civil do depositário infiel, de modo que não havendo regulamentação, não há como aplicar a referida prisão. Note-se que, através da atribuição da hierarquia supralegal aos tratados de direitos humanos que não passaram pelo procedimento

---

251. Posição, também, bastante criticável, vez que a interpretação constitucionalmente correta seria no sentido de atribuir hierarquia supralegal e infraconstitucional aos tratados comuns (que não versam sobre direitos humanos). Contudo, por não serem objetos de estudo deste trabalho, apenas remetemos à leitura de: PIOVESAN, Flávia. **Direitos Humanos e o Direito Constitucional Internacional.** 13.ed. São Paulo, 2012, especialmente p. 116-118.

do § 3º, do art. 5º, a interpretação pela impossibilidade de prisão do depositário infiel quedou-se, no mínimo, forçosa, já que conflita com uma autorização constitucional uma proibição infraconstitucional. Assim não seria inconstitucional tal proibição?

Bem, para nós, por óbvio que a prisão civil do depositário infiel é inconstitucional e proibida no Brasil desde, pelo menos, o ano de 1992, em face da recepção da Convenção Interamericana de Direitos Humanos pelo bloco de constitucionalidade da Constituição de 1988, em razão da expressa previsão do § 2º, do art. 5º. Contudo, realmente, parece-nos que, reconhecendo apenas hierarquia supralegal aos tratados internacionais de direitos humanos, abre-se margem para interpretações que venham a permitir a mencionada prisão.

Nada obstante, tal entendimento foi objeto de súmula vinculante do Supremo Tribunal Federal, assim sendo sedimentado na Súmula Vinculante de nº 25: "*É ilícita a prisão civil do depositário infiel, qualquer que seja a modalidade do depósito*". Nessa perspectiva, em obra doutrinária sobre os direitos fundamentais, Gilmar Mendes bem resume o entendimento da Corte:

> Nesse sentido, é possível concluir que, diante da supremacia da Constituição sobre os atos normativos internacionais, a previsão constitucional da prisão civil do depositário infiel (art.5º, LXVII) não foi revogada pela adesão do Brasil ao Pacto Internacional dos Direitos Civis e Políticos (art. 11) e à Convenção Americana sobre Direitos Humanos – Pacto de San José da Costa Rica (art. 7º, 7), mas deixou de ter aplicabilidade diante do efeito paralisante desses tratados em relação à legislação infraconstitucional que disciplina a matéria, incluídos o art. 1.287 do Código Civil de 1916 e o Decreto-Lei n. 911, de 1º-10-1969 [...] Tendo em vista o caráter supralegal desses diplomas normativos internacionais, a legislação infraconstitucional posterior que com eles seja conflitante também tem sua eficácia paralisada. É o que ocorre, por exemplo, com o art. 652 do Código Civil de atual (Lei n. 10.406/2002), que reproduz disposição idêntica ao art. 1.287 do Código Civil de 1916.[252]

Com todas as vênias ao eminente Min. Gilmar e aos demais ministros do Supremo, bem como à doutrina que advoga pelo duplo

---

252. MENDES, Gilmar Ferreira. **Direitos Fundamentais e Controle de Constitucionalidade:** Estudos de direito constitucional. 4. ed. São Paulo: Saraiva, 2012, p. 462.

grau hierárquico dos tratados internacionais de direitos humanos, a nosso ver tal concepção está contundentemente equivocada em face do disposto no § 2º, do art. 5º, da Constituição de 1988, que assegura a todos os tratados internacionais de direitos humanos a hierarquia de norma constitucional, como bem lecionam, dentre outros, Flávia Piovesan,[253] Antonio Augusto Cançado Trindade[254] André de Carvalho Ramos,[255] Sidney Guerra,[256] George Rodrigo Bandeira Galindo,[257] Ingo Wolfgang Sarlet,[258] Maria Garcia,[259] e Valerio de Oliveira Mazzuoli.[260]

Mais ainda, parece-nos, como já dito, que o § 3º do art. 5º, introduzido pela Emenda Constitucional nº 45, de 2004, em que pese o nobre intuito do constituinte reformador de reafirmar o status constitucional dos direitos humanos, não só é disfuncional como acabou gerando certa "confusão interpretativa", conduzindo, sob certo ponto de vista, ao entendimento de que haveria dois graus hierárquicos diferentes em relação aos tratados que versam sobre direitos humanos, o que não é correto, vez que a disposição do § 2º, do art. 5º, é categórica e muito clara no sentido de atribuir hierarquia constitucional a todos os tratados internacionais de direitos humanos dos quais o Brasil seja signatário.

2.3.2. As correntes doutrinário-jurisprudenciais da hierarquia dos tratados internacionais de direitos humanos no Brasil

Ao longo das últimas décadas a doutrina e a jurisprudência têm se dedicado ao tema de se saber qual a hierarquia das normas de direitos

253. PIOVESAN, Flávia. **Direitos Humanos e o Direito Constitucional Internacional.** 13. ed. São Paulo, 2012.
254. CANÇADO TRINDADE, Antonio Augusto. Memorial em prol de uma nova mentalidade quanto à proteção dos direitos humanos nos planos internacional e nacional. In: **Anais do VI Seminário Nacional de Pesquisa e Pós-graduação em Direito.** Rio de Janeiro: Faculdade de Direito da UERJ, 1997. p. 3-48.
255. RAMOS, André de Carvalho. O Supremo Tribunal Federal e o Direito Internacional dos Direitos Humanos. In: SARMENTO, Daniel; SARLET, Inqo Wolfqanq (coord.). **Direitos Fundamentais no Supremo Tribunal Federal:** Balanço e Crítica. Rio de Janeiro: Lumen Juris, 2011.
256. GUERRA, Sidney. **Direitos Humanos:** curso elementar. São Paulo: Saraiva, 2013.
257. GALINDO, George Rodrigo Bandeira. **Tratados Internacionais de Direitos Humanos e Constituição Brasileira.** Belo Horizonte: Del Rey, 2002.
258. SARLET, Ingo Wolfgang. **A Eficácia dos Direitos Fundamentais:** uma teoria geral dos direitos fundamentais na perspectiva constitucional. 10.ed. Porto Alegre: Livraria do Advogado, 2010.
259. GARCIA, Maria. A Constituição e os Tratados. In: PIOVESAN, Flávia; GARCIA, Maria (orgs.). **Doutrinas Essenciais Direitos Humanos:** Proteção Internacional dos Direitos Humanos. São Paulo: RT, 2011. v.6, p. 363-370.
260. MAZZUOLI, Valerio de Oliveira. **Tratados Internacionais de Direitos Humanos e Direito Interno.** São Paulo: Saraiva, 2010.

humanos advindas dos tratados internacionais dos quais o Brasil seja signatário. Nesse meio tempo tivemos a promulgação de uma nova Constituição, uma Carta muito mais democrática e humanista do que todas as que a precederam, com especial foco para a pessoa humana e seus direitos, seja no âmbito nacional ou internacional.

Pode-se dizer, com apoio em Flávia Piovesan,[261] Gilmar Mendes,[262] e Carlos Weis,[263] que, no Brasil, existem quatro correntes principais acerca do status hierárquico das normas de direitos humanos: a) doutrina que advoga pelo status *supraconstitucional* dos tratados internacionais de direitos humanos; b) posicionamento que atribui status *constitucional* aos referidos tratados; c) vertente que reconhece o status de *lei ordinária* a esses documentos internacionais; e d) corrente que atribui status *supralegal* aos tratados sobre direitos humanos.

A primeira corrente, que advoga pelo status supraconstitucional dos tratados internacionais de direitos humanos, isto é, que defende que estes tratados possuem hierarquia superior à própria Constituição, é uma corrente minoritária no Brasil e que, a nosso ver, não está em consonância com a Constituição de 1988 e com sua correta interpretação, sobretudo em face do princípio da supremacia da Constituição e da soberania (art. 1º, I). Além disso, parece-nos que a interpretação que melhor atende ao princípio da dignidade da pessoa humana (art. 1º, III) seja aquela que atribui hierarquia constitucional fundamental (em consonância com o disposto no art. 5º, § 2º), tanto aos direitos constitucionais fundamentais, quanto aos direitos humanos internacionais, colocando-os em pé de igualdade normativa e de importância, privilegiando, no caso concreto, a norma mais favorável à pessoa humana.

Nada obstante, pode-se dizer que essa vertente é capitaneada no Brasil, por juristas assaz gabaritados, destacando-se, dentre outros: Hildebrando Accioly, que reconhecia, a supremacia do direito internacional sobre o direito interno de um modo geral e não só em relação aos direitos humanos, sob o argumento de que "o Estado tem o dever de respeitar suas obrigações contratuais e não as pode revogar

---

261. PIOVESAN, Flávia. **Direitos Humanos e o Direito Constitucional Internacional.** 13.ed. São Paulo, 2012.

262. MENDES, Gilmar Ferreira. **Direitos Fundamentais e Controle de Constitucionalidade:** Estudos de direito constitucional. 4. ed. São Paulo: Saraiva, 2012.

263. WEIS, Carlos. **Direitos Humanos Contemporâneos.** 2.ed. São Paulo: Malheiros, 2010, p. 31-46.

unilateralmente";[264] Vicente Marotta Rangel, para quem "a superioridade do tratado em relação às normas do Direito Interno é consagrada pela jurisprudência internacional e tem por fundamento a noção de unidade e solidariedade do gênero humano";[265] e Celso Albuquerque Mello, para quem, "a norma internacional prevalece sobre a norma constitucional, mesmo naquele caso em que uma norma constitucional posterior tente revogar uma norma internacional constitucionalizada", pois, para ele, "se deve aplicar a norma mais benéfica ao ser humano, seja ela interna ou internacional".[266]

Há de se mencionar, ainda, a doutrina de George Rodrigo Bandeira Galindo que, apesar de se posicionar pela hierarquia constitucional das normas de direitos humanos consagradas em tratados internacionais, admite que algumas normas de direitos humanos possuem natureza especialíssima, o que as eleva a uma hierarquia supraconstitucional, como, por exemplo, as normas do *jus cogens*.[267]

No direito estrangeiro, pode-se destacar, dentre outras, as doutrinas de: André Gonçalves Pereira e Fausto de Quadros, que defendem, em Portugal, que os direitos humanos, em razão da cláusula de abertura contida no art. 16, nº 1, da Constituição Portuguesa de 1976, possuem hierarquia supraconstitucional e que, ao analisarem o § 2º do art. 5º da Constituição brasileira de 1988, chegam à mesma conclusão, isto é, de que os direitos humanos possuem hierarquia supraconstitucional;[268] Augustín Gordillo, para quem, os tratados internacionais de direitos humanos possuem hierarquia supraconstitucional, em razão da existência de uma ordem jurídica suprema supranacional;[269] Hernan Montealegre, que afirma que "é um prin-

264. ACCIOLY, Hildebrando. **Manual de direito internacional público.** 11. ed. São Paulo: Saraiva, 1976, p. 6.

265. RANGEL, Vicente Marotta. **Os conflitos entre o direito interno e os tratados internacionais.** Rio de Janeiro: Boletim da Sociedade Brasileira de Direito Internacional, 1967, p. 54.

266. MELLO, Celso de Albuquerque. O § 2º do art. 5º da Constituição Federal. In: TORRES, Ricardo (org.) **Teoria dos Direitos Fundamentais.** 2. ed. Rio de Janeiro: Renovar, 2001, p. 25.

267. GALINDO, George Rodrigo Bandeira. **Tratados Internacionais de Direitos Humanos e Constituição Brasileira.** Belo Horizonte: Del Rey, 2002, p. 319-321.

268. PEREIRA, André Gonçalves; QUADROS, Fausto de. **Manual de Direito Internacional Público.** 3. ed. Coimbra: Almedina, 1993, p. 103.

269. Nesse sentido, Gordillo leciona que "a supremacia da ordem supranacional sobre a ordem nacional preexistente não pode ser senão uma supremacia jurídica, normativa, detentora de força coativa e de imperatividade. Estamos, em suma, ante um normativismo supranacional. Concluímos, pois, que as características da Constituição, como ordem jurídica suprema do direito interno, são aplicáveis em um todo às normas da Convenção, enquanto ordem jurídica suprema supranacional. Não duvidamos de que muitos intérpretes resistiram a considerá-la direito supranacional e supraconstitucional, sem

cípio aceito por nossos Direitos internos, hoje em dia, que o Direito Internacional dos Direitos Humanos tem primazia sobre o ordenamento jurídico interno";[270] Ernest Benda, que defende, no âmbito do constitucionalismo alemão, que "os direitos humanos invioláveis e inalienáveis não foram criados pela Lei Fundamental, senão que esta os contempla como parte integrante de um ordenamento jurídico preexistente e suprapositivo";[271] Gérman J. Bidart Campos, que defende a supremacia dos tratados internacionais de direitos humanos sobre a Constituição em nome, dentre outras coisas, de uma "otimização dos direitos humanos";[272] e Ernesto Rey Cantor, que sustenta a supremacia normativa da Convenção Interamericana de Direitos Humanos para os Estados Americanos.[273]

A segunda corrente, que atribui status constitucional aos tratados internacionais de direitos humanos, é, a nosso ver, aquela que se adéqua ao atual constitucionalismo brasileiro em face da exigência expressa do § 2º, do art. 5º de nossa Constituição, que atribui aos direitos humanos previstos em tratados internacionais dos quais o Brasil seja signatário a hierarquia das normas de direitos fundamentais constitucionais. Isto é, através da referida cláusula de abertura os direitos humanos internacionais passam a compor o bloco de constitucionalidade e serem considerados direitos fundamentais à luz de nossa atual Carta Maior, devendo, portanto, submeter-se, inclusive, ao mesmo regime jurídico dos direitos fundamentais constitucionalmente previstos.

Aqui, pouco importa se esses direitos passaram pelo procedimento exigido pelo § 3º, do art. 5º (fundamentalidade formal), bastando o fato de eles estarem previstos em tratados internacionais de direitos humanos dos quais o Brasil seja parte (fundamentalidade material), compondo, assim, a Constituição Material. Parece-nos que esse foi

---

prejuízo dos que se negarão a considerá-la sequer direito interno, ou, mesmo, direito". GORDILLO, Augustín. **Derechos Humanos – doctrina, casos y materiales:** parte general. Buenos Aires: Fundación de Derecho Administrativo, 1990, p. 53-55.

270. MONTEALEGRE, Hernan. Posición que ocupa el derecho internacional de los derechos humanos em relación con la jerarquía normativa del sistema jurídico nacional, posible conflicto entre incompatibles. In: **Derecho Internacional de los Derechos Humanos.** Uruguay: Comisión Internacional de Juristas – Colegio de Abogados del Uruguay, 1993, p. 20.

271. BENDA, Ernest. Dignidad humana y derechos de la personalidad. In: BENDA, Ernest; et. al. (comps.). **Manual de derecho constitucional.** Madrid: Marcial Pons, 1996, p. 118.

272. CAMPOS, Gérman J. Bidart. **Teoría general de los derechos humanos.** Buenos Aires: Astrea, 1991, p. 357.

273. CANTOR, Ernesto Rey. **Control de convencionalidad de las leys y derechos humanos.** México, D.F.: Porrúa, 2008, p. XLIX.

o querer do Constituinte Originário quando da positivação do § 2º, do art. 5º, como bem adverte Antonio Augusto Cançado Trindade,[274] autor da proposta que veio a se positivar no referido dispositivo.

Advogam nesta corrente, além do já citado professor Antonio Augusto Cançado Trindade, dentre outros: Flávia Piovesan, para quem, todos os tratados internacionais de direitos humanos são materialmente constitucionais e compõem o bloco de constitucionalidade, pouco importando seu quorum de aprovação, pois "na hermenêutica emancipatória dos direitos há que imperar uma

---

274. Nesse sentido, afirma Antonio Augusto Cançado Trindade: "A disposição do art. 5º(2) da Constituição Brasileira vigente, de 1988, segundo a qual os direitos e garantias nesta expressos não excluem outros decorrentes dos tratados internacionais em que o Brasil é Parte, representa, a meu ver, um grande avanço para a proteção dos direitos humanos em nosso país. Por meio deste dispositivo constitucional, os direitos consagrados em tratados de direitos humanos em que o Brasil seja Parte incorporam-se *ipso jure* ao elenco dos direitos constitucionalmente consagrados. Ademais, por força do art. 5º(1) da Constituição, têm aplicação imediata. A intangibilidade dos direitos e garantias individuais é determinada pela própria Constituição Federal, que inclusive proíbe expressamente até mesmo qualquer emenda tendente a aboli-los (art. 60(4)(IV)). A especificidade e o caráter especial dos tratados de direitos humanos encontram-se, assim, devidamente reconhecidos pela Constituição Brasileira vigente [...] Se, para os tratados internacionais em geral, tem-se exigido a intermediação pelo Poder Legislativo de ato com força de lei de modo a outorgar a suas disposições vigência ou obrigatoriedade no plano do ordenamento jurídico interno, distintamente, no tocante aos tratados de direitos humanos em que o Brasil é Parte, os direitos fundamentais neles garantidos passam, consoante os §§ 2º e 1º do art. 5º da Constituição Brasileira de 1988, pela primeira vez entre nós a integrar o elenco dos direitos constitucionalmente consagrados e direta e imediatamente exigíveis no plano de nosso ordenamento jurídico interno. Por conseguinte, mostra-se inteiramente infundada, no tocante em particular aos tratados de direitos humanos, a tese clássica – ainda seguida em nossa prática constitucional – da paridade entre os tratados internacionais e a legislação infraconstitucional [...] Foi esta a motivação que me levou a propor à Assembléia Nacional Constituinte, na condição de então Consultor Jurídico do Itamaraty, na audiência pública de 29 de abril de 1987 da Subcomissão dos Direitos e Garantias Individuais, a inserção em nossa Constituição Federal – como veio a ocorrer no ano seguinte – da cláusula que hoje é o art. 5º(2). Minha esperança, na época, era no sentido de que esta disposição constitucional fosse consagrada concomitantemente com a pronta adesão do Brasil aos dois Pactos de Direitos Humanos das Nações Unidas e à Convenção Americana sobre Direitos Humanos, o que só se concretizou em 1992 [...] É esta a interpretação correta do art. 5º(2) da Constituição Brasileira vigente, que abre um campo amplo e fértil para avanços nesta área, ainda lamentavelmente e em grande parte desperdiçado. Com efeito, não é razoável dar aos tratados de proteção de direitos do ser humano (a começar pelo direito fundamental à vida) o mesmo tratamento dispensado, por exemplo, a um acordo comercial de exportação de laranjas ou sapatos, ou a um acordo de isenção de vistos para turistas estrangeiros. À hierarquia de valores, deve corresponder uma hierarquia de normas, nos planos tanto nacional quanto internacional, a ser interpretadas e aplicadas mediante critérios apropriados. Os tratados de direitos humanos têm um caráter especial, e devem ser tidos como tais. Se maiores avanços não se têm logrado até o presente neste domínio de proteção, não tem sido em razão de obstáculos jurídicos, – que na verdade não existem, – mas antes da falta de compreensão da matéria e da vontade de dar real efetividade àqueles tratados no plano do direito interno [...] O propósito do disposto nos §§ 2º e 1º do art. 5º da Constituição não é outro que o de assegurar a aplicabilidade direta pelo Poder Judiciário nacional da normativa internacional de proteção, alçada a nível constitucional. Os juízes e tribunais nacionais que assim o têm entendido têm, a meu ver, atuado conforme o direito". CANÇADO TRINDADE, Antonio Augusto. Memorial em prol de uma nova mentalidade quanto à proteção dos direitos humanos nos planos internacional e nacional. In: **Anais do VI Seminário Nacional de Pesquisa e Pós-graduação em Direito.** Rio de Janeiro: Faculdade de Direito da UERJ, 1997, p. 30-31.

lógica material e não formal, orientada por valores, a celebrar o valor fundante da prevalência da dignidade humana";[275] André de Carvalho Ramos, que além de defender a hierarquia constitucional para todos os tratados internacionais de direitos humanos, realiza crítica considerável à inserção do § 3º, do art. 5º, entendendo-o desnecessário e, até mesmo, complicador da hermenêutica constitucional dos direitos humanos;[276] Sidney Guerra, segundo quem, os direitos humanos previstos em tratados internacionais "adquirem *status* de normas constitucionais de direito fundamental, por força do art. 5º, § 2º, da Constituição de 1988";[277] George Rodrigo Bandeira Galindo, para quem, em face do disposto no art. 5º, § 2º, da Constituição de 1988, "a posição que consagra o caráter constitucional dos tratados de direitos humanos é a mais acertada", abarcando não só os tratados, pactos e convenções, mas também as declarações, em especial a Declaração Universal dos Direitos Humanos;[278] Ingo Wolfgang Sarlet, no mesmo sentido que Galindo, advoga pela interpretação sistemática e teleológica do art. 5º, § 2º, que confere dignidade constitucional aos direitos humanos internacionais, inclusive, aos previstos na Declaração Universal dos Direitos Humanos (embora reconheça não tratar-se formalmente de tratado, mas sim de resolução);[279] Maria Garcia, que, analisando o § 2º do art. 5º da Constituição de 1988, afirma que "conforme decorre da sua dicção fica expresso que direitos e garantias decorrentes de tratados integram o elenco estabelecido na Constituição";[280] Valerio de Oliveira Mazzuoli, que interpreta a cláusula de abertura constitucional aos tratados internacionais de direitos humanos, prevista no art. 5º, § 2º, como conferindo hierarquia constitucional

---

275. PIOVESAN, Flávia. **Direitos Humanos e o Direito Constitucional Internacional.** 13.ed. São Paulo, 2012, p. 128.

276. RAMOS, André de Carvalho. O Supremo Tribunal Federal e o Direito Internacional dos Direitos Humanos. In: SARMENTO, Daniel; SARLET, Ingo Wolfgang (coord.). **Direitos Fundamentais no Supremo Tribunal Federal:** Balanço e Crítica. Rio de Janeiro: Lumen Juris, 2011, p. 12-16.

277. GUERRA, Sidney. **Direitos Humanos:** curso elementar. São Paulo: Saraiva, 2013, p. 207.

278. GALINDO, George Rodrigo Bandeira. **Tratados Internacionais de Direitos Humanos e Constituição Brasileira.** Belo Horizonte: Del Rey, 2002, p. 300-303.

279. SARLET, Ingo Wolfgang. **A Eficácia dos Direitos Fundamentais:** uma teoria geral dos direitos fundamentais na perspectiva constitucional. 10.ed. Porto Alegre: Livraria do Advogado, 2010, especialmente p. 119-127.

280. GARCIA, Maria. A Constituição e os Tratados. In: PIOVESAN, Flávia; GARCIA, Maria (orgs.). **Doutrinas Essenciais Direitos Humanos:** Proteção Internacional dos Direitos Humanos. São Paulo: RT, 2011. v.6, p. 368.

material aos direitos humanos internacionais;[281] e Flávio Pansieri, que demonstra que a fundamentalidade material (art. 5º, § 2º) não atinge somente os direitos individuais, mas também os direitos sociais, culturais, econômicos, ambientais, difusos e coletivos, isto é, todos os direitos humanos, independentemente da dimensão a que se refiram, contemplando a proteção e a promoção da pessoa humana na maior medida possível.[282]

Além da doutrina majoritária, já se posicionaram pela constitucionalidade dos direitos humanos internacionais (de todos eles e não só daqueles que foram submetidos ao procedimento formal do § 3º, do art. 5º), boa parte da jurisprudência dos tribunais superiores, inclusive do Supremo Tribunal Federal. No âmbito de nosso Tribunal Constitucional, pode-se citar, dentre outros, os Ministros Carlos Velloso,[283] Celso de Mello, Cezar Peluso, Eros Grau, e Ellen Gracie.

Há, sobretudo, que se destacar aqui o memorável e paradigmático voto do Min. Celso de Mello, no julgamento conjunto do RE 466.343 e do RE 349.703. Em seu voto, o Ministro sustentou que a Corte Constitucional se defrontava com o grande desafio de extrair das normas de direitos fundamentais constitucionais e das normas de direitos humanos internacionais (às quais o Brasil se submeteu por livre e espontânea vontade) a sua máxima *eficácia em favor da pessoa humana* e, partindo dessa premissa interpretou o § 2º, do art. 5º da Constituição de 1988, à luz da própria Constituição, isto é, à luz do sistema constitucional e do (sub)sistema de direitos e garantias fundamentais por ela consagrado, tendo por base os princípios fundamentais da dignidade da pessoa humana (art. 1º, III) e da prevalência dos direitos humanos (art. 4º, II). Assim, sua conclusão não poderia ser outra, senão a de que os tratados internacionais de direitos humanos ingressam no ordenamento jurídico brasileiro com

281. MAZZUOLI, Valerio de Oliveira. **Prisão civil por dívida e o Pacto de San José da Costa Rica:** especial enfoque para os contratos de alienação fiduciária em garantia. Rio de Janeiro: Forense, 2002, p. 48-57.

282. PANSIERI, Flávio. **Eficácia e vinculação dos direitos sociais:** reflexões a partir do direito à moradia. São Paulo: Saraiva, 2012, p. 44-46.

283. Nesse sentido, para o Min. Velloso, "no caso de tratar-se de direito e garantia decorrente de Tratado firmado pelo Brasil, a incorporação desse direito e garanta, ao direito interno, dá-se com status constitucional, assim com primazia sobre o direito comum. É o que deflui, claramente, do disposto no mencionado § 2º do art. 5º da Constituição da República". VELLOSO, Carlos. Os tratados na jurisprudência do Supremo Tribunal Federal. **Revista de Informação Legislativa.** Ano 41, nº 162, abr/jun, 2004, p. 39.

hierarquia de norma constitucional, incorporando os direitos humanos internacionais aos direitos fundamentais constitucionais.

Nessa perspectiva, o Min. Celso de Mello, assim sustentou o seu voto no julgamento conjunto do RE 466.343 e do RE 349.703:

> É dever dos órgãos do Poder Público – e notadamente dos juízes e Tribunais – respeitar e promover a efetivação dos direitos garantidos pelas Constituições dos Estados nacionais e assegurados pelas declarações internacionais, em ordem a permitir a prática de um constitucionalismo democrático aberto ao processo de crescente internacionalização dos direitos básicos da pessoa humana [...] Resulta claro de todas as observações que venho de fazer que os tratados e convenções internacionais desempenham papel de significativo relevo no plano da afirmação, da consolidação e da expansão dos direitos básicos da pessoa humana [...] Após muita reflexão sobre esse tema, e não obstante anteriores julgamento desta Corte de que participei como Relator (RTJ 174/463-465 - RTJ 179/493-496), inclino-me a acolher essa orientação, que atribui natureza constitucional às convenções internacionais de direitos humanos [...] Como precedentemente salientei neste voto, e após detida reflexão em torno dos fundamentos e critérios que me orientaram em julgamentos anteriores (RTJ 179/493, v.g.), evoluo, Senhora Presidente, no sentido de atribuir, aos tratados internacionais em matéria de direitos humanos, superioridade jurídica em face da generalidade das leis internas brasileiras, reconhecendo, a referidas convenções internacionais, nos termos que venho expor, qualificação constitucional.

Assim, baseando-se, sobretudo, nas ideias e nos fundamentos desenvolvidos pela doutrina constitucionalista e internacionalista que já atribuía dignidade constitucional aos tratados internacionais de direitos humanos, o Min. Celso de Mello reconheceu que os direitos humanos internacionais ingressam na ordem jurídica brasileira como direitos fundamentais materiais (art. 5º, § 2º), compondo a Constituição Material, sendo que seus respectivos tratados compõem o bloco de constitucionalidade material.

Por último, há de se dizer que argumentar que os tratados internacionais de direitos humanos dos quais o Brasil é signatário não possuem hierarquia constitucional (ou pior, que possuem hierarquia infraconstitucional, inclusive, supralegal) é, a nosso ver, demasiadamente contraditório, em face do disposto no § 2º, do art. 5º, que preceitua literalmente que "*os direitos e garantias expressos nesta Constituição não excluem outros decorrentes* do regime e dos princípios por ela adotados, ou *dos tratados internacionais em que a República Federativa do Brasil seja parte*". Ora, se direitos fundamentais são aqueles direitos essenciais da pessoa humana previstos na Constituição (formal e material), e se a Constituição, no citado dispositivo, reconhece como fundamentais os direitos humanos advindos dos tratados internacionais, então os direitos fundamentais decorrentes dos tratados internacionais são, necessariamente, direitos constitucionais.

Passando-se à análise da terceira corrente, aquela que confere status de legislação ordinária aos tratados internacionais de direitos humanos, pode-se dizer, em primeiro lugar, que ela foi capitaneada pela Jurisprudência do Supremo Tribunal Federal a partir do julgamento do RE 80.004, em 1977, e mantida por muitos anos, inclusive após o advento da Constituição de 1988.

O pensamento dessa corrente pode ser sintetizado nas palavras do Min. José Francisco Rezek que, ao analisar doutrinariamente a decisão do Supremo Tribunal Federal no RE 80.004, de 1977, afirma que "ante a realidade do conflito entre tratado e lei posterior, esta, porque expressão última da vontade do legislador republicano deve ter sua prevalência garantida pela Justiça – sem embargo das consequências do descumprimento do tratado, no plano internacional".[284]

Bem, se já em 1977, em tempos de regime ditatorial, pode-se afirmar que a decisão do Supremo foi um passo atrás em matéria de direitos humanos e ia de encontro à disposição expressa do art. 27 da Convenção de Viena,[285] após a promulgação da atual Carta Maior, a manutenção desse posicionamento significou muitos passos atrás em matéria de direitos humanos, cidadania, democracia e constitucionalismo.

Nesse sentido, a decisão proferida no HC 72.131, de 1995, pelos ministros do Supremo Tribunal Federal Moreira Alves, Maurício

284. REZEK, José Francisco. **Direito Internacional Público:** curso elementar. São Paulo: Saraiva, 1991, p. 106.

285. Nesse sentido, dentre outras, a crítica de Flávia Piovesan, segundo quem, "o entendimento firmado a partir do julgamento do Recurso Extraordinário n. 80.004 enseja, de fato, um aspecto crítico, que é a sua indiferença diante das consequências do descumprimento do tratado no plano internacional, na medida em que autoriza o Estado-parte a violar dispositivos da ordem internacional – os quais se comprometeu a cumprir de boa-fé". PIOVESAN, Flávia. **Direitos Humanos e o Direito Constitucional Internacional.** 13.ed. São Paulo, 2012, p. 118.

Corrêa, Ilmar Galvão, Celso de Mello,[286] Octavio Gallotti, Sydney Sanches e Néri da Silveira, mantendo a prisão civil do depositário infiel, foi de grande infelicidade, sem falar que foi expressamente inconstitucional, vez que os eminentes julgadores fizeram "vista grossa" ao novel dispositivo do art. 5º, § 2º, da Constituição de 1988. Não se sabe se foi o "lobby" dos bancos (para que se mantivesse a prisão do depositário infiel), ou por qual outro motivo os eminentes ministros votaram dessa maneira, mas o que se sabe é que a referida decisão foi de uma inconstitucionalidade cristalina, ofendendo diretamente a já citada cláusula de abertura aos direitos humanos e o art. 7º, 7, da Convenção Interamericana de Direitos Humanos, bem como os princípios fundamentais da dignidade da pessoa humana (art. 1º, III) e da prevalência dos direitos humanos (art. 4º, II), dentre outras normas fundamentais constitucionais e internacionais. Nada obstante, há de se registrar que votaram contra a possibilidade de prisão civil do depositário infiel, os Ministros Marco Aurélio, Carlos Velloso e Sepúlveda Pertence.

Quanto à doutrina, o que se pode dizer, sem mencionar nomes e remetendo o leitor à comparação dos manuais de direitos fundamentais, direitos humanos, direito constitucional e direito internacional público anteriores a 2008 com os posteriores (do mesmo autor é óbvio), é que alguns doutrinadores até o julgamento do RE 466.343, de 2008 defendiam o status de lei ordinária a esses tratados, passando a defender o duplo grau hierárquico adotado pelo Supremo Tribunal Federal após esse julgamento, de modo que nos parece que esses doutrinadores na verdade não doutrinam, mas apenas repetem o que decidem os tribunais, em especial os tribunais superiores, sobretudo o STF. Aqui, mais uma vez, tomando de empréstimo as colocações do professor Lenio Luiz Streck,[287] sustenta-se que *a doutrina deve doutrinar*, deve criticar, deve fazer análises sérias e não cegas, não pode a doutrina ficar repetindo indiscriminadamente o que pensam os tribunais.

Por fim, passando-se à análise da quarta e última corrente, que defende o status supralegal e infraconstitucional dos tratados de direi-

286. Celso de Mello que, anos mais tarde, reviu seu posicionamento em voto proferido no julgamento conjunto do RE 466.343 e do RE 349.703, como já expusemos.

287. "Por certo, a doutrina deve doutrinar. Tenho insistido nisso. E todos sabem quanto! Deve estar pronta para exercer a sua função de constranger epistemologicamente a produção da jurisprudência". STRECK, Lenio Luiz. **Compreender Direito:** desvelando as obviedades do discurso jurídico. São Paulo: RT, 2013, p. 191.

tos humanos, isto é, que os referidos tratados estão hierarquicamente abaixo da Constituição, mas acima da legislação ordinária, pode-se dizer que ela foi pioneiramente defendida, no âmbito do Supremo Tribunal Federal, pelo Min. Sepúlveda Pertence no julgamento do RHC 79.785-RJ, em maio de 2000, reconhecendo a natureza especial conferida aos direitos humanos em face do disposto no § 2º, do art. 5º, da CF/88.

Conforme o Min. Sepúlveda Pertence expõe em seu voto, "à primeira vista, parificar às leis ordinárias os tratados a que alude o art. 5º § 2º, da Constituição, seria esvaziar de muito do seu sentido útil a inovação que, malgrado os termos equívocos do seu enunciado, traduziu uma abertura significativa ao movimento de internacionalização dos direitos humanos". Assim, segundo ele, aproximando-se das ideias desenvolvidas por Flávia Piovesan e Antonio Augusto Cançado Trindade, aceitou e outorgou "*força supralegal às convenções de direitos humanos*, de modo a dar aplicação direta às suas normas – até, se necessário, contra lei ordinária – *sempre que, sem ferir a Constituição, a complementem, especificando ou ampliando os direitos e garantias dela constantes*".

Bem, em que pese o louvável reconhecimento de um caráter especial aos tratados internacionais de direitos humanos pelo voto do Min. Sepúlveda Pertence, há de se reconhecer que isso não é suficiente e, mais ainda, essa não é a interpretação correta do art. 5º, § 2º da Constituição, que reconhece expressamente hierarquia constitucional a esses tratados (posição de Flávia Piovesan e Cançado Trindade). Além disso, há de se dizer que o voto em análise é demasiado contraditório, vez que o Min. Sepúlveda afirma reconhecer força supralegal aos tratados de direitos humanos sempre que eles ampliaram os direitos e garantias constantes da Constituição. Ora, se eles estão ampliando os direitos e garantias constantes da Constituição, então esses direitos sao constitucionais!

Essa posição foi retomada pelo Min. Gilmar Mendes no julgamento do RE 466.343 e readaptada à nova disposição constitucional sobre o assunto, introduzida pela Emenda Constitucional nº 45, de 2004. Assim, seguindo o voto do Min. Gilmar Mendes, os ministros Marco Aurélio, Ricardo Lewandowski, Cármen Lúcia e Menezes Direito votaram pelo reconhecimento de hierarquia supralegal aos tratados de direitos humanos que não passarem pelo procedimento do § 3º, do art. 5º e pela hierarquia constitucional dos tratados de direitos humanos que passarem pelo procedimento do referido dispositivo.

Pode-se sintetizar as ideias e fundamentos dessa corrente, com as palavras do próprio Min. Gilmar Mendes, em obra doutrinária que contempla o assunto, partindo da análise dos efeitos da introdução do § 3º, do art. 5º, em nossa ordem constitucional. *In verbis*:

> Em termos práticos, trata-se de uma declaração eloquente de que os tratados já ratificados pelo Brasil, anteriormente à mudança constitucional, e não submetidos ao processo legislativo especial de aprovação no Congresso nacional. Não podem ser comparados às normas constitucionais [...] Não se pode negar, por outro lado, que a reforma também acabou por ressaltar o caráter especial dos tratados de direitos humanos em relação aos demais tratados de reciprocidade entre os Estados pactuantes, conferindo-lhes lugar privilegiado no ordenamento jurídico [...] Em outros termos, solucionando a questão para o futuro – em que os tratados de direitos humanos, para ingressarem no ordenamento jurídico na qualidade de emendas constitucionais, terão de ser aprovados em *quorum* especial nas duas Casas do Congresso Nacional –, a mudança constitucional ao menos acena para a insuficiência da tese da legalidade ordinária dos tratados e convenções internacionais já ratificados pelo Brasil, a qual vinha sendo preconizada pela jurisprudência do Supremo Tribunal Federal desde o remoto julgamento do RE 80.004/SE, de relatoria do Ministro Xavier de Albuquerque (julgado em 1º-6-1977; DJ de 29-12-1977) e encontra respaldo em um largo repertório de casos julgados após o advento da Constituição de 1988 [...] Por conseguinte, é mais consistente a interpretação que atribui a característica de *supralegalidade* aos tratados e convenções de direitos humanos. Essa tese pugna pelo argumento de que os tratados sobre direitos humanos seriam infraconstitucionais, porém, diante de seu caráter especial em relação aos demais atos normativos internacionais, também seriam dotados de um atributo de *supralegalidade* [...] Em outros termos, os tratados sobre direitos humanos não poderiam afrontar a supremacia da Constituição, mas teriam lugar especial reservado no ordenamento jurídico. Equipará-lo à legislação ordinária seria subestimar o seu valor especial no contexto do sistema de proteção dos direitos da pessoa humana.[288]

---

288. MENDES, Gilmar Ferreira. **Direitos Fundamentais e Controle de Constitucionalidade:** Estudos de direito constitucional. 4. ed. São Paulo: Saraiva, 2012, p. 450-457.

Em face dos argumentos expostos pelo Min. Gilmar e com apoio na doutrina de Bernardo Gonçalves Fernandes, pode-se dizer, de pronto, que o Supremo Tribunal Federal ao adotar a teoria do duplo grau hierárquico e instituir a supralegalidade dos tratados internacionais de direitos humanos que não passaram pelo procedimento previsto no § 3º, do art. 5º, adotou postura ativista, criando nova espécie de norma e ultrapassando demasiadamente sua competência (ou mesmo sua função!).[289]

Além disso, parece-nos que este último posicionamento, influenciado pela inserção do § 3º, do art. 5º, em nossa Carta Constitucional (que veio a introduzir um procedimento de fundamentalização/constitucionalização formal dos direitos humanos) está equivocado em face do disposto no § 2º, do art. 5º, da Constituição de 1988 (fundamentalidade material). Ocorre que, o § 2º consiste em verdadeira cláusula de abertura a novos direitos fundamentais, abrindo assim à Constituição a receber novos direitos fundamentais advindos, dentre outras fontes, dos tratados internacionais de direitos humanos, recebendo-os com hierarquia constitucional, compondo, assim, o bloco de constitucionalidade da Constituição Material. De modo que, independentemente da fundamentalidade formal, isto é, de passarem pelo procedimento previsto no § 3º, os tratados internacionais de direitos humanos dos quais o Brasil seja signatário possuem fundamentalidade material, em face do disposto no § 2º, o que lhes confere, indiscutivelmente, hierarquia de norma constitucional.

---

289. Nesse sentido, Bernardo afirma que "apesar de instigante, a *nova postura* assumida pelo Pretório Excelso, no que tange à estrutura do ordenamento jurídico, peca pelo excesso, na medida que o STF, com a adoção da tese da *norma supralegal*, acaba por modificar, como dito, a estrutura do ordenamento jurídico pátrio (criando norma, ou pior: *espécie normativa*) com o afã (aparentemente redentor, salvador e ativista) de pretensamente 'sofisticar' o ordenamento, ou mesmo, de suprir omissões e solver mazelas do mesmo. Ou seja, uma espécie de arranjo (não escorado constitucionalmente!) institucional (para alguns mais céticos: jeitinho!) para os TIDH que não passaram pelo procedimento do art. 5º, § 3º, da CR/88. Entendemos que entre duas: (1) a inadequada da consideração do TIDH (que não passaram pelo procedimento do art. 5º, § 3º, da CR/88) como normas ordinárias; e (2) a adequada da consideração dos TIDH como normas constitucionais, surge uma terceira (3) não alocada em nosso ordenamento pelo legislador constitucional [...] Assim sendo, o Pretório Excelso se coloca com um poder de produção normativa que, diga-se de passagem, não detém...". FERNANDES, Bernardo Gonçalves. Breve abordagem sobre a questão dos Tratados Internacionais frente à Constituição e sobre a recepção da Lei da Anistia em nosso ordenamento: uma análise reflexiva sobre decisões do Supremo Tribunal Federal permeadas pelo self restraint ou pelo ativismo. **Revista da Procuradoria-Geral do Município de Juiz de Fora.** Belo Horizonte, ano 1, n. 1, jan/dez, 2011, p. 28-29. Em sentido próximo, as críticas de: ARENHART, Sérgio Cruz. O Supremo Tribunal Federal e a prisão civil. In: MARINONI, Luiz Guilherme; MAZZUOLI, Valerio de Oliveiro. **Controle de Convencionalidade:** um panorama latino-americano. Brasília: Gazeta Jurídica, 2013, especialmente p. 291-293.

2.3.3. A hierarquia constitucional material dos tratados internacionais de direitos humanos (art. 5º, § 2º) e a desnecessidade de incorporação formal (art. 5º, § 3º): argumentos em favor do princípio fundamental da prevalência dos direitos humanos (art. 4º, II)

Partindo das correntes doutrinário-jurisprudenciais apresentadas, das posições adotadas pelo Supremo Tribunal Federal ao longo de sua história e das considerações prévias que já fizemos sobre a hierarquia dos tratados internacionais de direitos humanos, especialmente no âmbito do atual constitucionalismo pátrio, pode-se afirmar que os direitos humanos internacionais ingressam na ordem jurídica brasileira, através da cláusula de abertura do § 2º, do art. 5º (fundamentalidade material), da Constituição de 1988, como normas de direitos fundamentais atípicos, sendo que os referidos instrumentos internacionais compõem o bloco de constitucionalidade material de nossa ordem jurídica vigente.

Os tratados internacionais de direitos humanos ingressam no ordenamento jurídico brasileiro com hierarquia materialmente constitucional, em face da *previsibilidade e da exigência expressa da própria Constituição (art. 5º, § 2º)*; bem como em atendimento ao *princípio fundamental da dignidade da pessoa humana (art. 1º, III)*, na busca de se dar a maior efetividade possível aos direitos que protegem e promovem a pessoa humana (fim primeiro e último do Estado Democrático de Direito); *ao princípio fundamental da prevalência dos direitos humanos (art. 4º, II)*, que exige que os direitos da pessoa humana prevaleçam em todas as relações do Estado, sejam essas relações de natureza internacional ou nacional; ao *princípio fundamental do Estado Democrático de Direito (art. 1º, caput)*, vez que o paradigma do *direito*, após as severas e odiosas violações à pessoa humana ocorridas durante a Segunda Guerra Mundial, se encontra justamente na proteção e na promoção dos direitos da pessoa humana, tanto no âmbito nacional dos direitos fundamentais como no âmbito internacional dos direitos humanos, e o paradigma da *democracia* se encontra não só mais na vontade da maioria (democracia formal), mas também na preservação e promoção dos direitos fundamentais da pessoa humana, de um modo geral, e dos direitos fundamentais dos mais fracos, de um modo específico (democracia substancial);[290] ao *princípio fundamental da cidadania (art. 1º, II)*, que exige não só a salvaguarda dos direitos mínimos que se deve assegurar aos cidadãos, mas também a promoção da participação dos cidadãos nas decisões fundamentais do Estado para que essas decisões possam ser legítimas; o *princípio fundamental da defesa da paz (art. 4º, VI)*, que exige do Estado e dos cidadãos brasileiros a preservação, manutenção e promoção da paz, no âmbito nacional e internacional, colaborando com os demais cidadãos e com os demais países, buscando ajudá-los na proteção e na promoção dos direitos das pessoas e das condições mínimas de vida digna; assim como em atendimento aos *demais princípios fundamentais do Título I de nossa Carta Constitucional* e ao *sistema de direitos e garantias fundamentais consagrados em nosso constitucionalismo*, sobretudo em face dos *direitos fundamentais individuais básicos, positivados no caput do art. 5º* (vida, liberdade, igualdade, segurança e propriedade)[291] e dos *direitos sociais mínimos positivados no art. 6º* (educação, saúde, alimentação, trabalho, moradia, lazer, segurança, previdência social, proteção à maternidade e à infância, assistência aos desamparados), dos quais pode-se abstrair a maior parte dos demais direitos fundamentais expressos em nosso texto constitucional, bem como outros nele não expressos. Por essas razões constitucionalmente estabelecidas, dentre outras, acredita-se, em face de uma interpretação sistemática e teleológica (tendo sempre a pessoa humana como o fim maior do Estado), que a hierarquia correta dos tratados internacionais de direitos humanos seja a de normas de direito constitucional.

Nada obstante, como já dissemos, ainda que já reconhecida a fundamentalidade material dos direitos humanos e a hierarquia constitucional material dos tratados internacionais de direitos humanos dos quais o Brasil é signatário (art. 5º, § 2º), o Constituinte Reformador (no intuito de reafirmar o status constitucional desses direitos e desses tratados, em face, dentre outras coisas, da insistência do Supremo Tribunal Federal em lhes dar interpretação reducionista

290. Nesse sentido, dentre outros: FERRAJOLI, Luigi. **Por uma teoria dos Direitos e dos Bens Fundamentais.** Porto Alegre: Livraria do Advogado, 2011, p. 25-30.

291. Em sentido próximo, mas não idêntico: GARCIA, Maria. Mas, quais são os direitos fundamentais? In: PIOVESAN, Flávia; GARCIA, Maria (orgs.). **Doutrinas Essenciais Direitos Humanos:** Teoria Geral dos Direitos Humanos. São Paulo: RT, 2011. v.1.

e inconstitucional), com a EC/45, de 2004, inseriu no âmbito do constitucionalismo brasileiro a possibilidade de se conferir, também, constitucionalidade formal aos tratados internacionais de direitos humanos e fundamentalidade formal aos direitos humanos contidos nesses tratados (art. 5º, § 3º).

Em que pese o nobre intuito do Constituinte Reformador em reforçar o caráter constitucional dos direitos humanos, a inserção da cláusula contida no § 3º, do art. 5º, da Constituição de 1988, foi, em primeiro lugar, desnecessária e, em segundo lugar, prejudicial à correta interpretação e aplicação dos tratados internacionais de direitos humanos, como bem se percebe pela *práxis* interpretativa do Supremo Tribunal Federal.

Dizemos que a atribuição de constitucionalidade formal aos tratados internacionais de direitos humanos e de fundamentalidade formal aos direitos humanos neles contidos foi desnecessária, pois ela não trouxe alteração alguma em relação ao status hierárquico desses tratados e desses direitos.[292] Isto é, pouco importa se um determinado tratado de direitos humanos do qual o Brasil é signatário passou ou não pelo procedimento do § 3º, do art. 5º: os direitos nele contidos são direitos fundamentais atípicos e esse tratado tem hierarquia constitucional.

Frise-se: não estamos a dizer que a inserção do § 3º não trouxe alteração alguma à ordem jurídica brasileira, pois ela trouxe (a melhor doutrina refere-se à (im)possibilidade de denúncia e ao respectivo procedimento que se deve adotar em face desse dispositivo);[293] esta-

---

292. Nesse sentido, dentre outros, Claudia Lima Marques e Valerio de Oliveira Mazzuoli afirmam que "em verdade, o novo art. 5º, § 3º, da CF em nada influiu no '*status* de norma constitucional' que os tratados de direitos humanos ratificados pelo Estado brasileiro já detêm no nosso ordenamento jurídico, em virtude da regra do art. 5º, § 2º, da CF". MARQUES, Claudia Lima; MAZZUOLI, Valerio de Oliveira. O consumidor-depositário infiel, os tratados de direitos humanos e o necessário diálogo das fontes nacionais e internacionais. In: PIOVESAN, Flávia; GARCIA, Maria (orgs.). **Doutrinas Essenciais Direitos Humanos:** Proteção Internacional dos Direitos Humanos. São Paulo: RT, 2011. v.6, p. 59.

293. A doutrina é divergente quanto aos efeitos jurídicos do § 3º, do art. 5º. Nada obstante, na linha da melhor doutrina, pode-se dizer que Flávia Piovesan defende que aqueles tratados que forem submetidos ao procedimento previsto no § 3º, do art. 5º, não podem ser denunciados, pois compõem a Constituição Formal, enquanto aqueles que não tiverem sido submetidos ao referido procedimento, podem ser denunciados, vez que compõem apenas a Constituição Material. Ressalte-se, contudo, que, para a autora, o tratado pode ser denunciado, mas os direitos humanos que ele consagra continuam a compor o bloco de constitucionalidade material. PIOVESAN, Flávia. **Direitos Humanos e o Direito Constitucional Internacional.** 13.ed. São Paulo: Saraiva, 2012, p. 139-140. Já André de Carvalho Ramos defende que se os tratados forem aprovados pelo rito do § 3º, eles devem passar pelo mesmo rito para que possam ser denunciados. Entretanto, para ele, assim como para Flávia

mos a dizer que o fim a que a referida cláusula se propôs (conferir hierarquia constitucional aos tratados de direitos humanos) já era alcançado por outra cláusula (§ 2º, do art. 5º), sendo, por isso, sua inserção desnecessária.

Dizemos que a inserção do § 3º, do art. 5º, da Constituição de 1988 foi, em certa medida, prejudicial à correta (constitucional) interpretação e aplicação dos tratados internacionais de direitos humanos, sobretudo no que tange ao reconhecimento da hierarquia desses tratados no âmbito do ordenamento jurídico pátrio, dando margem à equivocada interpretação de que haveria um duplo grau hierárquico: supralegalidade para os tratados que não passaram pelo procedimento do § 3º e constitucionalidade para os que passaram pelo referido procedimento.[294]

Nesse sentido, inclusive, decidiu o Supremo Tribunal Federal, por maioria apertada (5 votos pelo do duplo grau hierárquico, posição capitaneada pelo Min. Gilmar Mendes, contra 4 votos pelo reconhecimento da constitucionalidade de todos os tratados internacionais de direitos humanos dos quais o Brasil seja signatário, posição capitaneada pelo Min. Celso de Mello) pelo reconhecimento do duplo grau hierárquico. Decisão que, a nosso ver, foi claramente inconstitucional, fruto de uma interpretação contraria a disposição expressa do § 2º, do art. 5º, da Constituição de 1988, e que afrontou os princípios fundamentais da Constituição, especialmente os da dignidade da pessoa humana e da prevalência dos direitos humanos, bem como violou o próprio sistema constitucional e o (sub)sistema dos direitos e garantias fundamentais e, ainda, desconsiderou a ordem jurídica internacional à qual o Brasil livremente se submeteu, sobretudo em relação aos direitos humanos.

Piovesan, em que pese o tratado seja denunciado, os direitos nele consagrados continuam a compor o bloco de constitucionalidade material. RAMOS, André de Carvalho. O Supremo Tribunal Federal e o Direito Internacional dos Direitos Humanos. In: SARMENTO, Daniel; SARLET, Ingo Wolfgang (coord.). **Direitos Fundamentais no Supremo Tribunal Federal:** Balanço e Crítica. Rio de Janeiro: Lumen Juris, 2011, p. 16.

294. Nesse sentido, dentre outros, Diogo Pignataro afirma que, "em que pese a suposta louvável finalidade, a EC 45/2004 terminou por complicar um pouco mais a sistemática constitucional existente para a incorporação dos tratados de direitos humanos no Brasil, bem como a feição jurídica pela qual eles ingressam no ordenamento". OLIVEIRA, Diogo Pignataro. Os tratados de direitos humanos na contemporaneidade e sua aplicabilidade dentro da nova concepção constitucional brasileira: uma análise crítica a teor do § 3 º do artigo 5º, da Constituição Federal de 1988. In: PIOVESAN, Flávia; GARCIA, Maria (orgs.). **Doutrinas Essenciais Direitos Humanos:** Proteção Internacional dos Direitos Humanos. São Paulo: RT, 2011. v.6, p. 123.

Nada obstante, faz-se imperioso enfrentar o forte argumento apresentado por Gilmar Mendes que, ao advogar pela tese do duplo grau hierárquico dos tratados de direitos humanos, afirma que conferir hierarquia constitucional aos tratados de direitos humanos que não passaram pelo procedimento do § 3º, do art. 5º, da Constituição de 1988, poderia constituir "afronta a Supremacia da Constituição".[295] Bem, a nosso ver, não há que se falar em afronta, pois qualquer interpretação desses direitos humanos se dará levando em consideração, em primeiro lugar, a pessoa humana (fim primeiro e último do Estado Democrático de Direito, em especial da República Federativa do Brasil). Mais ainda, em caso de eventual conflito dessas normas com as normas formais de direito constitucional, este deverá ser solucionado pela prevalência da norma mais favorável à pessoa humana – princípio *pro homine* (norma internacional e nacional, fruto, em nosso ordenamento jurídico, dos princípios fundamentais da dignidade da pessoa humana e da prevalência dos direitos humanos).[296] Além disso, há de se considerar que a Constituição de 1988 instituiu uma ordem jurídica e política em que a pessoa humana deve ser considerada do início ao fim, em todas as ações do Estado, que se deve guiar pelo valor máximo da dignidade da pessoa humana. Deste modo, não há como concluir outra coisa se não que *a Supremacia da Constituição é a Supremacia da Pessoa Humana*, de sua dignidade e de seus direitos fundamentais, independentemente do fato de eles estarem consagrados no próprio texto constitucional ou em dispositivos de tratados internacionais, pois a própria Constituição não faz essa acepção (art. 5º, § 2º).[297]

Deste modo, por dar margem a uma interpretação reducionista e equivocada aos direitos humanos, bem como desconexa com a Constituição de 1988 e contrária ao disposto em seu art. 5º, § 2º, dizemos que a inserção do § 3º, do art. 5º, foi prejudicial à correta interpretação dos tratados internacionais de direitos humanos, bem

295. MENDES, Gilmar Ferreira. **Direitos Fundamentais e Controle de Constitucionalidade:** Estudos de direito constitucional. 4. ed. São Paulo: Saraiva, 2012, p. 457.

296. MAZZUOLI, Valerio de Oliveira. Teoria Geral do Controle de Convencionalidade no Brasil. In: MARINONI, Luiz Guilherme; MAZZUOLI, Valerio de Oliveiro. **Controle de Convencionalidade:** um panorama latino-americano. Brasília: Gazeta Jurídica, 2013, p. 28.

297. Parece-nos ser esse, também, o entendimento de: PIOVESAN, Flávia. A proteção internacional dos direitos humanos e o direito brasileiro. In: PIOVESAN, Flávia; GARCIA, Maria (orgs.). **Doutrinas Essenciais Direitos Humanos:** Proteção Internacional dos Direitos Humanos. São Paulo: RT, 2011. v.6.

como desvantajosa a proteção e promoção da pessoa humana, representando, em certa medida, um retrocesso político e jurídico.[298]

Diogo Pignataro de Oliveira suscita, inclusive, a possibilidade de ser inconstitucional o novel § 3º, do art. 5º. Contudo, prefere interpretá-lo (interpretação sistemática e teleológica, conforme a Constituição) como reforçando a constitucionalidade dos direitos humanos previstos em tratados internacionais, isto é, reforçando o bloco de constitucionalidade material, tal qual estabelecido pelo § 2º, do art. 5º.[299] Por outro lado, Luiz Alexandre Cruz e Ferreira e Maria Cristina Vidotte Blanco Tárrega afirmam que o referido dispositivo, inserido pela EC 45/2004 é manifestamente inconstitucional, pois impõe gravames ao sistema de proteção aos direitos fundamentais (protegido pelo art. 60, § 4º, IV, de nossa Carta Maior), além de estar na contramão do disposto no art. 5º, § 2º.[300]

Em que pese sermos críticos do dispositivo em discussão, não vemos possibilidade de se advogar pela sua inconstitucionalidade, o que não diminui em nada a sua desnecessidade, ou mesmo, a sua prejudicialidade. Assim, por mais que constitucional, melhor seria sua retirada da ordem jurídica vigente, ou, então, que lhe fosse dada nova redação asseverando que os direitos humanos internacionais reconhecidos pelo § 2º, do art. 5º, ingressam em nossa ordem jurídica com hierarquia constitucional.

Alias, nessa perspectiva, há de se dizer que cerca de dois anos antes da promulgação da EC 45/2004 e do discutido § 3º, do art. 5º, Valerio de Oliveira Mazzuoli propôs a inserção de um § 3º para o referido artigo, contudo não com o *animus* de reconhecer hierarquia constitucional aos tratados internacionais de direitos humanos (até mesmo porque eles já gozavam dessa hierarquia em face do § 2º), mas simplesmente com o escopo de assegurar uma interpretação

298. REDIN, Giuliana. Crítica ao § 3º do art. 5º da Constituição Federal de 1988. In: PIOVESAN, Flávia; GARCIA, Maria (orgs.). **Doutrinas Essenciais Direitos Humanos:** Proteção Internacional dos Direitos Humanos. São Paulo: RT, 2011. v.6, p. 237.

299. OLIVEIRA, Diogo Pignataro. Os tratados de direitos humanos na contemporaneidade e sua aplicabilidade dentro da nova concepção constitucional brasileira: uma análise crítica a teor do § 3 º do artigo 5º, da Constituição Federal de 1988. In: PIOVESAN, Flávia; GARCIA, Maria (orgs.). **Doutrinas Essenciais Direitos Humanos:** Proteção Internacional dos Direitos Humanos. São Paulo: RT, 2011. v.6, p. 128-130.

300. FERREIRA, Luiz Alexandre Cruz; TÁRREGA, Maria Cristina Vidotte Blanco. Reforma do Poder Judiciário e direitos humanos. In: WAMBIER, Teresa Arruda Alvim; et. al. **Reforma do Judiciário.** São Paulo: RT, 2005, p. 456-457.

autêntica do § 2º, do art. 5º, isto é, com o intuito de se evitar qualquer interpretação que não reconhecesse a hierarquia constitucional dos tratados de direitos humanos dos quais o Brasil fosse signatário.

Na proposta de Valerio de Oliveira Mazzuoli, o § 3º teria a seguinte redação: "*Os tratados internacionais referidos pelo parágrafo anterior, uma vez ratificados, incorporam-se automaticamente na ordem interna brasileira com hierarquia constitucional, prevalecendo, no que forem sua disposições mais benéficas ao ser humano, às normas estabelecidas por esta Constituição*".[301]

Note-se que a proposta de Mazzuoli guardava a devida pertinência com a interpretação correta (constitucional) do § 2º, do art. 5º, reafirmando e reforçando a hierarquia constitucional dos tratados internacionais de direitos humanos e, inclusive, clarificando que em eventuais conflitos dever-se-ia prevalecer a norma mais favorável à pessoa humana (o que também já era constitucionalmente estabelecido, em face dos princípios fundamentais da dignidade da pessoa humana e da prevalência dos direitos humanos, bem como do sistema constitucional e do sistema de direitos fundamentais, cujas bases são justamente a proteção e a promoção da pessoa humana).

Nada obstante, até mesmo a referida proposta, por mais pertinente que seja (e ela é!), seria desnecessária, vez que a Constituição já era clara quanto à hierarquia dos tratados internacionais de direitos humanos (que desde a sua promulgação possuem hierarquia de norma constitucional, conforme professa o § 2º, de seu art. 5º). Contudo, em face da interpretação reducionista e inconstitucional do Supremo Tribunal Federal em relação aos direitos humanos internacionais, ela se apresenta como uma ótima solução, agora como uma proposta de alteração do atual § 3º, do art. 5º, em favor dos princípios fundamentais da dignidade da pessoa humana e, em especial, da prevalência dos direitos humanos.[302]

301. MAZZUOLI, Valerio de Oliveira. **Direitos humanos, Constituição e os tratados internacionais:** estudo analítico da situação e aplicação do tratado na ordem jurídica brasileira. São Paulo: Juarez de Oliveira, 2002, p. 348.

302. Nesse sentido, dentre outros, Ingo Wolfgang Sarlet afirma: "comungamos da posição bastante difundida de que talvez melhor tivesse sido que o reformador constitucional tivesse renunciado a inserir um § 3º no art. 5º ou que (o que evidentemente teria sido bem melhor) – em entendendo de modo diverso – tivesse se limitado a expressamente chancelar a incorporação de todos os tratados em matéria de direitos humanos, com a ressalva de que no caso de eventual conflito com direitos previstos pelo Constituinte de 1988, sempre deveria prevalecer a disposição mais benéfica para o ser humano (proposta legislativa esta formulada, nestes termos ou em termos similares, por autores

Especificamente em relação ao princípio fundamental da prevalência dos direitos humanos, positivado no inciso II, do art. 4º, da Constituição brasileira, além dos argumentos já apresentados, pode-se dizer que se trata de norma jurídica fundamental a guiar o Brasil nas relações internacionais e nacionais, afinal, não faria sentido assegurar a prevalência dos direitos fundamentais no âmbito externo e não a assegurar no âmbito interno. Nesse sentido, Paulo Roberto Barbosa Ramos afirma que "se é regra que o Brasil deva orientar sua conduta pela defesa dos direitos humanos, cobrando inclusive de outros povos respeito aos direitos essenciais do homem, deve, necessariamente, assegurar aos seres humanos que se encontram em seu território esses mesmo direitos".[303]

Para além disso, pode-se dizer que a referida norma fundamental deve ser observada desde a criação das normas jurídicas internacionais e nacionais até a sua respectiva aplicação, pois consiste num princípio fundamental (basilar/fundante) de nosso Estado Democrático de Direito, consagrado em face das atrozes experiências históricas vivenciadas pela humanidade,[304] inclusive pelo Brasil.[305] Nesse sentido, pode-se dizer que a prevalência dos direitos humanos "é uma necessidade histórica de qualquer sociedade organizada politicamente e individualmente considerada" e, consequentemente, "uma exigência da sociedade internacional".[306]

Ao instituir, dentre os princípios fundamentais a reger o Brasil nas relações internacionais, a prevalência dos direitos humanos, a Constituição brasileira de 1988 abriu-se sistematicamente à ordem

---

como Antonio Augusto Cançado Trindade, Valerio Mazzuoli e Flávia Piovesan, entre outros ilustres e engajados defensores da hierarquia constitucional) [...] uma posterior alteração do próprio § 3º, por força de nova emenda constitucional, resta sempre aberta, ainda mais se for para aprimorar e, portanto, reforçar a proteção dos direitos fundamentais oriundos dos tratados Internacionais de direitos humanos, justamente nos parece servir de estímulo para um esforço hermenêutico construtivo também nesta seara". SARLET, Ingo Wolfgang. Notas sobre as relações entre a Constituição Federal de 1988 e os Tratados Internacionais de Direitos Humanos na perspectiva do assim chamado controle de convencionalidade. In: MARINONI, Luiz Guilherme; MAZZUOLI, Valerio de Oliveiro. **Controle de Convencionalidade:** um panorama latino-americano. Brasília: Gazeta Jurídica, 2013, p. 109.

303. RAMOS, Paulo Roberto Barbosa. A proteção constitucional da pessoa idosa. In: PIOVESAN, Flávia; GARCIA, Maria (orgs.). **Doutrinas Essenciais Direitos Humanos:** Grupos vulneráveis. São Paulo: RT, 2011. v.4, p. 862.

304. Por exemplo: Escravidão; Inquisição Católica; Nazismo; Holocausto; Detonação de Bombas Atômicas em Hiroshima e Nagasaki etc.

305. Por exemplo: Escravidão Negra; Ditadura Getulista (Estado Novo); Ditadura Militar etc.

306. ALARCÓN, Pietro de Jesús Lora. Constituições, relações internacionais e prevalência dos direitos humanos. In: PIOVESAN, Flávia; GARCIA, Maria (orgs.). **Doutrinas Essenciais Direitos Humanos:** Proteção Internacional dos Direitos Humanos. São Paulo: RT, 2011. v.6, p. 466.

jurídica internacional, notadamente para o sistema internacional de proteção dos direitos humanos. Assim, em face da estatuição do referido princípio, o Brasil se comprometeu a atuar em prol dos direitos humanos, tanto no âmbito nacional, como no âmbito internacional. Mais do que isso, nas palavras de Flávia Piovesan, "a partir do momento em que o Brasil se propõe a fundamentar suas relações com base na prevalência dos direitos humanos, está ao mesmo tempo reconhecendo a existência de limites e condicionamentos à noção de soberania estatal",[307-308] ou seja, *flexibiliza-se a soberania nacional em face da proteção e da promoção dos direitos humanos*,[309] num sentido de complementaridade entre o direito interno e o direito internacional, ou, mais precisamente, entre os direitos fundamentais constitucionais e os direitos humanos internacionais.[310]

Há de se dizer, ainda, que o princípio fundamental da prevalência dos direitos humanos enquanto norma jurídica constitucional traz como exigência, dentre outras coisas, a efetividade plena dos direitos humanos no âmbito internacional e nacional (entendida como a maior e mais ampla efetividade possível, efetividade otimizada). No Estado brasileiro, essa exigência se reforça pela interpretação sistêmica do princípio fundamental da prevalência dos direitos humanos, comungado com as normas contidas no § 1º (aplicabilidade imediata) e no § 2º (abertura material aos direitos fundamentais atípicos, inclusive aos direitos humanos) do art. 5º, da Constituição de 1988.[311] No ce-

---

307. PIOVESAN, Flávia. **Direitos Humanos e o Direito Constitucional Internacional.** 13.ed. São Paulo, 2012, p. 97.

308. Nesse sentido, por todos: FERRAJOLI, Luigi. **A soberania no mundo moderno:** nascimento e crise do Estado nacional. São Paulo: Martins Fontes, 2002.

309. Nesse sentido, Fábio Konder Comparato, ao comentar a cláusula de abertura do § 2º, do art. 5º, da Constituição de 1988, conjugando-a com o princípio fundamental da prevalência dos direitos humanos (art. 4º, II), afirma que "o sentido desta última declaração de princípio parece ser o da supremacia dos direitos humanos sobre quaisquer regras decorrentes da soberania internacional de nosso País, considerada esta como independência em relação a outros Estados e como poder, em última instância, para decidir sobre a organização de competências no plano interno. Tal significa, segundo a melhor exegese, que o Brasil reconhece a inaplicabilidade, para si, em matéria de direitos humanos, do princípio de não ingerência internacional em assuntos internos (Carta das Nações Unidas, art. 2º,alínea 7). A proteção aos direitos fundamentais do homem é, por conseguinte, considerada assunto de legítimo interesse internacional, pelo fato de dizer respeito a toda a humanidade". COMPARATO, Fábio Konder. A proteção aos direitos humanos e a organização federal de competências. In: TRINDADE, Antônio Augusto Cançado (Ed.). **A incorporação das normas internacionais de proteção dos direitos humanos no direito brasileiro.** 2. ed. Brasília: IIDH, 1996, p. 282.

310. Nesse sentido, por todos: LAFER, Celso. **A internacionalização dos direitos humanos:** Constituição, racismo e relações internacionais. Barueri: Manole, 2005, p. 14.

311. Em sentido próximo, José Afonso da Silva, ao comentar o princípio fundamental da prevalência dos direitos humanos, afirma que "o princípio quer se referir os direitos fundamentais da pessoa

nário internacional, essa exigência assume uma dimensão universal, estruturada na própria existência da sociedade internacional, a exigir a proteção e a promoção dos direitos de todos os seres humanos, sem distinção de crédulo, raça, cor, sexo, sexualidade, gênero, condição, nacionalidade etc.[312]

Essa proteção especial e essa efetividade otimizada dos direitos humanos, exigidas pelo princípio fundamental da prevalência dos direitos humanos, encontram, na abertura material da Constituição aos direitos fundamentais atípicos advindos dos tratados internacionais de direitos humanos (art. 5º, § 2º), o respaldo normativo que possibilita a comunicação entre as ordens jurídicas nacionais e internacionais de proteção e promoção da pessoa humana, cuja matriz jurídico-axiológica é a mesma, qual seja: a dignidade da pessoa humana.

Deste modo, ante o exposto, defende-se a hierarquia de norma constitucional aos tratados internacionais de direitos humanos dos quais o Brasil seja signatário, a todos eles, independentemente de terem ou não passado pelo procedimento do § 3º, do art. 5º, até mesmo porque, como já dissemos, a inserção de tal dispositivo não foi benéfica ao sistema de direitos fundamentais da Constituição brasileira. Ademais, a hierarquia constitucional desses tratados, bem como a fundamentalidade dos direitos humanos neles contidos, é uma exigência expressa do § 2º, do art. 5º (cláusula de abertura material aos direitos fundamentais atípicos), que encontra respaldo no sistema constitucional e, especialmente, nos sistema de direitos e garantias fundamentais de nossa Carta Maior, bem como nos princípios fundamentais que lhe dão sustentação, notadamente nos da dignidade da pessoa humana (art. 1º, III) e da prevalência dos direitos humanos (art. 4º, II).

2.3.4. O controle de convencionalidade e o princípio *pro homine* (prevalência da norma mais favorável à pessoa humana)

O *controle de convencionalidade* é um tema bastante recente e, ainda, pouco discutido no Brasil. Nada obstante já encontra desenvolvi-

humana, tal como configurados no Título II da Constituição e nos documentos internacionais de proteção dos direitos da pessoa humana, e tal como reconhecido no § 2º do art. 5º". SILVA, José Afonso. **Comentário Contextual à Constituição.** 6.ed. São Paulo: Malheiros, 2009, p. 50.

312. ALARCÓN, Pietro de Jesús Lora. Constituições, relações internacionais e prevalência dos direitos humanos. In: PIOVESAN, Flávia; GARCIA, Maria (orgs.). **Doutrinas Essenciais Direitos Humanos:** Proteção Internacional dos Direitos Humanos. São Paulo: RT, 2011. v.6, p. 470.

mento avançado no âmbito da jurisprudência da Corte Interamericana de Direitos Humanos e na doutrina internacionalista e constitucionalista de outros países latino-americanos, como Argentina,[313] Chile,[314] México,[315] Peru,[316] Uruguai[317] etc.

A partir do movimento de positivação e internacionalização dos direitos do homem (que tem como pontos de partida, a criação da Organização das Nações Unidas, em 1945, e, sobretudo, a proclamação da Declaração Internacional dos Direitos Humanos, em 1948), como direitos humanos internacionais, os Estados Soberanos tornaram-se membros de organizações internacionais e assinaram diversos pactos internacionais de direitos humanos, comprometendo-se/sujeitando-se, inclusive, a cortes internacionais (especialmente de direitos humanos).

Ao tornarem-se signatários de tratados internacionais, notadamente dos que versam sobre direitos humanos, e ao submeterem-se à jurisdição de tribunais internacionais, os Estados abriram-se a um controle, realizado por essas cortes internacionais, em razão daquilo que havia sido pactuado, isto é, os Estados sujeitaram-se ao exame das

---

313. Dentre outros: SAGÜES, Néstor Pedro. El control de convencionalidad em Argentina. In: MARINONI, Luiz Guilherme; MAZZUOLI, Valerio de Oliveiro. **Controle de Convencionalidade:** um panorama latino-americano. Brasília: Gazeta Jurídica, 2013; HITTERS, Juan Carlos. El control de convencionalidad y el cumplimiento de las sentencias de la Corte Interamericana (supervisión supranacional. Cláusula federal). In: MARINONI, Luiz Guilherme; MAZZUOLI, Valerio de Oliveiro. **Controle de Convencionalidade:** um panorama latino-americano. Brasília: Gazeta Jurídica, 2013; OTEIZA, Eduardo. Efectos de la doctrina sobre el control de convencionalidad de acuerdo com los precedentes de la Corte Suprema de Justicia Argentina. In: MARINONI, Luiz Guilherme; MAZZUOLI, Valerio de Oliveiro. **Controle de Convencionalidade:** um panorama latino-americano. Brasília: Gazeta Jurídica, 2013; PIZZOLO, Calogero. Control de convencionalidad y su recepción por la Corte Suprema de Justicia Argentina. In: MARINONI, Luiz Guilherme; MAZZUOLI, Valerio de Oliveiro. **Controle de Convencionalidade:** um panorama latino-americano. Brasília: Gazeta Jurídica, 2013; CARNOTA, Control de convencionalidade y activismo judicial. In: MARINONI, Luiz Guilherme; MAZZUOLI, Valerio de Oliveiro. **Controle de Convencionalidade:** um panorama latino-americano. Brasília: Gazeta Jurídica, 2013.

314. Dentre outros: ALCALÁ, Humberto Nogueira. Los desafíos del control de convencionalidad del corpus iuris interamericano para los tribunales, y su diferenciación con el control de constitucionalidad. In: MARINONI, Luiz Guilherme; MAZZUOLI, Valerio de Oliveiro. **Controle de Convencionalidade:** um panorama latino-americano. Brasília: Gazeta Jurídica, 2013.

315. Dentre outros: MAC-GREGOR, Eduardo Ferrer. Interpretación conforme y control difuso de convencionalidad; el nuevo paradigma para el juez mexicano. In: MARINONI, Luiz Guilherme; MAZZUOLI, Valerio de Oliveiro. **Controle de Convencionalidade:** um panorama latino-americano. Brasília: Gazeta Jurídica, 2013; CANTOR, Ernesto Rey. **Control de convencionalidad de las leys y derechos humanos.** México, D.F.: Porrúa, 2008.

316. Dentre outros: BELAUNDE, Domingo García; MANCHEGO, José Felix Palomino. El control de convencionalidad en el Perú. In: MARINONI, Luiz Guilherme; MAZZUOLI, Valerio de Oliveiro. **Controle de Convencionalidade:** um panorama latino-americano. Brasília: Gazeta Jurídica, 2013.

317. Dentre outros: GALLICCHIO, Eduardo G. Esteva. El control de convencionalidad en Uruguay. In: MARINONI, Luiz Guilherme; MAZZUOLI, Valerio de Oliveiro. **Controle de Convencionalidade:** um panorama latino-americano. Brasília: Gazeta Jurídica, 2013.

cortes em relação à compatibilidade de suas ordens jurídicas internas e de seus atos com os pactos dos quais se tornaram partes.

Para além disso, os Estado Soberanos, ao tornarem-se partes signatárias de tais tratados, também, se comprometeram a realizar, internamente, um controle de compatibilidade entre seus ordenamentos jurídicos e os tratados internacionais, especialmente os de direitos humanos, isto é, os Estados obrigaram-se a realizar esse mesmo controle (controle de compatibilidade entre suas normas internas e os tratados dos quais se tornaram partes) através de seus órgãos internos de jurisdição.

A este exame de compatibilidade entre as normas jurídicas internas dos Estados Soberanos e as normas jurídicas internacionais por eles pactuadas, em especial as de direitos humanos, dá-se o nome de controle de convencionalidade. Adotando-se aqui a nomenclatura proposta por Valerio de Oliveira Mazzuoli, no direito brasileiro chama-se de *controle de convencionalidade lato sensu*, o controle realizado em face de todos os tratados internacionais; de *controle de convencionalidade strito senso*, ou simplesmente *controle de convencionalidade*, o controle realizado em face dos tratados internacionais de direitos humanos; e de controle de supralegalidade, o controle realizado em face dos tratados internacionais comuns, isto é, aqueles que não versam sobre direitos humanos.[318-319]

Aqui, fica evidente a adoção de Valerio de Oliveira Mazzuoli[320] à corrente hierárquica que defendemos em relação aos tratados internacionais, qual seja; hierarquia constitucional para todos os tratados internacionais de direitos humanos, em razão do art. 5º, § 2º, da Constituição de 1988 (fundamentalidade material), e hierarquia supralegal para os tratados internacionais comuns, em atendimento ao princípio

---

318. MAZZUOLI, Valerio de Oliveira. **O controle jurisdicional de convencionalidade das leis.** 2.ed. São Paulo: RT, 2011.

319. Como bem expõe Ingo Wolfgang Sarlet, "a terminologia adota por Mazzuoli, em adesão à tradição francesa, busca evidenciar a distinção entre o controle de constitucionalidade, pois independentemente de sua hierarquia constitucional, trata-sede afirmar que os tratados (aqui referidos pelo termo convenções) operam como parâmetros para o controle de outros atos normativos que lhes são hierarquicamente inferiores". SARLET, Ingo Wolfgang. Notas sobre as relações entre a Constituição Federal de 1988 e os Tratados Internacionais de Direitos Humanos na perspectiva do assim chamado controle de convencionalidade. In: MARINONI, Luiz Guilherme; MAZZUOLI, Valerio de Oliveiro. **Controle de Convencionalidade:** um panorama latino-americano. Brasília: Gazeta Jurídica, 2013, p. 110.

320. MAZZUOLI, Valerio de Oliveira. **Curso de Direito Internacional Público.** 6.ed. São Paulo: RT, 2012.

da boa fé e do *pacta sunt servanda*, bem como ao disposto no art. 27 da Convenção de Viena, segundo o qual não pode o Estado invocar disposição de direito interno para esquivar-se do cumprimento dos tratados que se torna signatário, e também em face de disposições normativas do próprio direito brasileiro, como, por exemplo, o art. 98, do Código Tributário Nacional, que assim dispõe: "*Os tratados e as convenções internacionais revogam ou modificam a legislação tributária interna, e serão observados pela que lhes sobrevenha*".[321]

Assim, ante o até agora exposto, cumpre esclarecer que, neste tópico, nos dedicaremos a uma breve análise do controle de convencionalidade, isto é, do controle de compatibilidade entre os tratados internacionais de direitos humanos e a ordem jurídica interna, bem como ao exame do princípio *pro homine*, na tentativa de lançar luz à resolução dos potenciais conflitos normativos entre direitos fundamentais e direitos humanos internacionais (também constitucionais à luz do § 2º, do art. 5º, sempre que o Brasil for signatário dos tratados em que eles se encontrem).

Como visto, o controle de convencionalidade pode se realizado, tanto pelas cortes internacionais, como pelos órgãos do poder judiciário pátrio. Quando realizado por tribunais internacionais, dá-se o nome de controle de convencionalidade externo ou internacional, "no qual são apreciados todos os dispositivos internos – inclusive as normas constitucionais originárias – e aferida a compatibilidade destes com os textos internacionais de direitos humanos".[322] Já quando realizado pelos juízes ou tribunais nacionais, dá-se o nome de controle de convencionalidade interno ou nacional.[323]

Em que pese nosso foco, neste trabalho, estar no controle de convencionalidade interno, pode-se dizer que o controle de convencionalidade teve início no âmbito das cortes internacionais, com notório destaque para a atividade da Corte Interamericana de Direitos

321. No mesmo sentido, dentre outros: PIOVESAN, Flávia. **Direitos Humanos e o Direito Constitucional Internacional.** 13.ed. São Paulo: Saraiva, 2012, p. 107-145; CANÇADO TRINDADE, Antonio Augusto. **Tratado de Direito Internacional dos Direitos Humanos.** Porto Alegre: Sérgio Antônio Fabris, 1997. v.1.

322. RAMOS, André de Carvalho. O Supremo Tribunal Federal e o Direito Internacional dos Direitos Humanos. In: SARMENTO, Daniel; SARLET, Ingo Wolfgang (coord.). **Direitos Fundamentais no Supremo Tribunal Federal:** Balanço e Crítica. Rio de Janeiro: Lumen Juris, 2011, p. 19.

323. MAZZUOLI, Valerio de Oliveira. **O controle jurisdicional de convencionalidade das leis.** 2.ed. São Paulo: RT, 2011. No mesmo sentido, GUERRA, Sidney. **O sistema interamericano de proteção dos direitos humanos e o controle de convencionalidade.** São Paulo: Atlas, 2013, p. 180-181.

Humanos, em face, sobretudo, das violações praticadas pelos regimes ditatoriais latino-americanos à Convenção Americana de Direitos Humanos.[324]

Em relação especificamente ao controle de convencionalidade exercido pela Corte Interamericana de Direitos Humanos, é de se destacar que o descumprimento de decisão, por ela proferida, gera responsabilidade internacional. Nada obstante, tal responsabilização, lamentavelmente, não tem impedido que alguns Estados descumpram as decisões da Corte sem o menor constrangimento, como o fez a Venezuela que, por meio de seu Tribunal Supremo de Justiça, declarou inexecutável a sentença proferida no caso López Mendonza *vs.* Venezuela.[325]

Sobre o controle de convencionalidade internacional exercido pela corte Interamericana de Direitos Humanos, há de se destacar, ainda, que o Brasil só se tornou signatário da Convenção Americana de Direitos Humanos, no ano de 1992, quando a ratificou, e só se submeteu à jurisdição da Corte Interamericana, no ano de 1998, abrindo-se, assim, ao controle de convencionalidade do Tribunal em relação à ordem jurídica brasileira, flexibilizando sua soberania em face do princípio fundamental da prevalência dos direitos humanos (art. 4º, II, da CF/88).[326]

Passando-se à análise do controle de convencionalidade interno, pode-se dizer que a doutrina brasileira, ao menos em sua maioria, na esteira das lições de Valerio de Oliveira Mazzuoli (considerado o grande vanguardista da temática no Brasil), afirma que foi com o advento do § 3º, do art. 5º, introduzido pela Emenda Constitucional nº 45, de 2004, que o controle de convencionalidade interno emergiu

324. Nesse sentido, PIOVESAN, Flávia. Controle de Convencionalidade, Direitos Humanos e Diálogo entre Jurisdições. In: MARINONI, Luiz Guilherme; MAZZUOLI, Valerio de Oliveiro. **Controle de Convencionalidade:** um panorama latino-americano. Brasília: Gazeta Jurídica, 2013.

325. Nesse caso, como explica Marinoni, "a Corte determinou a anulação das resoluções que cassaram os direitos políticos de López Mendonza, opositor de Hugo Chavéz nas eleições presidenciais de 2012, considerando o Estado venezuelano responsável por violação dos direitos à fundamentação e à defesa nos procedimentos administrativos que acarretam a imposição das sanções de inabilitação, bem como responsável por violação dos direitos à tutela judicial e de ser eleito, todos garantidos na Convenção". MARINONI, Luiz Guilherme. Controle de Convencionalidade (na perspectiva do direito brasileiro). In: MARINONI, Luiz Guilherme; MAZZUOLI, Valerio de Oliveiro. **Controle de Convencionalidade:** um panorama latino-americano. Brasília: Gazeta Jurídica, 2013, p. 74-75.

326. PIOVESAN, Flávia. Controle de Convencionalidade, Direitos Humanos e Diálogo entre Jurisdições. In: MARINONI, Luiz Guilherme; MAZZUOLI, Valerio de Oliveiro. **Controle de Convencionalidade:** um panorama latino-americano. Brasília: Gazeta Jurídica, 2013, p. 133-134.

em nossa ordem jurídica,[327] como se confere nas palavras do próprio professor Mazzuoli, para quem, "tal acréscimo constitucional trouxe ao direito brasileiro um novo tipo de controle à produção normativa doméstica, até hoje desconhecido entre nós: o controle de convencionalidade das leis".[328]

Com todas as vênias ao entendimento do professor Valerio de Oliveira Mazzuoli, mas ousamos discordar. A nosso ver, o controle de convencionalidade interno, em que pese o Supremo Tribunal Federal só ter reconhecido hierarquia especial aos tratados internacionais de direitos humanos no ano de 2008, colocando-os acima da legislação e efetivamente realizando o controle, ele já poderia ser realizado desde o advento da Constituição de 1988, que conferiu hierarquia constitucional a todos os tratados internacionais de direitos humanos (art. 5º, § 2º). Nessa perspectiva, o próprio Valerio de Oliveira Mazzuoli reconhece que o controle de convencionalidade interno, desde que pela via difusa, existe sim desde a promulgação da Constituição de 1988. Mas, para ele, o controle de convencionalidade pela via concentrada "nascera apenas em 08.12.2004, com a promulgação da EC 45/2004".[329]

Entretanto, parece-nos que desde 1988 já existe a possibilidade de se realizar controle de convencionalidade pelo poder judiciário pátrio, tanto pela via difusa, como pela via concentrada, contudo, evidentemente, esse controle só se inicia faticamente com a decisão proferida em 2008, no julgamento conjunto do RE 466.343 e do RE 349.703, quando nossa Corte Constitucional reconhece hierarquia especial, acima da lei (constitucional aos que passaram pelo procedimento do § 3º, e supralegal aos que não passaram por dito procedimento), aos tratados internacionais de direitos humanos.

---

327. Nesse sentido, dentre outros, Waldir Alves afirma que "a Emenda Constitucional nº 45/2004, ao inserir o § 3º no art. 5º da Constituição, prevendo a possibilidade de os tratados e convenções internacionais sobre dirietos humanos terem equivalência de emendas constitucionais, desde que aprovados, em dois turnos, por três quintos dos votos de cada Casa do Congresso Nacional, abriu o debate na doutrina nacional sobre o controle de convencionalidade no Direito brasileiro, sendo pioneiramente tratado em obra específica por Valerio de Oliveira Mazzuoli, o que somente vinha sendo tratado no âmbito do controle de convencionalidade realizado pelas Cortes Internacionais". ALVES, Waldir. Controle de convencionalidade das normas internas em face dos tratados e convenções internacionais sobre direitos humanos equivalentes às Emendas Constitucionais. In: MARINONI, Luiz Guilherme; MAZZUOLI, Valerio de Oliveiro. **Controle de Convencionalidade:** um panorama latino-americano. Brasília: Gazeta Jurídica, 2013, p. 319.

328. MAZZUOLI, Valerio de Oliveira. Teoria Geral do Controle de Convencionalidade no Brasil. In: MARINONI, Luiz Guilherme; MAZZUOLI, Valerio de Oliveiro. **Controle de Convencionalidade:** um panorama latino-americano. Brasília: Gazeta Jurídica, 2013, p. 5.

329. Ibidem, p. 34.

Nada obstante, nada impediria que, antes do reconhecimento de tal hierarquia especial pelo Supremo Tribunal Federal, qualquer magistrado ou tribunal brasileiro (inclusive o próprio Supremo Tribunal Federal, seja pela via difusa, seja pela via concentrada) fizesse o controle de convencionalidade tendo como parâmetro os tratados internacionais de direitos humanos dos quais o Brasil fosse signatário, levando-se em consideração o correto (constitucional) entendimento de que os referidos instrumentos internacionais possuem (e já possuíam, desde 1988) hierarquia constitucional, até mesmo porque eles nunca dependeram de autorização do Supremo para isso.

Para além dessa discussão, pode-se dizer que o controle de convencionalidade interno tem por ter por finalidade a compatibilização vertical das normas internas, tal qual o controle de constitucionalidade.[330] Isso se dá, justamente, pelo fato de os direitos humanos internacionais, quando incorporados ao ordenamento jurídico brasileiro, nele ingressarem como direitos fundamentais constitucionais (direitos fundamentais atípicos que compõem o bloco de constitucionalidade material). Nesse sentido, já se manifestou o Min. Celso de Mello, durante o julgamento do HC 87.585, no dia 03 de dezembro de 2008, como se confere de seus seguintes dizeres:

> Proponho que se reconheça natureza constitucional aos tratados internacionais de direitos humanos, submetendo, em consequência, as normas que integram o ordenamento positivo interno e que dispõem sobre a proteção dos direitos e garantias individuais e coletivos a um duplo controle de ordem jurídica: o controle de constitucionalidade e, também, o controle de convencionalidade, ambos incidindo sobre as regras jurídicas de caráter doméstico.

Como adiantado, do mesmo modo que o controle de constitucionalidade, o controle de convencionalidade interno pode se dar pela via difusa ou concentrada. Isto é, o controle de convencionalidade pode ser realizado pelos instrumentos jurisdicionais aptos a resolução de questionamentos sobre direitos fundamentais, vez que os direitos humanos incorporados são incorporados ao ordenamento jurídico brasileiro como direitos fundamentais atípicos. Assim, a conven-

330. Ibidem, p. 4-21.

cionalidade, tal qual a constitucionalidade, pode ser questionada de maneira difusa e concentrada.

Questão controversa na doutrina brasileira parece ser a de se saber quais tratados internacionais de direitos humanos podem ser parâmetros dos controles de convencionalidade difuso e concentrado.

Em relação ao controle de convencionalidade difuso, Valerio de Oliveira Mazzuoli[331] e Luiz Guilherme Marinoni[332] defendem que todos os tratados internacionais de direitos humanos dos quais o Brasil seja signatário possam ensejar controle de convencionalidade difuso, independentemente de esses tratados terem sido aprovados ou não pelo procedimento especial do § 3º, do art. 5º, da Constituição de 1988. Já Waldir Alves,[333] em que pese sua posição não nos ter ficado muito clara, parece defender que somente os tratados internacionais de direitos humanos, que passaram pelo procedimento especial do § 3º, art. 5º, é que podem dar ensejo ao controle de convencionalidade. Quanto à possibilidade de se interpor Recurso Extraordinário ao Supremo Tribunal Federal no controle de convencionalidade difuso, os três autores apresentados entendem ser possível.

Já em relação ao controle de convencionalidade concentrado, Valerio de Oliveira Mazzuoli,[334] Luiz Guilherme Marinoni[335] e Waldir Alves[336] defendem que somente os tratados internacionais de direitos

---

331. Ibidem, p. 33-34.

332. MARINONI, Luiz Guilherme. Controle de Convencionalidade (na perspectiva do direito brasileiro). In: MARINONI, Luiz Guilherme; MAZZUOLI, Valerio de Oliveiro. **Controle de Convencionalidade:** um panorama latino-americano. Brasília: Gazeta Jurídica, 2013, p. 66-67.

333. ALVES, Waldir. Controle de convencionalidade das normas internas em face dos tratados e convenções internacionais sobre direitos humanos equivalentes às Emendas Constitucionais. In: MARINONI, Luiz Guilherme; MAZZUOLI, Valerio de Oliveiro. **Controle de Convencionalidade:** um panorama latino-americano. Brasília: Gazeta Jurídica, 2013, p. 327-333.

334. Nesse sentido, Mazzuoli afirma que "pode ainda existir o controle de convencionalidade *concentrado* no STF, como abaixo se dirá, na hipótese dos tratados de direitos humanos (e somente destes) aprovados pelo rito do art. 5º, § 3º, da CF/1988 (uma vez ratificados pelo presidente, após esta aprovação qualificada)". MAZZUOLI, Valerio de Oliveira. Teoria Geral do Controle de Convencionalidade no Brasil. In: MARINONI, Luiz Guilherme; MAZZUOLI, Valerio de Oliveiro. **Controle de Convencionalidade:** um panorama latino-americano. Brasília: Gazeta Jurídica, 2013, p. 33-34.

335. Segundo Marinoni, "o controle de compatibilidade da lei com os tratados internacionais de direitos humanos pode ser feito mediante ação direta, perante o Supremo Tribunal Federal, quando o tratado foi aprovado de acordo com o § 3º do art. 5º da Constituição Federal". MARINONI, Luiz Guilherme. Controle de Convencionalidade (na perspectiva do direito brasileiro). In: MARINONI, Luiz Guilherme; MAZZUOLI, Valerio de Oliveiro. **Controle de Convencionalidade:** um panorama latino-americano. Brasília: Gazeta Jurídica, 2013, p. 66.

336. Nessa perspectiva, afirma Waldir Alves que "qualquer norma que desrespeitar Tratado ou Convenção Internacional sobre Direitos Humanos, aprovado pela maioria qualificada do § 3º do art. 5º da Constituição, pode ser questionada diretamente no STF pelos legitimados do art. 103 da Constituição, em

humanos que passaram pelo procedimento especial do § 3º, do art. 5º, da Constituição de 1988, é que podem motivar o controle de convencionalidade concentrado, excluindo desse controle os tratados internacionais de direitos humanos incorporados pela cláusula de abertura material da Constituição (art. 5º, § 2º).

Com todas as vênias aos citados autores, mas, por considerarmos que todos os tratados internacionais de direitos humanos dos quais o Brasil seja signatário possuem, desde a promulgação da Constituição de 1988, hierarquia de norma constitucional, por força da cláusula de abertura do art. 5º, § 2º de nossa Carta Maior, então, defendemos que todos esses tratados consistem em parâmetros do controle de convencionalidade difuso e concentrado. Melhor dizendo, qualquer norma jurídica interna brasileira pode ser objeto de controle de convencionalidade difuso ou concentrado, em face de qualquer tratado internacional de direitos humanos de que o Brasil seja parte, independentemente de esses tratados terem ou não passado pelo procedimento especial do § 3º, do art. 5º, de nossa Lei Fundamental. Ademais, especificamente em relação ao controle de convencionalidade difuso, reconhece-se a possibilidade de interposição de Recurso Extraordinário para o Supremo Tribunal Federal.

Além disso, na esteira das lições de Ingo Wolfgang Sarlet, há de se dizer que o controle de convencionalidade não é um controle exclusivamente jurisdicional, podendo e devendo ser realizado, também, preventivamente, pelos poderes Legislativo e Executivo. Assim, segundo Ingo, "o Poder Legislativo, quando da apreciação de algum projeto de lei, assim como deveria sempre atentar para a compatibilidade da legislação com a CF, também deveria assumir como parâmetro os tratados internacionais", assim como "o Chefe do Executivo deveria vetar lei aprovada pelo Legislativo quando detectar violação de tratado internacional".[337]

---

ação de controle concentrado (*v.g.*, ADI, ADPF, ADC)". ALVES, Waldir. Controle de convencionalidade das normas internas em face dos tratados e convenções internacionais sobre direitos humanos equivalentes às Emendas Constitucionais. In: MARINONI, Luiz Guilherme; MAZZUOLI, Valerio de Oliveiro. **Controle de Convencionalidade:** um panorama latino-americano. Brasília: Gazeta Jurídica, 2013, p. 328.

337. SARLET, Ingo Wolfgang. Notas sobre as relações entre a Constituição Federal de 1988 e os Tratados Internacionais de Direitos Humanos na perspectiva do assim chamado controle de convencionalidade. In: MARINONI, Luiz Guilherme; MAZZUOLI, Valerio de Oliveiro. **Controle de Convencionalidade:** um panorama latino-americano. Brasília: Gazeta Jurídica, 2013, p. 112-113.

Para além do controle de convencionalidade interno das leis, há de se pensar nos possíveis conflitos entre as normas previstas na Constituição e as normas advindas dos tratados internacionais de direitos humanos, já que defendemos que esses tratados possuem hierarquia constitucional.

Nesses casos, em face dos princípios fundamentais adotados pela Constituição de 1988 (Título I), especialmente do princípio fundamental da dignidade da pessoa humana (art. 1º, III), vez que a pessoa humana em nosso Estado Democrático de Direito é tida como o início e o fim da tutela normativa estatal, bem como em razão da leitura constitucionalmente correta do princípio da soberania (art. 1º, I) que foi flexibilizado pelo princípio da prevalência dos direitos humanos (art. 4º, II) e do já citado princípio da dignidade da pessoa humana, assim como em detrimento de diversas disposições constitucionais que realizam a abertura de nossa ordem jurídica ao direito internacional dos direitos humanos (§ 2º e § 3º, da CF/88, por exemplo), tendo como objetivo a maior otimização possível dos direitos da pessoa humana e, sobretudo, conferir o máximo de proteção e promoção ao ser humano, defende-se que, em casos de conflitos entre as normas previstas na Constituição e as normas advindas dos tratados internacionais de direitos humanos, deve-se prevalecer a *norma mais favorável à pessoa humana*, privilegiando o princípio internacional *pro homine*, que, a nosso ver, já é, também, um princípio constitucional,[338] fruto de uma interpretação sistêmica e teleológica, cujas bases fundamentais são a cláusula de abertura do § 2º, do art. 5º e os princípios fundamentais da dignidade da pessoa humana e da prevalência dos direitos humanos.

Enquanto princípio internacional dos mais importantes para a máxima proteção e promoção da pessoa humana e de seus direitos, o princípio *pro homine* encontra-se positivado em diversos documentos e tratados internacionais de direitos humanos. Todavia, mesmo não estando previsto, ele pode ser alegado em caso de norma (interna ou internacional) mais benéfica, vez que se trata de princípio consagrado

---

338. Demonstrando que o princípio internacional *pro homine* é também um princípio constitucional da atual ordem jurídica brasileira: MAZZUOLI, Valerio de Oliveira. Teoria Geral do Controle de Convencionalidade no Brasil. In: MARINONI, Luiz Guilherme; MAZZUOLI, Valerio de Oliveiro. **Controle de Convencionalidade:** um panorama latino-americano. Brasília: Gazeta Jurídica, 2013, especialmente p. 26-30.

pelo *jus cogens*.[339] Nas palavras de André de Carvalho Ramos, "*[a] régle d'or* de interpretação das normas de proteção internacional dos direitos humanos é a primazia da norma mais favorável ao indivíduo".[340]

A título exemplificativo, pode-se mencionar as seguintes disposições internacionais a preverem o princípio *pro homine*: *i)* Convenção Americana de Direitos Humanos, art. 29, que prevê: "*Nenhuma disposição da presente Convenção pode ser interpretada no sentido de: b) limitar o gozo e exercício de qualquer direito ou liberdade que possam ser reconhecidos em virtude de leis de qualquer dos Estados-parte ou em virtude de Convenções em que seja parte um dos referidos Estados*";[341] *ii)* Convenção sobre a eliminação de todas as formas de discriminação contra a mulher, art. 23, que afirma: "*Nada do disposto nesta Convenção prejudicará qualquer disposição que seja mais propícia à obtenção da igualdade entre homens e mulheres e que esteja contida: a) na legislação e um Estado-parte*"; *iii)* Convenção sobre os Direitos da Criança, art. 41, que dispõe: "*Nada do disposto nesta Convenção afetará as disposições que sejam mais convenientes para a realização dos direitos da criança e que estejam contidas: a) na legislação de um Estado-parte*"; *iv)* Pacto Internacional dos Direitos Civis e Políticos, art. 5º, que consagra: "*Não se admitirá qualquer restrição ou suspensão dos direitos humanos fundamentais reconhecidos ou vigentes em qualquer Estado-parte no presente Pacto, em virtude de leis, convenções, regulamentos ou costumes, sob o pretexto de que o presente Pacto não os reconheça ou os reconheça em menor grau*"; *v)* Convenção contra a tortura e outros tratamentos ou penas cruéis, desumanos ou degradantes, art. 16, (2), que prescreve: "*Os dispositivos da presente Convenção não serão interpretados de maneira a restringir*

339. Nesse sentido, GALINDO, George Rodrigo Bandeira. **Tratados Internacionais de Direitos Humanos e Constituição Brasileira.** Belo Horizonte: Del Rey, 2002, p. 318.

340. RAMOS, André de Carvalho. **Processo Internacional de Direitos Humanos:** análise dos sistemas de apuração de violações dos direitos humanos e a implementação das decisões no Brasil. Rio de Janeiro: Renovar, 2002, p. 280.

341. Ao comentar o art. 29, b, da Convenção Americana de Direitos Humanos, Valeria de Oliveira Mazzuoli afirma que "a Convenção está aqui a permitir a aplicação do direito estatal ou o direito convencional de que o Estado seja parte, independentemente da aplicação da própria Convenção. Ou seja, a Convenção está a admitir que as fontes do direito não se excluem mutuamente, mas antes se complementam, podendo haver no Direito interno estatal disposições *mais benéficas* que as existentes na própria Convenção Americana e que devem ser aplicadas em detrimento dela [...] A primazia, para a Convenção Americana, é da norma que mais amplia o gozo de um direito ou de uma liberdade ou garantia, à qual se atribui o nome de princípio ou regra *pro homine*". GOMES, Luiz Flávio; MAZZUOLI, Valerio de Oliveira. **Comentários à Convenção Americana sobre Direitos Humanos:** Pacto de San José da Consta Rica. 4.ed. São Paulo: Revista dos Tribunais, 2013, p. 240-241.

os dispositivos de qualquer outro instrumento internacional ou de lei nacional que proíba os tratamentos ou penas cruéis, desumanos, ou degradantes ou que se refira à extradição ou expulsão".[342]

Enquanto princípio constitucional, como já adiantado, deriva da interpretação sistemática e teleológica dos princípios fundamentais (Título I, da CF/88), em especial da dignidade da pessoa humana (art. 1º, III) e da prevalência dos direitos humanos (art. 4º, II), bem como da abertura material e formal da Constituição aos tratados internacionais de direitos humanos (art. 5º, § 2º e § 3º) a recepcionarem, inclusive, os dispositivos que consagram o princípio *pro homine*, assim como do próprio sistema constitucional e, notadamente, do sistema de direitos e garantias fundamentais da Constituição de 1988, nos quais a pessoa humana é o fim primeiro e último, e a proteção e promoção de seus direitos o principal objetivo de nosso Estado Democrático de Direito, podendo ser, por isso, considerado, também, um *princípio geral de direito.*[343-344]

Assim, pode-se dizer que o princípio internacional e constitucional *pro homine*, ou princípio interpretativo da prevalência da norma mais favorável à pessoa humana consiste no princípio jurídico que exige, em casos de antinomia normativa, isto é, conflito de normas, que a interpretação e a aplicação do direito se dê privilegiando a norma que seja mais benéfica, mais favorável à pessoa humana. Esse princípio, por óbvio, não pode perder de vista a *ratio* e o *telos* dos direitos humanos e dos direitos fundamentais, devendo observar, nas situações de conflitos, que esses direitos são, dentre outras coisas, direitos dos mais fracos, dos mais vulneráveis, dos mais débeis,[345]

342. Além desses pode-se mencionar o Pacto Internacional dos Direitos Econômicos, Sociais e Culturais, arts. 5º, 24 e 25, a Convenção Internacional sobre a eliminação de todas as formas de discriminação racial, art. 1º, (3), o Protocolo de San Salvador em matéria de direitos econômicos, sociais e culturais, art. 4º, a Convenção Europeia de Direitos Humanos, art. 53, a Convenção Europeia para a prevenção da tortura, art. 17, 1, a Carta Social Europeia, art. 32, dentre outros documentos internacionais de proteção dos direitos humanos.

343. Por uma leitura do princípio *pro homine* como sendo um princípio constitucional e, também, um princípio geral de direito, ver: MAZZUOLI, Valerio de Oliveira. Teoria Geral do Controle de Convencionalidade no Brasil. In: MARINONI, Luiz Guilherme; MAZZUOLI, Valerio de Oliveiro. **Controle de Convencionalidade:** um panorama latino-americano. Brasília: Gazeta Jurídica, 2013, p. 26-30.

344. Entendendo ser o princípio da norma mais favorável à pessoa humana (princípio *pro homine*), também constitucional, dentre outros: GUERRA, Sidney. **O sistema interamericano de proteção dos direitos humanos e o controle de convencionalidade.** São Paulo: Atlas, 2013, p. 193-197.

345. Para uma leitura dos direitos fundamentais como direitos dos mais fracos, dos mais vulneráveis, dos mais débeis, ver: FERRAJOLI, Luigi. **Los fundamentos de los derechos fundamentales.** 4.ed. Madrid: Trotta, 2009, p. 362-371.

dos que se encontram em situações de hipossuficiência,[346] das minorias.[347] Assim, esse princípio deve guiar-se em favor do homem, de um modo geral, e em favor dos mais fracos, de um modo especial. Deste modo, pode-se falar em subprincípios *pro homine*, como: *pro vítima, pro consumidor, pro operário, pro minorias, pro débeis* etc.[348]

O princípio *pro homine* deve orientar a interação entre os sistemas internacional e nacional de proteção e promoção da pessoa humana e de seus direitos, sobretudo na interpretação e aplicação dos direitos humanos e fundamentais, privilegiando uma relação de complementaridade entre esses direitos. No caso brasileiro, pode-se dizer que o princípio da prevalência da norma mais favorável à pessoa humana deve orientar a interpretação e aplicação dos direitos fundamentais típicos e atípicos (e dentro dos atípicos, especialmente os advindos de tratados internacionais de direitos humanos).[349] Nesse sentido, Antonio Augusto Cançado Trinade, ao discorrer sobre as relações dos direitos humanos internacionais com os direitos fundamentais constitucionais, afirma que "neste campo de proteção não se trata de primazia do direito internacional ou do direito interno aqui em constante interação: a primazia é, no presente domínio, da norma que melhor proteja, em cada caso, os direitos consagrados da pessoa humana, seja ela uma norma de direito internacional ou de direito interno".[350]

Nada obstante, em que pese o papel fundamental exercido pelo princípio *pro homine*, de todo o exposto, fica o seguinte questionamento:

---

346. Por uma ótica dos direitos humanos e dos direitos fundamentais como direitos *pro hipossuficientes*, em especial *pro consumidores*, ver: MARQUES, Claudia Lima; MAZZUOLI, Valerio de Oliveira. O consumidor-depositário infiel, os tratados de direitos humanos e o necessário diálogo das fontes nacionais e internacionais. In: PIOVESAN, Flávia; GARCIA, Maria (orgs.). **Doutrinas Essenciais Direitos Humanos:** Proteção Internacional dos Direitos Humanos. São Paulo: RT, 2011. v. 6, especialmente p. 68-71 e p. 81-82.

347. Por uma leitura dos direitos fundamentais como trunfos das minorias contra a maioria. NOVAIS, Jorge Reis. **Direitos Fundamentais:** trunfos contra a maioria. Coimbra: Coimbra, 2006, especialmente Caps. I e II.

348. Flávia Piovesan apresenta uma série de exemplos que contempla diversos campos de aplicação da norma mais favorável à pessoa humana (princípio *pro homine*), em: PIOVESAN, Flávia. **Direitos Humanos e o Direito Constitucional Internacional.** 13.ed. São Paulo: Saraiva, 2012, p. 165-171.

349. Nesse sentido: PIOVESAN, Flávia. Primazia da norma mais benéfica à proteção dos direitos humanos (princípio da –). In: TORRES, Ricardo lobo; KATAOKA, Eduardo Takemi; GALDINO, Flavio (org.). **Dicionário de Princípios Jurídicos.** Rio de Janeiro: Elsevier, 2011, especialmente p. 1029-1032.

350. CANÇADO TRINDADE, Antonio Augusto. **A proteção dos direitos humanos nos planos nacional e internacional:** perspectivas brasileiras. San José da Costa Rica/Brasília: Instituto Interamericano de Derechos Humanos, 1992, p. 317-318.

e quando o princípio de interpretação que estabelece a prevalência da norma mais favorável à pessoa humana não for o suficiente? Isto é, e quando estiverem em conflito duas normas que, no caso concreto, conferem proteção de maneira especial e intensa a dois direitos fundamentais (típicos ou atípicos)? Nesses casos difíceis em que a norma mais favorável não é facilmente identificável, o que fazer?

Aqui, o princípio da primazia da norma mais favorável não é suficiente, necessitando ser complementado de alguma maneira para que se proceda à interpretação e aplicação do direito. Propostas não faltam. Exemplificando: André de Carvalho Ramos[351] e George Rodrigo Bandeira Galindo[352] aderem à teoria Alexyana da ponderação de interesses, pautada no princípio da proporcionalidade, já Valerio de Oliveira Mazzuoli[353] adere à teoria do diálogo das fontes de Erik Jayme.

Preferimos não aderir a nenhum dos métodos de resolução de conflitos normativos, mas somente esclarecer que, sendo insuficiente o princípio da primazia da norma mais favorável à pessoa humana, haverá de se proceder por um método de resolução de conflitos de normas de direitos fundamentais, inclusive no caso de conflito entre normas de direitos fundamentais típicos e normas de direitos fundamentais atípicos advindos de tratados de direitos humanos, pois essas normas também são normas de direitos fundamentais por força do art. 5º, § 2º, da Constituição de 1988.

351. RAMOS, André de Carvalho. **Teoria Geral dos Direitos Humanos na Ordem Internacional.** Rio de Janeiro: Renovar, 2005, p. 106 e ss.

352. GALINDO, George Rodrigo Bandeira. **Tratados Internacionais de Direitos Humanos e Constituição Brasileira.** Belo Horizonte: Del Rey, 2002, p. 314-318.

353. MAZZUOLI, Valerio de Oliveira. **Tratados Internacionais de Direitos Humanos e Direito Interno.** São Paulo: Saraiva, 2010.

DIREITOS FUNDAMENTAIS ATÍPICOS: POSSIBILIDADES CONSTITUCIONAIS DE CONSTRUÇÃO E IDENTIFICAÇÃO

No capítulo anterior, demonstrou-se que, à luz do disposto no § 2º, do art. 5º, da Constituição brasileira de 1988, há três fontes das quais os direitos fundamentais atípicos podem advir em nosso ordenamento jurídico vigente: a) o regime constitucional, que pode ser entendido *lato sensu* (sistema constitucional) e *stricto sensu* (sistema de direitos e garantias fundamentais); b) os princípios constitucionais, que são os princípios fundamentais do Título I, da Constituição, com especial relevância para a dignidade da pessoa humana; e c) os tratados internacionais de direitos humanos dos quais o Brasil seja parte (todos eles, que, como demonstrado, possuem hierarquia constitucional, independentemente de terem passado pelo procedimento especial do § 3º, do art. 5º).

Das três fontes estabelecidas pelo § 2º, do art. 5º, da Constituição de 1988, é possível, por uma interpretação sistemática, apontar quatro possibilidades constitucionais de construção e identificação de direitos fundamentais atípicos (espécies de direitos fundamentais atípicos), isto é, quatro possibilidades de se encontrar direitos fundamentais que não estejam expressamente previstos no Título II de nossa Carta Maior: a) direitos e garantias fundamentais positivados expressamente na Constituição, mas fora do Título II, que chamamos de *direitos fundamentais não enumerados*; b) direitos e garantias fundamentais não positivados expressamente na Constituição, mas implicitamente nela contidos, que chamamos de *direitos fundamentais implícitos*; c) direitos e garantias fundamentais decorrentes do regime e dos princípios adotados pela Constituição, que chamamos de *direitos fundamentais atípicos stricto sensu*; d) direitos e garantias fundamentais advindos dos tratados internacionais em que a República Federativa do Brasil seja parte, que chamamos de *direitos humanos fundamentais*.

Além disso, há na doutrina quem aponte uma quinta possibilidade de construção e identificação de novos direitos fundamentais no atual constitucionalismo brasileiro: e) direitos e garantias fundamentais infraconstitucionais, advindos única e exclusivamente da legislação infraconstitucional, que são chamados de *direitos fundamentais extravagantes*. Possibilidade esta com a qual discordamos e, como demonstraremos, é inconstitucional.

Aqui três observações precisam ser feitas.

Primeiro: não se pode confundir as fontes dos direitos fundamentais atípicos (os tratados internacionais de direitos humanos, o regime constitucional e os princípios constitucionais, além, é claro, da própria Constituição) com as espécies dos direitos fundamentais atípicos (direitos fundamentais atípicos não enumerados, implícitos, atípicos *stricto sensu* e humanos fundamentais), pois uma coisa são as fontes, as origens matriciais jurídico-axiológicas dos direitos fundamentais atípicos, outra coisa são as espécies desses direitos, que dizem respeito às possibilidades constitucionais de se identificar ou construir tais direitos.

Segundo: A espécie dos direitos fundamentais atípicos *stricto sensu* é residual, só se podendo construir direitos fundamentais atípicos por ela se não houver como identificá-los por outra espécie, a fim de se evitar a banalização dos direitos fundamentais atípicos, vez que essa espécie é jurídica e axiologicamente mais aberta e abstrata que as demais, pois o direito que dela advém não se encontra nem expressa (seja na Constituição, seja em Tratados de Direitos Humanos), nem implicitamente positivado (na Constituição).

Terceiro: Por uma questão lógica, apenas a espécie dos direitos humanos fundamentais pode complementar outra espécie de direitos fundamentais atípicos (considerando que os direitos fundamentais atípicos *stricto sensu* são residuais, esses não podem cumular-se a nenhuma outra espécie; considerando que os direitos não enumerados são direitos expressamente consagrados na Constituição Formal, eles não podem ser implícitos e vice-versa; assim, apenas os direitos humanos fundamentais podem complementar as demais espécies, notadamente, as espécies dos direitos fundamentais não enumerados e dos direitos fundamentais implícitos), desde que não seja a espécie dos direitos fundamentais atípicos stricto sensu, pois se existir direito humano fundamental (previsto em tratado do qual o Brasil seja signatário), não se pode recorrer à espécie dos direitos fundamentais atípicos stricto sensu, vez que se trata de espécie residual.

Isto posto, passemos ao exame mais detido de cada uma das possibilidades apontadas.

3.1. OS DIREITOS FUNDAMENTAIS NÃO ENUMERADOS: DIREITOS FUNDAMENTAIS POSITIVADOS EXPRESSAMENTE NA CONSTITUIÇÃO, MAS FORA DO TÍTULO II

A primeira hipótese de se encontrar direitos fundamentais atípicos no âmbito de nosso constitucionalismo vigente refere-se à possibilidade de se identificar direitos e garantias fundamentais positivados expressamente na Constituição, mas fora do Título II, estando, assim, expressamente previstos no texto constitucional (Constituição Formal), mas não enumerados no título específico (fora do rol típico dos direitos fundamentais), por isso os chamamos de *direitos fundamentais não enumerados*,[1] pois, como dissemos, em que pese estejam expressamente previstos na Constituição, não estão enumerados no rol típico dos direitos e garantias fundamentais.[2]

Os *direitos fundamentais atípicos não enumerados*, também chamados pela doutrina pátria de *direitos fundamentais fora do catálogo, mas com status constitucional formal e material* ou ainda de *direitos fundamentais dispersos na Constituição*,[3] fundamentam-se tanto no "regime" constitucional (*lato sensu* e *stricto sensu*), como nos "princípios" constitucionais, principal e necessariamente no princípio fundamental da dignidade da pessoa humana.

1. Advirta-se que este é apenas o *nomen juris* que utilizamos para identificar esses direitos na ordem jurídico-constitucional brasileira. Assim, frise-se que este nome jurídico não se identifica com os direitos não enumerados do constitucionalismo estadunidense.
2. Vale lembrar que consideramos típicos os direitos fundamentais que constam expressamente no Título II da CF/88 e atípicos todos aqueles que não estão expressamente positivados no Título II da CF/88.
3. SARLET, Ingo Wolfgang. **A eficácia dos direitos fundamentais:** uma teoria geral dos direitos fundamentais na perspectiva constitucional. 10. ed. Porto Alegre: Livraria do Advogado Editora, 2010, p. 116 e ss.

Em primeiro lugar, fundamentam-se no sistema constitucional (regime constitucional *lato sensu*), pois é justamente no próprio texto constitucional que os encontraremos, mais precisamente fora do título II da Constituição, fazendo-se, assim, imprescindível trabalhar com o texto constitucional como um todo unitário e ordenado.

Por outro lado, fundamentam-se no sistema dos direitos e garantias fundamentais, vez que se destinam, tais quais os direitos e garantias fundamentais típicos, à proteção e a promoção da pessoa humana, encaixando-se perfeitamente no subsistema constitucional dos direitos e garantias fundamentais, ou melhor, integrando esse sistema.

Por fim, fundamentam-se nos princípios constitucionais (princípios fundamentais do Título I, da CF/88), pois são eles a matriz principiológica sob a qual se funda o sistema de direitos e garantias fundamentais, devendo todos os direitos a eles fundamentalmente regressarem, vez que aqui há uma relação matricial-concretizadora, na qual os direitos fundamentais possuem sua jusfundamentalidade (e, portanto sua matriz jurídico-axiológica) nos princípios fundamentais e, por sua vez, esses princípios concretizam-se constitucionalmente através da implementação desses direitos. Aqui, destaque-se o princípio fundamental da dignidade da pessoa humana, elemento matricial comum a todos os direitos e garantias fundamentais (em maior ou menor grau, a variar com o direito específico de que se trata), pois é necessário demonstrar-se que o direito fundamental atípico não enumerado (para que se possa chama-lo de direito fundamental) tem como escopo proteger e/ou promover a pessoa humana, fim maior do Estado Constitucional Democrático de Direito. Frise-se, é necessário que o escopo do direito seja proteger ou promover a pessoa humana, e não apenas que ele sirva para isso e tenha como finalidade principal outra(s) coisa(s).

Em que pese haja uma diminuição dos riscos de equívocos, o fato desses direitos atípicos comporem a Constituição Formal não facilita muito o trabalho do intérprete em identificá-los.[4] O trabalho argumentativo na demonstração da jusfundamentação dos direitos fundamentais não enumerados exige a comprovação de que determinado direito fundamental atípico não enumerado fundamenta-se no regime (*strito sensu* e *lato sensu*) e nos princípios constitucionais

4. Ibidem, idem.

(princípios fundamentais, revelando-se necessariamente sua matriz na dignidade da pessoa humana e sua função na proteção e/ou promoção da pessoa humana), tal qual exigido pelo § 2º, do art. 5º, da Constituição de 1988.

Nesse sentido, difícil tem sido a tarefa de identifica-los, sendo poucos os seus exemplos na literatura jurídica, predominantemente encontrados em manuais e comentários à Constituição, no mais das vezes, em comentários a Constituições pretéritas (nesses casos os exemplos, em regra, já foram positivados no rol típico do Título II da CF/88). De todo modo, é possível citar os seguintes exemplos de direitos e garantias fundamentais atípicos não enumerados: direito de igual acesso aos cargos públicos (art. 37, I), direito de associação sindical dos servidores públicos (art. 37, VI), direito de greve dos servidores públicos (art. 37, VII), direito dos servidores públicos à estabilidade no cargo (art. 41), garantia à publicidade dos julgamentos judiciais (art. 93, IX), garantia à motivação das decisões judiciais (art. 93, IX), garantias fundamentais tributárias (art. 150, I a VI), direito ao ensino público fundamental obrigatório (art. 215), direito à manifestação do pensamento, expressão e informação (art. 220), direito ao meio ambiente ecologicamente equilibrado (art. 225), direito ao reconhecimento pelo Estado das relações afetivas na forma da lei cível, seja como união estável civil, seja como casamento civil (art. 226, especialmente §§ 1º, 2º e 3º), garantia de igualdade de direitos e obrigações entre cônjuges (art. 226, § 5º), direito ao reconhecimento pelo estado da dissolução do casamento (art. 226, § 6º), direito dos filhos a tratamento igualitário e não-discriminatório (art. 227, § 6º), direito ao planejamento familiar incentivado pelo Estado (art. 226, § 7º), direito ao transporte público coletivo gratuito aos maiores de sessenta e cinco anos de idade (art. 230, § 2º), dentre outros.

Não é nossa intenção exaurir todas as possibilidades de identificação de direitos fundamentais atípicos não enumerados em nossa Carta Maior, até porque, via Emenda à Constituição, esses direitos podem ser ampliados. Contudo, alguns exemplos foram dados na tentativa de demonstrar que os tais direitos fundamentais não enumerados existem em nosso constitucionalismo vigente. Para além disso, agora, fundamentar-se-á alguns dos exemplos dados acima (precisamente o direito fundamental atípico não enumerado ao meio ambiente ecologicamente equilibrado, as garantias fundamentais à publicidade dos julgamentos judiciais e à motivação das decisões judiciais, bem como à garantia fundamental tributária da anterioridade), na tentativa de demonstrar ao leitor a *jusfundamentação* de tais direitos no regime e nos princípios constitucionais, tal qual exigida pelo § 2º, do art. 5º, da CF/88.

A começarmos pelo direito fundamental não enumerado ao *meio ambiente ecologicamente equilibrado*, talvez um dos mais polêmicos (sobretudo pela banalização dos discursos fundados nesse direito, como, por exemplo, a sustentação da existência de direitos fundamentais dos animais no âmbito do constitucionalismo brasileiro vigente[5-6]) e mais relevantes (não há como negar a importância do meio ambiente ecologicamente equilibrado para a vida digna do ser humano, especialmente nos tempos atuais em que sofremos as consequências do desequilíbrio ambiental e da exploração descontrolada do meio ambiente) direitos atípicos de nosso constitucionalismo,[7] pode-se dizer que está positivado no art. 225 da Constituição Federal de 1988,[8] sendo um direito fundamental atípico não enumerado, vez

---

5. Sobre a banalização do direito fundamental ao meio ambiente ecologicamente equilibrado e a sustentação de que existiriam direitos fundamentais dos animais em nosso constitucionalismo, esse autor pode compartilhar a seguinte experiência: Certo dia ao perguntar a uma pessoa (jurista de formação) porque os animais teriam direitos fundamentais à luz de nosso constitucionalismo, ou melhor, qual seria o critério material de jusfundamentalidade desses direitos fundamentais dos animais, fui surpreendido com a seguinte resposta: "os animais possuem direitos fundamentais, pois, com base na teoria de Darwin, um dia os seres humanos serão como os Na'vi, do filme Avatar, nos alimentaremos da energia das plantas e nos sintonizaremos com os animais pelos nossos rabos, essa é a tendência da evolução, por isso precisamos defender os direitos fundamentais de todas as espécies vivas". Detalhe 01: a nobre jurista naquele momento colocou, no projetor, uma bela imagem de um Na'vi em cima de um imponente animal voador, foi realmente impressionante a explicação com apoio em Avatar e Darwin, alguns colegas quase choraram. Detalhe 02: chegando a minha casa e revendo o filme Avatar percebi que os Na'vi não se alimentavam nem se sintonizavam pelos rabos, mas sim pelos cabelos. Assim, cheguei a seguinte conclusão: além de nossa "operadora do direito" não saber nada de direito constitucional e de direito ambiental, ela também não sabia nada sobre Darwin ou mesmo sobre o filme Avatar, mas usava dos referidos argumentos apelativos na tentativa de sustentar suas ideias.
6. Em que pese discordemos da tese que confere titularidade de direitos fundamentais aos animais, pois pensamos que o correto seja falar em deveres fundamentais para com os animais, ou melhor, para com a fauna e com a flora, especialmente em face do direito fundamental da pessoa humana ao meio ambiente ecologicamente equilibrado, reconhecemos que há trabalhos sérios que defendem essa ideia, diferentemente do exemplo citado na nota anterior. Nesse sentido, defendendo os direitos fundamentais dos animais de maneira séria: NOGUEIRA, Vânia Márcia Damasceno. **Direitos fundamentais dos animais:** a construção jurídica de uma titularidade para além dos seres humanos. Belo Horizonte: Arraes, 2012.
7. Para uma leitura plural sobre o direito fundamental ao meio ambiente ecologicamente equilibrado e temas conexos de direitos fundamentais e meio ambiente, ver: SARLET, Ingo Wolfgang (org.). **Estado Socioambiental e Direitos Fundamentais.** Porto Alegre: Livraria do Advogado, 2010.
8. *CF/88, art. 225. Todos têm direito ao meio ambiente ecologicamente equilibrado, bem de uso comum do povo e essencial à sadia qualidade de vida, impondo-se ao Poder Público e à coletividade o dever de defendê-lo e preservá-lo para as presentes e futuras gerações.*

que se trata de direito constitucional formal que não está inserido no rol típico dos direitos fundamentais (Título II), mas que possui *jusfundamentalidade* material, sendo, portanto, direito fundamental.[9]

Ademais, trata-se de direito da pessoa humana de terceira geração (ou dimensão) que tem por escopo atender as novas demandas e solucionar os novos problemas da vida social,[10] como já reconheceu o próprio Supremo Tribunal Federal, no julgamento da ADI-MC 3540/DF, em 2005, cuja Ementa assevera:

> Todos têm direito ao meio ambiente ecologicamente equilibrado. Trata-se de um típico direito de terceira geração (ou de novíssima dimensão), que assiste a todo o gênero humano (RTJ 158/205-206). Incumbe, ao Estado e à própria coletividade, a especial obrigação de defender e preservar, em benefício das presentes e futuras gerações, esse direito de titularidade coletiva e de caráter transindividual (RTJ 164/158-161). O adimplemento desse encargo, que é irrenunciável, representa a garantia de que não se instaurarão, no seio da coletividade, os graves conflitos intergeneracionais marcados pelo desrespeito ao dever de solidariedade, que a todos se impõe, na proteção desse bem essencial de uso comum das pessoas em geral.

O direito ao meio ambiente ecologicamente equilibrado é um direito fundamental atípico não enumerado cuja *jusfundamentalização* sustenta-se, em primeiro lugar, no regime constitucional *lato sensu* (sistema constitucional), pois trata-se de direito constitucionalmente estabelecido, positivado na Constituição Formal. Em segundo lugar,

---

9. Defendendo a ideia de que o direito ao meio ambiente ecologicamente equilibrado é direito fundamental (por força do § 2º, do art. 5º, tendo como fonte a dignidade da pessoa humana, mais precisamente na dimensão que reclama uma vida digna ao ser humano), dentre outros: SARLET, Ingo Wolfgang; FENSTERSEIFER, Tiago. Estado socioambiental e mínimo existencial (ecológico?): algumas aproximações. In: SARLET, Ingo Wolfgang (org.). **Estado Socioambiental e Direitos Fundamentais.** Porto Alegre: Livraria do Advogado, 2010; FREITAS, Juarez. **Sustentabilidade:** direito ao futuro. Belo Horizonte: Fórum, 2011; CARVALHO, Délton Winter de. A sociedade do risco global e o meio ambiente como um direito personalíssimo intergeracional. In: PIOVESAN, Flávia; GARCIA, Maria (orgs.). **Doutrinas Essenciais Direitos Humanos:** Direitos Econômicos, Sociais, Culturais e Ambientais. São Paulo: RT, 2011. v.3, especialmente p. 1291 e ss.; MARUM, Jorge Alberto de Oliveira. Meio Ambiente e direitos humanos. In: PIOVESAN, Flávia; GARCIA, Maria (orgs.). **Doutrinas Essenciais Direitos Humanos:** Direitos Econômicos, Sociais, Culturais e Ambientais. São Paulo: RT, 2011. v.3, especialmente p. 1331 e ss.
10. Nesse sentido, dentre outros: KRELL, Andreas Joachim. Comentário ao art. 225, *caput*. In: CANOTILHO, J.J. Gomes; MENDES, Gilmar Ferreira; SARLET, Ingo Wolfgang; STRECK, Lenio Luiz (coord.). **Comentários à Constituição do Brasil.** São Paulo: Saraiva, 2013, p. 2081.

sustenta-se no regime constitucional *stricto sensu* (sistema de direitos e garantias fundamentais), vez que guarda relação com diversos direitos fundamentais típicos, tais quais os direitos à saúde, à cultura, à alimentação digna, ao lazer etc., podendo, inclusive, ser compreendido como desdobramento desses direitos, pelo menos parcialmente. Ademais, sua jusfundamentalidade recorre matricialmente aos princípios constitucionais fundamentais, especialmente ao princípio fundamental da dignidade da pessoa humana, que exige para a proteção humana, um ambiente de vida que seja saudável e renovável, de forma a assegurar condições para o pleno desenvolvimento da pessoa.[11] Ora, dentre outras coisas, é do meio ambiente que o ser humano retira sua alimentação e os insumos para a concretização de suas ideias, sem um ambiente ecologicamente equilibrado o ser humano padeceria da falta de recursos. Além disso, a degradação ambiental potencializada após a Revolução Industrial, já mostra seus efeitos catastróficos na vida humana, como, por exemplo, o aumento da temperatura do planeta e o, consequente, derretimento das calotas polares. Assim, pode-se afirmar que o direito fundamental atípico não enumerado ao meio ambiente ecologicamente equilibrado tem como finalidade maior proteger o ser humano da degradação ambiental que lhe é tão prejudicial e, concomitantemente, promover seu desenvolvimento, já que é do meio ambiente que o homem retira a matéria prima para a concretização de suas ideias.

Passando-se ao exame da garantia fundamental não enumerada da *publicidade dos julgamentos judiciais*, positivada no art. 93, IX, da Constituição da República Federativa do Brasil de 1988,[12]

---

11. Em sentido parecido, Walter Claudius Rothemburg afirma: "A principal razão para o tema do ambiente ser considerado um assunto materialmente constitucional, que figura ou deve figurar nos documentos constitucionais contemporâneos, está em que se trata de um direito humano. Seja por sua vinculação à saúde, à cultura, à democracia (participação e informação), ou como bem jurídico autônomo, o ambiente ecologicamente equilibrado está entre os direitos mais importantes [...] O radical dos direitos fundamentais é a dignidade, que, segundo o texto de nossa Constituição (art. 1º, III) é um dos fundamentos do Estado Democrático de Direito em que se constitui a República Federativa do Brasil [...] Ora, a ligação do meio ambiente com a dignidade do ser humano (e provavelmente não apenas dele), por intermédio de outros direitos fundamentais (saúde, lazer...) ou de modo autônomo, é evidente". ROTHENBURG, Walter Claudius. Jurisdição Constitucional Ambiental no Brasil. In: SARMENTO, Daniel; SARLET, Ingo Wolfgang (coord.). **Direitos Fundamentais no Supremo Tribunal Federal:** Balanço e Crítica. Rio de Janeiro: Lumen Juris, 2011, p. 834-835.
12. *CF/88, art. 93, IX - todos os julgamentos dos órgãos do Poder Judiciário serão públicos, e fundamentadas todas as decisões, sob pena de nulidade, podendo a lei limitar a presença, em determinados atos, às próprias partes e a seus advogados, ou somente a estes, em casos nos quais a preservação do direito à intimidade do interessado no sigilo não prejudique o interesse público à informação;*

excepcionada pelo seu art. 5º, LX[13] e reforçada pelo disposto no art. 37, *caput*,[14] pode-se afirmar que se trata de direito[15] fundamental não enumerado, vez que se encontra positivada na Constituição Formal, contudo não estando inserida no rol típico dos direitos e garantias fundamentais (Título II), mas que possui *jusfundamentalidade* material, tratando-se, portanto, de garantia fundamental. Antes de demonstrarmos, brevemente, sua *jusfundamentação*, faz-se mister observar que se trata de garantia fundamental que encontra assento em documentos internacionais de direitos humanos dos quais o Brasil é signatário, destacando-se sua previsão no artigo X, da Declaração Universal dos Direitos Humanos.[16] Assim, trata-se tanto de uma garantia fundamental atípica não enumerada, como de uma garantia humano fundamental.

A garantia fundamental à publicidade dos julgamentos judiciais consiste em direito fundamental atípico não enumerado cuja *jusfundamentalidade* reside no regime e nos princípios constitucionais. Sua relação com o regime constitucional *lato sensu* – sistema constitucional – é clara e evidente, podendo ser comprovada, pela sua constitucionalidade formal e pela sua relação com outros dispositivos constitucionais, tais como os citados art. 5º, LX, e art. 37, *caput*, da CF/88. Relaciona-se, também, com o regime constitucional *stricto sensu* – sistema de direitos e garantias fundamentais – pois se trata de uma reinvindicação histórica dos direitos da pessoa humana, sobretudo contra os processos inquisitivos e autoritários dos juízos

---

13. *CF/88, art. 5º, LX - a lei só poderá restringir a publicidade dos atos processuais quando a defesa da intimidade ou o interesse social o exigirem;*
14. *CF/88, art. 37. Art. 37. A administração pública direta e indireta de qualquer dos Poderes da União, dos Estados, do Distrito Federal e dos Municípios obedecerá aos princípios de legalidade, impessoalidade, moralidade, publicidade e eficiência...*
15. Em relação à distinção entre direitos fundamentais e garantias fundamentais, em especial para a doutrina processualista, já nos posicionamos da seguinte maneira: "os *direitos fundamentais* consistem em normas jurídicas (regras ou princípios) positivadas na Constituição e por ela reconhecidas como fundamentais, que instituem, em favor das pessoas, bens, vantagens, prerrogativas de fazer ou deixar de fazer, assim como de exigir que seja feito ou que não seja feito por outrem (em regra, o Estado) determinadas coisas. Já as *garantias fundamentais* consistem nas normas jurídicas (regras ou princípios) positivadas na Constituição que instituem os meios, isto é, os mecanismos e instrumentos disponibilizados às pessoas para a defesa de seus direitos fundamentais". DOS SANTOS, Eduardo R. **Processo e Constituição.** Leme: J.H. Mizuno, 2014, p. 164. Nada obstante, desde que numa perspectiva geral ou genérica, não vemos problemas em se utilizar o termo "direito" para referir-se aos direitos e/ou garantias.
16. *"Toda pessoa tem direito, em plena igualdade, a uma audiência justa e pública por parte de um tribunal independente e imparcial, para decidir de seus direitos e deveres ou do fundamento de qualquer acusação criminal contra ele".*

secretos da Idade Média.[17] Ademais, no moderno sistema de direitos e garantias fundamentais, decorre, independentemente de sua positivação, dentre outras, das garantias processuais constitucionais do devido processo legal (art. 5º, LIV), do acesso à justiça (art. 5º, XXXV), do contraditório e da ampla defesa (art. 5º, LV), compondo o modelo constitucional de processo.[18] Além disso, está *jusfundamentalizado* nos princípios constitucionais – princípios fundamentais do Título I, da CF/88 –, especialmente, nos princípios fundamentais do Estado Democrático, ou princípio democrático, consagrado no art. 1º, *caput* (por ser considerada uma garantia imprescindível à participação cidadã, vez que sem publicidade, difícil se faz qualquer participação, enfim, como participar daquilo que não se tem conhecimento?), da cidadania, previsto no art. 1º, II (por motivos próximos aos que a ligam ao princípio democrático, mas com foco no cidadão jurisdicionado, sendo a publicidade garantia que assegura a confiança na jurisdição e permite ao cidadão participar conscientemente dos processos judiciais), e da dignidade da pessoa humana, positivado no art. 1º, III (vez que sem ter conhecimento dos atos e, em especial, das decisões judiciais, a pessoa humana torna-se refém de um processo secreto, tais quais os que ocorriam na Idade Média, nos quais não se asseguravam quaisquer direitos, assim, a garantia da publicidade, é uma garantia fundamental que tem por objetivo proteger o ser humano das abusividades do Estado-juiz, especialmente, por não permitir que o Estado aja secretamente nos processos judiciais).[19]

Positivada no art. 93, IX, da Constituição da República Federativa do Brasil de 1988, assim como a publicidade, a garantia fundamental atípica não enumerada da *motivação das decisões judiciais* trata-se,

---

17. Como demonstra Ada Pellegrini Grinover, a publicidade é fruto da luta dos homens contra os processos inquisitivos e autoritários dos juízos secretos oriundos da Idade Média, ganhando força, sobretudo, com a Revolução Francesa e os ideais iluministas. GRINOVER, Ada Pellegrini. **Os princípios constitucionais e o Código de processo civil.** São Paulo: José Bushatsky Editor, 1975.

18. Nesse sentido: DOS SANTOS, Eduardo R. **Processo e Constituição.** Leme: J.H. Mizuno, 2014, p. 133 e ss.

19. José Alfredo de Oliveira Baracho leciona que o princípio processual da publicidade está diretamente ligado ao sistema de governo democrático, consistindo em "um garantia imprescindível, para possibilitar a participação da cidadania, pelo que todos têm direito a um processo público". Ademais, segundo Baracho, a garantia fundamental da publicidade "contribui para assegurar a confiança da opinião pública na administração da Justiça", pois em face dela, o ato jurisdicional passa por uma avaliação social, "expondo-se às críticas das partes e de seus representantes, evitando o juízo arbitrário" BARACHO, José Alfredo de Oliveira. Teoria Geral do Processo Constitucional. **Revista Forense.** Rio de Janeiro, v. 383, p. 131-180, jan/fev, 2006, p. 137-138.

também de direito fundamental não enumerado, pois se encontra positivada na Constituição Formal, contudo não estando inserida no rol típico dos direitos e garantias fundamentais (Título II), mas que possui *jusfundamentalidade* material, tratando-se, portanto, de garantia fundamental atípica.

A garantia fundamental à motivação das decisões judiciais consiste em direito fundamental atípico não enumerado cuja *jusfundamentalidade* reside, em termos próximos e conexos com os que jusfundamentalizam a garantia à publicidade, no regime e nos princípios constitucionais. Sua relação matricial com o regime constitucional *lato sensu* – sistema constitucional – liga-se à sua positivação expressa na Constituição Formal, bem como à sua relação com outros dispositivos constitucionais, especialmente os que compõem o subsistema constitucional dos direitos e garantias fundamentais. Especificamente com o regime constitucional *stricto sensu* – sistema de direitos e garantias fundamentais – relaciona-se matricialmente, dentre outras, com as garantias processuais constitucionais do devido processo legal (art. 5º, LIV), do acesso à justiça (art. 5º, XXXV), do contraditório e da ampla defesa (art. 5º, LV), compondo o modelo constitucional de processo.[20] Além disso, está *jusfundamentalizada* nos princípios constitucionais – princípios fundamentais do Título I, da CF/88 –, especialmente, nos princípios fundamentais do Estado Democrático de Direito (art. 1º, *caput*), pois contempla a dialética processual com a ampla participação dos cidadãos no processo decisório, inerente aos processos judiciais de democracias constitucionais, da cidadania (art. 1º, II), vez que o cidadão jurisdicionado terá não só o direito de participar do processo decisório que lhe é inerente, mas também terá o direito de ver seus argumentos enfrentados de forma motivada, independentemente se forem aceitos ou negados pelo julgador, e da dignidade da pessoa humana, (art. 1º, III), pois, dentre outras coisas, exige do Estado-juiz uma fundamentação fático-jurídica, constitucionalmente adequada e racional, sobre qualquer decisão que venha a tomar sobre a vida da pessoa humana e de suas relações públicas ou privadas, exige que o Estado dê à pessoa uma justificativa fundamentada nas leis do país das decisões que toma, contemplando não só a segurança jurídica e a

20. Nesse sentido: DOS SANTOS, Eduardo R. **Processo e Constituição.** Leme: J.H. Mizuno, 2014, p. 137 e ss.

confiabilidade das pessoas no sistema judiciário, mas também fornecendo ao jurisdicionado um enfrentamento de todos os argumentos por ele apresentados (que é o mínimo que o Estado deve a cada cidadão jurisdicionado).[21] Assim, a garantia fundamental atípica não enumerada da motivação das decisões judiciais consiste numa proteção do cidadão contra as, potenciais, abusividades do Estado-juiz, até porque, com base na decisão e sua fundamentação, o jurisdicionado poderá, a depender do caso, impetrar um dos diversos recursos previstos em nosso ordenamento buscando a revisão da decisão prolatada.

Por sua vez, a garantia fundamental atípica não enumerada da *anterioridade tributária*, bem como as *demais garantias fundamentais tributárias*, também chamadas de limites ao poder de tributar, consiste em direito fundamental atípico não enumerado, pois está expressamente positivada na Constituição Formal, contudo não inserida no rol típico dos direitos e garantias fundamentais (Título II), possuindo, entretanto, *jusfundamentalidade* material, tratando-se de garantia fundamental atípica do contribuinte.[22] Nesse sentido, inclusive, já se manifestou o Supremo Tribunal Federal, em 1993, no julgamento da ADI 939-7/DF.[23]

---

21. Nesse sentido, Araújo Cintra, Ada Pellegrini e Candido Rangel afirmam que, modernamente, o princípio da motivação das decisões é visto como garantia às partes, ao julgador e à *quisquis de populo*, "com a finalidade de aferir-se em concreto a imparcialidade do juiz e a legalidade e justiça das decisões". CINTRA, Antonio Carlos de Araújo; GRINOVER, Ada Pellegrini; DINAMARCO, Candido Rangel. **Teoria Geral do Processo.** 26.ed. São Paulo: Malheiros, 2010, p. 74. No mesmo sentido, José Alfredo de Oliveira Baracho afirma que a motivação das decisões consiste em uma exigência instransponível estabelecida pela Constituição, que se liga não só à noção de justiça e confiabilidade, mas também à concepção de cidadania e democracia. BARACHO, José Alfredo de Oliveira. **Direito Processual Constitucional:** aspectos contemporâneos. Belo Horizonte: Del Rey, 2008. Já Lenio Luiz Streck demonstra que a motivação possui íntima relação com o contraditório, assumindo papel fundamental no Estado Democrático de Direito, vez que se desdobra na "garantia que cada cidadão tem de que a decisão estará devidamente fundamentada" e respeitará à dialética processual desenvolvida pelas partes. Mais ainda, segundo Lênio, o dever de fundamentação das decisões assenta-se, dentre outras coisas, na devida deferência à dialética processual e na ampla "participação das partes no processo decisório" inerentes ao Estado Democrático de Direito e às Constituições cidadãs, tais como a atual Carta da República do Brasil. STRECK, Lenio Luiz. Hermenêutica, Constituição e Processo, ou de "como discricionariedade não combina com democracia": o contraponto da resposta correta. In: MACHADO, Felipe Daniel Amorim; OLIVEIRA, Marcelo Andrade Cattoni de (coord.). **Constituição e Processo:** A contribuição do processo ao constitucionalismo democrático brasileiro. Belo Horizonte: Del Rey, 2009, p. 17-18. Por fim, nessa mesma perspectiva, Eduardo Cambi afirma que a motivação judicial consiste em "uma exigência racional do Estado Democrático de Direito". CAMBI, Eduardo. **Neoconstitucionalismo e Neoprocessualismo:** direitos fundamentais, políticas públicas e protagonismo judiciário. 2.ed. São Paulo: Revista dos Tribunais, 2011, p. 319.
22. Nesse sentido, dentre outros, MORAES, Alexandre de. **Direitos Humanos Fundamentais.** 10.ed. São Paulo: Atlas, 2013, p. 389 e ss.
23. EMENTA: Direito Constitucional e Tributário. Ação Direta de Inconstitucionalidade de Emenda Constitucional e de Lei Complementar. I.P.M.F. Imposto Provisório sobre a Movimentação ou a

A anterioridade tributária, positivada no art. 150, III, "b" e "c", da CF/88, consiste em garantia fundamental atípica não enumerada, cuja *jusfundamentalidade* sustenta-se no regime e nos princípios constitucionais. No que se refere ao regime *lato sensu* (sistema constitucional), a anterioridade tributária fundamentaliza-se pelo próprio fato de sua positivação expressa na Constituição Formal, bem como pela sua íntima relação com outros dispositivos constitucionais, especialmente com os que compõem o subsistema constitucional tributário e o subsistema constitucional dos direitos e garantias fundamentais. Em relação a sua fundamentação no regime *stricto sensu* (sistema de direitos e garantias fundamentais), pode-se dizer que a anterioridade tributária faz parte de um conjunto normativo especial que tem por objetivo proteger o cidadão contribuinte do Poder estatal de tributação, assegurando-lhe certos direitos e garantias que impõem limites ao "Poder de Tributar", ligando-se, ademais, a outras garantias fundamentais, tais quais o devido processo legal e a segurança jurídica.[24] Para além disso, possui matriz nos princípios constitucionais (princípios fundamentais), com destaque para os princípios do Estado Democrático de Direito e da dignidade da pessoa humana. Como exigência do Estado De-

Transmissão de Valores e de Créditos e Direitos de Natureza Financeira - I.P.M.F. Artigos 5., par. 2., 60, par. 4., incisos I e IV, 150, incisos III, "b", e VI, "a", "b", "c" e "d", da Constituição Federal. 1. Uma Emenda Constitucional, emanada, portanto, de Constituinte derivada, incidindo em violação a Constituição originaria, pode ser declarada inconstitucional, pelo Supremo Tribunal Federal, cuja função precípua e de guarda da Constituição (art. 102, I, "a", da C.F.). 2. A Emenda Constitucional n. 3, de 17.03.1993, que, no art. 2., autorizou a União a instituir o I.P.M.F., incidiu em vício de inconstitucionalidade, ao dispor, no paragrafo 2. desse dispositivo, que, quanto a tal tributo, não se aplica "o art. 150, III, "b" e VI", da Constituição, porque, desse modo, violou os seguintes princípios e normas imutáveis (somente eles, não outros): 1. - o princípio da anterioridade, que e garantia individual do contribuinte (art. 5., par. 2., art. 60, par. 4., inciso IV e art. 150, III, "b" da Constituição); 2. - o princípio da imunidade tributaria reciproca (que veda a União, aos Estados, ao Distrito Federal e aos Municípios a instituição de impostos sobre o patrimônio, rendas ou serviços uns dos outros) e que e garantia da Federação (art. 60, par. 4., inciso I,e art. 150, VI, "a", da C.F.); 3. - a norma que, estabelecendo outras imunidades impede a criação de impostos (art. 150, III) sobre: "b"): templos de qualquer culto; "c"): patrimônio, renda ou serviços dos partidos políticos, inclusive suas fundações, das entidades sindicais dos trabalhadores, das instituições de educação e de assistência social, sem fins lucrativos, atendidos os requisitos da lei; e "d"): livros, jornais, periódicos e o papel destinado a sua impressão; 3. Em consequência, e inconstitucional, também, a Lei Complementar n. 77, de 13.07.1993, sem redução de textos, nos pontos em que determinou a incidência do tributo no mesmo ano (art. 28) e deixou de reconhecer as imunidades previstas no art. 150, VI, "a", "b", "c" e "d" da C.F. (arts. 3., 4. e 8. do mesmo diploma, L.C. n. 77/93). 4. Ação Direta de Inconstitucionalidade julgada procedente, em parte, para tais fins, por maioria, nos termos do voto do Relator, mantida, com relação a todos os contribuintes, em caráter definitivo, a medida cautelar, que suspendera a cobrança do tributo no ano de 1993. (ADI 939, Relator(a): Min. SYDNEY SANCHES, Tribunal Pleno, julgado em 15/12/1993, DJ 18-03-1994 PP-05165 EMENT VOL-01737-02 PP-00160 RTJ VOL-00151-03 PP-00755)

24. Nesse sentido: TORRES, Ricardo Lobo. Direitos Fundamentais do Contribuinte no Supremo Tribunal Federal. In: SARMENTO, Daniel; SARLET, Ingo Wolfgang (coords.). **Direitos Fundamentais no Supremo Tribunal Federal:** balanço e crítica. Rio de Janeiro: Lumen Juris, 2011.

mocrático de Direito, a anterioridade tributária consiste na garantia que assegura a todos os cidadãos uma previsibilidade tributária, uma garantia de não surpresa, verdadeiro corolário da segurança jurídica exigida pelo Estado de Direito, especialmente, o democrático. Já sua *jusfundamentalidade* na dignidade da pessoa humana liga-se à função de proteção do cidadão contribuinte contra os abusos do Poder de Tributar do Estado, pois consiste num limite que tem por escopo proteger a pessoa humana, evitando que o Estado a surpreenda e prejudique seu planejamento econômico e, consequentemente, seu planejamento de vida, impondo-lhe intranquilidade e insegurança jurídico-econômica.[25]

3.2. OS DIREITOS FUNDAMENTAIS IMPLÍCITOS: DIREITOS FUNDAMENTAIS NÃO POSITIVADOS EXPRESSAMENTE NA CONSTITUIÇÃO, MAS IMPLICITAMENTE NELA CONTIDOS

A segunda possibilidade constitucional de se encontrar direitos fundamentais atípicos que apontamos, refere-se aos direitos e garantias fundamentais não positivados expressamente na Constituição, mas implicitamente nela contidos, isto é, refere-se àqueles direitos fundamentais atípicos que se encontram implícitos ao texto constitucional, muitas vezes frutos de uma interpretação extensiva de algum direito expressamente posto, por isso chamados de *direitos fundamentais implícitos*.

Aqui, inspirando-nos na doutrina de José Afonso da Silva, é possível afirmar que os direitos fundamentais implícitos, na maioria das vezes, são identificados como direitos subtendidos nas regras das

25. Nesse sentido, dentre outros, George Marmelstein: "No caso do princípio da anterioridade tributária – e de diversas outras garantias do contribuinte –, a norma constitucional positiva precisamente uma limitação ao poder de tributar. Ela representa, portanto, uma proteção do cidadão-contribuinte contra o desejo sempre crescente de arrecadação do Fisco. Não observar a anterioridade tributária – em outras palavras: cobrar tributo de surpresa, sem tempo para que o contribuinte possa planejar-se economicamente – viola sim a dignidade dos cidadãos, na medida em que não leva em conta a sua tranquilidade e segurança jurídica. Assim, o princípio da anterioridade tributária simboliza a necessidade de o Estado respeitar e ter consideração pelo contribuinte na hora de pretender instituir um novo tributo ou aumentar os já existentes [...] Nesse mesmo sentido, tem-se entendido que as chamadas imunidades fiscais, ou seja, as limitação constitucionais ao poder de tributar, podem ser consideradas como verdadeiros direitos fundamentais, mesmo estando fora do Título II, justamente por constituírem limitações ao poder de tributar que visam, em última análise, à proteção de valores essenciais para a garantia da dignidade humana". MARMELSTEIN, George. **Curso de Direitos Fundamentais.** 3.ed. São Paulo: Atlas, 2011, p. 225-226.

garantias fundamentais, isto é, são aqueles direitos que a Constituição, ao invés de enuncia-los, enunciou suas respectivas garantias.[26] Ou ainda, com base nas lições de Ingo Wolfgang Sarlet, pode-se dizer que a identificação dos direitos fundamentais implícitos, "cuida-se, em muitos casos, da ampliação interpretativa do âmbito de proteção de direitos expressamente consagrados".[27]

Esta espécie de direito fundamental atípico, assim como a anterior, funda-se tanto no "regime" constitucional (*lato sensu* e *stricto sensu*), como nos "princípios" constitucionais, principal e necessariamente no princípio fundamental da dignidade da pessoa humana. Contudo, há de se ressaltar: os *direitos fundamentais atípicos implícitos* fundamentam-se no regime e nos princípios constitucionais, mas além disso são implícitos a algum dispositivo constitucional expressamente positivado, isto é, são implícitos a algum direito ou garantia específico da Constituição Formal. Frise-se, exige-se que os direitos sejam implícitos a algum direito ou garantia expressamente positivo e não implícitos à própria dignidade, pois, se todos os direitos fundamentais, fundamentam-se, em maior ou menor grau, na dignidade, então, todos eles, em maior ou menor grau, estão nela contidos, sendo-lhe implícitos, por natureza. Assim, os direitos fundamentais implícitos são implícitos aos direitos e garantias fundamentais expressos e não implícitos à dignidade da pessoa humana (que na verdade é fundamento desses direitos).

Especificamente em relação à sua jusfundamentação no âmbito de nosso constitucionalismo, pode-se dizer que, em primeiro lugar, fundamentam-se no sistema constitucional (regime constitucional *lato sensu*), pois os encontraremos implícitos ao texto constitucional, seja em disposições do Título II ou mesmo em disposições de outros Títulos Constitucionais, sendo, assim como na hipótese anterior, indispensável trabalhar com o texto constitucional como um todo unitário e ordenado.

Fundamentam-se, também, no sistema dos direitos e garantias fundamentais, vez que se destinam, assim como os direitos e garantias

26. Vale ressaltar que, em que pese nos inspiremos nos escritos de José Afonso, nossa visão não se confunde com a dele. SILVA, José Afonso da. **Curso de Direito Constitucional Positivo.** 33.ed. São Paulo: Malheiros, 2010, p. 186 e ss.

27. SARLET, Ingo Wolfgang. Comentário ao art. 5º, § 2º. In: CANOTILHO, J.J. Gomes; MENDES, Gilmar Ferreira; SARLET, Ingo Wolfgang; STRECK, Lenio Luiz (coord.). **Comentários à Constituição do Brasil.** São Paulo: Saraiva, 2013, p. 518.

fundamentais típicos, à proteção e à promoção da pessoa humana, encaixando-se perfeitamente no subsistema constitucional dos direitos e garantias fundamentais, ou melhor, integrando esse sistema. Ademais, fundamentam-se no sistema de direitos e garantias fundamentais, pois estão contidos no sistema positivo dos direitos e garantias fundamentais, ou melhor, em algum direito ou garantia fundamental expressamente consagrado na Constituição Formal.

Os direitos e garantias fundamentais atípicos implícitos fundamentam-se, ainda, nos princípios constitucionais (princípios fundamentais do Título I, da CF/88), pois, como já se disse, são eles a matriz principiológica sob a qual se funda o sistema de direitos e garantias fundamentais, devendo todos os direitos a eles fundamentalmente regressarem, vez que aqui há uma relação matricial-concretizadora, na qual os direitos fundamentais possuem sua jusfundamentalidade (e, portanto sua matriz jurídico-axiológica) nos princípios fundamentais e, por sua vez, esses princípios concretizam-se constitucionalmente através da implementação desses direitos.

Destaque-se, também em relação aos direitos fundamentais atípicos implícitos, o papel exercido pelo princípio fundamental da dignidade da pessoa humana, elemento matricial comum a todos os direitos e garantias fundamentais (em maior ou menor grau, a variar com o direito específico de que se trata), pois é necessário demonstrar-se que o direito fundamental implícito (para que se possa chama-lo de direito fundamental) tem como escopo proteger e/ou promover a pessoa humana, fim maior do Estado Constitucional Democrático de Direito. Frise-se, mais uma vez: é necessário que o escopo do direito seja proteger ou promover a pessoa humana, e não apenas que ele sirva para isso e tenha como finalidade principal outra(s) coisa(s).

Em que pese haja uma diminuição dos riscos de equívocos, o fato desses direitos atípicos estarem implícitos à Constituição Formal, mais precisamente implícitos ao sistema *juspositivo* dos direitos e garantias fundamentais, não facilita muito o trabalho do intérprete em identificá-los. O trabalho argumentativo na demonstração da jusfundamentação dos direitos fundamentais implícitos exige, assim como na jusfundamentação dos direitos não enumerados, a comprovação de que determinado direito fundamental atípico fundamenta-se no regime (*strito sensu* e *lato sensu*) e nos princípios constitucionais (princípios fundamentais, revelando-se necessariamente sua matriz na dignidade da pessoa humana e sua função na proteção e/ou promoção da pessoa humana), tal qual exigido pelo § 2º, do art. 5º, da Constituição de 1988. Ademais, exige, ainda, que, necessariamente, o direito fundamental atípico seja implícito a um direito fundamental ou a uma garantia fundamental expressamente positivado na Constituição Formal.

Nesse sentido, assim como no caso dos direitos não enumerados, difícil tem sido a tarefa de identificação dos direitos fundamentais atípicos implícitos, sendo poucos os seus exemplos na literatura jurídica, mormente encontrados em manuais e comentários à Constituição, na maioria das vezes, em comentários a Constituições pretéritas (nesses casos os exemplos, em regra, já foram positivados no rol típico do Título II da CF/88). Nada obstante, é possível exemplificar os direitos e garantias fundamentais atípicos implícitos com os seguintes direitos: garantia jusfundamental do duplo grau de jurisdição, implícita ao devido processo legal (previsto no art. 5º, LIV, da CF/88), ao contraditório e à ampla defesa (ambos positivados no art. 5º, LV, da CF/88), bem como ao acesso à justiça (previsto no art. 5º, XXXV, da CF/88); garantia jusfundamental à efetividade do processo, implícita ao devido processo legal e ao acesso à justiça; direito fundamental ao sigilo dos dados bancários, implícito ao direito à privacidade e ao direito à intimidade (ambos expressamente positivados no art. 5º, X, da CF/88), bem como ao direito ao sigilo de dados pessoais (consagrado no art. 5º, XII, da CF/88); direito fundamental ao reconhecimento pelo Estado das Uniões Civis entre pessoas do mesmo sexo, seja sob a forma de União Estável, seja sob a forma de Casamento, ou qualquer outra forma legalmente prevista, implícito às normas constitucionais consagradoras do direito fundamental de reconhecimento civil, pelo Estado, do casamento (notadamente o § 1º, do art. 226, da CF/88) e da União Estável (§ 3º, do art. 226, da CF/88), bem como ao direito de igualdade, ao direito de não discriminação (desdobramento da igualdade) e ao direito de liberdade (todos previstos expressamente no *caput* do art. 5º, da CF/88), dentre outros. Façamos uma análise mais detida desses direitos.

A começarmos pelo duplo grau de jurisdição, há que se registrar que sua hierarquia constitucional e, consequentemente, sua jusfundamentalidade material não são unanimes. Contudo, a doutrina majoritária advoga pela constitucionalidade da referida garantia fundamental.[28] Nada obstante, pode-se dizer que se trata de garantia jusfundamental atípica implícita às garantias fundamentais típicas do devido processo legal, do contraditório, da ampla defesa e do acesso à justiça, que em seu conjunto exigem, em face do princípio democrático e do princípio da segurança jurídica, no mínimo, uma dupla análise, sendo que a análise de revisão, em regra, deve ser feita por um órgão colegiado. Aqui não se quer dizer que o juízo de um colegiado seja melhor ou mais correto que um juízo monocrático, mas apenas que esse juízo atende aos princípios democráticos e da segurança jurídica, dando ao cidadão jurisdicionado a segurança de que seu caso foi analisado por uma pluralidade de magistrados que, em conjunto, chegaram à decisão, afastando, ou pelo menos diminuindo, a sensação de injustiça que uma decisão monocrática muitas vezes carrega, como se uma única pessoa (o decisor) tivesse um olhar privilegiado do mundo que pudesse resolver todos os casos da vida.[29]

Ademais, como afirma Elio Fazzalari, tal princípio funda-se, sobretudo, "no luto da perda", sobre o qual "se assenta" o sucumbente, de modo que este, "pede e obtém uma nova fase de conhecimento do mérito".[30] Em sentido semelhante, Araújo Cintra, Ada Pellegrini e Candido Rangel demonstram que o duplo grau de jurisdição fundamenta-se em diversos fatores, dentre eles, "na possibilidade de a decisão de primeiro grau ser injusta ou errada"; na inconformidade

---

28. Nesse sentido, realizando uma leitura constitucional do duplo grau de jurisdição, dentre outros: Sérgio Luíz kukina afirma que o duplo grau "possui matiz constitucional". KUKINA, Sérgio Luíz. O princípio do duplo grau de jurisdição. **Revista de Processo.** São Paulo, n. 109, p. 97-112, jan/mar, 2003, p. 105. Carolina Alves de Souza Lima explica que "a Constituição de 1988, ao tratar do Poder Judiciário, organiza-o de forma que demonstre a adoção do Princípio do Duplo Grau de Jurisdição". LIMA, Carolina Alves de Souza. **O princípio constitucional do duplo grau de jurisdição.** Barueri, SP: Manole, 2004, p. 83. Eduardo Arruda Alvim demonstra que o duplo grau está inserido no rol dos princípios processuais constitucionais implícitos. ARRUDA ALVIM, Eduardo. **Curso de Direito processual civil.** São Paulo: Revista dos Tribunais, 2000. v.2. Rui Portanova afirma que o duplo grau de jurisdição possui "dignidade constitucional". PORTANOVA, Rui. **Princípios do processo civil.** 4. ed. Porto Alegre: Livraria do Advogado, 2001, p. 265. Luiz Rodrigues Wambier e Teresa Arruda Alvim Wambier asseveram "ser o princípio do duplo grau de jurisdição um princípio constitucional por estar incidivelmente ligado à noção que hoje temos de Estado de direito". WAMBIER, Luiz Rodrigues; WAMBIER, Teresa Arruda Alvim. **Breves comentários à 2ª fase da reforma do Código de Processo Civil:** Lei 10.352, de 26.12.2001 – Lei 10.358, de 27.12.2001. São Paulo: Revista dos Tribunais, 2002, p. 95. Araújo Cintra, Ada Pellegrini e Candido Dinamarco afiançam ser o duplo grau de jurisdição um princípio processual constitucional implícito. CINTRA, Antonio Carlos de Araújo; GRINOVER, Ada Pellegrini; DINAMARCO, Candido Rangel. **Teoria Geral do Processo.** 26.ed. São Paulo: Malheiros, 2010. E, por fim, José Afonso da Silva afirma que o duplo grau "é um postulado de base constitucional". SILVA, José Afonso. **Comentário Contextual à Constituição.** 6.ed. São Paulo: Malheiros, 2009, p. 536.
29. DOS SANTOS, Eduardo R. **Processo e Constituição.** Leme: J.H. Mizuno, 2014, p. 129 e ss.
30. FAZZALARI, Elio. **Instituições de Direito Processual.** Campinas: Bookseller, 2006, p. 197.

do vencido; no fato dos tribunais de segundo grau se constituírem em órgãos colegiados, o que oferece mais segurança e está mais conforme ao princípio democrático; no fator psicológico, cientificamente demonstrado, de que "o juiz de primeiro grau se cerca de maiores cuidados no julgamento quando sabe que sua decisão poderá ser revista pelos tribunais da jurisdição superior"; e, sobretudo, na natureza política do princípio, vez que "nenhum ato estatal pode ficar imune aos necessários *controles*".[31] Ainda nesse sentido, os dizeres de J.M. Othon Sidou, *in verbis*:

> [...] o recurso é uma forma de clamor e rebeldia; o grito dos que, no foro íntimo julgando-se injustiçados, acenam para um juízo superior, na expressão de Couture. Defender a dupla jurisdição é exercitar defesa de um instinto humano, porque o recurso satisfaz tanto os sentimentos do que vence quanto os do vencido, ao passo que oferece mais autoridade à sentença de primeiro grau, pelo ensejo de melhor estudo, mais clareza e maior possibilidade de resolver melhor, como sublinha Augustin Costa, citando Dassen. E adotá-la é obter vantagens de natureza social, política, jurídica, judicial propriamente dita, ou seja, vantagens para o próprio desenvolvimento interno do processo.[32]

Para além das fundamentações anteriormente expostas, enquanto direito fundamental atípico, a garantia implícita do duplo grau de jurisdição tem sua jusfundamentalidade no "regime" constitucional (*lato* e *stricto sensu*), pois trata-se de direito fundamental que, além de estar implícito a dispositivos expressos da Constituição Formal, funda-se no sistema recursal constitucional e no sistema processual constitucional (*lato sensu*), bem como no sistema de direitos e garantias jusfundamentais constitucionais (*stricto sensu*), estando implícito, especialmente às garantias fundamentais típicas do devido processo legal, do contraditório, da ampla defesa e do acesso à justiça. Ademais, fundamenta-se nos princípios constitucionais, pois tem por base os princípios fundamentais do Estado Democrático de Direito (que exige uma maior segurança das decisões judiciais e que, por dar-se o segundo

31. CINTRA, Antonio Carlos de Araújo; GRINOVER, Ada Pellegrini; DINAMARCO, Candido Rangel. **Teoria Geral do Processo.** 26.ed. São Paulo: Malheiros, 2010, p. 80-81.

32. SIDOU, J. M. Othon. **Os recursos processuais na história do direito.** 2.ed. Rio de Janeiro: Forense, 1978, p. 8.

grau, em regra, na forma colegiada de jurisdição, contempla, em certa medida, o princípio democrático) e da dignidade da pessoa humana, que exige, no mínimo, uma segunda análise para que a pessoa humana possa ser privada de algum direito ou bem fundamental, sob pena de lhe violar os direitos fundamentais inerentes à própria dignidade da pessoa humana,[33] através de um simples juízo monocrático, de um único magistrado, como se fosse um ser privilegiado que pudesse determinar o passado, o presente e o futuro das pessoas, de um lugar privilegiado no universo, quando na verdade é um observador finito, tão finito quanto qualquer pessoa.[34]

Registre-se, por fim, que a garantia do duplo grau de jurisdição, além de direito fundamental implícito, é, também, direito humano fundamental consagrado em Tratados Internacionais de Direitos Humanos dos quais o Brasil é signatário, tais como o Pacto dos Direitos Civis e Políticos, da Organização das Nações Unidas (ONU), de 1966, que em seu art. 14.5 assegura que "*toda pessoa declarada culpada por um delito terá o direito de recorrer da sentença condenatória e da pena a uma instância superior, em conformidade com a lei*"; e o Pacto de San José da Costa Rica, da Organização dos Estados Americanos (OEA), de 1969, que em seu art. 8º, 2, *h*, assegura, processualmente, que toda pessoa tem "*direito de recorrer da sentença a juiz ou tribunal superior*".

Passando-se ao exame mais detido da garantia fundamental atípica à efetividade do processo, pode-se dizer que se trata de exigência racional do próprio processo, inerente à sua natureza, afinal, não se pode dizer que este teria por escopo ser inefetivo, estando, assim, implícita às garantias jusfundamentais do *due process of law* e do acesso à justiça.[35]

Ademais, há autores que defendem que a efetividade do processo, enquanto direito fundamental atípico, além de implícita às garantias jusfundamentais do devido processo legal e do acesso à justiça, é garantia fundamental implícita ao dever fundamental de eficiência da Administração Pública (previsto expressamente no art. 37, *caput*,

33. DOS SANTOS, Eduardo. R.; MELO, Luiz Carlos Figueira de. Os direitos fundamentais atípicos e os tratados internacionais de direitos humanos: a incorporação dos direitos humanos aos direitos fundamentais através do § 2º, do art. 5º, da CF/88. In: OLMO, Florisbal de Souza Del; GUIMARÃES, Antonio Marcio da Cunha; CARDIN, Valéria Silva Galdino (Org.). **XXII Encontro Nacional do CONPEDI:** Direito Internacional dos Direitos Humanos. Florianópolis: FUNJAB, 2014.

34. DOS SANTOS, Eduardo R. **Processo e Constituição.** Leme: J.H. Mizuno, 2014.

35. Ibidem, p. 152 e ss.

da CF/88), que deve ser observado não só pelo Poder Executivo, mas também pelos Poderes Legislativo e Judiciário.[36]

Enquanto direito fundamental atípico, a garantia fundamental implícita da efetividade processual possui sua jusfundamentalidade material no "regime" constitucional (*lato* e *stricto sensu*), pois trata-se de direito fundamental que, além de estar implícito a dispositivos expressos da Constituição Formal, fundamenta-se no sistema processual constitucional (*lato sensu*) – que como dito, por uma questão lógica, tem por escopo ser efetivo e não inefetivo –, bem como no sistema de direitos e garantias jusfundamentais constitucionais (*stricto sensu*), estando implícita, notadamente às garantias fundamentais típicas do devido processo legal e do acesso à justiça. Além disso, fundamenta-se nos princípios constitucionais, pois tem como matriz jurídico-axiológica os princípios fundamentais do Estado Democrático de Direito (mais precisamente na exigência de que o direito posto seja efetivado, o que também nos remete ao princípio da máxima efetividade das normas constitucionais) e da dignidade da pessoa humana, já que os processos direcionam-se à resolução de conflitos humanos (que muitas das vezes versam sobre direitos inerentes à própria dignidade humana) e, portanto, devem ser efetivos, devem realmente resolver os problemas processualmente estabelecidos, devem dar a segurança de uma resposta correta, célere e que seja efetivamente implementada pelo Estado assegurando à parte vencedora aquilo que lhe é devido.[37]

---

36. Nesse sentido, Paulo Roberto Gouvêa Medina, afirma que a efetividade do processo está ligada diretamente ao princípio da eficiência da Administração Pública – positivado em nossa Constituição no art. 37, *caput*, pela Emenda nº 19/1998 – "notadamente quando se cuida de alcançar, no plano processual, *um resultado tal que assegure à parte vitoriosa o gozo pleno da específica utilidade a que faz jus*". MEDINA, Paulo Roberto de Gouvêa. Processo Civil e Constituição. **Revista Latino-Americana de Estudos Constitucionais.** Belo Horizonte, n. 3, Jan/Jun, 2004, p. 243. No mesmo sentido, Ronaldo Brêtas de Carvalho Dias entende que o princípio da eficiência (art. 37, *caput*, da Constituição) é aplicável a todos os órgãos da Administração, inclusive aos do Poder Judiciário, não se restringindo apenas às suas prerrogativas administrativas internas (gerenciais). A referida interpretação parte da compreensão de que "a administração pública direta e indireta de *qualquer dos Poderes* da União, dos Estados, do Distrito Federal e dos Municípios obedecerá aos princípios de legalidade, impessoalidade, moralidade, publicidade e *eficiência*" (grifo nosso). Nessa perspectiva, é complementar a este entendimento, a norma prevista no dispositivo do art. 175, parágrafo único, inciso IV da Constituição, que assevera ser obrigação do Estado prestar serviços públicos adequados, o que, conforme analisa o professor Brêtas, abrange a ideia de serviços públicos jurisdicionais eficientes. DIAS, Ronaldo Brêtas de Carvalho. **Processo Constitucional e Estado Democrático de Direito.** Belo Horizonte: Del Rey, 2010, p. 141.
37. Nesse sentido, por todos: PINHO, Humberto Dalla Bernardina. **Teoria Geral do Processo Civil Contemporaneo.** 2.ed. Rio de Janeiro: Lumen Juris, 2009, p. 50; PORTANOVA, Rui. **Princípios do processo civil.** 4. ed. Porto Alegre: Livraria do Advogado, 2001, p. 171; e CAMBI, Eduardo. **Neocons-**

Já em relação ao direito fundamental atípico ao sigilo dos dados bancários, implícito aos direitos fundamentais à privacidade (ou direito à vida privada) e à intimidade,[38] ambos previstos no art. 5º, X, da CF/88, bem como ao direito ao sigilo dos dados pessoais, positivado no art. 5º, XII, da CF/88, pode-se dizer que se trata de exigência implícita a esses direitos, exigência que está contida nesses direitos. Aqui se tem o desdobramento de um direito em outro, tem-se a identificação de um conteúdo oculto (ou implícito) de uma norma jurídica através de uma interpretação cujos efeitos são extensivos, por isso falar-se em direito fundamental implícito ao sigilo dos dados bancários, afinal essa é uma exigência lógica da vida privada, da intimidade e do sigilo de dados pessoais, isto é, não há como afirmar que uma pessoa tem sua vida privada, sua intimidade e seus dados pessoais resguardadas se seus dados bancários não são sigilosos.[39]

Aliás, nesse sentido, o Supremo Tribunal Federal tem reconhecido dignidade constitucional e jusfundamental ao sigilo dos dados bancários em diversas situações de fato. A exemplificar, pode-se afirmar que o Supremo Tribunal Federal tem reconhecido o direito fundamental atípico implícito ao sigilo de dados bancários para afastar a possibilidade de quebra de sigilo bancário sem autorização judicial em processos penais, bem como para declarar ilícitas as provas obtidas com base nos dados conseguidos ilicitamente, isto é, nos dados acessados pela quebra do sigilo bancário sem a devida autorização judicial, como fica claro na seguinte Ementa:

> EMENTA: AÇÃO PENAL. Prova. Ilicitude. Caracterização. Quebra de sigilo bancário sem autorização judicial. Confissão obtida com base na prova ilegal. Contaminação. HC concedido para absolver a ré. Ofensa ao art. 5º, inc. LVI, da CF. Considera-se ilícita a prova criminal consistente em obtenção, sem mandado,

titucionalismo e Neoprocessualismo: direitos fundamentais, políticas públicas e protagonismo judiciário. 2.ed. São Paulo: Revista dos Tribunais, 2011, p. 218.

38. Sobre os direitos fundamentais à vida privada e à intimidade, por todos, ver: SAMPAIO, José Adércio Leite. Comentário ao art. 5º, X. In: CANOTILHO, J.J. Gomes; MENDES, Gilmar Ferreira; SARLET, Ingo Wolfgang; STRECK, Lenio Luiz (coord.). **Comentários à Constituição do Brasil.** São Paulo: Saraiva, 2013, p. 276 e ss.

39. Em sentido semelhante, dentre outros: MARMELSTEIN, George. **Curso de Direitos Fundamentais.** 3.ed. São Paulo: Atlas, 2011, p. 223; MORAES, Alexandre de. **Direitos Humanos Fundamentais.** 10.ed. São Paulo: Atlas, 2013, p. 158 e ss.; e DOBROWOLSKI, Sílvio. A cláusula de Expansão do Artigo 5º, Parágrafo 2º da Constituição de 1988. **Revista Latino-Americana de Estudos Constitucionais.** Belo Horizonte, n. 7, p. 223-260, jan/jun, 2006, p. 240-241.

> de dados bancários da ré, e, como tal, contamina as demais provas produzidas com base nessa diligência ilegal. (HC 90298, Relator(a): Min. CEZAR PELUSO, Segunda Turma, julgado em 08/09/2009, DJe-195 DIVULG 15-10-2009 PUBLIC 16-10-2009 EMENT VOL-02378-02 PP-00353 RTJ VOL-00220- PP-00392 RB v. 21, n. 553, 2009, p. 35-36)

A título de exemplo, tem-se ainda, que o STF vinha reconhecendo, até o início do ano de 2016, o direito fundamental atípico implícito ao sigilo de dados bancários para afastar a possibilidade da Receita Federal, sem decisão judicial, quebrar o sigilo bancário do cidadão contribuinte, como se constata da seguinte Ementa:

> SIGILO DE DADOS – AFASTAMENTO. Conforme disposto no inciso XII do artigo 5º da Constituição Federal, a regra é a privacidade quanto à correspondência, às comunicações telegráficas, aos dados e às comunicações, ficando a exceção – a quebra do sigilo – submetida ao crivo de órgão equidistante – o Judiciário – e, mesmo assim, para efeito de investigação criminal ou instrução processual penal. SIGILO DE DADOS BANCÁRIOS – RECEITA FEDERAL. Conflita com a Carta da República norma legal atribuindo à Receita Federal – parte na relação jurídico-tributária – o afastamento do sigilo de dados relativos ao contribuinte. (RE 389808, Relator(a): Min. MARCO AURÉLIO, Tribunal Pleno, julgado em 15/12/2010, DJe-086 DIVULG 09-05-2011 PUBLIC 10-05-2011 EMENT VOL-02518-01 PP-00218 RTJ VOL-00220-PP-00540)

Contudo, o Supremo Tribunal Federal, em julgamento conjunto das ADI 2.386, ADI 2.397, ADI 2.859 e RE 601.314, que iniciou-se no dia 17 de fevereiro e terminou no dia 23 de fevereiro de 2016, por 9 votos a 2, decidiu ser constitucional a Lei Complementar 105/2001, que permite aos órgãos da administração tributária quebrar o sigilo fiscal de contribuintes sem autorização judicial (a contrário do que o próprio STF já vinha decidindo, isto é, contra os precedentes da Corte). Registre-se que quedaram-se vencidos no julgamento os Ministros Celso de Mello e Marco Aurélio, sagrando-se vencedora a tese de que a norma infraconstitucional não configura quebra de sigilo bancário, mas sim transferência de informações entre bancos e o Fisco, ambos protegidos contra o acesso de terceiros. Assim, segundo o STF, como bancos e Fisco têm o dever de preservar o sigilo dos dados, não há ofensa à normaa constitucional que consagra o direito ao sigilo dos dados bancários.

Note-se que a decisão de nosso Tribunal Constitucional não deixou de reconhecer dignidade constitucional ao direito ao sigilo dos dados bancários, mas tão somente, passou a compreender que a relação entre o Fisco e os bancos não viola esse sigilo, o que, ao ver desse autor, é de incomensurável retrocesso, vez que há evidentemente uma quebra do sigilo dos dados bancários do contribuinte, para satisfazer a insaciável sede da Administração por recursos, como se evidenciou nos votos vencidos dos Ministros Marco Aurélio e Celso de Mello.

Nada obstante, em face das situações expostas e das considerações realizadas sobre o direito fundamental atípico ao sigilo dos dados bancários, cabe ainda dizer que se trata de direito implícito cuja jusfundamentação reside tanto no regime constitucional como nos princípios constitucionais. Fundamenta-se no sistema constitucional, pois, dentre outros motivos, é direito implícito a direito constitucional expresso, que compõe a Constituição Formal, e no subsistema constitucional dos direitos e garantias fundamentais, pois, está implícito aos direitos fundamentais típicos consagrados no art. 5º, X e XII (direito à vida privada, à intimidade e ao sigilo dos dados pessoais), sendo fruto de uma interpretação sistêmica e teleológica cujos efeitos são extensivos. Ademais, fundamenta-se nos princípios fundamentais de nossa Constituição, notadamente no princípio da dignidade da pessoa humana que consagra o ser humano como fim maior do Estado Democrático de Direito. Isso significa dizer, dentre outras coisas, que o Estado de Direito não pode acessar os dados pessoais e íntimos da pessoa humana de qualquer modo. Em Estados Democráticos de Direito, o acesso a esses dados só deve se dar em situações excepcionalíssimas e sempre por ordem judicial, não podendo o Estado, ao seu bel prazer, violar os direitos da pessoa humana, expondo sua vida privada ou mesmo invadindo-a, acessando tais dados privados, como se acessasse dados públicos, ofendendo o foro íntimo da pessoa, até porque, como já registrou Hannah Arendt, desde a Roma Antiga, "não possuir um lugar privado próprio (como no caso do escravo) significava deixar de ser humano".[40] Assim, deve-se resguardar à pessoa, em face dos

40. ARENDT. Hannah. **A condição humana.** 11.ed. Rio de Janeiro: Forense Universitária, 2010, p. 78.

princípios da dignidade da pessoa humana e do Estado Democrático de Direito, o sigilo de seus dados bancários, enquanto dados que lhe são privados e íntimos, que não podem ser expostos ou acessados, senão em situações excepcionalíssimas e mediante ordem judicial, sob pena de se tutelar a violação da vida privada e da intimidade da pessoa, bem como de seus dados privados, por parte do Estado. Isto é, o sigilo dos dados bancários da pessoa é direito fundamental atípico implícito, pois consiste em materialização constitucional dos princípios fundamentais da dignidade da pessoa humana e do Estado Democrático de Direito, enquanto, em contrapartida, os referidos princípios são as fontes jurídico-axiológicas do aludido direito.

Por último, mas não menos importante, passamos ao exame do direito fundamental implícito ao reconhecimento civil, pelo Estado, das uniões afetivas entre pessoas de mesmo sexo em todas as modalidades legalmente estabelecidas, sem distinções e/ou discriminações, isto é, seja o reconhecimento pela união estável, seja pelo casamento.

Em que pese os respeitáveis posicionamentos no sentido de dizer que o reconhecimento pelo Brasil das referidas uniões seja caso de mutação constitucional,[41] temos para nós, com apoio na própria jurisprudência do Supremo Tribunal Federal[42] e de boa parte da doutrina constitucionalista e civilista,[43] que o caso é de direito fundamental implicitamente consagrado pela Constituição de 1988, especialmente implícito às normas constitucionais consagradoras do direito fundamental de reconhecimento civil, pelo Estado, do casa-

41. Nesse sentido, por todos: PIZARRO, Djalma. **União Estável Homoafetiva:** uma hipótese de Mutação Constitucional. Leme: JH Mizuno, 2014.

42. Nesse sentido, por todos, o voto do Min. Ricardo Lewandowski, no julgamento conjunto da ADPF 132 e da ADI 4277, citando a doutrina de Paulo Luiz Netto Lôbo, em que deixa claro que a família homoafetiva esta implicitamente reconhecida pela Constituição pelo conceito abrangente do *caput*, do art. 226, da CF/88. Ademais, a própria Ementa da decisão mencionada recorre ao art. 5º, § 2º, da CF/88, para reconhecer como direito fundamental atípico o direito das pessoas homoafetivas de terem suas relações afetivas reconhecidas civilmente pelo Estado. No mesmo sentido, também recorrem ao referido dispositivo constitucional, os Ministros Gilmar Mendes e Celso de Mello, para reconhecer o aludido direito fundamental atípico implícito.

43. Nesse sentido, Daniel Sarmento, antes mesmo da decisão do Supremo Tribunal Federal que reconheceu a União Homoafetiva, afirmava que, no Brasil, em face do art. 226, §3º, da CF/88, deve-se "conceber a união entre pessoas do mesmo sexo como entidade familiar implicitamente reconhecida pela Constituição, equiparada, por interpretação analógica, à união estável entre homem e mulher". SARMENTO, Daniel. Casamento e União Estável entre pessoas do mesmo sexo: perspectivas constitucionais. In: SARMENTO, Daniel; IKAWA, Daniela; PIOVESAN, Flávia (coord.). **Igualdade, Diferença e Direitos Humanos.** Rio de Janeiro: Lumen Juris, 2009, p. 652. No âmbito do direito civil, em sentido semelhante, ver: DIAS, Maria Berenice. **Homoafetividade e os Direitos LGBTI.** 6.ed. São Paulo, RT, 2014.

mento (notadamente o § 1º, do art. 226, da CF/88) e da União Estável (§ 3º, do art. 226, da CF/88), bem como ao direito de igualdade, ao direito de não discriminação (desdobramento da igualdade) e ao direito de liberdade (todos previstos expressamente no *caput* do art. 5º, da CF/88), dentre outros.

Nesse sentido, em 2011, ao julgar, conjuntamente, a ADPF 132 e a ADI 4277, que pediam ao Supremo Tribunal Federal o reconhecimento das uniões estáveis entre pessoas do mesmo sexo, o STF, dando interpretação conforme a Constituição ao art. 226, § 3º, da CF/88, e utilizando-se, especialmente, dos métodos sistemático e teleológico, bem como da analogia, reconheceu, por unanimidade, que a Constituição da República Federativa do Brasil de 1988 conferiu aos homossexuais os mesmo direitos civis e familiares que aos heterossexuais, inclusive no que se refere ao reconhecimento pelo Estado de suas uniões civis familiares, estendendo-lhes o regime jurídico das uniões estáveis heterossexuais.[44]

44. Ementa: 1. ARGUIÇÃO DE DESCUMPRIMENTO DE PRECEITO FUNDAMENTAL (ADPF). PERDA PARCIAL DE OBJETO. RECEBIMENTO, NA PARTE REMANESCENTE, COMO AÇÃO DIRETA DE INCONSTITUCIONALIDADE. UNIÃO HOMOAFETIVA E SEU RECONHECIMENTO COMO INSTITUTO JURÍDICO. CONVERGÊNCIA DE OBJETOS ENTRE AÇÕES DE NATUREZA ABSTRATA. JULGAMENTO CONJUNTO. Encampação dos fundamentos da ADPF nº 132-RJ pela ADI nº 4.277-DF, com a finalidade de conferir "interpretação conforme à Constituição" ao art. 1.723 do Código Civil. Atendimento das condições da ação. 2. PROIBIÇÃO DE DISCRIMINAÇÃO DAS PESSOAS EM RAZÃO DO SEXO, SEJA NO PLANO DA DICOTOMIA HOMEM/MULHER (GÊNERO), SEJA NO PLANO DA ORIENTAÇÃO SEXUAL DE CADA QUAL DELES. A PROIBIÇÃO DO PRECONCEITO COMO CAPÍTULO DO CONSTITUCIONALISMO FRATERNAL. HOMENAGEM AO PLURALISMO COMO VALOR SÓCIO-POLÍTICO-CULTURAL. LIBERDADE PARA DISPOR DA PRÓPRIA SEXUALIDADE, INSERIDA NA CATEGORIA DOS DIREITOS FUNDAMENTAIS DO INDIVÍDUO, EXPRESSÃO QUE É DA AUTONOMIA DE VONTADE. DIREITO À INTIMIDADE E À VIDA PRIVADA. CLÁUSULA PÉTREA. O sexo das pessoas, salvo disposição constitucional expressa ou implícita em sentido contrário, não se presta como fator de desigualação jurídica. Proibição de preconceito, à luz do inciso IV do art. 3º da Constituição Federal, por colidir frontalmente com o objetivo constitucional de "promover o bem de todos". Silêncio normativo da Carta Magna a respeito do concreto uso do sexo dos indivíduos como saque da kelseniana "norma geral negativa", segundo a qual "o que não estiver juridicamente proibido, ou obrigado, está juridicamente permitido". Reconhecimento do direito à preferência sexual como direta emanação do princípio da "dignidade da pessoa humana": direito a auto-estima no mais elevado ponto da consciência do indivíduo. Direito à busca da felicidade. Salto normativo da proibição do preconceito para a proclamação do direito à liberdade sexual. O concreto uso da sexualidade faz parte da autonomia da vontade das pessoas naturais. Empírico uso da sexualidade nos planos da intimidade e da privacidade constitucionalmente tuteladas. Autonomia da vontade. Cláusula pétrea. 3. TRATAMENTO CONSTITUCIONAL DA INSTITUIÇÃO DA FAMÍLIA. RECONHECIMENTO DE QUE A CONSTITUIÇÃO FEDERAL NÃO EMPRESTA AO SUBSTANTIVO "FAMÍLIA" NENHUM SIGNIFICADO ORTODOXO OU DA PRÓPRIA TÉCNICA JURÍDICA. A FAMÍLIA COMO CATEGORIA SÓCIO-CULTURAL E PRINCÍPIO ESPIRITUAL. DIREITO SUBJETIVO DE CONSTITUIR FAMÍLIA. INTERPRETAÇÃO NÃO-REDUCIONISTA. O caput do art. 226 confere à família, base da sociedade, especial proteção do Estado. Ênfase constitucional à instituição da família. Família em seu coloquial ou proverbial significado de núcleo doméstico, pouco importando se formal ou informalmente constituída, ou se integrada por casais heteroafetivos ou por pares homoafetivos. A Constituição de 1988, ao utilizar-se da expressão "família", não limita sua formação a casais heteroafetivos nem a

A partir da referida decisão do Supremo Tribunal de Federal, os Tribunais de Justiça[45] passaram a admitir a conversão das Uniões

---

formalidade cartorária, celebração civil ou liturgia religiosa. Família como instituição privada que, voluntariamente constituída entre pessoas adultas, mantém com o Estado e a sociedade civil uma necessária relação tricotômica. Núcleo familiar que é o principal lócus institucional de concreção dos direitos fundamentais que a própria Constituição designa por "intimidade e vida privada" (inciso X do art. 5º). Isonomia entre casais heteroafetivos e pares homoafetivos que somente ganha plenitude de sentido se desembocar no igual direito subjetivo à formação de uma autonomizada família. Família como figura central ou continente, de que tudo o mais é conteúdo. Imperiosidade da interpretação não-reducionista do conceito de família como instituição que também se forma por vias distintas do casamento civil. Avanço da Constituição Federal de 1988 no plano dos costumes. Caminhada na direção do pluralismo como categoria sócio-político-cultural. Competência do Supremo Tribunal Federal para manter, interpretativamente, o Texto Magno na posse do seu fundamental atributo da coerência, o que passa pela eliminação de preconceito quanto à orientação sexual das pessoas. 4. UNIÃO ESTÁVEL. NORMAÇÃO CONSTITUCIONAL REFERIDA A HOMEM E MULHER, MAS APENAS PARA ESPECIAL PROTEÇÃO DESTA ÚLTIMA. FOCADO PROPÓSITO CONSTITUCIONAL DE ESTABELECER RELAÇÕES JURÍDICAS HORIZONTAIS OU SEM HIERARQUIA ENTRE AS DUAS TIPOLOGIAS DO GÊNERO HUMANO. IDENTIDADE CONSTITUCIONAL DOS CONCEITOS DE "ENTIDADE FAMILIAR" E "FAMÍLIA". A referência constitucional à dualidade básica homem/mulher, no §3º do seu art. 226, deve-se ao centrado intuito de não se perder a menor oportunidade para favorecer relações jurídicas horizontais ou sem hierarquia no âmbito das sociedades domésticas. Reforço normativo a um mais eficiente combate à renitência patriarcal dos costumes brasileiros. Impossibilidade de uso da letra da Constituição para ressuscitar o art. 175 da Carta de 1967/1969. Não há como fazer rolar a cabeça do art. 226 no patíbulo do seu parágrafo terceiro. Dispositivo que, ao utilizar da terminologia "entidade familiar", não pretendeu diferenciá-la da "família". Inexistência de hierarquia ou diferença de qualidade jurídica entre as duas formas de constituição de um novo e autonomizado núcleo doméstico. Emprego do fraseado "entidade familiar" como sinônimo perfeito de família. A Constituição não interdita a formação de família por pessoas do mesmo sexo. Consagração do juízo de que não se proíbe nada a ninguém senão em face de um direito ou de proteção de um legítimo interesse de outrem, ou de toda a sociedade, o que não se dá na hipótese sub judice. Inexistência do direito dos indivíduos heteroafetivos à sua não-equiparação jurídica com os indivíduos homoafetivos. *Aplicabilidade do §2º do art. 5º da Constituição Federal, a evidenciar que outros direitos e garantias, não expressamente listados na Constituição, emergem "do regime e dos princípios por ela adotados", verbis: "Os direitos e garantias expressos nesta Constituição não excluem outros decorrentes do regime e dos princípios por ela adotados, ou dos tratados internacionais em que a República Federativa do Brasil seja parte".* 5. DIVERGÊNCIAS LATERAIS QUANTO À FUNDAMENTAÇÃO DO ACÓRDÃO. Anotação de que os Ministros Ricardo Lewandowski, Gilmar Mendes e Cezar Peluso convergiram no particular entendimento da impossibilidade de ortodoxo enquadramento da união homoafetiva nas espécies de família constitucionalmente estabelecidas. Sem embargo, reconheceram a união entre parceiros do mesmo sexo como uma nova forma de entidade familiar. Matéria aberta à conformação legislativa, sem prejuízo do reconhecimento da imediata auto-aplicabilidade da Constituição. 6. INTERPRETAÇÃO DO ART. 1.723 DO CÓDIGO CIVIL EM CONFORMIDADE COM A CONSTITUIÇÃO FEDERAL (TÉCNICA DA "INTERPRETAÇÃO CONFORME"). RECONHECIMENTO DA UNIÃO HOMOAFETIVA COMO FAMÍLIA. PROCEDÊNCIA DAS AÇÕES. Ante a possibilidade de interpretação em sentido preconceituoso ou discriminatório do art. 1.723 do Código Civil, não resolúvel à luz dele próprio, faz-se necessária a utilização da técnica de "interpretação conforme à Constituição". Isso para excluir do dispositivo em causa qualquer significado que impeça o reconhecimento da união contínua, pública e duradoura entre pessoas do mesmo sexo como família. Reconhecimento que é de ser feito segundo as mesmas regras e com as mesmas consequências da união estável heteroafetiva. (ADPF 132, Relator(a): Min. AYRES BRITTO, Tribunal Pleno, julgado em 05/05/2011, DJe-198 DIVULG 13-10-2011 PUBLIC 14-10-2011 EMENT VOL-02607-01 PP-00001).

45. APELAÇÃO CÍVEL. CONVERSÃO DE UNIÃO ESTÁVEL HOMOAFETIVA EM CASAMENTO. CASAMENTO ENTRE PESSOAS DO MESMO SEXO. POSSIBILIDADE JURÍDICA DO PEDIDO. DESCONSTITUIÇÃO DA SENTENÇA PARA REGULAR PROCESSAMENTO DO FEITO. Tendo em vista o julgamento da ADI nº 4.277 e da ADPF nº 132, resta superada a compreensão de que se revela juridicamente impossível o reconhecimento de união estável, em se tratando de duas pessoas do mesmo sexo. 2. Conside-

Estáveis Homoafetivas em Casamento Civil, até que, em 2012, a 4ª turma do Superior Tribunal de Justiça, ao julgar o Recurso Especial 1183378/RS, pautando-se especialmente na fundamentação da decisão do STF, reconheceu que a Constituição de 1988 não consagrou apenas a união estável entre pessoas do mesmo sexo, mas, também, a possibilidade das famílias homoafetivas formarem-se pelo casamento civil (igualmente às famílias heteroafetivas), motivo pelo qual lhes reconheceu a habilitação direta para o casamento, sem necessidade de se realizar primeiro uma união estável.[46]

---

rando a ampliação do conceito de entidade familiar, não há como a omissão legislativa servir de fundamento a obstar a conversão da união estável homoafetiva em casamento, na medida em que o ordenamento constitucional confere à família a "***especial proteção do Estado***", assegurando, assim, que a conversão em casamento deverá ser facilitada (***art. 226, § 3º, CF/88***). 3. Inexistindo no ordenamento jurídico vedação expressa ao casamento entre pessoas do mesmo sexo, não há que se cogitar de vedação implícita, sob pena de ofensa aos princípios constitucionais da igualdade, da não discriminação, da dignidade da pessoa humana e do pluralismo e livre planejamento familiar. Precedente do STJ. 4. Afirmada a possibilidade jurídica do pedido de conversão, imperiosa a desconstituição da sentença, a fim de permitir o regular processamento do feito. APELO PROVIDO. (Apelação Cível Nº 70048452643, Oitava Câmara Cível, Tribunal de Justiça do RS, Relator: Ricardo Moreira Lins Pastl, Julgado em 27/09/2012).

46. DIREITO DE FAMÍLIA. CASAMENTO CIVIL ENTRE PESSOAS DO MESMO SEXO (HOMOAFETIVO). INTERPRETAÇÃO DOS ARTS. 1.514, 1.521, 1.523, 1.535 e 1.565 DO CÓDIGO CIVIL DE 2002. INEXISTÊNCIA DE VEDAÇÃO EXPRESSA A QUE SE HABILITEM PARA O CASAMENTO PESSOAS DO MESMO SEXO. VEDAÇÃO IMPLÍCITA CONSTITUCIONALMENTE INACEITÁVEL. ORIENTAÇÃO PRINCIPIOLÓGICA CONFERIDA PELO STF NO JULGAMENTO DA ADPF N. 132/RJ E DA ADI N. 4.277/DF. 1. Embora criado pela Constituição Federal como guardião do direito infraconstitucional, no estado atual em que se encontra a evolução do direito privado, vigorante a fase histórica da constitucionalização do direito civil, não é possível ao STJ analisar as celeumas que lhe aportam "de costas" para a Constituição Federal, sob pena de ser entregue ao jurisdicionado um direito desatualizado e sem lastro na Lei Maior. Vale dizer, o Superior Tribunal de Justiça, cumprindo sua missão de uniformizar o direito infraconstitucional, não pode conferir à lei uma interpretação que não seja constitucionalmente aceita. 2. O Supremo Tribunal Federal, no julgamento conjunto da ADPF n. 132/RJ e da ADI n. 4.277/DF, conferiu ao art. 1.723 do Código Civil de 2002 interpretação conforme à Constituição para dele excluir todo significado que impeça o reconhecimento da união contínua, pública e duradoura entre pessoas do mesmo sexo como entidade familiar, entendida esta como sinônimo perfeito de família. 3. Inaugura-se com a Constituição Federal de 1988 uma nova fase do direito de família e, consequentemente, do casamento, baseada na adoção de um explícito poliformismo familiar em que arranjos multifacetados são igualmente aptos a constituir esse núcleo doméstico chamado "família", recebendo todos eles a "especial proteção do Estado". Assim, é bem de ver que, em 1988, não houve uma recepção constitucional do conceito histórico de casamento, sempre considerado como via única para a constituição de família e, por vezes, um ambiente de subversão dos ora consagrados princípios da igualdade e da dignidade da pessoa humana. Agora, a concepção constitucional do casamento - diferentemente do que ocorria com os diplomas superados - deve ser necessariamente plural, porque plurais também são as famílias e, ademais, não é ele, o casamento, o destinatário final da proteção do Estado, mas apenas o intermediário de um propósito maior, que é a proteção da pessoa humana em sua inalienável dignidade. 4. O pluralismo familiar engendrado pela Constituição - explicitamente reconhecido em precedentes tanto desta Corte quanto do STF - impede se pretenda afirmar que as famílias formadas por pares homoafetivos sejam menos dignas de proteção do Estado, se comparadas com aquelas apoiadas na tradição e formadas por casais heteroafetivos. 5. O que importa agora, sob a égide da Carta de 1988, é que essas famílias multiformes recebam efetivamente a "especial proteção do Estado", e é tão somente em razão desse desígnio de especial proteção que a lei deve facilitar a conversão da união estável em casamento, ciente o constituinte

Já no ano de 2013, com base nas decisões do Supremo Tribunal Federal e do Superior Tribunal de Justiça, o Conselho Nacional de Justiça publicou a Resolução 175/2013, que, em seu art. 1º, dispôs que "é vedada às autoridades competentes a recusa de habilitação, celebração de casamento civil ou de conversão de união estável em casamento entre pessoas de mesmo sexo" e, em seu art. 2º, asseverou que "a recusa prevista no artigo 1º implicará a imediata comunicação ao respectivo juiz corregedor para as providências cabíveis".

Bem, após esta breve passagem pelo reconhecimento jurisprudencial do direito fundamental atípico dos casais homossexuais terem suas uniões afetivas reconhecidas civilmente pelo Estado, faz-se mister apresentar os fundamentos que motivam afirmar que o referido direito é um direito fundamental atípico, isto é, de que o reconhecimento civil, pelo Estado, das uniões afetivas entre pessoas de mesmo sexo em todas as modalidades legalmente estabelecidas consiste em um direito fundamental implícito às normas constitucionais consagrado-

---

que, pelo casamento, o Estado melhor protege esse núcleo doméstico chamado família. 6. Com efeito, se é verdade que o casamento civil é a forma pela qual o Estado melhor protege a família, e sendo múltiplos os "arranjos" familiares reconhecidos pela Carta Magna, não há de ser negada essa via a nenhuma família que por ela optar, independentemente de orientação sexual dos partícipes, uma vez que as famílias constituídas por pares homoafetivos possuem os mesmos núcleos axiológicos daquelas constituídas por casais heteroafetivos, quais sejam, a dignidade das pessoas de seus membros e o afeto. 7. A igualdade e o tratamento isonômico supõem o direito a ser diferente, o direito à auto-afirmação e a um projeto de vida independente de tradições e ortodoxias. Em uma palavra: o direito à igualdade somente se realiza com plenitude se é garantido o direito à diferença. Conclusão diversa também não se mostra consentânea com um ordenamento constitucional que prevê o princípio do livre planejamento familiar (§ 7º do art. 226). E é importante ressaltar, nesse ponto, que o planejamento familiar se faz presente tão logo haja a decisão de duas pessoas em se unir, com escopo de constituir família, e desde esse momento a Constituição lhes franqueia ampla liberdade de escolha pela forma em que se dará a união. 8. Os arts. 1.514, 1.521, 1.523, 1.535 e 1.565, todos do Código Civil de 2002, não vedam expressamente o casamento entre pessoas do mesmo sexo, e não há como se enxergar uma vedação implícita ao casamento homoafetivo sem afronta a caros princípios constitucionais, como o da igualdade, o da não discriminação, o da dignidade da pessoa humana e os do pluralismo e livre planejamento familiar. 9. Não obstante a omissão legislativa sobre o tema, a maioria, mediante seus representantes eleitos, não poderia mesmo "democraticamente" decretar a perda de direitos civis da minoria pela qual eventualmente nutre alguma aversão. Nesse cenário, em regra é o Poder Judiciário - e não o Legislativo - que exerce um papel contramajoritário e protetivo de especialíssima importância, exatamente por não ser compromissado com as maiorias votantes, mas apenas com a lei e com a Constituição, sempre em vista a proteção dos direitos humanos fundamentais, sejam eles das minorias, sejam das maiorias. Dessa forma, ao contrário do que pensam os críticos, a democracia se fortalece, porquanto esta se reafirma como forma de governo, não das maiorias ocasionais, mas de todos. 10. Enquanto o Congresso Nacional, no caso brasileiro, não assume, explicitamente, sua coparticipação nesse processo constitucional de defesa e proteção dos socialmente vulneráveis, não pode o Poder Judiciário demitir-se desse mister, sob pena de aceitação tácita de um Estado que somente é "democrático" formalmente, sem que tal predicativo resista a uma mínima investigação acerca da universalização dos direitos civis. 11. Recurso especial provido. (REsp 1183378/RS, Rel. Ministro LUIS FELIPE SALOMÃO, QUARTA TURMA, julgado em 25/10/2011, DJe 01/02/2012).

ras do direito fundamental de reconhecimento civil, pelo Estado, do casamento (notadamente o § 1º, do art. 226, da CF/88) e da União Estável (§ 3º, do art. 226, da CF/88), bem como ao direito de igualdade, ao direito de não discriminação (desdobramento da igualdade) e ao direito de liberdade (todos previstos expressamente no *caput* do art. 5º, da CF/88), dentre outros.

Isto posto, pode-se afirmar que a jusfundamentação do direito fundamental atípico dos casais homossexuais terem suas uniões afetivas reconhecidas civilmente pelo Estado em todas as modalidades legalmente estabelecidas tem como fundamentos matriciais materiais o regime e os princípios constitucionais. No que se refere ao regime constitucional *lato sensu*, o direito em análise fundamenta-se, dentre outras, pois é direito implícito à Constituição Formal e porque é expressão jurídica da exigência constitucional de igualdade nas relações familiares consagradas no subsistema constitucional de proteção e promoção das famílias. Já em relação ao regime constitucional *stricto sensu*, a jusfundamentação do direito em exame se dá, dentre outras coisas, em face de se tratar de direito que visa proteger e promover as pessoas humanas no âmbito de suas relações afetivas, bem como em razão do próprio fato de se tratar de direito implícito às normas constitucionais consagradoras do direito fundamental de reconhecimento civil, pelo Estado, do Casamento e da União Estável, bem como ao direito de igualdade,[47] ao direito

47. Nessa perspectiva, o Min. Luiz Fux, em seu voto no julgamento da ADPF 132, assim se expressou sobre a relação do direito de igualdade com o direito dos casais homossexuais de terem suas uniões afetivas reconhecidas civilmente pelo Estado "[...] a distinção entre as uniões heterossexuais e as uniões homossexuais não resiste ao teste da isonomia. Para tanto, recorde-se, novamente, o magistério de ROBERT ALEXY (ob. cit., p. 395 e seguintes), para quem, inexistindo razão suficiente para o tratamento jurídico diferenciado, impõe-se o tratamento idêntico. Não há qualquer argumento razoável que ampare a diferenciação ou a exclusão das uniões homoafetivas do conceito constitucional de família. Deveras, os únicos fundamentos para a distinção entre as uniões heterossexuais e as uniões homossexuais, para fins de proteção jurídica sob o signo constitucional da família, são o preconceito e a intolerância, enfaticamente rechaçados pela Constituição já em seu preâmbulo *("[...]a liberdade, a segurança, o bem-estar, o desenvolvimento, a igualdade e a justiça como valores supremos de uma sociedade fraterna, pluralista e sem preconceitos, [...]") e também no inciso IV do art. 3º ("promover o bem de todos, sem preconceitos de origem, raça, sexo, cor, idade e quaisquer outras formas de discriminação") e, ainda, no art. 5º, caput ("Todos são iguais perante a lei, sem distinção de qualquer natureza, [...]")*. Não se pode ceder, no caso, a considerações de ordem moral, exceto por uma, que, ao revés, é indispensável: todos os indivíduos devem ser tratados com igual consideração e respeito. É esta a base da leitura moral da Constituição propugnada por RONALD DWORKIN (*Freedom's Law: The Moral Reading of The American Constitution. Cambridge: Harvard University Press*, p. 7-8), que, mesmo tecendo argumentos sobre o constitucionalismo nos EUA, formula assertivas perfeitamente aplicáveis ao direito constitucional brasileiro [...]"(ADPF 132, Relator(a): Min. AYRES BRITTO, Tribunal Pleno, julgado em 05/05/2011, DJe-198 DIVULG 13-10-2011 PUBLIC 14-10-2011 EMENT VOL-02607-01 PP-00001)..

de não discriminação,[48] e ao direito de liberdade,[49] dentre outros. Ademais, como bem demonstrou o Min. Marco Aurélio, recorrendo às lições de Cançado Trindade, o direito dos casais homossexuais terem suas uniões afetivas reconhecidas civilmente pelo Estado é uma exigência do direito humano fundamental do livre desenvolvimento da personalidade, direito que compõe o núcleo pétreo da dignidade da pessoa humana e que assegura ao ser humano a realização de seus respectivos projetos existenciais.[50] Por fim, fundamenta-se nos princípios fundamentais constitucionais, especialmente no da *dignidade da pessoa humana (art. 1º, III, CF/88)*[51] e nos que constituem

48. Sobre o direito de não discriminação, a sempre atual colocação de Boaventura de Souza Santos: "As pessoas e os grupos sociais têm o direito de ser iguais quando a diferença as inferioriza, e o direito de ser diferentes quando a igualdade as descaracteriza". SANTOS, Boaventura de Souza. **As tensões da modernidade.** Texto Apresentado no Fórum Social Mundial. Porto Alegre, 2001.

49. Nesse sentido, no julgamento da "União Homoafetiva" pelo STF, o Ministro Ayres Britto, relator do processo, ao discorrer sobre a relação do direito de liberdade (especialmente na sua expressão de liberdade sexual e de sexualidade) com o direito dos casais homossexuais de terem suas uniões afetivas reconhecidas civilmente pelo Estado, afirmou: "[...] essa liberdade para dispor da própria sexualidade insere-se no rol dos direitos fundamentais do indivíduo, expressão que é de autonomia de vontade, direta emanação do princípio da dignidade da pessoa humana e até mesmo "cláusula pétrea", nos termos do inciso IV do §4º do art. 60 da CF (cláusula que abrange "os direitos e garantias individuais" de berço diretamente constitucional); V – esse mesmo e fundamental direito de explorar os potenciais da própria sexualidade tanto é exercitável no plano da intimidade (absenteísmo sexual e onanismo) quanto da privacidade (intercurso sexual ou coisa que o valha). Pouco importando, nesta última suposição, que o parceiro adulto seja do mesmo sexo, ou não, pois a situação jurídica em foco é de natureza potestativa (disponível, portanto) e de espectro funcional que só pode correr parelha com a livre imaginação ou personalíssima alegria amorosa, que outra coisa não é senão a entrega do ser humano às suas próprias fantasias ou expectativas erótico-afetivas. A sós, ou em parceria, renove-se o juízo. É como dizer: se o corpo se divide em partes, tanto quanto a alma se divide em princípios, o Direito só tem uma coisa a fazer: tutelar a voluntária mescla de tais partes e princípios numa amorosa unidade [...]" (ADPF 132, Relator(a): Min. AYRES BRITTO, Tribunal Pleno, julgado em 05/05/2011, DJe-198 DIVULG 13-10-2011 PUBLIC 14-10-2011 EMENT VOL-02607-01 PP-00001).

50. Nesse sentido, o Min. Marco Aurélio afirmou: "[...] O Estado existe para auxiliar os indivíduos na realização dos respectivos projetos pessoais de vida, que traduzem o livre e pleno desenvolvimento da personalidade. O Supremo já assentou, numerosas vezes, a cobertura que a dignidade oferece às prestações de cunho material, reconhecendo obrigações públicas em matéria de medicamento e creche, mas não pode olvidar a dimensão existencial do princípio da dignidade da pessoa humana, pois uma vida digna não se resume à integridade física e à suficiência financeira. A dignidade da vida requer a possibilidade de concretização de metas e projetos. Daí se falar em dano existencial quando o Estado manieta o cidadão nesse aspecto. Vale dizer: ao Estado é vedado obstar que os indivíduos busquem a própria felicidade, a não ser em caso de violação ao direito de outrem, o que não ocorre na espécie. Certamente, o projeto de vida daqueles que têm atração pelo mesmo sexo resultaria prejudicado com a impossibilidade absoluta de formar família. Exigir-lhes a mudança na orientação sexual para que estejam aptos a alcançar tal situação jurídica demonstra menosprezo à dignidade. Esbarra ainda no óbice constitucional ao preconceito em razão da orientação sexual [...]"(ADPF 132, Relator(a): Min. AYRES BRITTO, Tribunal Pleno, julgado em 05/05/2011, DJe-198 DIVULG 13-10-2011 PUBLIC 14-10-2011 EMENT VOL-02607-01 PP-00001).

51. Nesse sentido, conforme sustenta o Professor Luís Roberto Barroso, "[...] A dignidade humana identifica um espaço de integridade a ser assegurado a todas as pessoas por sua só existência no mundo. É um respeito à criação, independente da crença que se professe quanto à sua origem. Expressão nuclear dos direitos fundamentais, a dignidade abriga conteúdos diversos, que incluem

objetivos do Brasil, notadamente os de *construir uma sociedade livre, justa e solidária (art. 3º, I, CF/88)* e de *promover o bem de todos, sem preconceitos de origem, raça, sexo, cor, idade e quaisquer outras formas de discriminação (art. 3º, IV, CF/88).*

3.3. OS DIREITOS FUNDAMENTAIS ATÍPICOS *STRICTO SENSU*: DIREITOS FUNDAMENTAIS DECORRENTES, EXCLUSIVAMENTE, DO REGIME E DOS PRINCÍPIOS ADOTADOS PELA CONSTITUIÇÃO

A terceira possibilidade constitucional de se encontrar direitos fundamentais atípicos consiste no reconhecimento de direitos e garantias fundamentais decorrentes direta e exclusivamente do regime e dos princípios adotados pela Constituição, espécie de novos direitos que chamamos de *direitos fundamentais atípicos stricto sensu*, em contraposição ao gênero direitos fundamentais atípicos (ou *direitos fundamentais atípicos lato sensu*), que engloba, além desta espécie, as demais que já apontamos, isto é, os direitos fundamentais não enumerados e os direitos fundamentais implícitos, bem como a próxima que iremos apontar: os direitos humanos fundamentais. Não há dúvidas quanto à fundamentação desses direitos que se dá, como literalmente se percebe, no "regime" e nos "princípios", isto é, no sistema constitucional e no sistema de direitos fundamentais, bem como nos princípios fundamentais, principal e necessariamente no princípio fundamental da dignidade da pessoa humana.

A principal diferença dessa espécie para as duas primeiras estudadas (direitos fundamentais atípicos não enumerados e implícitos) reside no fato dos direitos fundamentais atípicos *stricto sensu* não encontrarem guarida na Constituição Formal, salvo pela sua relação de jusfundamentalidade. Isto é, nas espécies anteriores, o direito atípico

---

condições materiais mínimas de existência, integridade física e valores morais e espirituais. As coisas têm preço; as pessoas têm dignidade. Do ponto de vista moral, ser é muito mais do que ter. É impossível deixar de reconhecer que a questão aqui tratada envolve uma reflexão acerca da dignidade humana. Dentre as múltiplas possibilidades de sentido da ideia de dignidade, duas delas são reconhecidas pelo conhecimento convencional: (i) ninguém pode ser tratado como meio, devendo cada indivíduo ser considerado sempre como fim em si mesmo; e (ii) todos os projetos pessoais e coletivos de vida, quando razoáveis, são dignos de igual respeito e consideração, são merecedores de igual 'reconhecimento'. A não atribuição de reconhecimento à união entre pessoas do mesmos sexo viola simultaneamente essas duas dimensões nucleares da dignidade humana". BARROSO, Luís Roberto. Diferentes, mas Iguais: o reconhecimento jurídico das relações homoafetivas no Brasil. In: SARMENTO, Daniel; IKAWA, Daniela; PIOVESAN, Flávia (coord.). **Igualdade, Diferença e Direitos Humanos.** Rio de Janeiro: Lumen Juris, 2009, p. 680-681.

ou estava expressamente positivado na Constituição Formal, contudo fora do título típico dos direitos fundamentais, ou estava implícito a algum direito ou garantia fundamental da Constituição Formal, enquanto na espécie em análise, o direito atípico apenas possui sua jusfundamentalidade matricial no regime e nos princípios constitucionais, mas não se encontra positivado na Constituição Formal, seja expressa ou implicitamente.

Ademais, pode-se dizer que nas duas espécies anteriores o trabalho do intérprete é de identificação dos direitos atípicos (assim como na quarta espécie, a dos direitos humanos fundamentais), enquanto nessa espécie o trabalho é de construção[52] do direito atípico, figura hermenêutica de tradição *common law*, a nosso ver, perfeitamente aplicável ao direito brasileiro em face da positivação da cláusula de abertura aos direitos fundamentais atípicos prevista no § 2º, do art. 5º, da CF/88, cláusula que também aparecera pela primeira vez no direito de tradição *common law*, mais precisamente no IX Aditamento à Constituição dos Estados Unidos da América do Norte, que data de 1791, como já registramos.

Justamente por isso, já dissemos que a espécie dos direitos fundamentais atípicos *stricto sensu* é residual, só se podendo construir direitos fundamentais atípicos por ela se não houver como identificá-los por outra espécie, a fim de se evitar a banalização dos direitos fundamentais atípicos, vez que essa espécie é jurídica e axiologicamente mais aberta e abstrata que as demais, pois o direito que dela advém não se encontra nem expressa (seja na Constituição seja em Tratados de Direitos Humanos), nem implicitamente positivado (na Constituição), necessitando ser construído hermeneuticamente pelo intérprete através do regime e dos princípios constitucionais que fundamentam a ordem jurídica constitucional brasileira, tendo sempre como base principal o princípio fundamental da dignidade da pessoa humana e a função precípua do Estado Democrático de Direito de proteção e promoção do ser humano. Assim, dessa espécie de direitos atípicos, só se podem encontrar direitos que não podem ser identificados por outras espécies e que sejam de fundamental importância para a proteção ou promoção da pessoa humana.

52. Sobre o instituto da construção, por todos, ver: MAXIMILIANO, Carlos. **Hermenêutica e Aplicação do Direito.** 20 ed. Rio de Janeiro: Forense, 2011, p. 33 e ss.

Passando-se à fundamentação desses direitos, como dissemos, fundamentam-se, tanto no sistema constitucional (regime constitucional *lato sensu*), pois hão de compor o todo unitário e ordenado da Constituição, aqui entendida em sua expressão mais ampla e fundamental, enquanto Constituição Material, assim como no sistema de direitos e garantias fundamentais (regime constitucional *stricto sensu*), vez que sua construção se dá para complementar o referido sistema na sua função maior de assegurar à pessoa humana os direitos fundamentais necessários à sua proteção e promoção.

Nada obstante, fundamentam-se, sobretudo, nos princípios constitucionais (princípios fundamentais do Título I, da CF/88), pois, como já se disse, são eles a matriz principiológica sob a qual se funda o sistema de direitos e garantias fundamentais, devendo todos os direitos a eles fundamentalmente regressarem, vez que aqui há uma relação matricial-concretizadora, na qual os direitos fundamentais possuem sua jusfundamentalidade (e, portanto, sua matriz jurídico-axiológica) nos princípios fundamentais e, por sua vez, esses princípios concretizam-se constitucionalmente através da implementação desses direitos. Especialmente, os direitos fundamentais atípicos *stricto sensu* fundamentam-se no princípio da dignidade da pessoa humana, vez que se trata do elemento matricial comum a todos os direitos e garantias fundamentais que consagra, ao lado do princípio do Estado Democrático de Direito, que o Estado existe para proteger e promover a pessoa humana, que o Estado é meio para a consecução os fins humanos e não a pessoa meio para a consecução dos fins do Estado. Frise-se: os direitos fundamentais atípicos *stricto sensu* devem sempre ter como finalidade precípua proteger ou promover a pessoa humana.

Isto posto, em face das demais possibilidades constitucionais de identificação de direitos fundamentais atípicos (direitos não enumerados, direitos implícitos e direitos humanos fundamentais) e da complexidade e prolixidade de nossa Constituição, bem como dos diversos Tratados Internacionais de Direitos Humanos dos quais o Brasil é parte (além dos que ele pode vir a se tornar parte), pode-se afirmar que encontrar exemplos de direitos fundamentais atípicos *stricto sensu* é tarefa das mais difíceis, pois quase não há espaço para construção de novos direitos, estando eles, em sua maioria, já reconhecidos pela Constituição Formal (tipicamente, ou atipicamente – expressamente, mas fora do catálogo típico ou implicitamente à algum outro direito fundamental formalmente constitucional) ou por Tratados Internacionais de Direitos Humanos de que o Brasil é signatário. Nada obstante, parece-nos ser possível apontar alguns exemplos, em que pese eles possam ser superados no futuro via Emendas à Constituição ou mesmo pela assinatura de novos tratados de direitos humanos. São eles: direitos fundamentais à resistência e à desobediência civil, direito fundamental à busca da felicidade e direito fundamental à morte digna (eutanásia e suicídio assistido).[53]

A começarmos pelos direitos fundamentais atípicos *stricto sensu* à resistência e à desobediência civil,[54] direitos da pessoa humana de opor-se à ilegalidade, à inconstitucionalidade, à arbitrariedade, à imoralidade e à injustiça cometidas por parte do Estado,[55] pode-se dizer que se tratam de direitos de natureza cível-política que têm por objetivo maior assegurar ao homem o direito de não aceitar as imposições estatais, mesmo que estabelecidas por Lei, quando apresentarem-se em desconformidade com a ordem jurídica vigente, com a ordem moral da sociedade e com a justiça. Afinal, se o Estado é meio para a consecução dos fins humanos, não pode agir o Estado contrariamente a esses fins, não pode agir o Estado de modo opressor e violador dos direitos do homem ou contrário à justiça, à moral e à lei.

Ademais, parece-nos que a resistência à opressão e a desobediência às leis injustas e imorais são inerentes à própria natureza

53. Com o desenvolvimento das sociedades e das relações humanas, novos direitos podem se fazer necessários para proteger ou promover a pessoa humana em face das novas situações. Ademais, outros direitos fundamentais atípicos *stricto sensu* podem já existir, contudo, em face das limitações desse trabalho, preferimos apontar apenas os exemplos dados acima, até porque, qualquer apontamento nessa espécie de direitos atípicos exige a devida jusfundamentação.

54. Sobre as diferenças entre direito de resistência (gênero) e direito de desobediência civil (espécie), por todos, ver: RODRIGUES, João Gaspar. Direito de Resistência e sua positivação constitucional. In: PIOVESAN, Flávia; GARCIA, Maria (orgs.). **Doutrinas Essenciais Direitos Humanos:** Direitos Civis e Políticos. São Paulo: RT, 2011. v.2, p. 1261-1262.

55. Nessa perspectiva, Bodo Pieroth e Bernhard Schlink, ao comentarem o direito fundamental de opor resistência consagrada na Constituição Alemã, assim afirmam: "O direito de opor resistência foi introduzido na Lei Fundamental em ligação com a legislação do estado de necessidade. Por detrás disso, estava uma dupla intenção: por um lado, a proteção da ordem constitucional deveria transformar-se em função do Estado, não apenas por via das leis do estado de necessidade, mas com o direito de opor resistência tornar-se também em *direito dos cidadãos*. Por outro lado, devia-se garantir que a situação de necessidade ou de exceção, como poder do Executivo, da redução dos poderes constitucionais e da limitação da liberdade, não fosse *mal utilizada pelo poder executivo* para abolir a ordem constitucional". PIEROTH, Bodo; SCHLINK, Bernhard. **Direitos fundamentais.** São Paulo: Saraiva, 2012, p. 493.

humana, como bem retratam os escritos mais antigos da humanidade, destacando-se já na mitologia grega, a história de Prometeu. Nesse sentido, como nos conta Thomas Bulfinch:

> Prometeu tem sido um dos temas preferidos dos poetas. Ele é representado como o amigo da humanidade, aquele que por esta intercedeu quando Júpiter estava enfurecido contra os homens, aquele que também ensinou a civilização e as artes. Porém, ao fazê-lo Prometeu transgrediu a vontade de Júpiter, atraindo para si a ira do governante dos deuses e dos homens. Júpiter ordenou que Prometeu fosse acorrentado a um rochedo do monte Cáucaso, onde um abutre comia seu fígado, que se regenerava assim que era devorado. Esse estado de tormenta seria suspenso no instante em que Prometeu se submetesse voluntariamente ao seu opressor; isso porque ele tinha a posse de um segredo que envolvia a estabilidade do trono de Júpiter, e, se estivesse disposto a revela-lo poderia ser finalmente favorecido. Mas Prometeu desdenhou dessa hipótese, e desde então se tornou o símbolo da resistência magnânima ao sofrimento imerecido, e da força de vontade que resiste à opressão.[56]

A história da humanidade e do reconhecimento dos direitos da pessoa humana é marcada pela opressão e pela resistência. Nada obstante, os direitos de resistência e de desobediência civil encontram-se expressamente consagrados em pouquíssimas ordens jurídico-constitucionais (*v.g.*: Constituição de Portugal, art. 21; Constituição da Alemanha, art. 20, n. 4; Constituição da França, art. 2º da Declaração dos Direitos do Homem e do Cidadão, incorporada pela Carta de 1958; Constituição da Argentina, art. 36; Constituição do Timor-Leste, art. 28, n. 1; Constituição de Cabo Verde, art. 19; Constituição de Moçambique, art. 80), não estando positivado em nossa Constituição Formal, seja expressa ou tacitamente. Nada obstante, como bem afirma José Carlos Buzanello, no âmbito do constitucionalismo brasileiro vigente, em face da cláusula de abertura aos direitos fundamentais atípicos, o direito de resistência é direito fundamental.[57] No mesmo sentido, Maria Garcia é contundente em dizer que a desobediência civil é

---

56. BULFINCH, Thomas. **O livro da mitologia.** São Paulo: Martin Claret, 2013, p. 47.
57. BUZZANELO, José Carlos. Estatuto do Direito de Resistência. In: PIOVESAN, Flávia; GARCIA, Maria (orgs.). **Doutrinas Essenciais Direitos Humanos:** Direitos Civis e Políticos. São Paulo: RT, 2011. v.2, p. 1297 e ss.

direito fundamental em face da abertura constitucional estabelecida pelo § 2º, do art. 5º, da Constituição brasileira de 1988.[58]

Ora, é evidente que os direitos à resistência e à desobediência civil são direitos fundamentais atípicos *stricto sensu* no âmbito de nosso constitucionalismo vigente. Em primeiro lugar, porque são direitos da pessoa humana que têm por objetivo protege-la do Estado, ou melhor, visam assegurar às pessoas o direito de resistir à opressão e de desobedecer às leis injustas, imorais ou ilegítimas, tendo, portanto, por escopo fundamental proteger a pessoa humana da opressão, ilegalidade ou injustiça praticada pelo Estado em seu desfavor. Aqui, registre-se que os referidos direitos têm como destinatários não só o Estado, mas também eventuais particulares, isto é, submetem-se à eficácia horizontal dos direitos fundamentais.[59]

Além disso, são direitos da pessoa humana com dignidade constitucional material, pois atendem aos critérios de jusfundamentalidade estabelecidos pela Carta Constitucional de 1988. Melhor dizendo, são direitos fundamentais materiais, direitos atípicos *stricto sensu* que advêm das fontes estabelecidas pela cláusula de abertura prevista no art. 5º, § 2º, da CF/88, e que têm por finalidade precípua a proteção da pessoa humana, bem como dos direitos fundamentais inerentes a sua dignidade.

A jusfundamentação dos direitos fundamentais atípicos *stricto sensu* à resistência e à desobediência civil dá-se, como exigido pelo § 2º, do art. 5º, da CF/88, no regime e nos princípios constitucionais. No que se refere ao regime constitucional, pode-se dizer que fundamentam-se, em primeiro lugar, no sistema constitucional, pois hão de compor o todo unitário e ordenado da Constituição, aqui entendida em sua expressão mais ampla e fundamental, enquanto Constituição Material, e, em segundo lugar, no sistema de direitos e garantias fundamentais, pois sua construção se dá para complementar o referido sistema na proteção da pessoa humana e de seus direitos fundamentais em face de opressão, ilegalidade ou injustiça praticada pelo Estado, ou mesmo por particulares.

Já em relação aos princípios constitucionais fundamentais, pode-se afirmar que fundamentam-se no princípio do Estado Democrático

58. GARCIA, Maria. **Desobediência Civil:** direito fundamental. São Paulo: RT, 1994, p. 259 e ss.

59. Nesse sentido: CANOTILHO, J. J. Gomes; MOREIRA, Vital. **Constituição da República Portuguesa Anotada:** artigos 1º a 107. 4.ed. Coimbra: Coimbra, 2007, p. 421.

de Direito e no princípio republicano (ambos previstos no *caput* do art. 1º, da CF/88), bem como nos princípios da cidadania (art. 1º, II, da CF/88), dignidade da pessoa humana (art. 1º, III, da CF/88), pluralismo político (art. 1º, V, da CF/88) e da soberania popular (art. 1º, parágrafo único, da CF/88).[60] Os direitos à resistência e à desobediência civil são expressões jurídico-políticas legítimas que devem ser asseguradas em Estados Constitucionais que se designam democráticos e republicanos e que possuem ideologia política plural, sendo frutos do exercício amplo da cidadania e da soberania popular que visam resguardar a dignidade da pessoa humana e os direitos fundamentais que lhes são inerentes. São direitos de proteção da pessoa e de seus próprios direitos, assim, são, de certo modo, garantias fundamentais da pessoa contra a opressão, a ilegalidade ou a injustiça praticada pelo Estado, ou por particulares.

Passando-se à análise do direito fundamental à busca da felicidade, há de se esclarecer, desde logo, que se trata de um direito à busca da felicidade, e não de um direito à felicidade, pois seria impossível ao Estado ou a qualquer um assegurar a felicidade de outrem, até porque

60. Nesse sentido, José Carlos Buzanello afirma: "A materialidade se combina com os elementos constitucionais formais, como: princípios da dignidade da pessoa humana e do pluralismo político, erguidos como fundamentais do Estado Democrático (art. 1º, III e V, da CF/1988); a abertura e a integração para dentro do ordenamento constitucional de outros direitos e garantias 'decorrentes do regime e dos princípios por ela adotados' (art. 5º, § 2º, da CF/1988). Nesse sentido, há uma abertura constitucional para o direito de resistência em que estariam inclusos também outros direitos, na forma do art. 5º, § 2º, da CF/1988. A abertura constitucional possibilita a ampliação de novos direitos e, dessa forma, o direito de resistência serve como mais uma garantia constitucional ao Estado de direito". BUZZANELO, José Carlos. Estatuto do Direito de Resistência. In: PIOVESAN, Flávia; GARCIA, Maria (orgs.). **Doutrinas Essenciais Direitos Humanos:** Direitos Civis e Políticos. São Paulo: RT, 2011. v.2, p. 1303-1304. Em sentido semelhante, Maria Garcia afirma: "Considere-se em primeiro plano, que a dicção atual da norma contida no § 2.º do art. 5.º encerra um norteio para sua interpretação, aludindo às fontes dos direitos e garantias que pretende consagrar, diversamente dos textos anteriores. Num segundo plano, uma vez postos o regime e os princípios – decorre como consequência sejam eles geradores de direitos e deveres e não mera enunciação de cunho teórico e filosófico. A partir daí, inevitável se torna o atendimento ao comando constitucional e por este – pelo regime republicano de governo e o princípio da cidadania, elencados entre os princípios fundamentais do Estado Brasileiro (art. 1º), ao cidadão corresponde 'um feixe de privilégios, decorrentes da condição da titularidade da coisa pública'. Esse plexo de direitos e garantias da cidadania deverá conter – por definição – o direito da desobediência civil: dentro do ordenamento jurídico, a possibilidade do cidadão, titular do poder do Estado (que exerce 'por meio de representantes ou diretamente, nos termos dessa Constituição', edita o parágrafo único do art. 1º) – promover a alteração ou revogação da lei ou deixar de atender à lei ou a qualquer ato – que atentem contra a ordem constitucional ou os direitos e garantias fundamentais, justificadamente. Corresponde ao *status civitatis* e decorre do regime dos direitos fundamentais no qual se insere o próprio mandamento do § 2º, art. 5º. É dizer, o regime dos direitos fundamentais consagrado na Constituição Brasileira abrange, no seu sistema, a possibilidade de direitos fundamentais implícitos, decorrente do regime e princípios adotados pela Constituição - dentre eles, conforme demonstrado, o direito da desobediência civil". GARCIA, Maria. **Desobediência Civil:** direito fundamental. São Paulo: RT, 1994, p. 260-161.

a felicidade trata-se de um dos conceitos mais indeterminados que a humanidade conhece (ou desconhece). Parece-nos que a felicidade de cada um é diferente da do outro, de modo que aquilo que faz feliz um, pode não fazer o outro. Assim, a expressão máxima da felicidade pode estar em coisas diferentes, seja na família, na religião, na riqueza, num time de futebol, na intelectualidade ou noutras coisas. Ademais, dá-se também em graus e sentidos diferentes, variando tanto que é impossível saber-se o que faz às pessoas felizes, de modo que, não há como exigir que o Estado assegure a felicidade de ninguém, mas apenas que assegure as possibilidades mínimas de que as pessoas busquem sua própria felicidade. Além disso, parece que nem mesmo a própria pessoa é capaz de dizer o que a faz feliz sem uma experimentação, ao menos em regra, o que nos leva a afirmar que a felicidade é um conceito que se formula empiricamente, não podendo ela mesma apontar o que a faz feliz antes da experimentação.

Nesse sentido, assim, há muito já se expressara Immanuel Kant na tentativa de conceituar a felicidade:

> [...] poder-se-ia dizer aqui como acolá: quem quer o fim, quer também (necessariamente conforme à razão) os únicos meios que para isso estão no seu poder. Mas infelizmente o conceito de felicidade é tão indeterminado que, se bem que todo o homem a deseje alcançar, ele nunca pode dizer ao certo e de acordo consigo mesmo o que é que propriamente deseja e quer. A causa disto é que todos os elementos que pertencem ao conceito de felicidade são na sua totalidade empíricos, quer dizer, têm que ser tirados da experiência, e que portanto para a ideia de felicidade é necessário um todo absoluto, um máximo de bem-estar, no meu estado presente e em todo o futuro. Ora é impossível que um ser, mesmo o mais perspicaz e simultaneamente o mais poderoso, mas finito, possa fazer ideia exacta daquilo que aqui quer propriamente.[61]

O reconhecimento pelo Estado de um direito à busca da felicidade data já da Declaração de Independência dos Estados Unidos da América do Norte, de 04 de julho de 1776, que assim dispõe: "*We hold these truths to be self-evident, that all men are created equal, that they are endowed by their Creator with certain unalienable Rights, that*

61. KANT, Immanuel. **Fundamentação da Metafísica dos Costumes.** Lisboa: Edições 70, 2009, p. 57-58.

among these are Life, Liberty and the pursuit of Happiness [...]".[62] Ao comentar o trecho da Declaração de Independência Estadunidense ora transcrito, Stephanie Schwartz Driver afirma que "em uma ordem social racional, de acordo com a teoria iluminista, o governo existe para proteger o direito do homem de ir em busca da sua mais alta aspiração, que é, essencialmente, a felicidade ou o bem-estar".[63]

Ademais, o direito à busca da felicidade é direito fundamental positivado em ordens constitucionais estrangeiras, sendo expressamente previsto no art. 13, da Constituição do Japão de 1947, na Declaração dos Direitos do Homem e do Cidadão, incorporada à Constituição da França de 1958 e na Constituição do Reino do Butão de 2008.

Em que pese não seja direito positivado em nossa Constituição Formal, seja de forma expressa, seja de forma tácita, trata-se de direito fundamental atípico *stricto sensu* reconhecido, inclusive, pela jurisprudência do Supremo Tribunal Federal na ADI 3.300-MC/DF, na STA 223-AgR/PE, no RE 477.554-AgR/MG, bem como no julgamento conjunto das já citadas ADPF 132/RJ e ADI 4277/DF.[64]

A propósito, na jurisprudência do Supremo Tribunal Federal, destaque-se a magistratura do Min. Celso de Mello, que, por mais

62. Em português: "Consideramos estas verdades como evidentes por si mesmas, que todos os homens são criados iguais, que são dotados pelo Criador de certos direitos inalienáveis, que entre estes estão a vida, a liberdade e a busca da felicidade [...]" (tradução livre).

63. DRIVER, Stephanie Schwartz. **A Declaração de Independência dos Estados Unidos.** Rio de Janeiro: Jorge Zahar, 2006, p. 32.

64. Dentre todas, merecem destaque as seguintes disposições da Ementa do RE 477.554-AgR/MG. Vejamo-las: "[...] O DIREITO À BUSCA DA FELICIDADE, VERDADEIRO POSTULADO CONSTITUCIONAL IMPLÍCITO E EXPRESSÃO DE UMA IDÉIA-FORÇA QUE DERIVA DO PRINCÍPIO DA ESSENCIAL DIGNIDADE DA PESSOA HUMANA - ALGUNS PRECEDENTES DO SUPREMO TRIBUNAL FEDERAL E DA SUPREMA CORTE AMERICANA SOBRE O DIREITO FUNDAMENTAL À BUSCA DA FELICIDADE [...] Doutrina. DIGNIDADE DA PESSOA HUMANA E BUSCA DA FELICIDADE. - O postulado da dignidade da pessoa humana, que representa - considerada a centralidade desse princípio essencial (CF, art. 1º, III) - significativo vetor interpretativo, verdadeiro valor-fonte que conforma e inspira todo o ordenamento constitucional vigente em nosso País, traduz, de modo expressivo, um dos fundamentos em que se assenta, entre nós, a ordem republicana e democrática consagrada pelo sistema de direito constitucional positivo [...] Doutrina. O princípio constitucional da busca da felicidade, que decorre, por implicitude, do núcleo de que se irradia o postulado da dignidade da pessoa humana, assume papel de extremo relevo no processo de afirmação, gozo e expansão dos direitos fundamentais, qualificando-se, em função de sua própria teleologia, como fator de neutralização de práticas ou de omissões lesivas cuja ocorrência possa comprometer, afetar ou, até mesmo, esterilizar direitos e franquias individuais. Assiste, por isso mesmo, a todos, sem qualquer exclusão, o direito à busca da felicidade, verdadeiro postulado constitucional implícito, que se qualifica como expressão de uma idéia-força que deriva do princípio da essencial dignidade da pessoa humana. Precedentes do Supremo Tribunal Federal e da Suprema Corte americana. Positivação desse princípio no plano do direito comparado [...]" (RE 477554 AgR, Relator(a): Min. CELSO DE MELLO, Segunda Turma, julgado em 16/08/2011, DJe-164 DIVULG 25-08-2011 PUBLIC 26-08-2011 EMENT VOL-02574-02 PP-00287 RTJ VOL-00220- PP-00572).

de uma vez, abriu ponto específico em seus votos para reconhecer o direito fundamental das pessoas à busca da felicidade, como sendo postulado constitucional do princípio fundamental da dignidade da pessoa humana (art. 1º, III, da CF/88) e do princípio fundamental que estabelece como objetivo da República Federativa do Brasil promover o bem de todos, sem preconceitos de origem, raça, sexo, cor, idade e quaisquer formas de discriminação (art. 3º, IV, da CF/88).

Isto posto, atendo-se ao exame mais detido da jusfundamentação do direito fundamental atípico à busca da felicidade no âmbito do constitucionalismo brasileiro, pode-se afirmar que trata-se de direito fundamental atípico *stricto sensu*, cuja fundamentação se dá no regime e nos princípios constitucionais, como como exigido pelo § 2º, do art. 5º, da CF/88. Fundamenta-se no regime constitucional *lato sensu*, pois tem de compor o todo unitário e ordenado da Constituição, que, por sua vez, impõe ao Estado e à sociedade o dever de proteger e promover a pessoa humana resguardando-lhe as condições mínimas de ter uma vida boa e buscar a sua felicidade. Fundamenta-se no regime constitucional *stricto sensu*, pois sua construção se dá para complementar o subsistema constitucional dos direitos e garantias fundamentais da pessoa humana, vez que é fundamental às pessoas e inerente à própria noção de vida digna, o direito de buscarem sua felicidade e seu bem-estar.

Ademais, fundamenta-se nos princípios constitucionais fundamentais, especialmente, como já reconhecido pelo Supremo Tribunal Federal, nos princípios da dignidade da pessoa humana (art. 1º, III, da CF/88) e no que estabelece como objetivo da República Federativa do Brasil promover o bem de todos, sem preconceitos de origem, raça, sexo, cor, idade e quaisquer formas de discriminação (art. 3º, IV, da CF/88). Ora, a dignidade da pessoa humana, em sua concretização constitucional, exige que às pessoas seja resguardado o direito de buscar a própria felicidade, afinal como pode ter sua dignidade protegida e/ou promovida aquele que não tem o direito de tentar ser feliz? Assim, a nosso ver, o princípio fundamental da dignidade da pessoa humana, especialmente nas dimensões ontológica e da dignidade da vida, exige, para sua concretização constitucional, que se assegure às pessoas o direito fundamental à busca da felicidade, que, em contrapartida, possui como matriz constitucional jurídico-axiológica a dignidade da pessoa humana. Em sentido próximo,

Ingo Wolfgang Sarlet, em artigo que se propõe a analisar a dignidade da pessoa humana na jurisprudência do Supremo Tribunal Federal, afirma, inspirado nas lições de Dieter Grimm, que "a dignidade, na condição de valor intrínseco do ser humano, gera para o indivíduo o direito de decidir de forma autônoma sobre seus projetos existenciais e felicidade".[65] Já o estabelecimento, como objetivo fundamental de nossa República, da promoção do bem de todos, exige que o Estado garanta às pessoas um conjunto mínimo de direitos que possa lhes assegurar as condições mínimas para buscarem sua própria felicidade e viverem dignamente. Além do mais, exige que o Estado não discrimine nem permita discriminações que possam inferiorizar as pessoas em face de suas diferenças, até porque a felicidade das pessoas é diferente, não existindo uma felicidade melhor do que a outra, como se pudesse ter uma felicidade melhor, mais digna ou mais nobre quem torce pelo time A e não pelo time B, ou quem não come carne do que quem come, ou quem é heterossexual do que quem é homossexual, e assim por diante.[66]

Por último, mas não menos importante, passemos à análise do direito fundamental atípico *stricto sensu* à morte digna (eutanásia e suicídio assistido), talvez um dos mais polêmicos, mas, a nosso ver, claramente tutelado por nosso constitucionalismo em face da cláusula de abertura prevista no art. 5º, § 2º, da CF/88 e do princípio fundamental da dignidade da pessoa humana, especialmente em suas dimensões *ontológica* e *da proibição de coisificação do ser humano (reificação da pessoa), identificada pela fórmula do homem-objeto.*

Antes de adentrarmos num possível conflito entre o direito de morrer (direito à morte digna) e o direito à vida, argumento sempre levantado pelos que são contrários ao direito de morrer, façamos um breve esclarecimento sobre suas expressões mais relevantes: a eutanásia e o suicídio assistido. Bem, etimologicamente, eutanásia significa "morte boa" ou "morte sem sofrimento", ou ainda "morte digna". A eutanásia pode ser dividida em ativa e passiva. Eutanásia ativa é aquela que se dá por ato deliberado de alguém de provocar

---

65. SARLET, Ingo Wolfgang. Notas sobre a dignidade da pessoa humana na jurisprudência do Supremo Tribunal Federal. In: SARMENTO, Daniel; SARLET, Ingo Wolfgang (coords.). **Direitos Fundamentais no Supremo Tribunal Federal:** balanço e crítica. Rio de Janeiro: Lumen Juris, 2011, p. 48.

66. Frise-se: Dissemos que não se pode ter uma felicidade *melhor, mais digna ou mais nobre* (juízo de valor qualitativo e não quantitativo) e não que não se possa ter uma felicidade maior. Afinal, o time que vence mais, parece, em regra, trazer mais felicidade do que o que perde mais.

a morte sem sofrimento de outrem que se encontra em situação de intenso sofrimento sem perspectiva de cura. É ativa, pois importa em conduta comissiva, isto é, importa no cometimento de uma ação da qual resultará a morte do interessado. Melhor dizendo, a eutanásia ativa, conforme tratada aqui, traduz-se na conduta que visa causar a morte de determinado paciente terminal, a pedido dele.[67] Por sua vez, eutanásia passiva é aquela que resulta de uma omissão, de um não fazer, cuja consequência é a morte do paciente terminal, isto é, cuja consequência é o falecimento daquele paciente que se encontra em intenso sofrimento e que não tem qualquer perspectiva de cura. Melhor dizendo, a eutanásia passiva caracteriza-se pela limitação ou suspensão dos esforços terapêuticos, dos tratamentos ou procedimentos médicos que estão prolongando a vida do doente terminal. Já o suicídio assistido consiste no auxílio à morte daquele que se encontra em intenso sofrimento. Para alguns, deve, necessariamente, tratar-se de pacientes terminais, doentes sem perspectiva de cura, para outros, basta o intenso sofrimento (psíquico ou físico), já que é vontade do individuo tirar a própria vida. A diferença do suicídio assistido para a eutanásia é que no suicídio assistido o agente apenas auxilia na morte da pessoa, sendo ela quem pratica pessoalmente o ato que conduz à própria morte, enquanto na eutanásia, o ato ou a omissão do agente é que irão causar a morte do paciente.[68]

Aqui, já adiantando nosso posicionamento sobre o direito de morrer, há de se deixar claro que, seja no suicídio assistido, seja na eutanásia, faz-se necessária a manifestação de vontade do paciente. Se o direito é subjetivo, exige-se que o paciente demonstre sua vontade de exercê-lo. Caso não haja manifestação de vontade do paciente, parece-nos que não se trata de direito de morrer, mas sim de homicídio.[69] Ademais, essa manifestação pode existir mesmo para pacientes que já não estão conscientes, tendo ele deixado por escrito ou manifestado de outra forma, antes de ficar inconsciente, seja a um parente, a um

67. Caso não haja o pedido do paciente, parece-nos que não se trata de eutanásia, mas sim de homicídio. Esse pedido pode existir mesmo para pacientes que já não estão conscientes, tendo ele deixado por escrito ou manifestado de outra forma antes de ficar inconsciente, seja a um parente, a um amigo, ou mesmo aos médicos.

68. Nesse sentido, por todos: SZTAJN, Rachel. **Autonomia privada e direito de morrer:** eutanásia e suicídio assistido. São Paulo: Cultural Paulista, 2002, especialmente p. 125 e ss.

69. Para uma análise jurídico-penal do tema, por todos, ver: ROXIN, Claus. A apreciação jurídico-penal da eutanásia. In: PIOVESAN, Flávia; GARCIA, Maria (orgs.). **Doutrinas Essenciais Direitos Humanos:** Direitos Civis e Políticos. São Paulo: RT, 2011. v.2.

amigo, ou mesmo aos médicos. Nesse sentido, há quem defenda um testamento biológico, instrumento no qual, dentre outras coisas, a pessoa manifesta-se antecipadamente sobre as medidas clínicas às quais não deseja se submeter caso algo venha a lhe acontecer.[70]

Isto posto, passando-se à análise de um potencial conflito entre o direito de morrer (direito à morte digna) e o direito à vida, argumento sempre levantado pelos que são contrários ao direito de morrer, há de se dizer que ambos são direitos inerentes à pessoa, que, ao que nos parece, devem ter seu exercício vinculado à autonomia de vontade da própria pessoa. Não cabe ao Estado, à sociedade, ou a qualquer outra pessoa, decidir sobre a vida ou a morte de alguém.[71] Essa é uma escolha da pessoa. Ora, a autonomia da vontade, a liberdade de escolher o que quer para si, de fazer suas escolhas existências, é elemento imprescindível da dignidade da pessoa humana e dos direitos que lhes são inerentes, inclusive do direito à vida e do direito à morte digna.[72] Ademais, a vida é um direito fundamental e não um dever fundamental, assim, a pessoa (titular do direito) é quem escolhe se o exerce ou não, vedando-se ao Estado e à sociedade obrigar alguém a levar uma vida que não deseja viver, ou pior, uma vida insuportável de ser vivida: uma vida de intenso sofrimento físico e/ou psicológico.[73] Assim, se é possível a esse paciente matar-se, é juridicamente legitimo e lícito que o faça, não tendo o Estado interesse algum em forçá-lo a viver. Do mesmo modo, se lhe é impossível matar-se, ou pelo menos matar-se sem o auxílio de alguém, em face do estado em que

70. Por todos: NAVES, Bruno Torquato de Oliveira; REZENDE, Danúbia Ferreira Coelho de. A autonomia privada do paciente em estado terminal. In: FIUZA, César; SÁ, Maria de Fátima Freire de; NAVES, Bruno Torquato de Oliveira. **Direito Civil:** Atualidades II - Da autonomia privada nas situações jurídicas patrimoniais e existenciais. Belo Horizonte: Del Rey, 2007, p. 89 e ss.

71. Sobre a autonomia de vontade (ou autonomia privada) e o direito de morrer, por todos, ver: SÁ, Maria de Fátima Freire; PONTES, Maíla Mello Campolina. Autonomia Privada e Direito de Morrer. In: FIUZA, César; SÁ, Maria de Fátima Freire de; NAVES, Bruno Torquato de Oliveira. **Direito Civil:** Atualidades III – Princípios Jurídicos no Direito Privado. Belo Horizonte: Del Rey, 2009, p. 37 e ss.

72. Sobre o polêmico conflito entre o direito à vida e o direito à morte, por todos: DIAS, Rebeca Fernandes. Direito à vida, direito à morte e disponibilidade do corpo: as tensões contemporâneas de um direito (ainda) desencarnado. In: CLÈVE, Clèmerson Merlin (coord.). **Direito Constitucional Brasileiro:** Teoria da Constituição e Direitos Fundamentais. São Paulo: RT, 2014. v.1.

73. Nesse sentido, João costa neto afirma que "quando tal sujeito resolve matar-se, ele está exercendo a sua prerrogativa de autodeterminação e não a renunciar a ela. A vida, que se entende ser corolário da dignidade humana (ANTOINE, 2004, p. 161), é um direito e não um dever [...] Nessa perspectiva, mencione-se que, em nossas ordens jurídico-constitucionais, fundadas em direitos e garantias fundamentais, não se atribui ao Estado o dever de obrigar o indivíduo a procriar, o que também leva a afirmar que não há um dever fundamental à vida (ou a viver) [...]". COSTA NETO, João. **Dignidade humana:** visão do Tribunal Constitucional Federal Alemão, do STF e do Tribunal Europeu. São Paulo: Saraiva, 2014, p. 42.

se encontra, não parece legítimo ao Estado punir aquele que auxilia o indivíduo a concretizar seu *animus* de morrer dignamente pondo fim ao intenso sofrimento a que está submetido, ou mesmo aquele que por ação ou omissão provoca diretamente a morte do paciente terminal assegurando-lhe o direito de morrer com dignidade.[74]

Nesse sentido, a recente obra do Professor Antonio José Pêcego, segundo quem, "a vida permanece como um bem jurídico indisponível, mas apenas com relação a terceiros, não mais subsistindo na atualidade constitucional a concepção personalística ou absoluta da vida, o que reclama uma readequação dessa questão no sistema jurídico infraconstitucional porque não há um dever de viver, mas sim apenas um direito à vida por aquele a quem ela lhe é inerente à existência humana".[75]

Deste modo, à luz do princípio fundamental da dignidade da pessoa humana, fundamento de nossa República previsto no art. 1º, III, da Constituição Cidadã de 1988, e, considerando que, num Estado Democrático de Direito, como é o caso do Brasil, o Estado é meio para a consecução dos fins da pessoa e não a pessoa meio para a consecução dos fins do Estado, pode-se afirmar que nosso constitucionalismo vigente reconhece um direito fundamental à morte digna, direito atípico construído em face da cláusula de abertura prevista no art. 5º, § 2º, da CF/88.

Assim sendo, passando-se se ao exame mais detido da jusfundamentação do direito fundamental atípico à morte digna no âmbito do constitucionalismo brasileiro, pode-se afirmar que trata-se de direito fundamental atípico *stricto sensu*, construído em face da cláusula de abertura a novos direitos fundamentais do art. 5º, § 2º, da CF/88, tendo como fundamentos matriciais o regime constitucional (sistema constitucional e subsistema constitucional dos direitos e garantias fundamentais) e os princípios constitucionais (princípios fundamentais).

74. Nessa perspectiva, segundo João Costa Neto, "se um ser humano escolhe, de maneira esclarecida, matar-se, parece que ele exerce um direito constitucional, à medida que o Estado não possuí nenhum interesse juridicamente legítimo a compeli-lo a viver, Da mesma forma, se tal ser humano se vê impedido de materializar seu propósito suicida, como sói ocorrer com pacientes em estado terminal, então tudo indica que ninguém deveria ser impedido ou legalmente proibido de auxiliar o indivíduo a concretizar seus propósitos juridicamente assegurados. Sob essa perspectiva, Jörg Antoine (2004, p. 181 e s.) acredita que a dignidade humana, enquanto autodeterminação, implica um direito constitucional à eutanásia passiva e ativa". Ibidem, p 42-43.

75. PÊCEGO, Antonio José F.S. **Eutanásia:** uma (re)leitura do instituto à luz da dignidade da pessoa humana. Belo Horizonte: D'Plácido, 2015, p. 198.

Fundamenta-se no sistema constitucional, vez que compõe o todo unitário e ordenado da Constituição, especialmente no que diz com o dever imposto ao Estado de assegurar à pessoa os seus direitos, especialmente, nesse caso, o direito de viver ou mesmo de morrer dignamente, já que o Estado é meio e não fim, isto é, já que o Estado é que é meio para a consecução dos fins da pessoa e não as pessoas para a consecução dos fins do Estado. Fundamenta-se no subsistema constitucional dos direitos e garantias fundamentais, vez que sua construção se dá para complementar o subsistema constitucional dos direitos e garantias fundamentais da pessoa humana, pois do mesmo modo que lhe é garantido um direito à vida digna, lhe é garantido um direito de morrer dignamente, ou de não viver mais quando isso já não for suportável ou digno.

Por fim, fundamenta-se nos princípios constitucionais fundamentais, especialmente, no da dignidade da pessoa humana. Em primeiro lugar, fundamenta-se na dimensão ontológica da dignidade da pessoa humana, sobretudo no que diz com a autonomia de vontade da pessoa, já que viver ou morrer deve ser uma escolha de cada um e não uma imposição de quem quer que seja. A vida e a morte são direitos, são prerrogativas jurídico-subjetivas fundamentais da pessoa humana: a pessoa quem deve escolher viver ou morrer, pois é a pessoa que sabe o que pode ou não suportar, o que é digno ou não de se viver ou passar. Em segundo lugar, fundamenta-se na dimensão de proibição de coisificação do ser humano (reificação da pessoa), identificada pela fórmula do homem-objeto, vez que o ser humano não pode ser objeto da vontade do Estado ou mesmo da sociedade, devendo-lhe ser resguardada a própria autonomia de vontade. Ademais, ninguém pode ser obrigado a viver uma vida "desumana", degradante, de imenso e profundo sofrimento, pois isso conduz a um processo de coisificação da pessoa (a menos quando ela não deseja passar por esse processo de dor e sofrimento, mas é obrigada pela vontade do Estado, da sociedade, da família ou de quem quer que seja). Se a pessoa encontra-se num estado desses, têm o direito fundamental de morrer dignamente.[76]

76. Nesse sentido, João Costa Neto afirma que "parte da doutrina defende o direito à eutanásia precisamente com base na dignidade humana e em seu conteúdo antipaternalista. Por admitir-se que a dignidade humana funda um direito à autodeterminação, soa prepostero afirmar que o sujeito não tem a palavra final sobre a própria vida (ou sobre a própria morte). Se a dignidade humana é um dos

3.4. OS DIREITOS HUMANOS FUNDAMENTAIS: DIREITOS FUNDAMENTAIS ADVINDOS DOS TRATADOS INTERNACIONAIS DE DIREITOS HUMANOS DOS QUAIS O BRASIL SEJA SIGNATÁRIO

A quarta possibilidade constitucional de identificação de direitos fundamentais atípicos refere-se aos direitos e garantias fundamentais advindos dos tratados internacionais de direitos humanos em que a República Federativa do Brasil seja parte, de modo que, podemos chamar essa espécie de direitos fundamentais atípicos de *direitos humanos fundamentais*. Em relação a sua jusfundamentação, cumpre dizer que independentemente desses direitos guardarem relação com o "regime" ou com os "princípios" constitucionais, nessa possibilidade o que se exige é que eles pertençam a algum tratado de direitos humanos do qual o Brasil seja signatário. Por óbvio que, por tratar-se de tratado internacional de direitos humanos, esses direitos ligam-se diretamente à dignidade da pessoa humana, pois assim como os direitos fundamentais emergem da dignidade da pessoa humana no plano Estatal, o mesmo se dá com os direitos humanos no plano Internacional, como bem demonstra, dentre tantos, Flávia Piovesan.[77]

Antes de adentrarmos a exemplificação desses direitos, parece-nos essencial expormos algumas notas fundamentais sobre o regime jurídico dos direitos humanos fundamentais, sobretudo no que diz com sua aplicabilidade imediata e com a possibilidade de denúncia desses tratados, vez que sua fonte são os tratados internacionais de direitos humanos dos quais o Brasil é signatário e não normas jurídico-fundamentais constitucionais. Nesse mesmo contexto, haveria de se discutir sobre os possíveis conflitos entre os direitos humanos fundamentais e os direitos fundamentais constitu-

motivos que reforçam a tese de que o Estado existe para servir ao indivíduo e não o contrário, então os motivos que justificam mantença da vida de alguém devem ser fruto de uma escolha feita por esse mesmo alguém. Não se aceita, em um Estado que consagra a dignidade humana, que vidas sejam instrumentalizadas, de modo que os indivíduos venham ao mundo meramente para satisfazer fins sociais e coletivos. O direito de buscar a própria felicidade, segundo os valores individuais que cada um cultiva, ainda que não partilhados pela visão majoritária, rechaça qualquer dever fundamental à vida (*Grrundpflicht zum Leben*) ou, em suma, uma obrigação de continuar vivendo, supostamente em virtude de propósitos alheios e transcendentais que estão muito acima do ser humano e que são muito mais importantes do que sua vontade [...]". Ibidem, p. 41.

77. PIOVESAN, Flávia. **Direitos Humanos e o Direito Constitucional Internacional.** 13.ed. São Paulo: Saraiva, 2012.

cionais (típicos ou atípicos), vez que a jusfundamentalidade destes reside em normas jurídico-fundamentais constitucionais e não em documentos internacionais de proteção da pessoa humana. Nada obstante, já enfrentamos esse problema quando discorremos sobre as fontes dos direitos fundamentais atípicos, mais especificamente quando analisamos os Tratados Internacionais de Direitos Humanos enquanto fonte dos referidos direitos.[78]

Isto posto, a começarmos pela análise da aplicabilidade imediata ou não dos direitos humanos fundamentais, pode-se afirmar, com segurança, que os tratados internacionais que preveem os referidos direitos, assim que ratificados pelo Presidente da República, ingressam imediatamente no direito brasileiro, dispensando, inclusive, o Decreto de Promulgação, em face da consagração da aplicabilidade imediata dos direitos fundamentais, prevista no art. 5º, § 1º, da CF/88[79]. Ora, a aplicabilidade imediata dos direitos fundamentais é um princípio que exige, *prima facie*, que os referidos direitos sejam aplicados ao máximo de maneira imediata, por óbvio, levando-se em consideração as condições fáticas e jurídicas de cada caso. Essa é uma exigência que se aplica a todos os direitos fundamentais, sejam eles típicos ou atípicos, assim, não há justificativas que afastem a incidência do referido princípio aos direitos fundamentais de matriz internacional (direitos humanos fundamentais), uma vez que constitucionalizados foram por força da norma de abertura do art. 5º, § 2º, da CF/88. Nesse

---

78. Ver, especialmente, os pontos: 2.3.3. A hierarquia constitucional material dos tratados internacionais de direitos humanos (art. 5º, § 2º) e a desnecessidade de incorporação formal (art. 5º, § 3º): argumentos em favor do princípio fundamental da prevalência dos direitos humanos (art. 4º, II); e 2.3.4. O controle de convencionalidade e o princípio *pro homine* (prevalência da norma mais favorável à pessoa humana).

79. No que se refere ao procedimento de incorporação dos tratados internacionais de um modo geral, André de Carvalho Ramos, em excelente síntese explica que "o rito de incorporação de um tratado internacional no Brasil passa por quatro fases. A primeira fase é a da assinatura do texto do tratado, a cargo da Chefia do Estado (art. 84, VIII, da CF/88), com o posterior envio do texto ao Congresso por meio de mensagem presidencial que solicita a aprovação congressual (art.49, I). Na fase congressual, há a edição de Decreto Legislativo, *aprovando* a celebração futura do tratado. Após, nasce a terceira fase – agora de incumbência da Chefia do Estado – de promover a celebração do tratado por meio da *ratificação*. Por fim, o tratado – agora válido internacionalmente – é tido como válido internamente com a edição do Decreto de *promulgação* (também chamado Decreto Executivo ou Decreto Presidencial), que compõe a quarta e última fase. As três primeiras fases dizem respeito á formação da vontade de celebrar o tratado; a quarta diz respeito à incorporação do tratado já celebrado. De resto, a Constituição é omissa quanto diz respeito aos prazos para a realização do tratado de cada uma das fases". RAMOS, André de Carvalho. O Supremo Tribunal Federal e o Direito Internacional dos Direitos Humanos. In: SARMENTO, Daniel; SARLET, Ingo Wolfgang (coord.). **Direitos Fundamentais no Supremo Tribunal Federal:** Balanço e Crítica. Rio de Janeiro: Lumen Juris, 2011, p.10-11.

sentido, a doutrina de Flávia Piovesan[80], André de Carvalho Ramos[81] e Antonio Augusto Cançado Trindade[82], dentre outros.

No que se refere à possibilidade de denúncia dos tratados internacionais, de que o Brasil é signatário, que consagram direitos humanos, Flávia Piovesan, em face do disposto no art. 60, § 4º, defende que aqueles tratados que forem submetidos ao procedimento previsto no § 3º, do art. 5º, não podem ser denunciados, pois compõem a Constituição Formal, enquanto aqueles que não tiverem sido submetidos ao referido procedimento, podem ser denunciados, vez que compõem apenas a Constituição Material, entretanto para a referida denúncia há de se ter um procedimento democrático, votado pelo Poder Legislativo. Ressalte-se ainda que, para a autora, o tratado pode ser denunciado, mas os direitos humanos que ele consagra continuam a compor o bloco de constitucionalidade material.[83]

Já George Rodrigo Bandeira Galindo defende que os tratados de direitos humanos são denunciáveis, contudo lamenta a inexistência de um procedimento complexo e democrático para que isso ocorra. Nada obstante, o autor, assim como Flávia Piovesan, advoga que, apesar dos tratados submeterem-se a denúncia, os direitos humanos que eles consagram "são definitivamente inseridos no *corpus* constitucional brasileiro, permanecendo com estatura hierárquica constitucional".[84]

Por sua vez, André de Carvalho Ramos posiciona-se pela possibilidade da denúncia, independentemente de terem sido os tratados aprovados pelo rito especial do § 3º, do art. 5º, da CF/88, ou não. Entretanto, defende que se forem aprovados pelo rito do referido dispositivo, devem passar pelo mesmo rito para que possam ser

---

80. PIOVESAN, Flávia. **Direitos Humanos e o Direito Constitucional Internacional.** 13.ed. São Paulo: Saraiva, 2012.

81. RAMOS, André de Carvalho. **Curso de Direitos Humanos.** São Paulo: Saraiva, 2014.

82. CANÇADO TRINDADE, Antonio Augusto. **Tratado de Direito Internacional dos Direitos Humanos.** Porto Alegre: Sérgio Antônio Fabris, 1997. v.1.

83. "Enquanto os tratados materialmente constitucionais podem ser suscetíveis de denúncia, os tratados material e formalmente constitucionais, por sua vez, não podem ser denunciados [...] Os direitos enunciados em tratados internacionais em que o Brasil seja parte ficam resguardados pela cláusula pétrea 'direitos e garantias individuais', prevista no art. 60, § 4º, IV, da Carta [...] Entretanto, embora os direitos internacionais sejam alcançados pelo art. 60, § 4º, e não possam ser eliminados via emenda constitucional, os tratados internacionais de direitos humanos materialmente constitucionais são suscetíveis de denúncia por parte do Estado signatário". PIOVESAN, Flávia. **Direitos Humanos e o Direito Constitucional Internacional.** 13.ed. São Paulo: Saraiva, 2012, p. 139-140.

84. GALINDO, George Rodrigo Bandeira. **Tratados Internacionais de Direitos Humanos e Constituição Brasileira.** Belo Horizonte: Del Rey, 2002, 307.

denunciados. Mais ainda, defende que "no caso dos tratados de direitos humanos, em face da matéria vinculada à dignidade da pessoa humana (art. 1º, III), *toda denúncia deve ser apreciada pelo Congresso Nacional*". Além disso, segundo o autor, a denúncia deve passar pela análise da proibição de retrocesso prevista no art. 60, § 4º, da CF/88, devendo os poderes Legislativo e Executivo "levar também em consideração a impossibilidade de diminuir a proteção já outorgada aos indivíduos, graças à incorporação dos citados tratados ao bloco de constitucionalidade".[85]

No que se refere à denúncia, pensamos que, independentemente da possibilidade de se denunciar um tratado de direitos humanos, os direitos por ele consagrados continuam a compor o bloco de constitucionalidade e continuam a ser direitos fundamentais atípicos, em face da proibição de retrocesso instituída pelo art. 60, § 4º, IV, da CF/88. Frise-se: pensamos que os direitos humanos fundamentais, uma vez incorporados materialmente (§ 2º, art. 5º) ou material e formalmente (§ 2º e § 3º, do art. 5º), independentemente da possibilidade de denúncia dos tratados internacionais que os previam, não deixam de ser direitos fundamentais atípicos em razão da proibição de retrocesso dos direitos fundamentais assegurada por nossa Constituição. Contudo, parece-nos que o constituinte não exigiu procedimento democrático para que se denunciasse um tratado de direitos humanos, o que, a nosso ver, é um erro grave e que precisa ser corrigido o quanto antes para que se fortaleça ainda mais a proteção dos direitos humanos. Especificamente em relação aos tratados de direitos humanos aprovados pelo procedimento do § 3º, do art. 5º, da CF/88, em razão do silêncio constitucional, acredita-se que a referida norma deva ser interpretada no sentido de se exigir o mesmo quórum para que se realize a sua denúncia, ao menos até que o Poder Constituinte Reformador disponha sobre a matéria.

Superadas as questões concernentes ao regime jurídico dos direitos humanos fundamentais, pode-se dizer que seus exemplos, em que pese não sejam tão difíceis de apontar, têm sido objeto de grande controvérsia, especialmente no âmbito da jurisprudência do Supremo Tribunal Federal, como demonstra o reconhecimento do direito huma-

---

85. RAMOS, André de Carvalho. O Supremo Tribunal Federal e o Direito Internacional dos Direitos Humanos. In: SARMENTO, Daniel; SARLET, Ingo Wolfgang (coord.). **Direitos Fundamentais no Supremo Tribunal Federal:** Balanço e Crítica. Rio de Janeiro: Lumen Juris, 2011, p.16.

no fundamental a não ser submetido à prisão civil por dividas, salvo pelo inadimplemento voluntário e inescusável de obrigação alimentícia. Nada obstante, pretendemos, em apertada síntese, demonstrar que o referido direito é sim um direito fundamental atípico reconhecido em face da abertura material prevista no art. 5º, § 2º, da CF/88, assim como os direitos humanos fundamentais ao livre desenvolvimento da personalidade, ao nome, dentre tantos outros (inclusive já apontados aqui, como o duplo grau de jurisdição, por exemplo).

Assim, retomando a discussão do depositário infiel, em razão do disposto no art. 7º, 7, na Convenção Americana de Direitos Humanos, pode-se afirmar que existe um direito humano de não ser submetido à prisão civil, salvo pelo inadimplemento de obrigação alimentícia. Mais ainda, em face do Brasil ser signatário do referido tratado internacional de direitos humanos desde o ano de 1992, pode-se afirmar que desde o ano de 1992 a prisão civil do depositário infiel é inconstitucional porque fere direito humano fundamental, isto é, direito pertencente à Constituição Material, vez que o referido tratado compõe o bloco de constitucionalidade brasileiro. Em suma: considerando o art. 7º, 7, do mencionado tratado e o § 2º, do art. 5º de nossa Constituição, tem-se o seguinte direito fundamental atípico: *direito humano fundamental de não ser submetido à prisão civil, salvo pelo inadimplemento de obrigação alimentícia.*

Mais ainda, há de se reconhecer que o inciso LXVII, do art. 5º, da CF/88, fez a opção clara de proteger o credor de alimentos e o "credor" de um bem que fora confiado a alguém. A primeira hipótese evidentemente quer proteger o direito fundamental à alimentação, já a segunda não nos parece, a menos *a priori*, querer proteger direito fundamental algum, mas tão somente direito patrimonial, lembrando aqui dos esclarecimentos do professor Luigi Ferrajoli sobre o assunto.[86] Assim, temos o conflito entre o direito fundamental material de não ser submetido à prisão civil, salvo pelo inadimplemento de obrigação alimentícia, resguardado por um tratado internacional que compõe o bloco de constitucionalidade, e uma disposição constitucional que prevê outra possibilidade de prisão civil que não por dívida alimentícia. Enfatizamos: *possibilidade*. Não vislumbramos neste caso uma

86. FERRAJOLI, Luigi. **Por uma teoria dos Direitos e dos Bens Fundamentais.** Porto Alegre: Livraria do Advogado, 2011, p. 19 e ss.

obrigação de prender, mas sim uma possibilidade, assim, não há dúvidas de que o referido dispositivo constitucional, em que pese seu assento formal na Constituição, deve ser afastado para que seja aplicado imediatamente (§ 1º, do art. 5º) o direito humano fundamental previsto na Convenção Americana de Direitos Humanos.

Ademais, como já se disse, em conflitos entre normas constitucionais, sejam elas formal e materialmente constitucionais, ou só materialmente constitucionais (advindas de tratados de direitos humanos ou do regime e dos princípios constitucionais), deve-se primar pela *norma mais favorável à pessoa humana*, em face do princípio fundamental da dignidade da pessoa humana, vez que o ser humano deve ser considerado o fim maior do Estado.[87] Assim, no caso do depositário infiel, não há dúvidas de que a norma a ser aplicada é a norma que proíbe a prisão civil por dívidas, salvo por inadimplemento voluntário e inescusável de obrigação alimentícia, isto é, deve prevalecer o *direito humano fundamental de não ser submetido à prisão civil, salvo pelo inadimplemento de obrigação alimentícia* (art. 7, nº 7, da Convenção Americana de Direitos Humanos), vez que se trata de norma mais favorável à pessoa humana do que aquela que permite a prisão civil por dívidas do depositário infiel (art. LXVII, da CF/88), até porque esta última protege direitos de natureza meramente patrimoniais.[88]

Como dissemos, em que pese a fonte dos direitos humanos fundamentais seja a positivação em Tratado Internacional de Direitos Humanos do qual o Brasil seja parte, é inegável sua conexão

87. MAZZUOLI, Valerio de Oliveira. **Curso de Direitos Humanos.** Rio de Janeiro: Método, 2014, p. 171 e ss.

88. Nesse sentido, Luiz Flávio Gomes afirma: "o melhor caminho para se admitir que não devamos mais impor nenhuma prisão civil contra o depositário infiel reside na aplicação do princípio *pro homine* (desenvolvido acima). Por força desse princípio, em matéria de direitos humanos devemos fazer incidir sempre a norma mais favorável (a que mais amplia o direito, a liberdade ou a garantia). No caso da prisão civil, a norma mais favorável é, sem sombra de dúvida, o art. 7.º, 7, da Convenção Americana (que combina com o art. 11 do Pacto Internacional dos Direitos Civis e Políticos) [...] Com base no princípio *pro homine*, resulta patente que não subsiste no Direito brasileiro nenhuma hipótese de prisão civil relacionada com o depositário infiel (seja o caso de alienação fiduciária, seja qualquer outra situação de depositário infiel). Toda legislação ordinária nesse sentido, embora tenha compatibilidade com a Constituição Federal, conflita frontalmente com o art. 7.º, 7, da Convenção Americana de Direitos Humanos (e art. 11 do Pacto Internacional dos Direitos Civis e políticos) [...] já não tem nenhuma pertinência jurídica a decretação de qualquer tipo de prisão civil no caso de depositário infiel. Todas as normas que contemplam essa modalidade de prisão perderam sua validade (são inválidas, porque inconvencionais), sejam elas anteriores ou posteriores à Convenção Americana (que passou a vigorar no Brasil em 1992)". GOMES, Luiz Flávio; MAZZUOLI, Valerio de Oliveira. **Comentários à Convenção Americana sobre Direitos Humanos:** Pacto de San José da Consta Rica. 4.ed. São Paulo: Revista dos Tribunais, 2013, p. 88-89.

matricial-concretizadora com o princípio fundamental da dignidade da pessoa humana, até porque trata-se de princípio que confere unidade e orienta a abertura do sistema constitucional, especialmente do subsistema dos direitos e garantias fundamentais, sem falar que os direitos humanos internacionais, assim como os direitos fundamentais constitucionais, são originalmente direitos que visam proteger e/ou promover a pessoa humana em alguma medida. Assim, não é diferente com o direito humano fundamental de não ser submetido à prisão civil, salvo pelo inadimplemento voluntário e inescusável de obrigação alimentícia. Esse direito fundamental atípico encontra sua matriz jurídico-axiológica no princípio da dignidade da pessoa humana, uma vez que a pessoa não pode ser objeto da vontade alheia, nem pode ser instrumentalizada em face do patrimônio ou do interesse financeiro. Melhor dizendo, a pessoa humana não pode ter seus direitos fundamentais, inerentes à sua dignidade, suprimidos em razão de dívidas, sob pena de se instrumentalizar a pessoa em face do patrimônio. Nesse sentido, retomando as considerações de Luiz Flávio Gomes já expostas, há de lembrar-se que o Império Romano, desde o século V a.C., já havia posto fim a prisão civil por dívidas (com exceção das dívidas de caráter alimentício), porque chegou-se à conclusão de que o direito de liberdade do ser humano não pode ser suprimido em razão de dívidas.[89]

Passando-se à análise do direito fundamental atípico ao livre desenvolvimento da personalidade, pode-se dizer que se trata de direito humano fundamental consagrado na Declaração Universal dos Direitos Humanos, que em se art. 22 declara que *"todo homem, como membro da sociedade, tem direito à segurança social e à realização, pelo esforço nacional, pela cooperação internacional e de acordo com a organização e recursos de cada Estado, dos direitos econômicos, sociais e culturais indispensáveis à sua dignidade e ao livre desenvolvimento de sua personalidade"*.[90]

Aqui, antes de adentrarmos ao exame específico do direito humano fundamental ao livre desenvolvimento da personalidade, há de

89. GOMES, Luiz Flávio; MAZZUOLI, Valerio de Oliveira. **Comentários à Convenção Americana sobre Direitos Humanos:** Pacto de San José da Consta Rica. 4.ed. São Paulo: Revista dos Tribunais, 2013.

90. No original em inglês: *"Everyone, as a member of society, has the right to social security and is entitled to realization, through national effort and international co-operation and in accordance with the organization and resources of each State, of the economic, social and cultural rights indispensable for his dignity and the free development of his personality".*

se fazer um esclarecimento sobre a natureza jurídica da Declaração Universal dos Direitos Humanos (documento internacional de direitos humanos que o consagra). Como já dissemos, num primeiro momento, a referida declaração fora interpretada como sendo uma recomendação das Nações Unidas aos seus Estados membros.[91] Contudo, ao longo dos anos, veio sendo consagrada pela teoria dos direitos internacionais e, sobretudo, pela teoria dos direitos humanos como tendo força vinculante e sendo exigível dos Estados membros da ONU, por diversas razões de direito que passam pelo costume internacional, pela natureza ontológica dos direitos da pessoa humana, pelos princípios gerais de direito internacional e de direitos humanos, pela proteção maior da dignidade da pessoa humana, pelas construções da doutrina específica ao redor do mundo e pela construção jurisprudencial da Corte Internacional de Justiça.[92] Mais ainda, algumas Constituições fazem remissão direta à Declaração Universal dos Direitos Humanos, como por exemplo, a Constituição Portuguesa de 1976 (art. 16, nº 2). Além disso, a interpretação de muitas das Cortes Superiores dos Estados soberanos vem consolidando o posicionamento de que a Declaração de 1948 possui força vinculante no âmbito do direito interno de seus respectivos países. Por fim, como observa Valerio de Oliveira Mazzuoli, parece estar consagrado no direito internacional dos direitos humanos, que a Declaração Universal dos Direitos Humanos integra a Carta das Nações Unidas, sendo documento internacional de direitos humanos ao qual se submete todos os Estados membros da ONU.[93] Assim, sendo o Brasil Estado membro da ONU (signatário da Carta das Nações Unidas), logicamente, não há como negar, que

---

91. Nessa perspectiva, Fábio Konder Comparato: "Tecnicamente, a Declaração Universal dos Direitos do Homem é uma *recomendação* que a Assembleia Geral das Nações Unidas faz aos seus membros (Carta das Nações Unidas, artigo 10). Nessas condições, costuma-se sustentar que o documento não tem força vinculante. Foi por essa razão, aliás, que a Comissão de Direitos Humanos concebeu-a, originalmente, como uma etapa preliminar à adoção ulterior de um pacto ou tratado internacional sobre o assunto...". COMPARATO, Fábio Konder. **A Afirmação Histórica dos Direitos Humanos.** 7. ed. São Paulo: Saraiva, 2010, p. 238-239.

92. Em relação ao posicionamento da Corte Internacional de Justiça, Fábio Konder Comparato nos lembra: "A própria Corte Internacional de Justiça assim tem entendido. Ao julgar, em 24 de maior de 1980, o caso da retenção, como reféns, dos funcionários que trabalhavam na embaixada norte-americana em Teerã, a Corte declarou que '*privar indevidamente seres humanos de sua liberdade, e sujeitá-los a sofrer constrangimentos físicos é, em si mesmo, incompatível com os princípios da Carta das Nações Unidas e com os princípios fundamentais enunciados na Declaração Universal dos Direitos Humanos*'". COMPARATO, Fábio Konder. **A Afirmação Histórica dos Direitos Humanos.** 7. ed. São Paulo: Saraiva, 2010, p. 239-240.

93. MAZZUOLI, Valerio de Oliveira. **Curso de Direitos Humanos.** Rio de Janeiro: Método, 2014, p. 74-76.

o Brasil é signatário da Declaração Universal dos Direitos Humanos, cujas normas de direitos humanos internacionais integram nosso ordenamento jurídico como normas de direitos fundamentais constitucionais (Constituição Material), em razão da cláusula de abertura prevista no art. 5º, § 2º, da CF/88.

Isto posto, é mais do que evidente que o direito ao livre desenvolvimento da personalidade consagrado no art. 22, da Declaração Universal dos Direitos Humanos é direito humano fundamental atípico consagrado pela ordem jurídico-constitucional brasileira (direito materialmente constitucional), especialmente em face da já referida cláusula de abertura do art. 5º, § 2º, da CF/88, bem como pela sua jusfundamentalidade material na dignidade da pessoa humana.

O direito ao livre desenvolvimento da personalidade, já consagrado expressamente em outras ordens constitucionais,[94] carece de maiores desenvolvimentos da doutrina pátria, obrigando-nos a recorrer à doutrina estrangeira para melhor o explicitarmos. Em apertada síntese, pode-se dizer que o livre desenvolvimento da personalidade compreende tanto uma liberdade de atuação em geral (direito geral de liberdade) como um direito geral de personalidade.

Como explicam Bodo Pieroth e Bernhard Schlink com base nos desenvolvimentos de Peters, enquanto direito geral de liberdade, o livre desenvolvimento da personalidade "protege não um âmbito de vida determinado e delimitado, mas toda a atuação humana e constitui um 'direito fundamental que assiste ao cidadão de apenas ser onerado com uma desvantagem com base naquelas normas que são formal e materialmente conformes à Constituição'".[95-96]

---

94. Constituição da Alemanha de 1949, art. 2. (1) *"Jeder hat das Recht auf die freie Entfaltung seiner Persönlichkeit, soweit er nicht die Rechte anderer verletzt und nicht gegen die verfassungsmäßige Ordnung oder das Sittengesetz verstößt"* (Em português: "todos têm direito ao livre desenvolvimento de sua personalidade, desde que não violem os direitos de outrem, nem infrinjam a ordem constitucional ou a lei moral" [tradução livre]). Constituição de Portugal de 1976, art. 26, nº 1. *"A todos são reconhecidos os direitos à identidade pessoal, ao desenvolvimento da personalidade, à capacidade civil, à cidadania, ao bom nome e reputação, à imagem, à palavra, à reserva da intimidade da vida privada e familiar e à protecção legal contra quaisquer formas de discriminação".* Constituição da Colômbia de 1991, art. 16. *"Todas las personas tienen derecho al libre desarrollo de sy personalidad sin más limitaciones que las que imponen los derechos de los demás y el orden jurídico"* (Em português: "Todas as pessoas têm direito ao livre desenvolvimento de sua personalidade sem mais limitações além daquelas que impõem os direitos dos outros e o sistema jurídico" [tradução livre]).

95. PIEROTH, Bodo; SCHLINK, Bernhard. **Direitos fundamentais.** São Paulo: Saraiva, 2012, p. 175.

96. Aprofundando-se no direito geral de liberdade contido pelo livre desenvolvimento da personalidade, o doutrinador colombiano Carlos Bernal Pulido demonstra que a liberdade já fora concebida como sendo uma liberdade positiva, traduzida não pelo direito da pessoa escolher livremente o que quer,

Já enquanto direito de personalidade em geral, como demonstram Bodo Pieroth e Bernhard Schlink, o livre desenvolvimento da personalidade também se faz relevante em todos os domínios da vida humana, destinando-se às diferentes manifestações da personalidade humana, podendo ser compreendido em três perspectivas complementares: direito à autodeterminação, direito à autopreservação e direito à autoapresentação.[97]

---

mas apenas pelo direito da pessoa de escolher entre as possibilidades consideradas boas. "Durante períodos negros de nossa vida política, o conceito de liberdade positiva foi imposto *de facto* como o conceito constitucional de liberdade. Isso teve lugar, principalmente, quando o fundamentalismo católico de impôs de fato como poder político e confundiu o Estado com a Igreja e o cidadão com o pároco, sem dúvida para lhe atribuir o monopólio da determinação do conteúdo da liberdade observada desde o ponto de vista religioso e para fixar também o conteúdo da liberdade política e jurídica [...] Aqui se deve reivindicar que o conceito constitucional de liberdade não é o de liberdade positiva, mas o de liberdade negativa. De acordo com este último conceito, o indivíduo não somente é livre para fazer o razoável ou necessário, mas livre para fazer ou deixar de fazer o que quiser, sem intervenções externas provenientes do Estado ou de outros indivíduos. Trata-se da liberdade de arbítrio proclamada por Kant e entendida como << a independência da determinação>> de cada qual por seus impulsos sensíveis. Como o próprio Kant esclarece, esta concepção de liberdade jurídica como liberdade negativa não elimina a liberdade positiva, mas apenas lhe reserva para o foro interno do indivíduo, para sua órbita como crente, como laico ou como sujeito ético [...] Do anterior se segue que o direito ao livre desenvolvimento da personalidade não deve ser interpretado em um sentido perfeccionista, mas como a garantia de um âmbito reservado ao indivíduo, de um espaço para a tomada de suas decisões vitais – no sentido de LOCKE –, correlato a um âmbito aonde o poder está ausente – no sentido de HOBBES. Trata-se de uma liberdade negativa, porque em seu âmbito se nega o poder externo, a heteronomia. Nesse sentido, decidiu a Corte Constitucional em uma extensa linha jurisprudencial. <<Não corresponde ao Estado nem à sociedade, senão às próprias pessoas – sustenta a Corte – decidir a maneira como exercem seus direitos e constroem seus projetos e modelos de realização pessoal>> [...] Sem embargo, é meridiano que nem mesmo o caso de uma Constituição como a colombiana, tão generosa no reconhecimento de direitos fundamentais, a liberdade negativa pode chegar a conter-se por completo no campo semântico das liberdades constitucionais específicas. A liberdade negativa tem um conteúdo universal, que compreende todas as opções humanas que possam ser empreendidas, quer dizer, todas as condutas possíveis. Por isso, o número dessas condutas é infinito e se estende desde assuntos tão triviais como um beber um copo d'água até assuntos tão complexos como criar uma rede de servidores de internet. Nesse passo, o objeto da liberdade evolui com os tempos, recria-se transforma, e por isso ultrapassa as previsões de todo poder constituinte, por mais visionário e garantista que este possa ser [...] De tudo isto se segue que, além do âmbito das liberdades constitucionais específicas, a liberdade negativa tem um *plus* ou um conteúdo adicional. Este *plus* ou conteúdo adicional constitui o âmbito do direito ao livre desenvolvimento da personalidade. Dentro dele aparece um amálgama de condutas humanas, algumas das quais até antes da Constituição Política de 1991 eram irrelevantes pra o direito. Dentro deste âmbito se encontram assuntos tão heterogêneos como a possibilidade de contrair matrimônio, viver em união livre ou permanecer solteiro, ser mãe, escolher o próprio nome, escolher a opção sexual, definir a aparência ou o tipo de educação que se queira ter ou o procedimento médico que se está disposto a aceitar quando se está enfermo. Todas estas possibilidades que conformam aquela parte da liberdade não compreendida nas liberdades constitucionais específicas se incluem então dentro do conteúdo do direito ao livre desenvolvimento da personalidade, que neste sentido se apresenta como cláusula geral residual de liberdade". PULIDO, Carlos Bernal. **O direito dos direitos:** escritos sobre a aplicação dos direitos fundamentais. São Paulo: Marcial Pons, 2013, p.233-235.

97. "[...] o direito de personalidade em geral, como *direito à autodeterminação*, garante ao particular determinar por si próprio a sua identidade. Disso faz parte, entre outras coisas, o direito de se assegurar da sua própria identidade e a liberdade de não ser onerado de maneira que afete mas-

Em face das considerações acima, pode-se afirmar, com segurança, que o livre desenvolvimento da personalidade é direito humano fundamental atípico cuja jusfundamentalidade reside na dignidade da pessoa humana, como bem observa a doutrina estrangeira[98] e pátria.[99] Essa consideração é de grande relevância, pois, como já dissemos, em que pese a fonte dos direitos humanos fundamentais seja a positivação em documento internacional de proteção da pessoa humana de que o Brasil seja signatário, é essencial sua conexão matricial-concretizadora com o princípio fundamental da dignidade da pessoa humana, até porque trata-se de princípio que confere unidade e orienta a abertura do sistema constitucional, especialmente do subsistema dos direitos e garantias fundamentais, sem falar que os direitos humanos internacionais, assim como os direitos fundamentais constitucionais, são originalmente direitos que visam proteger e/ou promover a pessoa humana em alguma medida.

Em relação ao direito humano fundamental atípico ao livre desenvolvimento da personalidade, essa consideração é mais importante ainda, vez que há aqueles que defendem que a Declaração Universal dos Direitos Humanos (documento internacional em que o referido direito está consagrado) é mera recomendação internacional das Nações unidas e, por isso, não possuí força vinculante perante seus Estados membros, sendo, consequentemente, inexigível por não compor o direito pátrio. Bem, o direito ao livre desenvolvimento da personalidade é sim um direito humano fundamental, mas ainda que não fosse (em face da natureza jurídica da Declaração Universal dos Direitos Humanos), ele seria direito fundamental atípico, no caso

---

sivamente a formação e a afirmação da identidade [...] Como *direito à autopreservação*, o direito de personalidade em geral garante ao particular o poder retirar-se, proteger-se e ficar por sua conta. Os direitos de se retirar e de se proteger, que estão protegidos pelo direito de personalidade em geral como direito de autopreservação, devem ser entendidas sobretudo tanto do ponto de vista social como do espacial [...] Como *direito à autoapresentação*, o direito de personalidade em geral garante ao particular a possibilidade de se defender não só contra apresentações públicas desprestigiantes, falseadoras, desfigurantes e indesejadas, mas também de observações secretas e indesejadas da sua pessoa". PIEROTH, Bodo; SCHLINK, Bernhard. **Direitos fundamentais.** São Paulo: Saraiva, 2012, p. 177-180.

98. Por todos, PIEROTH, Bodo; SCHLINK, Bernhard. **Direitos fundamentais.** São Paulo: Saraiva, 2012, p.174 e ss.; CANOTILHO, J. J. Gomes; MOREIRA, Vital. **Constituição da República Portuguesa Anotada:** artigos 1º a 107. 4.ed. Coimbra: Coimbra, 2007, p. 458 e ss.; MIRANDA, Jorge; MEDEIROS, Rui. **Constituição Portuguesa Anotada.** Coimbra: Coimbra, 2005, v.1., p. 280 e ss.

99. Por todos: SZANIAWSKI, Elimar. **Direitos de Personalidade e sua tutela.** 2. ed. São Paulo: RT, 2005, p. 58 e ss. SARLET, Ingo Wolfgang; MARINONI, Luiz Guilherme; MITIDIERO, Daniel. **Curso de Direito Constitucional.** 3.ed. São Paulo: RT, 2014, p. 399 e ss.

em face da possibilidade (e necessidade) de sua construção a partir do regime e princípios constitucionais, especialmente do princípio fundamental da dignidade da pessoa humana que exige uma proteção especial à personalidade humana, bem como ao seu livre desenvolvimento. Assim, se não fosse direito fundamental atípico pela espécie dos direitos humanos fundamentais, seria pela espécie dos direitos fundamentais atípicos *stricto sensu.*

Analisando, agora, o direito fundamental atípico ao nome, pode-se dizer que se trata de direito humano fundamental previsto no art. 18, da Convenção Americana de Direitos Humanos, que assegura que "*toda pessoa tem direito a um prenome e aos nomes de seus pais ou ao de um destes. A lei deve regular a forma de assegurar a todos esse direito, mediante nomes fictícios, se for necessário*". Ademais, também, encontra-se positivado pelo Pacto Internacional sobre Direitos Civis e Políticos como direito da criança previsto em seu art. 24, nº 2, que afirma: "*Toda criança deverá ser registrada imediatamente após seu nascimento e deverá receber um nome*".

Como bem observam os constitucionalistas portugueses, o nome é direito essencial à pessoa no âmbito da sociedade organizada, pois compõe sua identidade pessoal. É através do nome que a pessoa é conhecida e reconhecida pela sociedade desde os tempos mais remotos.[100] Nesse sentido, pode-se afirmar, com segurança, que o direito ao nome encontra jusfundamentalidade material no princípio da dignidade da pessoa humana, especialmente em sua dimensão comunicativa e relacional, sendo atributo indispensável de sua personalidade. Trata-se, nessa linha, de direito inerente à identidade da pessoa e, consequentemente, à sua condição humana.[101]

100. CANOTILHO, J. J. Gomes; MOREIRA, Vital. **Constituição da República Portuguesa Anotada:** artigos 1º a 107. 4.ed. Coimbra: Coimbra, 2007, p. 462 e ss.; MIRANDA, Jorge; MEDEIROS, Rui. **Constituição Portuguesa Anotada.** Coimbra: Coimbra, 2005, v.1., p. 284-286.

101. Nesse sentido, Valerio de Oliveira Mazzuoli, ao comentar o art. 18, da Convenção Americana de Direitos Humanaos, afirma: "Toda pessoa tem direito a um prenome e aos nomes de seus pais ou ao de um destes somente. O *nome* das pessoas é um atributo básico indispensável de sua personalidade, pois sem ele os indivíduos não são reconhecidos quer pela sociedade quer pelo Estado [...] Daí se entende que o direito ao nome está intimamente ligado ao direito à identidade, que por sua vez está ligado ao direito ao reconhecimento da personalidade jurídica (art. 3 da Convenção). Tudo isto somado revela a importância do *direito ao nome*, sem o qual o indivíduo se desguarnece dos elementos necessários que o ligam à sua identidade e, logicamente, à sua condição de *pessoa*. Esse direito – destaca CANÇADO TRINDADE – vem reforçar a tutela dos direitos humanos, protegendo cada pessoa humana contra a desfiguração ou vulneração de sua 'verdade pessoal', motivo pelo qual sua relevância é notória, 'com incidência direta na personalidade e capacidade jurídica da pessoa humana, tanto no plano do direito interno como no do direito internacional'". GOMES, Luiz Flávio;

Nessa perspectiva, queda-se evidente que o direito ao nome, positivado no art. 18, da Convenção Americana de Direitos Humanos, bem como no art. 24, nº 2, do Pacto Internacional sobre Direitos Civis e Políticos, é direito humano fundamental atípico consagrado pela ordem jurídico-constitucional brasileira (direito materialmente constitucional), especialmente em face da cláusula de abertura a novos direitos fundamentais previsto no § 2º, do art. 5º, da CF/88, bem como pela sua jusfundamentalidade material no princípio fundamental da dignidade da pessoa humana, como, inclusive, já reconheceu o Supremo Tribunal Federal, no julgamento do Recurso Extraordinário nº 248.869-1, em 07 de agosto de 2003, no qual o Min. Relator Maurício Corrêa deixou assente que "o direito ao nome insere-se no conceito de dignidade da pessoa humana e traduz a sua identidade, a origem de sua ancestralidade, o reconhecimento da família, razão pela qual o estado de filiação é direito indisponível".

Sobre o direito ao nome, especialmente no que diz respeito ao seu significado e a sua essencialidade para a vida da pessoa humana, Washington de Barros Monteiro afirma:

> [...] Um dos mais importantes atributos da pessoa natural, ao lado da capacidade civil e do estado, é o nome. O homem recebe-o ao nascer e conserva-o até a morte. Um e outro se encontram eterna e indissoluvelmente ligados. Em todos os acontecimentos da vida individual, familiar e social, em todos os atos jurídicos, em todos os momentos, o homem tem de apresentar-se com o nome que lhe foi atribuído e com que foi registrado. Não pode entrar numa escola, fazer contrato, casar, exercer um emprego ou votar, sem que decline o próprio nome. No sugestivo dizer de JOSSERAND, o nome é como uma etiqueta colocada sobre cada um de nós, ele dá a chave da pessoa toda inteira [...] Pode ser definido como o sinal exterior pelo qual se designa, se identifica e se reconhece a pessoa no seio da família e da comunidade. É a expressão mais característica da personalidade, o elemento inalienável e imprescritível da individualidade da pessoa. Não se concebe, na vida social, ser humano que não traga um nome [...] Serve para individualizá-lo não só durante a sua vida, como, também, após a sua morte. Tão notória é a respectiva utilidade que seu uso se estendeu às firmas

---

MAZZUOLI, Valerio de Oliveira. **Comentários à Convenção Americana sobre Direitos Humanos:** Pacto de San José da Consta Rica. 4.ed. São Paulo: Revista dos Tribunais, 2013, p. 187-188.

> comerciais, às coletividades, aos navios, locomotivas e aviões, às cidades, ruas e logradouros públicos, aos animais, aos produtos agrícolas e até aos furacões.[102]

Em arremate, pode-se dizer que o direito ao nome é direito humano fundamental, contudo, se não estivesse previsto em tratados internacionais de direitos humanos dos quais o Brasil é signatário, ainda assim seria direito fundamental. No caso, seria direito fundamental atípico *stricto sensu*, pois, como já se disse, é direito indispensável à pessoa humana, é direito cuja matriz jurídico-axiológica é inegavelmente o princípio fundamental da dignidade da pessoa humana, especialmente em sua dimensão comunicativa e relacional, sendo atributo indispensável da personalidade humana. Ademais, trata-se de direito fundamental da pessoa que visa protege-la e, mesmo, promove-la no âmbito de suas relações interpessoais. É direito que compõe a identidade pessoal e que complementa a proteção constitucional típica da pessoa humana (possui íntima e forte relação com o sistema constitucional como um todo e notadamente com o subsistema constitucional dos direitos e garantias fundamentais, até porque visa integrá-los).

3.5. OS DIREITOS FUNDAMENTAIS EXTRAVAGANTES: DIREITOS FUNDAMENTAIS ADVINDOS EXCLUSIVAMENTE DA LEGISLAÇÃO INFRACONSTITUCIONAL?

A potencial quinta possibilidade de se encontrar direitos e garantias fundamentais atípicos que levantamos, e que é defendida por uma doutrina minoritária, refere-se à possibilidade de se identificar direitos e garantias fundamentais infraconstitucionais, isto é, direitos e garantias advindos direta e exclusivamente da legislação infraconstitucional. Melhor dizendo, trata-se da possibilidade de se identificar direitos fundamentais atípicos, em face da norma contida no § 2º, do art. 5º, da CF/88, pelo fato desses direitos encontrarem-se positivados na legislação infraconstitucional.

Essa possibilidade é admitida por quase unanimidade da doutrina constitucionalista portuguesa, já que a Constituição de Portugal de

102. MONTEIRO, Washington de Barros. **Curso de Direito Civil:** parte geral. 22.ed. São Paulo: Saraiva, 1983. v.1., p. 86

1976 reconhece explicitamente no texto de seu art. 16º, nº 1, a existência de direitos fundamentais constantes das leis.[103] Contudo, não nos parece ser este o caso brasileiro, já que a Constituição brasileira de 1988 não menciona tal possibilidade, consistindo sua admissão verdadeira banalização dos direitos e garantias fundamentais. Neste ponto, inclusive, fica o elogio ao constituinte brasileiro que não previu tal possibilidade que, a nosso ver, "desfundamentaliza" os direitos fundamentais.[104] Nada obstante, como bem demonstra Jorge Bacelar Gouveia, mesmo em Portugal (em que a "lei" é expressamente mencionada pelo texto constitucional como sendo fonte dos direitos atípicos), há doutrinadores que não admitem as leis infraconstitucionais como sendo fonte dos direitos fundamentais constitucionais atípicos. Ademais, há, também, grande dissenso em relação à hierarquia normativa dos direitos fundamentais atípicos de fonte legal, sendo que muitos doutrinadores portugueses não admitem hierarquia constitucional a tais direitos.[105]

No Brasil, um eventual reconhecimento desses direitos seria evidentemente inconstitucional e intensificaria a doutrina que reconhece tudo, ou quase tudo, como sendo direito fundamental. E aqui vale lembrar que quando tudo se torna uma mesma coisa, então nada é está coisa, ou melhor, quando tudo é direito fundamental, então nada é direito fundamental, pois a fundamentalidade (essa qualidade especial atribuída a um direito reconhecendo-o como essencial a vida digna da pessoa humana em uma dada sociedade) perde sua razão de ser.[106]

Todavia, há de se reconhecer a formação de uma doutrina divergente desta aqui defendida. Nesse sentido, Luís Fernando Sgarbossa, em obra intitulada "*Direitos e Garantias Fundamentais Extravagantes*", publicada no Brasil no ano de 2008, ao definir aquilo que ele chamou de *direitos fundamentais extravagantes*, admite a possibilidade de se identificar direitos e garantias fundamentais atípicos (ou extravagantes,

103. GOUVEIA, Jorge Bacelar. **Os Direitos Fundamentais Atípicos.** Lisboa: Aequitas, 1995.

104. BORGES, Alexandre Walmott; DOS SANTOS, Eduardo Rodrigues; MARINHO, Sergio Augusto. O Estatuto do Idoso: análise dos direitos fundamentais da lei em relação aos direitos fundamentais constitucionais. In: CORDEIRO, Carlos José; GOMES, Josiane Araújo (coord.). **Temas Contemporâneos de Direito das Famílias.** São Paulo: Pilares, 2013, p. 271.

105. GOUVEIA, Jorge Bacelar. **Os Direitos Fundamentais Atípicos.** Lisboa: Aequitas, 1995. p. 331 e passim.

106. BORGES, Alexandre Walmott; DOS SANTOS, Eduardo Rodrigues; MARINHO, Sergio Augusto. O Estatuto do Idoso: análise dos direitos fundamentais da lei em relação aos direitos fundamentais constitucionais. In: CORDEIRO, Carlos José; GOMES, Josiane Araújo (coord.). **Temas Contemporâneos de Direito das Famílias.** São Paulo: Pilares, 2013, p. 271.

como prefere o autor) advindos direta e exclusivamente da legislação infraconstitucional.[107]

Nesse sentido, ao analisar a cláusula de abertura a novos direitos e garantias fundamentais, prevista no art. 5º, § 2º, da Constituição da República Federativa do Brasil de 1988, Sgarbossa afirma:

> Decorrência da cláusula geral de *incorporação automática de direitos, liberdades e garantias fundamentais/direitos humanos* examinada no presente capítulo é a existência de normas instituidoras de direitos, liberdades e garantias fundamentais em *instrumentos normativos extraconstitucionais*, o que importa na afirmação da não-taxatividade não apenas do rol constitucional (o que é tranquilo na doutrina), mas tampouco do *texto* constitucional como um todo, em matéria de tais direitos, liberdades e garantias [...] Tais direitos, liberdades e garantias, que se denominará neste trabalho *extravagantes*, no sentido de sediados em dispositivos extraconstitucionais, podem encontrar-se, basicamente, em duas espécies de diplomas normativos, quais sejam: *diplomas infraconstitucionais e instrumentos internacionais* [...] Primeiramente convém observar que, da interpretação referida da norma contida no § 2º do art. 5º da Constituição da República de 1988, podem existir – e, efetivamente existem – direitos, liberdades e garantias fundamentais (ou direitos humanos, eis que aqui se tomem tais termos por sinônimos) em *diplomas normativos infraconstitucionais*, como leis complementares, leis ordinárias e as demais espécies referidas no art. 59 da Constituição.[108]

Com todas as vênias ao autor, mas, a nosso ver, tal colocação é completamente incompatível com a Constituição brasileira de 1988, vez que transforma o poder constituinte reformador e os limites formais ao poder de reforma da Constituição em instrumentos desimportantes, de pouca valia no que tange aos direitos fundamentais, já que não é preciso deles para se incorporar, ao direito constitucional pátrio, novos direitos fundamentais, bastando a utilização de qualquer outro tipo legal, como lei complementar ou mesmo lei ordinária, cujos quóruns de aprovação são bem menores que o de uma Emenda à Constituição.[109]

107. SGARBOSSA, Luís Fernando. **Direitos e garantias fundamentais extravagantes:** interpretação jusfundamental "pro homine". Porto Alegre: Sergio Antonio Fabris, 2008.

108. Ibidem, p. 34-35.

109. BORGES, Alexandre Walmott; DOS SANTOS, Eduardo Rodrigues; MARINHO, Sergio Augusto. O Estatuto do Idoso: análise dos direitos fundamentais da lei em relação aos direitos fundamentais

Nesse sentido, Ingo Wolfgang Sarlet, apoiando-se nos escritos de Marnoco e Souza no que se refere à interpretação do art. 4º da Constituição portuguesa de 1911 (dispositivo normativo que previa a cláusula de abertura a novos direitos fundamentais daquela Constituição e que, também, admitia a possibilidade de reconhecimento de direitos fundamentais atípicos advindos das leis), alerta-nos para a falta de sentido de se cogitar a existência de direitos fundamentais legais, pois os direitos previstos apenas em normas legais não podem, num "passe de mágica", serem elevados ao status de direitos fundamentais, de direitos com hierarquia constitucional, posicionando-se pela "inadmissibilidade dessa espécie de direitos fundamentais em nossa ordem constitucional".[110]

Por outro lado, em que pese não ser fonte dos direitos fundamentais atípicos de nosso constitucionalismo, há de se reconhecer que a legislação infraconstitucional cumpre o papel de concretizar e regulamentar os direitos fundamentais (típicos e atípicos), de modo que, muitas das vezes o direito já está previsto pelo sistema de direitos e garantias fundamentais da Constituição – seja expressamente no Título II, seja expressamente, mas fora do Título II, seja, implicitamente a outros direitos e garantias fundamentais constitucionais expressos, seja advindo de tratado internacional de direitos humanos do qual o Brasil é signatário, seja porque decorre exclusivamente do regime e dos princípios adotas pela Constituição –, contudo é preciso

constitucionais. In: CORDEIRO, Carlos José; GOMES, Josiane Araújo (coord.). **Temas Contemporâneos de Direito das Famílias.** São Paulo: Pilares, 2013, p. 272.

110. "A respeito da existência de direitos materialmente fundamentais oriundos de textos legais infraconstitucionais (hipótese que, ao menos *a priori* não deve ser excluída, no mínimo diante do que reza o art. 7º da CF), há que ter a devida cautela, porquanto o texto do art. 5º, § 2º, da CF, ao contrário do art. 16/1 da Constituição portuguesa, não utiliza a expressão 'lei'. Neste sentido, lembra Canotilho que Marnoco e Souza, relativamente ao art. 4º da Constituição portuguesa de 1911, já havia assumido posição bastante cética a respeito do caso, alertando para a falta de sentido de se cogitar de direitos fundamentais legais, que não poderiam simplesmente, como num 'passe de mágica' (o termo é nosso), ser guindados ao mesmo patamar das garantias constitucionais. O fato é que à legislação ordinária – e esta parece ser a interpretação mais razoável – cumpre o papel de concretizar e regulamentar os direitos fundamentais positivados na Constituição, tornando-os (em se cuidando de normas de cunho programático, isto é, de eficácia limitada) diretamente aplicáveis. Também a tradição (sem qualquer exceção) do nosso direito constitucional aponta para uma exclusão da legislação infraconstitucional como fonte de direitos materialmente fundamentais, até mesmo pelo fato de nunca ter havido qualquer referência à lei nos dispositivos que consagraram a abertura de nosso catálogo de direitos, de tal sorte que nos posicionamos, em princípio, pela inadmissibilidade dessa espécie de direitos fundamentais em nossa ordem constitucional". SARLET, Ingo Wolfgang. **A eficácia dos direitos fundamentais:** uma teoria geral dos direitos fundamentais na perspectiva constitucional. 10. ed. Porto Alegre: Livraria do Advogado Editora, 2010, p. 87-88.

regulamentá-lo e concretizá-lo, daí a valiosa função e importância da legislação infraconstitucional.[111]

Frise-se: nossa posição é a de que o direito não se "fundamentaliza" na legislação, o que não diminui a relevância da legislação infraconstitucional para sua regulamentação, aplicação e efetivação. Frise-se mais: muitos direitos previstos expressamente somente em leis são direitos fundamentais, contudo não o são pelo fato de estarem escritos em uma lei, mas sim pelo fato de advirem do regime e dos princípios constitucionais ou de tratados internacionais de direitos humanos dos quais o Brasil seja signatário (fontes constitucionalmente estabelecidas dos direitos fundamentais atípicos),[112] como ocorre, por exemplo, com o direito ao nome, previsto expressamente no código civil. O referido direito não é fundamental por estar escrito no código civil, mas sim pelo fato de advir da sistemática constitucional, em especial dos direitos fundamentais e, sobretudo, por emergir diretamente das exigências de proteção e promoção do princípio fundamental da dignidade da pessoa humana.[113] Ademais, no caso específico do direito ao nome, trata-se de direito fundamental atípico identificado em tratado internacional de direitos humanos do qual o Brasil é signatário, sendo incorporado ao nosso constitucionalismo como direito humano fundamental, em face da cláusula de abertura prevista no § 2º, do art. 5º, da CF/88, conforme, inclusive, já demonstramos quando discorremos sobre os direitos humanos fundamentais.

Nada obstante, ao exemplificar os direitos fundamentais extravagantes, Luís Fernando Sgarbossa afirma:

> Colacionemos, nesse passo, um dentre tantos exemplos possíveis, qual seja, o da *impenhorabilidade do bem de família*. Tal *garantia*

---

111. BORGES, Alexandre Walmott; DOS SANTOS, Eduardo Rodrigues; MARINHO, Sergio Augusto. O Estatuto do Idoso: análise dos direitos fundamentais da lei em relação aos direitos fundamentais constitucionais. In: CORDEIRO, Carlos José; GOMES, Josiane Araújo (coord.). **Temas Contemporâneos de Direito das Famílias.** São Paulo: Pilares, 2013, p. 272.

112. "Ainda no que diz com a controvérsia em torno da existência de 'direitos fundamentais legais' e observadas as razões já colacionadas, também importa registrar que aquilo que para muitos pode ser considerado um direito fundamental fundado na legislação infraconstitucional, em verdade nada mais é – em se cuidando, convém frisar, de direitos fundamentais – do que a explicitação, mediante ato legislativo, de direitos implícitos, desde logo fundados na Constituição". SARLET, Ingo Wolfgang. **A eficácia dos direitos fundamentais:** uma teoria geral dos direitos fundamentais na perspectiva constitucional. 10. ed. Porto Alegre: Livraria do Advogado Editora, 2010, p. 88.

113. DOS SANTOS, Eduardo R. Os direitos fundamentais atípicos e a incorporação dos tratados de direitos humanos à Constituição brasileira: reflexões a partir do § 2º, do art. 5º, da CF/88. In. MARTINS, Fernando Rodrigues (org.). **Direito em diálogo de fontes.** Belo Horizonte: D'Plácido, 2014, p. 232-233.

> *fundamental* não se encontra no texto da Constituição, e sim na lei federal ordinária n. 8.009, de 29.03.1990, art. 1º e parágrafo único [...] Pelo entendimento aqui proposto e adotado, a norma sediada no dispositivo da lei federal em questão *institui uma garantia fundamental* que também *goza de hierarquia constitucional*, com as mesmas consequências decorrentes indicadas no item precedente, por força do § 2º do art. 5º da CRFB/88 [...] Inúmeras outras leis ordinárias e demais espécies normativas *formalmente* infraconstitucionais abarcam direitos e garantias fundamentais, como, por exemplo, o Estatuto da Criança e do Adolescente, Lei n. 8.069/90, cujas disposições encontram assento *material* de hierarquia constitucional *ex vi* do disposto no art. 5º § 2º da Lei Fundamental pátria.

Ora, a impenhorabilidade do bem de família, se direito fundamental atípico for, não o é pelo fato de estar prevista na Lei 8.009/90 ou em qualquer outra legislação infraconstitucional, mas sim porque pode ser identificada ou construída pelas fontes materiais dos direitos e garantias fundamentais atípicos apontadas pelo § 2º, do art. 5º, da CF/88 (regime constitucional, princípios constitucionais, ou tratados internacionais de direitos humanos dos quais o Brasil seja signatário), especial e necessariamente na dignidade da pessoa humana, por ser o princípio fundamental nuclear (e matriz jurídico-axiológica comum) dos referidos direitos e que exige que o novo direito tenha por finalidade precípua proteger e/ou promover a pessoa humana de maneira essencial em suas relações (seja com o Estado, seja com particulares).

O mesmo pode-se dizer em relação a potenciais direitos fundamentais atípicos das crianças e adolescentes que se achem positivados pelo Estatuto da Criança e do Adolescente (Lei 8.069/90). Isto é, se algum desses direitos for fundamental, ele será pelo fato de poder ser identificado ou construído através das fontes materiais dos direitos fundamentais atípicos apontadas pelo § 2º, do art. 5º, da CF/88 (regime constitucional, princípios constitucionais, ou tratados internacionais de direitos humanos dos quais o Brasil seja signatário), e não porque se encontra expressamente positivado no Estatuto da Criança e do Adolescente ou em qualquer outra legislação infraconstitucional de proteção da criança e do adolescente.

Nesse mesmo sentido, já escrevemos sobre os possíveis direitos fundamentais atípicos dos idosos e sua relação com os direitos infraconstitucionais previstos no Estatuto do Idoso (Lei 10.741/2003). Oportunidade em que afirmamos ser perfeitamente possível encontrar direitos fundamentais atípicos das pessoas idosas que estão expressamente previstos no Estatuto do Idoso, mas que "são fundamentais por decorrerem do regime e dos princípios da Constituição, e não por estarem expressamente postos no referido Estatuto", isto é, são fundamentais não porque estão previstos expressamente em certa legislação infraconstitucional (mesmo que essa legislação tenha por objetivo a proteção da pessoa humana ou de determina minoria), mas sim porque advém das fontes materiais dos direitos fundamentais atípicos (previstas pelo § 2º, do art. 5º, da CF/88) e têm como finalidade precípua proteger e/ou promover a pessoa humana de maneira essencial em suas relações com o Estado ou com particulares[114]

Isto é, os direitos previstos no diploma legal não são direitos fundamentais por nele estarem contidos, mas alguns desses direitos podem ser sim fundamentais, desde que possuam a jusfundamentalidade material requerida pelo § 2º, do art. 5º, da CF/88, tendo como fontes o regime e os princípios constitucionais, ou os tratados internacionais de direitos humanos dos quais o Brasil seja signatário, e sendo identificados ou construídos por uma das quatro possibilidades constitucionais de se encontrar direitos fundamentais atípicos em nosso constitucionalismo (direitos fundamentais não enumerados, direitos fundamentais implícitos, direitos fundamentais atípicos *stricto sensu* e direitos humanos fundamentais).

114. BORGES, Alexandre Walmott; DOS SANTOS, Eduardo Rodrigues; MARINHO, Sergio Augusto. O Estatuto do Idoso: análise dos direitos fundamentais da lei em relação aos direitos fundamentais constitucionais. In: CORDEIRO, Carlos José; GOMES, Josiane Araújo (coord.). **Temas Contemporâneos de Direito das Famílias.** São Paulo: Pilares, 2013, p. 273.

CONSIDERAÇÕES FINAIS

1) As sociedades contemporâneas, pós-industriais e globalizadas, estruturadas sob a égide do neoliberalismo econômico, estão marcadas pelo multiculturalismo caracterizado pela relativização das fronteiras da soberania (ao menos em parte), pelo pluralismo e pela diversidade, fatores que tornam as *sociedades atuais hipercomplexas*. Em sociedades como essas, *os direitos fundamentais do homem positivados no catálogo constitucional são insuficientes em face das novas situações e relações que se apresentam dia a dia*. Se os direitos fundamentais se limitassem ao catálogo expressamente positivado vislumbrar-se-ia, em muitas situações, afrontas à dignidade da pessoa humana, deixando-se de protegê-la e promovê-la, indo-se, então, contra a essência dos direitos fundamentais.

2) Deste modo, em razão do *critério material de fundamentalidade* (dignidade da pessoa humana) e da própria *historicidade dos direitos fundamentais*, ligada à *constante evolução da sociedade*, sobretudo no âmbito de *sociedades hipercomplexas* como as sociedades contemporâneas, pode-se afirmar que o rol de direitos fundamentais positivado nas Constituições contemporâneas não pode ser taxativo, em face da *inexauribilidade dos direitos fundamentais*. Não pode ser taxativo, porque os direitos essenciais à proteção e promoção da pessoa humana, em que pese a existência de um núcleo duro, alteram-se de acordo com o tempo e o espaço, em face de fatores sociais, culturais, econômicos, políticos, religiosos etc. Além disso, *a* própria natureza humana é evolutiva. O homem é um ser que está em constante movimento, descobrindo novas coisas, se envolvendo em novas situações e tendo novas relações. Assim, não há como se falar em uma "esgotabilidade" dos direitos fundamentais do homem, também, em razão da própria natureza humana e das novas situações da vida humana que se apresentam constantemente. Há pouco tempo o homem chegou ao espaço e à Lua. Há pouco tempo descobriram-se

as armas nucleares e as armas químicas. Também, há pouco tempo deu-se início a pesquisas com embriões humanos. Então, quantos direitos novos surgiram com esses fatos? Quantas novas leituras de direitos antigos emergiram com esses fatos?

3) Assim, faz-se necessária uma abertura constitucional a direitos fundamentais que não estejam positivados expressamente no rol típico da carta de direitos da Constituição. Esta abertura se dá, nos modernos sistemas constitucionais de direitos e garantias fundamentais, através da *cláusula de abertura a novos direitos fundamentais*, que possibilita a identificação e construção desses novos direitos. A gênese da cláusula de abertura a novos direitos fundamentais (também chamada de nota de fundamentalidade dos direitos fundamentais, cláusula de não tipicidade, *numerus apertus* dos direitos fundamentais, dentre outras nomenclaturas) remete-nos ao IX aditamento à Constituição dos Estados Unidos da América do Norte, que data do ano de 1791 e dispõe que "*the enumeration in the Constitution, of certain rights, shall not be construed to deny or disparage others retained by the people*". Especificamente em relação ao constitucionalismo brasileiro vigente, chamamos esses direitos de *direitos fundamentais atípicos*, identificados como os *direitos materialmente fundamentais não previstos expressamente no Título II da Constituição brasileira de 1988*, em oposição aos típicos que nele se encontram expressamente postos.

4) O homem é um ser demasiadamente complexo, de modo que, mesmo em determinado tempo e espaço bastante limitados *não é possível expressar positivamente, em uma carta de direitos, todos os direitos e garantias fundamentais* dos quais ele necessita para ter uma vida digna, ao menos não *a priori*, o que torna inviável e constitui, inclusive, afronta à dignidade da pessoa humana limitar os direitos e garantias fundamentais àqueles dos quais o constituinte se lembrou de redacionar, ou optou por redacionar. Justamente por isso, *a cláusula de abertura a novos direitos fundamentais* e *os direitos fundamentais atípicos* que dela emergem são de grande importância para a proteção das pessoas, pois incorporam os direitos materialmente fundamentais dos quais o legislador se olvidou ou optou por não constitucionalizar, ou ainda não tinha condições de positivar em face da inexistência das situações que o motivariam, mas que, à luz da Constituição vigente e do sistema de direitos e garantias

fundamentais por ela implementado, são essenciais à vida digna da pessoa humana.

5) *No Brasil, a cláusula de abertura a novos direitos fundamentais esteve presente em todas as Constituições Republicanas, só não sendo prevista na Carta Constitucional do Império, de 1824.* Assim, esteve expressamente positivada na Constituição de 1891, em seu art. 78; na Constituição de 1934, em seu art. 114; na Constituição de 1937, em seu art. 123; na Constituição de 1946, em seu art. 144; na Constituição de 1967, em seu art. 150, § 35; na Constituição de 1969, em seu art. 153, § 36; e, por fim, na Constituição de 1988, em seu art. 5º, § 2º, que assim dispõe: *"Os direitos e garantias expressos nesta Constituição não excluem outros decorrentes do regime e dos princípios por ela adotados, ou dos tratados internacionais em que a República Federativa do Brasil seja parte".*

6) *No âmbito do direito estrangeiro, hodiernamente, várias são as Constituições a contemplarem uma cláusula de abertura ou de não tipicidade dos direitos fundamentais.* Exemplificativamente, pode-se citar: Constituição dos Estados Unidos da América do Norte (IX Aditamento), Constituição da Alemanha (art. 93, inc. I, nº 4 e art. 2º, n.1), Constituição da República Portuguesa (art. 16, nº 1), a Constituição da República Italiana (art. 2º), Constituição da Espanha (art. 10º, n. 1), Constituição da Estônia (art. 10º), Constituição do Principado de Andorra (art. 3º, 3), Constituição da Nação Argentina (art. 33), Constituição da Bolívia (art. 35), Constituição Política da República do Chile (art. art. 5º), Constituição Política do Peru (art. 3º), Constituição Política do Paraguai (art. 45), Constituição da República do Uruguai (art. 6º), Constituição Política da República da Guatemala (art. 44), Constituição da República Bolivariana da Venezuela (art. 50), Constituição Política da Colômbia (art. 94), Constituição Política da República da Nicarágua (art. 46), Constituição de São Tomé e Príncipe (art. 18, n.1), Constituição de Cabo Verde (art. 16, n. 1) dentre outras.

7) Passando-se à análise específica do *sistema constitucional brasileiro vigente*, pode-se dizer que o Título II da atual Constituição da República Federativa do Brasil positivou um rico e extenso rol de direitos e garantias fundamentais. Nada obstante, o *§ 2º, do art. 5º, da Constituição de 1988*, fruto de proposta de Antonio Augusto Cançado Trindade, durante os trabalhos da Assembleia Nacional

Constituinte, em audiência pública realizada dia 29 de abril de 1987, conferiu *abertura* significante à Constituição e, em especial, ao seu sistema de direitos fundamentais, em favor do reconhecimento de *direitos fundamentais atípicos*, isto é, de novos direitos materialmente fundamentais. Ademais, a cláusula de abertura ou de não tipicidade positivada na atual Constituição brasileira promove a abertura a novos direitos fundamentais de maneira ímpar na história do constitucionalismo brasileiro ao prever uma gama maior de fontes e de possibilidades de incorporação de novos direitos fundamentais do que as Cartas Constitucionais pretéritas.

8) Da leitura mais profunda e pormenorizada do *§ 2º, do art. 5º, da CF/88*, extrai-se que os novos direitos e garantias fundamentais (*direitos fundamentais atípicos*) podem advir diretamente de *três fontes*: a) do *regime constitucional*, que, a nosso ver, pode ser entendido de duas maneiras: *lato sensu* e *stricto sensu*; b) dos *princípios constitucionais*; e c) dos *tratados internacionais de direitos humanos que o Brasil seja signatário*.

9) O *regime constitucional*, enquanto fonte dos direitos fundamentais atípicos, não é uma novidade introduzida pela cláusula de abertura do § 2º, do art. 5º, da Constituição de 1988. Sua previsão primeira foi pela cláusula de abertura do art. 114, da Constituição de 1934, sendo consagrado, ainda, pelas cláusulas de abertura do art. 144, da Constituição de 1946, do art. 150, § 35, da Constituição de 1967, e do art. 153, § 36, da Constituição de 1969. O regime constitucional *lato sensu* refere-se às normas que regulamentam a ordem constitucional como um todo, isto é, às normas do *sistema de direito constitucional vigente*. Por sua vez, o regime constitucional *stricto sensu* refere-se às normas que regulamentam o subsistema constitucional dos direitos e garantias fundamentais, isto é, refere-se especificamente às normas do vigente *sistema de direitos e garantias fundamentais*. O *sistema constitucional*, enquanto sistema aberto, estruturado normativamente em regras e princípios, consiste de um modo geral, numa fonte normativa do direito constitucional como um todo, e, em especial, numa fonte normativa dos direitos fundamentais atípicos. Ademais, o sistema constitucional mostra-se deveras importante na cognição e recepção dos novos direitos fundamentais, bem como na interpretação, na aplicação e na construção desses novos direitos, que, duma perspectiva material da Constituição, dele advém

e a partir dele devem ser interpretados. Já o *sistema dos direitos e garantias fundamentais*, enquanto fonte dos direitos fundamentais atípicos, atua desde a identificação, desenvolvimento e construção até a interpretação, aplicação e concretização desses direitos, devendo os direitos atípicos guardarem uma unidade mínima com os típicos. Ademais, na análise do sistema de direitos e garantias fundamentais enquanto fonte dos direitos fundamentais atípicos, há de se destacar o papel desenvolvido pelos *direitos fundamentais individuais básicos, positivados no caput do art. 5º* (vida, liberdade, igualdade, segurança e propriedade) e dos *direitos sociais mínimos positivados no art. 6º* (educação, saúde, alimentação, trabalho, moradia, lazer, segurança, previdência social, proteção à maternidade e à infância, assistência aos desamparados), dos quais pode-se abstrair a maior parte dos demais direitos fundamentais expressos em nosso texto constitucional, bem como outros nele não expressos.

10) Os *princípios constitucionais*, enquanto fontes dos direitos fundamentais atípicos, também não são uma novidade introduzida pela cláusula de abertura do § 2º, do art. 5º, da Constituição de 1988. Em verdade, eles foram previstos por todas as cláusulas de abertura a novos direitos fundamentais que já vigoraram em nosso constitucionalismo. Os princípios constitucionais a que se refere à Constituição de 1988 são os *Princípios Fundamentais* previstos em seu Título I (arts. 1º a 4º). Aqui vale ressaltar o papel de proeminência do *princípio fundamental da dignidade da pessoa humana* (art. 1º, III, da CF/88) que atua tanto no âmbito do regime constitucional como no âmbito dos princípios constitucionais, tratando-se da principal matriz jurídico-axiológica dos direitos fundamentais atípicos, devendo todos eles, em maior ou menor grau, encontrarem suas raízes na dignidade da pessoa humana.

11) Nada obstante, não se pode deixar de advertir: o fato da *dignidade da pessoa humana* ser *fundamento material de todos os direitos fundamentais* não implica na necessidade de se invocar o tempo todo à dignidade para o debate jurídico dos direitos fundamentais, especialmente no que diz com a aplicação desses direitos, pois esses já estão revestidos de dignidade, dispensando o recurso ao referido princípio fundante, sob pena de se *banalizar o discurso jurídico da dignidade* como vem se vislumbrando na práxis jurídica brasileira em que juízes, advogados, promotores e demais juristas recorrem à

dignidade como se recorressem a uma *moldura de silicone*, que a tudo se amolda. Se assim agirmos, então poderemos (assim como já estamos procedendo no cotidiano de nossos tribunais) *usar a dignidade contra a própria dignidade*. A dignidade da pessoa humana, enquanto princípio fundamental de nosso sistema constitucional e critério de jusfundamentalidade material dos direitos e garantias fundamentais, não pode ser considerada uma moldura que se amolda a toda e qualquer situação, não pode ser concebida como um critério que comporta todo e qualquer direito, bem como não pode ser chamada à resolução de casos para os quais já existe direito constitucionalmente consagrado apto a resolução, sob pena de tornarmos tudo dignidade da pessoa humana. E, *assim como quando tudo se torna fundamental, nada mais é fundamental, quando tudo se torna digno, então nada mais é digno*. Concluindo: enquanto fonte dos direitos fundamentais atípicos, a dignidade da pessoa humana não pode, de forma alguma, ser considerada apta a sustentar todo e qualquer direito, como se todos os direitos pudessem ser fundamentais. É preciso ser criterioso e reconhecer como fundamentais somente aqueles que efetivamente irão contribuir para a proteção e promoção da pessoa humana. A identificação/construção desses novos direitos é um trabalho árduo que deve ser concretizado, especialmente, pela Corte Constitucional, o que, por óbvio, não exclui a fundamentalidade do trabalho da doutrina no seu desenvolvimento e na necessária crítica.

12) Já *os tratados internacionais de direitos humanos dos quais o Brasil seja signatário* são, sem dúvida alguma, as fontes mais claras e mais "fáceis" de lidar, por exigirem um esforço muito menor do intérprete. Entretanto a práxis constitucional brasileira tem demonstrado como é possível transformar o "mais simples" no "mais complexo" e o "mais fácil" no "mais difícil", conferindo interpretação completamente equivocada e reducionista aos direitos humanos internacionais. Nesse sentido, especificamente sobre os tratados internacionais de direitos humanos, pode-se dizer que o Supremo Tribunal Federal possui três fases claras no que se refere à hierarquia atribuída a estes documentos. A primeira fase que vai até o ano de 1977 é marcada pela atribuição de um status especial aos tratados internacionais, independentemente de versarem sobre direitos humanos, conferindo-lhes *hierarquia superior à legislação ordinária*. A partir de 1977, com o julgamento do RE 80.004, o STF posiciona-se pela *paridade hierárquica entre a legislação interna*

e os tratados internacionais, inclusive os tratados de direitos humanos. Essa posição é mantida mesmo com o advento da Constituição de 1988, contrariando expressamente o § 2º, do art. 5º, de nossa Carta Maior, como se verifica no julgamento do HC 72.131, de 1995, *leading case* em que o Supremo manteve a possibilidade de prisão civil do depositário infiel, vedada pela Convenção Americana de Direitos Humanos, da qual o Brasil é signatário desde 1992. Por fim, com o advento do § 3º, do art. 5º, pela EC 45/2004 (introduzido com o intuito de reforçar a natureza constitucional dos direitos humanos positivados em tratados internacionais), o Supremo reviu seu posicionamento, ao julgar, em 2008, conjuntamente, o RE 466.343 e o RE 349.703, que também versavam sobre a prisão civil do depositário infiel, conferindo *dupla hierarquia* aos tratados de direitos humanos: *hierarquia constitucional* àqueles que passarem pelo procedimento previsto no referido § 3º e *hierarquia supralegal* aos que não passarem por tal procedimento.

13) Nada obstante, jurisprudencial e doutrinariamente, pode-se dizer que no Brasil, existem quatro correntes principais acerca do status hierárquico dos tratados internacionais de direitos humanos: a) doutrina que advoga pelo status *supraconstitucional* desses tratados; b) posicionamento que lhes atribui status *constitucional*; c) vertente que lhes confere o status de *lei ordinária*; e d) corrente que atribui status *supralegal* a esses documentos internacionais. A Constituição brasileira de 1988, evidentemente, adotou a corrente que confere *hierarquia constitucional* aos tratados de direitos humanos, como se percebe da redação expressa do § 2º, de seu art. 5º, que abre o Texto Maior a direitos fundamentais atípicos advindos de tratados internacionais de direitos humanos, passando esses documentos a compor o bloco de constitucionalidade. Nesse sentido, pode-se dizer que a inserção do § 3º, do art. 5º, da CF/88, em que pese o nobre intuito de Constituinte Reformador de reafirmar o caráter constitucional dos direitos humanos internacionais e corrigir a errônea interpretação de nossa Corte Suprema, só fez confundir a interpretação dos direitos humanos fundamentais, abrindo margem à equivocada interpretação de que haveria dois graus hierárquicos distintos em relação a esses tratados: *hierarquia constitucional* para os tratados que passarem pelo procedimento do aludido dispositivo e *hierarquia supralegal* para os que não passarem pelo referido procedimento. Posição constitucionalmente incorreta,

vez que o § 2º é claro em conferir hierarquia constitucional a todos os tratados internacionais de direitos humanos, compondo assim a Constituição Material, independentemente de eles submeterem-se a um procedimento formal de constitucionalização.

14) Das três fontes estabelecidas pelo § 2º, do art. 5º, da Constituição de 1988, é possível, por uma interpretação sistemática, apontar *quatro possibilidades constitucionais de construção e identificação de direitos fundamentais atípicos* (espécies de direitos fundamentais atípicos), isto é, quatro possibilidades de se encontrar direitos fundamentais que não estejam expressamente previstos no Título II de nossa Carta Maior: a) direitos e garantias fundamentais positivados expressamente na Constituição, mas fora do Título II, que chamamos de *direitos fundamentais não enumerados*; b) direitos e garantias fundamentais não positivados expressamente na Constituição, mas implicitamente nela contidos, que chamamos de *direitos fundamentais implícitos*; c) direitos e garantias fundamentais decorrentes do regime e dos princípios adotados pela Constituição, que chamamos de *direitos fundamentais atípicos stricto sensu*; d) direitos e garantias fundamentais advindos dos tratados internacionais em que a República Federativa do Brasil seja parte, que chamamos de *direitos humanos fundamentais*. Além disso, há uma doutrina minoritária que aponta uma quinta possibilidade de construção e identificação de novos direitos fundamentais no atual constitucionalismo brasileiro: e) direitos e garantias fundamentais infraconstitucionais, advindos única e exclusivamente da legislação infraconstitucional, que são chamados de *direitos fundamentais extravagantes*. Possibilidade esta com a qual discordamos e, como demonstramos, é inconstitucional.

15) Aqui *três observações precisam ser ficar bem sedimentadas*. *Primeiro*: não se pode confundir as fontes dos direitos fundamentais atípicos (os tratados internacionais de direitos humanos, o regime constitucional e os princípios constitucionais, além, é claro, da própria Constituição) com as espécies dos direitos fundamentais atípicos (direitos fundamentais atípicos não enumerados, implícitos, atípicos *stricto sensu* e humanos fundamentais), pois uma coisa são as fontes, as origens matriciais jurídico-axiológicas dos direitos fundamentais atípicos, outra coisa são as espécies desses direitos, que dizem respeito às possibilidades constitucionais de se identificar ou construir tais direitos. *Segundo*: A espécie dos direitos fundamentais atípicos *stricto*

sensu é residual, só se podendo construir direitos fundamentais atípicos por ela se não houver como identificá-los por outra espécie, a fim de se evitar a banalização dos direitos fundamentais atípicos, vez que essa espécie é jurídica e axiologicamente mais aberta e abstrata que as demais, pois o direito que dela advém não se encontra nem expressa (seja na Constituição seja em Tratados de Direitos Humanos), nem implicitamente positivado (na Constituição). *Terceiro*: Por uma questão lógica, apenas a espécie dos direitos humanos fundamentais pode complementar outra espécie de direitos fundamentais atípicos (considerando que os direitos fundamentais atípicos *stricto sensu* são residuais, esses não podem cumular-se a nenhuma outra espécie; considerando que os direitos não enumerados são direitos expressamente consagrados na Constituição Formal, eles não podem ser implícitos e vice-versa; assim, apenas os direitos humanos fundamentais podem complementar as demais espécies, notadamente, as espécies dos direitos fundamentais não enumerados e dos direitos fundamentais implícitos), desde que não seja a espécie dos direitos fundamentais atípicos stricto sensu, pois se existir direito humano fundamental (previsto em tratado do qual o Brasil seja signatário), não se pode recorrer à espécie dos direitos fundamentais atípicos stricto sensu, vez que se trata de espécie residual.

16) Os *direitos fundamentais atípicos não enumerados*, também chamados pela doutrina pátria de *direitos fundamentais fora do catálogo, mas com status constitucional formal e material* ou ainda de *direitos fundamentais dispersos na Constituição*, referem-se aos direitos e garantias fundamentais positivados expressamente na Constituição, mas fora do Título II e fundamentam-se tanto no "regime" constitucional (*lato sensu* e *stricto sensu*), como nos "princípios" constitucionais, principal e necessariamente no princípio fundamental da dignidade da pessoa humana. Podem ser exemplificados pelo direito fundamental atípico não enumerado ao *meio ambiente ecologicamente equilibrado* (positivado no art. 225, da CF/88); pelas garantias fundamentais atípicas não enumeradas à *publicidade dos julgamentos judiciais* e à *motivação das decisões judiciais* (ambas previstas no art. 93, IX, da CF/88); bem como pela garantia fundamental atípica não enumerada da *anterioridade tributária* (positivada no art. art. 150, III, "b" e "c", da CF/88).

17) Os *direitos fundamentais atípicos implícitos* referem-se aos direitos e garantias fundamentais não positivados expressamente na Constituição, mas implicitamente nela contidos, isto é, referem-se

àqueles direitos fundamentais atípicos que se encontram implícitos ao texto constitucional, muitas vezes frutos de uma interpretação extensiva de algum direito ou garantia expressamente postos. Fundamentam-se no "regime" constitucional (*lato sensu* e *stricto sensu*) e nos "princípios" constitucionais, principal e necessariamente no princípio fundamental da dignidade da pessoa humana. Podem ser exemplificados pela garantia jusfundamental do *duplo grau de jurisdição*, implícita ao devido processo legal (previsto no art. 5º, LIV, da CF/88), ao contraditório e à ampla defesa (ambos positivados no art. 5º, LV, da CF/88), bem como ao acesso à justiça (previsto no art. 5º, XXXV, da CF/88); pela garantia jusfundamental à *efetividade do processo*, implícita ao devido processo legal e ao acesso à justiça; pelo direito fundamental ao *sigilo dos dados bancários*, implícito ao direito à privacidade e ao direito à intimidade (ambos expressamente positivados no art. 5º, X, da CF/88), bem como ao direito ao sigilo de dados pessoais (consagrado no art. 5º, XII, da CF/88); e pelo direito fundamental ao *reconhecimento pelo Estado das Uniões Civis entre pessoas do mesmo sexo*, seja sob a forma de União Estável, seja sob a forma de Casamento, ou qualquer outra forma legalmente prevista, implícito às normas constitucionais consagradoras do direito fundamental de reconhecimento civil, pelo Estado, do casamento (notadamente o § 1º, do art. 226, da CF/88) e da União Estável (§ 3º, do art. 226, da CF/88), bem como ao direito de igualdade, ao direito de não discriminação (desdobramento da igualdade) e ao direito de liberdade (todos previstos expressamente no *caput* do art. 5º, da CF/88), dentre outros.

18) Os *direitos fundamentais atípicos stricto sensu* referem-se direitos e garantias fundamentais decorrentes direta e exclusivamente do regime e dos princípios adotados pela Constituição. Sua jusfundamentação se dá, como literalmente se percebe, no "regime" e nos "princípios", isto é, no sistema constitucional e no sistema de direitos fundamentais, bem como nos princípios fundamentais, principal e necessariamente no princípio fundamental da dignidade da pessoa humana. A principal diferença dessa espécie para as duas primeiras estudadas reside no fato dos direitos fundamentais atípicos *stricto sensu* não encontrarem guarida na Constituição Formal, salvo pela sua relação de jusfundamentalidade. Nas espécies anteriores, o direito atípico ou estava expressamente positivado na Constituição Formal, contudo fora do título típico dos direitos fundamentais, ou estava implícito a algum direito ou garantia

fundamental da Constituição Formal, enquanto na espécie em análise, o direito atípico apenas possui sua jusfundamentalidade matricial no regime e nos princípios constitucionais, mas não se encontra positivado na Constituição Formal, seja expressa ou implicitamente. Ademais, pode-se dizer que nas duas espécies anteriores o trabalho do intérprete é de identificação dos direitos atípicos (assim como na quarta espécie, a dos direitos humanos fundamentais), enquanto nessa espécie o trabalho é de construção. Justamente por isso, já dissemos que a espécie dos direitos fundamentais atípicos *stricto sensu* é residual, só se podendo construir direitos fundamentais atípicos por ela se não houver como identificá-los por outra espécie, a fim de se evitar a banalização dos direitos fundamentais atípicos, vez que essa espécie é jurídica e axiologicamente mais aberta e abstrata que as demais, pois o direito que dela advém não se encontra nem expressa (seja na Constituição seja em Tratados de Direitos Humanos), nem implicitamente positivado (na Constituição), necessitando ser construído hermeneuticamente pelo intérprete através do regime e dos princípios constitucionais que fundamentam a ordem jurídica constitucional brasileira, tendo sempre como base principal o princípio fundamental da dignidade da pessoa humana e a função precípua do Estado Democrático de Direito de proteção e promoção do ser humano. Em que pese eles possam ser superados no futuro via Emendas à Constituição ou mesmo pela assinatura de novos tratados de direitos humanos, podemos exemplificar os direitos fundamentais atípicos *stricto sensu* pelos *direitos fundamentais à resistência e à desobediência civil*, pelo *direito fundamental à busca da felicidade* e pelo *direito fundamental à morte digna* (eutanásia e suicídio assistido).

19) Os *direitos humanos fundamentais* referem-se aos direitos e garantias fundamentais advindos dos tratados internacionais de direitos humanos em que a República Federativa do Brasil seja parte, isto é, referem-se aos direitos humanos internacionais previstos nos aludidos tratados que são incorporados ao constitucionalismo pátrio como direitos fundamentais. Sua jusfundamentação, independentemente desses direitos guardarem relação com o "regime" ou com os "princípios" constitucionais, exige que eles pertençam a algum tratado de direitos humanos do qual o Brasil seja signatário. Por óbvio que, por tratar-se de tratado internacional de direitos humanos, os direitos humanos neles previstos ligam-se diretamente à dignidade da pessoa humana, pois assim como os direitos fundamentais possuem

sua matriz jurídico-axiológica na dignidade da pessoa humana no plano Estatal, o mesmo se dá com os direitos humanos no plano Internacional. Seus exemplos, em que pese não sejam difíceis de apontar, têm sido objeto de grandes controvérsias, especialmente no âmbito da jurisprudência do Supremo Tribunal Federal, como demonstra o reconhecimento do *direito humano fundamental a não ser submetido à prisão civil por dividas*, salvo pelo inadimplemento voluntário e inescusável de obrigação alimentícia. Nada obstante, como resta demonstrado, o referido direito é sim um direito fundamental atípico, assim como os *direitos humanos fundamentais ao livre desenvolvimento da personalidade, ao nome*, dentre tantos outros (inclusive já apontados em outras espécies de direitos atípicos, como o *duplo grau de jurisdição*, por exemplo).

20) Os *direitos fundamentais extravagantes*, potencial quinta possibilidade de se encontrar direitos e garantias fundamentais atípicos mencionada por uma doutrina minoritária, refere-se à potenciais direitos e garantias fundamentais infraconstitucionais, isto é, direitos e garantias advindos direta e exclusivamente da legislação infraconstitucional. No Brasil, um eventual reconhecimento desses direitos seria *evidentemente inconstitucional* e intensificaria a doutrina que reconhece tudo, ou quase tudo, como sendo direito fundamental. E aqui vale (re)lembrar que quando tudo se torna uma mesma coisa, então nada é está coisa, ou melhor, *quando tudo é direito fundamental, então nada é direito fundamental*, pois a fundamentalidade (essa qualidade especial atribuída a um direito reconhecendo-o como essencial a vida digna da pessoa humana em uma dada sociedade) perde sua razão de ser. *Tal possibilidade é completamente incompatível com a Constituição brasileira de 1988*, vez que transforma o poder constituinte reformador e os limites formais ao poder de reforma da Constituição em instrumentos desimportantes, de pouca valia no que tange aos direitos fundamentais, já que não é preciso deles para se incorporar, ao direito constitucional pátrio, novos direitos fundamentais, bastando a utilização de qualquer outro tipo legal, como lei complementar ou mesmo lei ordinária, cujos quóruns de aprovação são bem menores que o de uma Emenda à Constituição.

21) Por outro lado, em que pese não ser fonte dos direitos fundamentais atípicos de nosso constitucionalismo, há de se reconhecer que a *legislação infraconstitucional cumpre o importante papel de*

concretizar e regulamentar os direitos fundamentais (típicos e atípicos), de modo que, muitas das vezes o direito já está previsto pelo sistema de direitos e garantias fundamentais da Constituição – seja expressamente no Título II, seja expressamente, mas fora do Título II, seja, implicitamente a outros direitos e garantias fundamentais constitucionais expressos, seja advindo de tratado internacional de direitos humanos do qual o Brasil é signatário, seja porque decorre exclusivamente do regime e dos princípios adotas pela Constituição –, contudo é preciso regulamentá-lo e concretizá-lo, daí a valiosa função da legislação infraconstitucional.

22) Nada obstante, *muitos direitos previstos expressamente somente em leis são sim direitos fundamentais, contudo não o são pelo fato de estarem escritos em uma lei, mas sim pelo fato de advirem do regime e dos princípios constitucionais ou de tratados internacionais de direitos humanos dos quais o Brasil seja signatário* (fontes constitucionalmente estabelecidas dos direitos fundamentais atípicos), como ocorre, por exemplo, com o direito ao nome, previsto expressamente no código civil. O referido direito não é fundamental por estar escrito no código civil, mas sim pelo fato de advir da sistemática constitucional, em especial dos direitos fundamentais e, sobretudo, por emergir diretamente das exigências de proteção e promoção do princípio fundamental da dignidade da pessoa humana. Ademais, no caso específico do direito ao nome, trata-se de direito fundamental atípico identificado em tratado internacional de direitos humanos do qual o Brasil é signatário, sendo incorporado ao nosso constitucionalismo como direito humano fundamental, em face da cláusula de abertura prevista no § 2º, do art. 5º, da CF/88.

23) Por fim, cumpre dizer que, quando nos propomos a enfrentar a problemática de se identificar e examinar quais seriam as fontes e as possibilidades de identificação/construção dos direitos fundamentais atípicos no constitucionalismo brasileiro, tínhamos em mente *reduzir/evitar/combater as banalizações visualizadas no discurso jurídico contemporâneo em relação aos direitos fundamentais*, seja no campo doutrinário, seja no campo da prática jurídica. Até porque, *quando se diz que certo direito é direito fundamental, várias são as consequências jurídicas*, como, por exemplo: esses direitos, *prima facie*, têm eficácia imediata (art. 5º, § 1º, da CF/88); esses direitos não podem ser reduzidos de maneira tendente a abolir, pois são considerados

cláusulas pétreas, ou, ainda, cláusulas de proibição de retrocesso com núcleo pétreo (art. 60, § 4º, IV, da CF/88), esses direitos são parâmetros objetivos do sistema jurídico, devendo ser observados pelo intérprete do direito, não só na interpretação das normas de direitos fundamentais ou das normas de direito constitucional, mas de todas as normas da ordem jurídica vigente; ademais, enquanto parâmetro objetivo constitucional, esses direitos exigem que o próprio legislador os observem na criação/revogação/modificação das leis infraconstitucionais, ou mesmo das Emendas à Constituição, já que constituem limites materiais ao Poder Constituinte Reformador; esses direitos consistem em critério de validade das normas jurídicas, vez que compõem o bloco de constitucionalidade material, sendo normas superiores (hierarquia constitucional); etc. Assim, *quando se diz que determinado direito é direito fundamental, diz-se, implicitamente, muito mais coisas*, isto é, as consequências de se dizer que certo direito é fundamental são muitas e *todas de extrema importância para o sistema jurídico*, desde a criação de suas normas até sua interpretação e aplicação. Por isso mesmo, não se pode tornar tão especial, direitos que não gozem de tamanha "especialidade", não se pode dizer que são fundamentais, direitos que não são fundamentais, que não são essenciais à vida digna da pessoa humana (ou melhor, que não são essenciais à concretização constitucional da dignidade da pessoa humana) e que não encontrem sua jusfundamentalidade nas fontes constitucionalmente estabelecidas (formal e materiais). Aqui reside a grande relevância da leitura constitucionalmente correta da *cláusula de abertura a novos direitos fundamentais*, que se faz de grande importância para a correta identificação/construção dos *direitos fundamentais atípicos*, evitando-se que sejam reconhecidos como fundamentais direitos que não o são, bem como que não se reconheça como fundamentais direitos que o são.

REFERÊNCIAS

ACCIOLY, Hildebrando. **Manual de direito internacional público.** 11.ed. São Paulo: Saraiva, 1976.

AGOSTINHO. **Confissões.** 2.ed. São Paulo: Abril Cultural, 1980.

ALARCÓN, Pietro de Jesús Lora. Constituições, relações internacionais e prevalência dos direitos humanos. In: PIOVESAN, Flávia; GARCIA, Maria (orgs.). **Doutrinas Essenciais Direitos Humanos:** Proteção Internacional dos Direitos Humanos. São Paulo: RT, 2011. v.6.

ALCALÁ, Humberto Nogueira. Los desafíos del control de convencionalidad del corpus iuris interamericano para los tribunales, y su diferenciación con el control de constitucionalidad. In: MARINONI, Luiz Guilherme; MAZZUOLI, Valerio de Oliveiro. **Controle de Convencionalidade:** um panorama latino-americano. Brasília: Gazeta Jurídica, 2013.

ALEXY, Robert. **Teoria dos Direitos Fundamentais.** São Paulo: Malheiros, 2008.

ALVES, Waldir. Controle de convencionalidade das normas internas em face dos tratados e convenções internacionais sobre direitos humanos equivalentes às Emendas Constitucionais. In: MARINONI, Luiz Guilherme; MAZZUOLI, Valerio de Oliveiro. **Controle de Convencionalidade:** um panorama latino-americano. Brasília: Gazeta Jurídica, 2013.

AMARAL, Roberto. O constitucionalismo da Era Vargas. **Revista Latino Americana de Estudos Constitucionais.** Belo Horizonte, n. 3, p. 187-198, jan/jun, 2004.

ANDRADE, José Carlos Vieira de. **Os Direitos Fundamentais na Constituição Portuguesa de 1976.** 5.ed. Coimbra: Almedina, 2012.

AQUINO, Tomás de. **Suma Teológica.** 2.ed. São Paulo: Loyola, 2003. v.1.

ARENDT. Hannah. **A condição humana.** 11.ed. Rio de Janeiro: Forense Universitária, 2010.

______. **Origens do totalitarismo.** São Paulo: Companhia das Letras, 1998.

ARENHART, Sérgio Cruz. O Supremo Tribunal Federal e a prisão civil. In: MARINONI, Luiz Guilherme; MAZZUOLI, Valerio de Oliveiro. **Controle de Convencionalidade:** um panorama latino-americano. Brasília: Gazeta Jurídica, 2013.

ARRUDA ALVIM, Eduardo. **Curso de Direito processual civil.** São Paulo: Revista dos Tribunais, 2000. v.2.

ASCENSÃO, José de Oliveira. A dignidade da pessoa e o fundamento dos direitos humanos. **Revista da Faculdade de Direito da Universidade de São Paulo.** v. 103, p. 277-299, jan/dez, 2008.

ÁVILA, Humberto. **Teoria dos Princípios:** da definição à aplicação dos princípios jurídicos. 11. ed. São Paulo: Malheiros, 2010.

BANDEIRA DE MELLO, Celso Antônio. **Curso de Direito Administrativo.** 27.ed. São Paulo: Malheiros, 2010.

BARACHO, José Alfredo de Oliveira. **Direito Processual Constitucional:** aspectos contemporâneos. Belo Horizonte: Del Rey, 2008.

______. Teoria Geral do Processo Constitucional. **Revista Forense.** Rio de Janeiro, v. 383, p. 131-180, jan/fev, 2006.

BARCELLOS, Ana Paula. **A eficácia jurídica dos princípios constitucionais:** o princípio da dignidade da pessoa humana. 3.ed. Rio de Janeiro: Renovar, 2011.

BARROSO, Luís Roberto; BARCELLOS, Ana Paula de. O começo da história: a nova interpretação constitucional e o papel dos princípios no direito brasileiro. **Revista Latino-Americana de Estudos Constitucionais.** Belo Horizonte, n. 2, p. 167-210, jul/dez, 2003.

BARROSO, Luís Roberto. **A dignidade da pessoa humana no direito constitucional contemporâneo:** a construção de um conceito jurídico à luz da jurisprudência mundial. Belo Horizonte: Fórum, 2013.

______. **Curso de Direito Constitucional Contemporâneo:** os conceitos fundamentais e a construção do novo modelo. 3.ed. São Paulo: Saraiva, 2011.

______. Diferentes, mas Iguais: o reconhecimento jurídico das relações homoafetivas no Brasil. In: SARMENTO, Daniel; IKAWA, Daniela; PIOVESAN, Flávia (coord.). **Igualdade, Diferença e Direitos Humanos.** Rio de Janeiro: Lumen Juris, 2009.

______. **Interpretação e aplicação da Constituição.** 7. ed. São Paulo: Saraiva, 2009.

______. Neo Constitucionalismo e constitucionalização do Direito: o triunfo tardio do direito constitucional no Brasil. **Revista Forense.** Rio de Janeiro, v. 384, p. 71-104, mar/abr, 2006.

______. **O direito constitucional e a eficácia de suas normas.** 5.ed. Rio de Janeiro: Renovar, 2001.

BELAUNDE, Domingo García; MANCHEGO, José Felix Palomino. El control de convencionalidad en el Perú. In: MARINONI, Luiz Guilherme; MAZZUOLI, Valerio de Oliveiro. **Controle de Convencionalidade:** um panorama latino-americano. Brasília: Gazeta Jurídica, 2013.

BENDA, Ernest. Dignidad humana y derechos de la personalidad. In: BENDA, Ernest; et. al. (comps.). **Manual de derecho constitucional.** Madrid: Marcial Pons, 1996.

BERNETT, Randy E. Introduction: James Madison's Ninth Amendment. In: BERNETT, Randy E. (org.). **The Rights Retained by the People:** The History and Meaning of the Ninth Amendment. Fairfax: Univ. Publ. Assoc., 1991.

BOBBIO, Norberto. **A Era dos Direitos.** Rio de Janeiro: Elsevier, 2004.

______. **Teoria do ordenamento jurídico.** 10.ed. Brasília: UNB, 1999.

BÖCKENFÖRDE, Ernst-Wolfgang. **Escritos sobre derechos fundamentales.** Baden-Baden: Nomos, 1993.

BONAVIDES, Paulo. **Curso de Direito Constitucional.** 28.ed. São Paulo: Malheiros, 2013.

______. Direitos Fundamentais, Globalização e Neoliberalismo. **Revista Latino-Americana de Estudos Constitucionais.** Belo Horizonte, n. 2, p. 351-361, jul/dez, 2003.

______. **Teoria Constitucional da democracia participativa:** por um direito constitucional de luta e resistência, por uma nova hermenêutica, por uma repolitização da legitimidade. São Paulo: Malheiros, 2001.

BORGES, Alexandre Walmott; ROMEU, Luciana Campanelli; ROCHA, Altamirando Pereira da. Análise da Jurisprudência do STF sobre a forma de incorporação dos documentos de direito internacional: alterações com o advento da EC 45/2004. **Revista de Direito Brasileira.** São Paulo, Ano 2, vol. 3, p. 55-76, jul/dez, 2012.

BORGES, Alexandre Walmott; DOS SANTOS, Eduardo Rodrigues; MARINHO, Sergio Augusto. O Estatuto do Idoso: análise dos direitos fundamentais da lei em relação aos direitos fundamentais constitucionais.

In: CORDEIRO, Carlos José; GOMES, Josiane Araújo (coord.). **Temas Contemporâneos de Direito das Famílias.** São Paulo: Pilares, 2013.

BOTTINI, Pierpaolo Cruz; TAMASAUSKAS, Igor. Lei de Anistia: um debate imprescindível. In: PIOVESAN, Flávia; GARCIA, Maria (orgs.). **Doutrinas Essenciais Direitos Humanos:** Direitos Civis e Políticos. São Paulo: RT, 2011. v.2.

BRACKER, Susanne. **Kohärenz und juristische Interpretation.** Baden-Baden: Nomos, 2000.

BRITTO, Carlos Ayres. A Constituição e os limites de sua reforma. **Revista Latino-Americana de Estudos Constitucionais.** Belo Horizonte, n. 1, p. 225-246, jan/jun, 2003.

______. **O humanismo como categoria constitucional**. Belo Horizonte: Fórum, 2012.

BRITTO, Carlos Ayres; BASTOS, Celso Ribeiro. **Interpretação e aplicação das normas constitucionais.** São Paulo: Saraiva, 1982.

BECK, Ulrich. **O que é globalização?** São Paulo: Paz e Terra, 1999.

BUERGENTHAL, Thomas. **International Human Rights.** Minnesota: West Publishing, 1988.

BULFINCH, Thomas. **O livro da mitologia.** São Paulo: Martin Claret, 2013.

BUZZANELO, José Carlos. Estatuto do Direito de Resistência. In: PIOVESAN, Flávia; GARCIA, Maria (orgs.). **Doutrinas Essenciais Direitos Humanos:** Direitos Civis e Políticos. São Paulo: RT, 2011. v.2.

CAMBI, Eduardo. **Neoconstitucionalismo e Neoprocessualismo:** direitos fundamentais, políticas públicas e protagonismo judiciário. 2.ed. São Paulo: Revista dos Tribunais, 2011.

CAMPILONGO, Celso Fernandes. **O Direito na Sociedade Complexa.** 2.ed. São Paulo: Saraiva, 2011.

CAMPOS, Gérman J. Bidart. **Teoría general de los derechos humanos.** Buenos Aires: Astrea, 1991.

CANARIS, Claus-Wilhelm. **Direitos Fundamentais e Direito Privado.** Coimbra: Almedina, 2009.

______. **Pensamento Sistemático e Conceito de Sistema na Ciência do Direito.** 4.ed. Lisboa: Fundação Calouste Gulbenkian, 2008.

CANÇADO TRINDADE, Antonio Augusto. **A proteção dos direitos humanos nos planos nacional e internacional:** perspectivas brasileiras.

San José da Costa Rica/Brasília: Instituto Interamericano de Derechos Humanos, 1992.

______. Direitos e garantias individuais no plano internacional. In: **Assembleia Nacional Constituinte, Atas das Comissões.** vol. I, n. 66 (supl.). Brasília, 27.05.1987.

______. Memorial em prol de uma nova mentalidade quanto à proteção dos direitos humanos nos planos internacional e nacional. In: **Anais do VI Seminário Nacional de Pesquisa e Pós-graduação em Direito.** Rio de Janeiro: Faculdade de Direito da UERJ, 1997. p. 3-48.

______. **Tratado de Direito Internacional dos Direitos Humanos.** Porto Alegre: Sérgio Antônio Fabris, 1997. v.1.

CANOTILHO, J. J. Gomes. **Direito Constitucional.** 5.ed. Coimbra: Almedina, 1991.

______. **Direito Constitucional e Teoria da Constituição.** 7. ed. Coimbra: Almedina, 2003.

CANOTILHO, J.J. Gomes; MENDES, Gilmar Ferreira; SARLET, Ingo Wolfgang; STRECK, Lenio Luiz (coord.). **Comentários à Constituição do Brasil.** São Paulo: Saraiva, 2013.

CANOTILHO, J. J. Gomes; MOREIRA, Vital. **Constituição da República Portuguesa Anotada:** artigos 1º a 107. 4.ed. Coimbra: Coimbra, 2007.

CANTOR, Ernesto Rey. **Control de convencionalidad de las leys y derechos humanos.** México, D.F.: Porrúa, 2008.

CAPLAN, Rusell L. The history and the meaning of the ninth Amendment. In: BERNETT, Randy E. (org.). **The Rights Retained by the People:** The History and Meaning of the Ninth Amendment. Fairfax: Univ Publ Assoc, 1991.

CARBONEL, Miguel (org.). **Neoconstitucionalismo(s).** Madrid: Trotta, 2003.

______. **Teoria del Neoconstitucionalismo:** ensaios escogidos. Madrid: Trotta, 2007.

CARBONEL, Miguel; JARAMILLO, Leonardo Garcia (org.). **El canon neoconstitucional.** Madrid: Trotta, 2010.

CARNOTA, Control de convencionalidade y activismo judicial. In: MARINONI, Luiz Guilherme; MAZZUOLI, Valerio de Oliveiro. **Controle de Convencionalidade:** um panorama latino-americano. Brasília: Gazeta Jurídica, 2013.

CARVALHO, Délton Winter de. A sociedade do risco global e o meio ambiente como um direito personalíssimo intergeracional. In: PIOVESAN, Flávia; GARCIA, Maria (orgs.). **Doutrinas Essenciais Direitos Humanos:** Direitos Econômicos, Sociais, Culturais e Ambientais. São Paulo: RT, 2011. v.3.

CASTRO, Araujo. **A Constituição de 1937**. Rio de janeiro: Freitas Bastos, 1938.

CASTRO, Carlos Roberto Siqueira. **A Constituição Aberta e os Direitos Fundamentais:** ensaios sobre o constitucionalismo pós-moderno e comunitário. 2.ed. Rio de Janeiro: Forense, 2010.

______. Dignidade da pessoa humana: o princípio dos princípios constitucionais. **Revista Latino-Americana de Estudos Constitucionais.** Belo Horizonte, n. 5, p. 249-285, jan/jun, 2005.

______. **O devido processo legal e os princípios da razoabilidade e da proporcionalidade.** 5.ed. Rio de Janeiro: Forense, 2010.

CAVALCANTI, João Barbalho Uchôa. **Constituição Federal Brasileira:** Commentários. 2.ed. Rio de Janeiro: F. Briguiet e Cia., 1924.

CAVALCANTI, Themistocles Brandão. **A Constituição Federal Comentada**. Rio de Janeiro: José Konfino, 1949. v. 3.

CÍCERO. **Dos deveres.** São Paulo: Martin Claret, 2007.

CINTRA, Antonio Carlos de Araújo; GRINOVER, Ada Pellegrini; DINAMARCO, Candido Rangel. **Teoria Geral do Processo.** 26.ed. São Paulo: Malheiros, 2010.

COELHO, Edihermes Marques; BORGES, Alexandre Walmott. **Ensaios sobre o Sistema jurídico.** Uberlândia: Instituto de Estudos jurídicos Contemporâneos, 2001.

COMPARATO, Fábio Konder. **A Afirmação Histórica dos Direitos Humanos.** 7. ed. São Paulo: Saraiva, 2010.

______. A proteção aos direitos humanos e a organização federal de competências. In: TRINDADE, Antônio Augusto Cançado (Ed.). **A incorporação das normas internacionais de proteção dos direitos humanos no direito brasileiro.** 2. ed. Brasília: IIDH, 1996.

COOLEY, Thomas. **Princípios Gerais de Direito Constitucional dos Estados Unidos da América do Norte.** 2.ed. São Paulo: RT, 1982.

CORWIN. Edward S. **The Constitution And What It Means Today**. 14. ed. New Jersey: Princeton University Press, 1978.

______. The "Higher Law" Background of American Constitutional Law. In: BERNETT, Randy E. (org.). **The Rights Retained by the People:** The History and Meaning of the Ninth Amendment. Fairfax: Univ Publ Assoc, 1991.

COSTA NETO, João. **Dignidade humana:** visão do Tribunal Constitucional Federal Alemão, do STF e do Tribunal Europeu. São Paulo: Saraiva, 2014.

CUNHA JÚNIOR. Dirley da. **Curso de Direito Constitucional.** 6.ed. Salvador: JusPodivm, 2012.

DALLARI, Dalmo de Abreu. **A Constituição na vida dos povos:** da idade média ao século XXI. São Paulo: Saraiva, 2010.

DIAS, Rebeca Fernandes. Direito à vida, direito à morte e disponibilidade do corpo: as tensões contemporâneas de um direito (ainda) desencarnado. In: CLÈVE, Clèmerson Merlin (coord.). **Direito Constitucional Brasileiro:** Teoria da Constituição e Direitos Fundamentais. São Paulo: RT, 2014. v.1.

DIAS, Ronaldo Brêtas de Carvalho. **Processo Constitucional e Estado Democrático de Direito.** Belo Horizonte: Del Rey, 2010.

DIMOULIS, Dimitri; MARTINS, Leonardo. **Teoria Geral dos Direitos Fundamentais.** 3.ed. São Paulo: Revista dos Tribunais, 2011.

DOBROWOLSKI, Sílvio. A cláusula de Expansão do Artigo 5º, Parágrafo 2º da Constituição de 1988. **Revista Latino-Americana de Estudos Constitucionais.** Belo Horizonte, n. 7, p. 223-260, jan/jun, 2006.

DOLINGER, Jacob. **A nova Constituição e o direito internacional.** Rio de Janeiro: Freitas Bastos, 1987.

DÓRIA, A. de Sampaio. **Direito Constitucional**: Comentários à constituição de 1946. São Paulo: Max Limonad, 1960. v.4.

DOS SANTOS, Eduardo R. **O Pós-positivismo jurídico e a normatividade dos princípios jurídicos.** Belo Horizonte: D'Plácido, 2014.

______. O princípio fundamental da dignidade da pessoa humana como elemento estruturante do sistema de direitos fundamentais na constituição brasileira de 1988. **Diritto & Diritti.** Ragusa, 24 de maio de 2012. Disponível em: < http://www.diritto.it/docs/33500# >. Acesso em 01 de dezembro de 2013.

______. Os direitos fundamentais atípicos e a incorporação dos tratados de direitos humanos à Constituição brasileira: reflexões a partir do § 2º, do art. 5º, da CF/88. In. MARTINS, Fernando Rodrigues (org.). **Direito em diálogo de fontes.** Belo Horizonte: D'Plácido, 2014.

______. **Processo e Constituição.** Leme: JH Mizuno, 2014.

DOS SANTOS, Eduardo. R.; MELO, Luiz Carlos Figueira de. Os direitos fundamentais atípicos e os tratados internacionais de direitos humanos: a incorporação dos direitos humanos aos direitos fundamentais através do § 2º, do art. 5º, da CF/88. In: OLMO, Florisbal de Souza Del; GUIMARÃES, Antonio Marcio da Cunha; CARDIN, Valéria Silva Galdino (Org.). **XXII Encontro Nacional do CONPEDI:** Direito Internacional dos Direitos Humanos. Florianópolis: FUNJAB, 2014.

DOUZINAS, Costas. **O Fim dos Direitos Humanos.** São Leopoldo: Unisinos, 2009.

DRIVER, Stephanie Schwartz. **A Declaração de Independência dos Estados Unidos.** Rio de Janeiro: Jorge Zahar, 2006.

DUARTE, José. **A Constituição Brasileira de 1946**: Exegese dos textos à luz dos trabalhos da Assembleia Constituinte. Rio de Janeiro: Imprensa Nacional, 1947. v. 3.

DÜRIG, Günter. Der Grundsatz der Menschenwürde. Entwurf eines praktikablen Wertsystems der Grundrechte aus Art. 1 Abs. I in Verbindung mit Art. 19 Abs. II des Grundgesetzes. In: **AÖR,** nº 81, 1956.

DWORKIN, Ronald. **Domínio da vida:** aborto, eutanásia e liberdades individuais. 2.ed. São Paulo: Martins Fontes, 2009.

______. **Levando os direitos a sério.** São Paulo: Martins Fontes, 2010.

______. **O direito da liberdade:** a leitura moral da Constituição norte-americana. São Paulo: Martins Fontes, 2006.

ELBAZ, Mikhaël. El inestimable vínculo cívico en la sociedad-mundo. In: ELBAZ, Mikhaël; HELLY, Denise (org.). **Globalización, ciudadanía y multiculturalismo.** Granada: Maristán, 2002.

ENGISCH, Karl. **Introdução ao pensamento jurídico.** 10.ed. Lisboa: Fundação Calouste Gulbenkian, 2008.

ESPÍNDOLA, Ruy Samuel. Princípios Constitucionais e Atividade Jurídico-Administrativa: anotações em torno de questões contemporâneas. **Revista Latino-Americana de Estudos Constitucionais.** Belo Horizonte, n. 2, p. 393-426, jul/dez, 2003.

ESPINOLA, Eduardo. **Constituição dos Estados Unidos do Brasil**: 18 de setembro de 1946. Rio de janeiro: Freitas Bastos, 1952. v. 2.

FARIAS, Edilsom Pereira de. **Colisão de Direitos:** a honra, a intimidade, a vida privada e a imagem versus a liberdade de expressão e informação. Porto Alegre: Sergio Antonio Fabris, 1996.

FAZZALARI, Elio. **Instituições de Direito Processual.** Campinas: Bookseller, 2006.

FERNANDES, Bernardo Gonçalves. Breve abordagem sobre a questão dos Tratados Internacionais frente à Constituição e sobre a recepção da Lei da Anistia em nosso ordenamento: uma análise reflexiva sobre decisões do Supremo Tribunal Federal permeadas pelo self restraint ou pelo ativismo. **Revista da Procuradoria-Geral do Município de Juiz de Fora.** Belo Horizonte, ano 1, n. 1, p. 25-35, jan/dez, 2011.

______. **Curso de Direito Constitucional.** 5.ed. Salvador: Juspodivm, 2013.

______. **Direito Constitucional & Democracia:** entre a globalização e o risco. Rio de Janeiro: Lumen Juris, 2011.

FERRAJOLI, Luigi. **A soberania no mundo moderno:** nascimento e crise do Estado nacional. São Paulo: Martins Fontes, 2002.

______. Constitucionalismo principialista e constitucionalismo garantista. In: FERRAJOLI, Luigi; STRECK, Lenio Luiz; TRINDADE, André Karam. **Garantismo, hermenêutica e (neo)constitucionalismo.** Porto Alegre: Livraria do Advogado, 2012.

______. **Los fundamentos de los derechos fundamentales.** 4.ed. Madrid: Trotta, 2009.

______. **Por uma teoria dos Direitos e dos Bens Fundamentais.** Porto Alegre: Livraria do Advogado, 2011.

FERREIRA FILHO, Manoel Gonçalves. **Comentários à Constituição Brasileira**. 5.ed. São Paulo: Saraiva, 1984.

FERREIRA, Luiz Alexandre Cruz; TÁRREGA, Maria Cristina Vidotte Blanco. Reforma do Poder Judiciário e direitos humanos. In: WAMBIER, Teresa Arruda Alvim; et. al. **Reforma do Judiciário.** São Paulo: RT, 2005.

FERREIRA, Wolgran Junqueira. **Elementos de Direito Constitucional**. 2.ed. São Paulo: Pratense, 1972. v. 3.

FRANKENBERG, Günter. **Autorität und Integration:** Zur Gramatik von Recht und Verfassung. Frankfurt: Suhrkamp, 2003.

FREITAS, Juarez. **Interpretação sistemática do direito.** 5.ed. São Paulo: Malheiros, 2010.

______. **Sustentabilidade:** direito ao futuro. Belo Horizonte: Fórum, 2011;

GALINDO, George Rodrigo Bandeira. **Tratados Internacionais de Direitos Humanos e Constituição Brasileira.** Belo Horizonte: Del Rey, 2002.

GALLICCHIO, Eduardo G. Esteva. El control de convencionalidad en Uruguay. In: MARINONI, Luiz Guilherme; MAZZUOLI, Valerio de Oliveiro. **Controle de Convencionalidade:** um panorama latino-americano. Brasília: Gazeta Jurídica, 2013.

GARCIA, Maria. A Constituição e os Tratados. In: PIOVESAN, Flávia; GARCIA, Maria (orgs.). **Doutrinas Essenciais Direitos Humanos:** Proteção Internacional dos Direitos Humanos. São Paulo: RT, 2011. v.6, p. 363-370.

______. **Desobediência Civil:** direito fundamental. São Paulo: RT, 1994.

______. Fundamentalidade e direitos fundamentais: o § 2º do artigo 5º da CF/88. Direitos humanos e direitos e garantias fundamentais. In: PIOVESAN, Flávia; GARCIA, Maria (orgs.). **Doutrinas Essenciais Direitos Humanos:** Teoria Geral dos Direitos Humanos. São Paulo: RT, 2011. v.1.

______. Mas, quais são os direitos fundamentais? In: PIOVESAN, Flávia; GARCIA, Maria (orgs.). **Doutrinas Essenciais Direitos Humanos:** Teoria Geral dos Direitos Humanos. São Paulo: RT, 2011. v.1.

GAY, Peter. **The enlightenment:** an interpretation. New York: W.W. Norton & Company, 1977.

GOMES, Luiz Flávio; MAZZUOLI, Valerio de Oliveira. **Comentários à Convenção Americana sobre Direitos Humanos:** Pacto de San José da Consta Rica. 4.ed. São Paulo: Revista dos Tribunais, 2013.

GORDILLO, Augustín. **Derechos Humanos – doctrina, casos y materiales:** parte general. Buenos Aires: Fundación de Derecho Administrativo, 1990.

GOUVEIA, Jorge Bacelar. **Os Direitos Fundamentais Atípicos.** Lisboa: Aequitas, 1995.

GRAU, Eros Roberto. **A Ordem Econômica na Constituição de 1988.** 14.ed. São Paulo: Malheiros, 2010.

GRINOVER, Ada Pellegrini. **Os princípios constitucionais e o Código de processo civil.** São Paulo: José Bushatsky Editor, 1975.

GUERRA FILHO. Willis Santiago. A pós-Modernidade do direito Constitucional: Da gestão em Weimar à queda do Muro de Berlim e subsequente colapso das Torres Gêmeas. In: SARMENTO, Daniel (coord.). **Filosofia e Teoria Constitucional Contemporânea.** Rio de Janeiro: Lumen Juris, 2009.

GUERRA, Sidney. **Direitos Humanos:** curso elementar. São Paulo: Saraiva, 2013.

______. **O sistema interamericano de proteção dos direitos humanos e o controle de convencionalidade.** São Paulo: Atlas, 2013.

HÄBERLE, Peter. A dignidade humana como fundamento da comunidade estatal. In: SARLET, Ingo Wolfgang (org.). **Dimensões da dignidade:** ensaios de filosofia do direito e direito constitucional. 2.ed. Porto Alegre: Livraria do Advogado, 2009.

HABERMAS, Jürgen. **Direito e Democracia:** entre facticidade e validade. 2.ed. Rio de Janeiro: Tempo Brasileiro, 2012. v. I.

______. **O futuro da natureza humana.** 2.ed. São Paulo: Martins Fontes, 2010.

HALL, Stuart. **A identidade cultural na pós-modernidade.** 10.ed. Rio de Janeiro: DP&A, 2005.

HAMILTON, Alexander; MADISON, James; JAY, John. **O Federalista.** Belo Horizonte: Líder, 2003.

HART, Herbert L. A. **O Conceito de Direito.** 3.ed. Lisboa: Fundação Calouste Gulbenkian, 2001.

HEGEL, G. W. Friedrich. **Princípios da filosofia do Direito.** 2.ed. São Paulo: Martins Fontes, 2003.

HERMAN, Edward S.; CHOMSKY, Noam. **A Manipulação do Público:** Política e poder econômico no uso da mídia. São Paulo: Futura, 2003.

HESSE, Konrad. **A força normativa da Constituição.** Porto Alegre; Sergio Antonio Fabris Editor, 1991.

______. **Elementos de Direito Constitucional da República Federal da Alemanha.** Porto Alegre: Sergio Antonio Fabris Editor, 1998.

______. **Grundzüge des Verfassungsrechts der Bundesrepublik Deutchland.** 20. ed. Heidelberg: C.F. Müller, 1995.

______. **Temas Fundamentais do Direito Constitucional.** São Paulo: Saraiva, 2009.

HITTERS, Juan Carlos. El control de convencionalidad y el cumplimiento de las sentencias de la Corte Interamericana (supervisión supranacional.

Cláusula federal). In: MARINONI, Luiz Guilherme; MAZZUOLI, Valerio de Oliveiro. **Controle de Convencionalidade:** um panorama latino-americano. Brasília: Gazeta Jurídica, 2013.

HOFMANN, Hasso. Die versprochene Menschenwürde. In: **AÖR,** 118, 1993.

HUNT, Lynn. **A invenção dos direitos humanos:** uma história. São Paulo: Companhia das Letras, 2009.

JACQUES, Paulino. **A Constituição Federal Explicada**. Rio de Janeiro: Forense, 1958.

JOAS, Hans. **A sacralidade da pessoa:** nova genealogia dos direitos humanos. São Paulo: Unesp, 2012.

KANT, Immanuel. **Crítica da razão prática.** São Paulo: Martin Claret: 2006.

______. **Fundamentação da Metafísica dos Costumes.** Lisboa: Edições 70, 2009.

KATZ, Ellis. The United States Bill of Rights as a Constitutional Aftherthought. In: PIOVESAN, Flávia; GARCIA, Maria (orgs.). **Doutrinas Essenciais Direitos Humanos:** Teoria Geral dos Direitos Humanos. São Paulo: RT, 2011. v.1.

KAUFMANN, Matthias. **Em defesa dos direitos humanos:** considerações históricas e de princípio. São Leopoldo: Unisinos, 2013.

KELSEN, Hans. **Teoria Geral do Direito e do Estado.** 3.ed. São Paulo: Martins Fontes, 1998.

______. **Teoria Pura do Direito.** 6.ed. São Paulo: Martins Fontes, 2003.

KESLEY, Knowlton H. The Ninth Amendment os the Federal Constitution. In: BERNETT, Randy E. (org.). **The Rights Retained by the People:** The History and Meaning of the Ninth Amendment. Fairfax: Univ Publ Assoc, 1991.

KIRSTE, Stephan. A dignidade humana e o conceito de pessoa de direito. In: SARLET, Ingo Wolfgang (org.). **Dimensões da dignidade:** ensaios de filosofia do direito e direito constitucional. 2.ed. Porto Alegre: Livraria do Advogado, 2009.

KRELL, Andreas Joachim. Comentário ao art. 225, *caput*. In: CANOTILHO, J.J. Gomes; MENDES, Gilmar Ferreira; SARLET, Ingo Wolfgang; STRECK, Lenio Luiz (coord.). **Comentários à Constituição do Brasil.** São Paulo: Saraiva, 2013.

KUKINA, Sérgio Luíz. O princípio do duplo grau de jurisdição. **Revista de Processo.** São Paulo, n. 109, p. 97-112, jan/mar, 2003.

LACOMBE, Américo Jacobina. Apresentação. In: Fundação Casa de Rui Barbosa. **Rui Barbosa e a Constituição de 1891**. Rio de Janeiro: Fundação Casa de Rui Barbosa, 1985.

LAFER, Celso. **A internacionalização dos direitos humanos:** Constituição, racismo e relações internacionais. Barueri: Manole, 2005.

______. A reconstrução dos direitos humanos: a contribuição de Hannah Arendt. In: **Scielo.** Estudos Avançados, v.11, n. 30, 1997. Disponível em: <http://www.scielo.br/pdf/ea/v11n30/v11n30a05.pdf>. Acesso em 05 de junho de 2014.

LARENZ, Karl. **Metodologia da Ciência do Direito.** 5.ed. Lisboa: Fundação Calouste Gulbenkian, 2009.

LASSALLE, Ferdinand. **A essência da Constituição.** 9.ed. Rio de Janeiro: Lumen Juris, 2010.

LIMA, Carolina Alves de Souza. **O princípio constitucional do duplo grau de jurisdição.** Barueri, SP: Manole, 2004.

LOBATO, Anderson Cavalcante. O Reconhecimento e as Garantias Constitucionais dos Direitos Fundamentais. In: PIOVESAN, Flávia; GARCIA, Maria (orgs.). **Doutrinas Essenciais Direitos Humanos:** Instrumentos e Garantias de Proteção. São Paulo: RT, 2011. v.5.

LOAN, Eugene M. Van. Natural rights and the ninth Amendment. In: BERNETT, Randy E. (org.). **The Rights Retained by the People:** The History and Meaning of the Ninth Amendment. Fairfax: Univ Publ Assoc, 1991.

LOPES, Ana Maria D'Ávila. Interculturalidade e Direitos Fundamentais Culturais. In: PIOVESAN, Flávia; GARCIA, Maria (orgs.). **Doutrinas Essenciais Direitos Humanos:** Direitos Econômicos, Sociais, Culturais e Ambientais. São Paulo: RT, 2011. v.3.

LORENZETTI, Ricardo Luis. **Teoria da Decisão Judicial:** fundamentos de Direito. 2.ed. São Paulo: RT, 2010.

LOSANO, Mario. **Sistema e Estrutura no Direito:** das origens à escola histórica. São Paulo: Martins Fontes, 2008. v.1.

______. **Sistema e Estrutura no Direito:** do século XX à pós-modernidade. São Paulo: Martins Fontes, 2011. v.3.

______. **Sistema e Estrutura no Direito:** o século XX. São Paulo: Martins Fontes, 2010. v.2.

LOUREIRO, João Carlos Gonçalves. O direito à identidade genética do ser humano. In: **Portugal-Brasil, Ano 2000, Boletim da Faculdade de Direito de Coimbra.** Coimbra, Coimbra Editora, 1999, p. 263-389.

LUHMANN, Niklas. **Introdução à Teoria dos Sistemas.** 2.ed. Petrópolis: Vozes, 2010.

LYOTARD, Jean-François. **A Condição Pós-Moderna.** 9.ed. Rio de Janeiro: José Olympio, 2006.

MACCORMICK, Neil. **Retórica e Estado de Direito.** Rio de Janeiro: Elsevier, 2008.

MAC-GREGOR, Eduardo Ferrer. Interpretación conforme y control difuso de convencionalidad; el nuevo paradigma para el juez mexicano. In: MARINONI, Luiz Guilherme; MAZZUOLI, Valerio de Oliveiro. **Controle de Convencionalidade:** um panorama latino-americano. Brasília: Gazeta Jurídica, 2013.

MARCOS, Edgar Carpio. El significado de la cláusula de los derechos no enumerados. **Cuestiones Constitucionales - Revista Mexicana de Derecho Constitucional.** México, D.F., n. 3, p. 3-25, jul/dez, 2000.

MARINONI, Luiz Guilherme. Controle de Convencionalidade (na perspectiva do direito brasileiro). In: MARINONI, Luiz Guilherme; MAZZUOLI, Valerio de Oliveiro. **Controle de Convencionalidade:** um panorama latino-americano. Brasília: Gazeta Jurídica, 2013.

MARMELSTEIN, George. **Curso de Direitos Fundamentais.** 3.ed. São Paulo: Atlas, 2011.

MARQUES, Claudia Lima; MAZZUOLI, Valerio de Oliveira. O consumidor-depositário infiel, os tratados de direitos humanos e o necessário diálogo das fontes nacionais e internacionais. In: PIOVESAN, Flávia; GARCIA, Maria (orgs.). **Doutrinas Essenciais Direitos Humanos:** Proteção Internacional dos Direitos Humanos. São Paulo: RT, 2011. v.6.

MARQUES NETO, Floriano de Azevedo. Conceito e Evolução dos Direitos Fundamentais. In: PIOVESAN, Flávia; GARCIA, Maria (orgs.). **Doutrinas Essenciais Direitos Humanos:** Teoria Geral dos Direitos Humanos. São Paulo: RT, 2011. v.1.

MARTÍNEZ, Miguel Angel Alegre. **La dignidad de la persona como fundamento del ordenamiento constitucional espanõl.** León: Universidad de León, 1996.

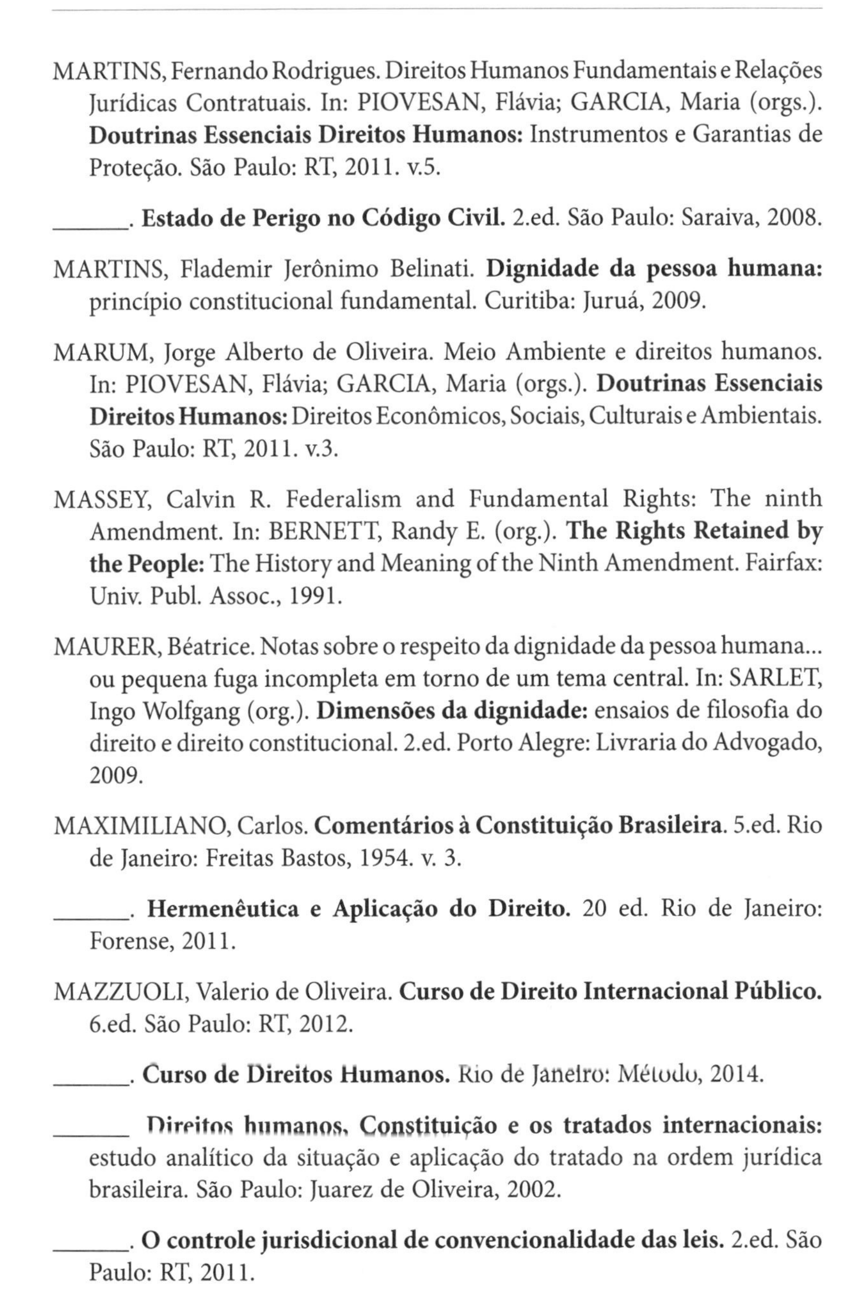

MARTINS, Fernando Rodrigues. Direitos Humanos Fundamentais e Relações Jurídicas Contratuais. In: PIOVESAN, Flávia; GARCIA, Maria (orgs.). **Doutrinas Essenciais Direitos Humanos:** Instrumentos e Garantias de Proteção. São Paulo: RT, 2011. v.5.

______. **Estado de Perigo no Código Civil.** 2.ed. São Paulo: Saraiva, 2008.

MARTINS, Flademir Jerônimo Belinati. **Dignidade da pessoa humana:** princípio constitucional fundamental. Curitiba: Juruá, 2009.

MARUM, Jorge Alberto de Oliveira. Meio Ambiente e direitos humanos. In: PIOVESAN, Flávia; GARCIA, Maria (orgs.). **Doutrinas Essenciais Direitos Humanos:** Direitos Econômicos, Sociais, Culturais e Ambientais. São Paulo: RT, 2011. v.3.

MASSEY, Calvin R. Federalism and Fundamental Rights: The ninth Amendment. In: BERNETT, Randy E. (org.). **The Rights Retained by the People:** The History and Meaning of the Ninth Amendment. Fairfax: Univ. Publ. Assoc., 1991.

MAURER, Béatrice. Notas sobre o respeito da dignidade da pessoa humana... ou pequena fuga incompleta em torno de um tema central. In: SARLET, Ingo Wolfgang (org.). **Dimensões da dignidade:** ensaios de filosofia do direito e direito constitucional. 2.ed. Porto Alegre: Livraria do Advogado, 2009.

MAXIMILIANO, Carlos. **Comentários à Constituição Brasileira**. 5.ed. Rio de Janeiro: Freitas Bastos, 1954. v. 3.

______. **Hermenêutica e Aplicação do Direito.** 20 ed. Rio de Janeiro: Forense, 2011.

MAZZUOLI, Valerio de Oliveira. **Curso de Direito Internacional Público.** 6.ed. São Paulo: RT, 2012.

______. **Curso de Direitos Humanos.** Rio de Janeiro: Método, 2014.

______ **Direitos humanos, Constituição e os tratados internacionais:** estudo analítico da situação e aplicação do tratado na ordem jurídica brasileira. São Paulo: Juarez de Oliveira, 2002.

______. **O controle jurisdicional de convencionalidade das leis.** 2.ed. São Paulo: RT, 2011.

______. **Prisão civil por dívida e o Pacto de San José da Costa Rica:** especial enfoque para os contratos de alienação fiduciária em garantia. Rio de Janeiro: Forense, 2002.

______. Teoria Geral do Controle de Convencionalidade no Brasil. In: MARINONI, Luiz Guilherme; MAZZUOLI, Valerio de Oliveiro. **Controle de Convencionalidade:** um panorama latino-americano. Brasília: Gazeta Jurídica, 2013.

______. **Tratados Internacionais de Direitos Humanos e Direito Interno.** São Paulo: Saraiva, 2010.

MEDINA, Paulo Roberto de Gouvêa. Processo Civil e Constituição. **Revista Latino-Americana de Estudos Constitucionais.** Belo Horizonte, n. 3, p. 237-246, jan/jun, 2004.

MELLO, Celso de Albuquerque. **Curso de direito internacional público.** 6.ed. Rio de Janeiro: Freitas Bastos, 1979.

______. O § 2º do art. 5º da Constituição Federal. In; TORRES, Ricardo (org.). **Teoria dos Direitos Fundamentais.** 2.ed. Rio de Janeiro: Renovar, 2001.

MENDES, Gilmar Ferreira. **Direitos Fundamentais e Controle de Constitucionalidade:** Estudos de direito constitucional. 4. ed. São Paulo: Saraiva, 2012.

MENDES, João de Castro. Direitos, liberdades e garantias: alguns aspectos gerais. In: Miranda, Jorge (org.). **Estudos sobre a Constituição.** Lisboa: Petrony, 1977. v.1

MIGUEL, Carlos Ruiz. **Human dignity:** history of an idea. Santiago de Compostela, Ed. Santiago de Compostela, 2004.

MIRANDA, Jorge; MEDEIROS, Rui. **Constituição Portuguesa Anotada.** Coimbra: Coimbra, 2005, v.1.

MIRANDA, Jorge. **Manual de Direito Constitucional.** 5.ed. Coimbra: Coimbra, 2012. v.4.

______. Os direitos fundamentais: sua dimensão individual e social. In: PIOVESAN, Flávia; GARCIA, Maria (orgs.). **Doutrinas Essenciais Direitos Humanos:** Teoria Geral dos Direitos Humanos. São Paulo: RT, 2011. v.1.

MIRANDA, Pontes. **Comentários à Constituição de 1946.** 3.ed. Rio de Janeiro: Borsoi, 1960. v. 5.

______. **Comentários à Constituição de 1967:** com a emenda nº 1 de 1969. 3.ed. Rio de Janeiro: Forense, 1987. v. 5.

MIRANDOLA, Giovanni Pico Della. **Discurso sobre a Dignidade do Homem.** Edição Bilingue. 6.ed. Lisboa: Edições 70, 2010.

MÖLLER, Max. **Teoria Geral do Neoconstitucionalismo:** bases teóricas do constitucionalismo contemporâneo. Porto Alegre: Livraria do Advogado, 2011.

MONTEALEGRE, Hernan. Posición que ocupa el derecho internacional de los derechos humanos em relación con la jerarquía normativa del sistema jurídico nacional, posible conflicto entre incompatibles. In: **Derecho Internacional de los Derechos Humanos.** Uruguay: Comisión Internacional de Juristas – Colegio de Abogados del Uruguay, 1993.

MONTEIRO, Washington de Barros. **Curso de Direito Civil:** parte geral. 22.ed. São Paulo: Saraiva, 1983. v. 1.

MORAES, Alexandre de. **Direitos Humanos Fundamentais.** 10.ed. São Paulo: Atlas, 2013.

MORAES, Guilherme Braga Peña de. **Dos Direitos Fundamentais.** São Paulo: Ltr, 1997.

MORAES, Maria Celina Bodin de. **Danos à Pessoa Humana:** uma leitura civil-constitucional dos danos morais. Rio de Janeiro: Renovar, 2003.

MOREIRA, Rodrigo Pereira. Os fundamentos dos direitos da personalidade: entre o direito natural, o direito positivo e o direito discursivo. In: MARTINS, Fernando Rodrigues (org.). **Direito em Diálogo de Fontes.** Belo Horizonte: D'Plácido, 2014.

MORRISON, Wayne. **Filosofia do Direito:** dos gregos ao pós-modernismo. São Paulo: Martins Fontes, 2006.

MÜLLER, Friedrich. **Metodologia do Direito Constitucional.** 4.ed. São Paulo: RT, 2011.

NAVES, Bruno Torquato de Oliveira; REZENDE, Danúbia Ferreira Coelho de. A autonomia privada do paciente em estado terminal. In: FIUZA, César; SÁ, Maria de Fátima Freire de; NAVES, Bruno Torquato de Oliveira. **Direito Civil:** Atualidades II - Da autonomia privada nas situações jurídicas patrimoniais e existenciais. Belo Horizonte: Del Rey, 2007.

NEUMANN, Ulfried. A dignidade humana como fardo – ou como utilizar um direito contra o respectivo titular. In: SARLET, Ingo Wolfgang (org.). **Dimensões da dignidade:** ensaios de filosofia do direito e direito constitucional. 2.ed. Porto Alegre: Livraria do Advogado, 2009.

NEVES, Marcelo. **Entre Hidra e Hércules:** princípios e regras constitucionais. São Paulo: Martins Fontes, 2013.

______. **Transconstitucionalismo.** São Paulo: Martins Fontes, 2009.

NINO, Carlos Santiago. **Ética y Derechos Humanos:** un ensayo de fundamentación. 2.ed. Buenos Aires: Astrea, 2007.

NOGUEIRA, J. C. Ataliba. **O Estado é meio e não fim.** 2. ed. São Paulo: Saraiva, 1945.

NOGUEIRA, Vânia Márcia Damasceno. **Direitos fundamentais dos animais:** a construção jurídica de uma titularidade para além dos seres humanos. Belo Horizonte: Arraes, 2012.

NOVAIS, Jorge Reis. **Direitos Fundamentais:** trunfos contra a maioria. Coimbra: Coimbra, 2006.

______. **Os princípios constitucionais estruturantes da República Portuguesa.** Coimbra: Coimbra, 2004.

OLIVEIRA, Diogo Pignataro. Os tratados de direitos humanos na contemporaneidade e sua aplicabilidade dentro da nova concepção constitucional brasileira: uma análise crítica a teor do § 3 º do artigo 5º, da Constituição Federal de 1988. In: PIOVESAN, Flávia; GARCIA, Maria (orgs.). **Doutrinas Essenciais Direitos Humanos:** Proteção Internacional dos Direitos Humanos. São Paulo: RT, 2011. v.6.

OTEIZA, Eduardo. Efectos de la doctrina sobre el control de convencionalidad de acuerdo com los precedentes de la Corte Suprema de Justicia Argentina. In: MARINONI, Luiz Guilherme; MAZZUOLI, Valerio de Oliveiro. **Controle de Convencionalidade:** um panorama latino-americano. Brasília: Gazeta Jurídica, 2013.

OTERO, Paulo. Direitos históricos e não tipicidade pretérita dos direitos fundamentais. In: **Ab Vno ad omnes.** Coimbra: Coimbra, 1998.

PANSIERI, Flávio. **Eficácia e vinculação dos direitos sociais:** reflexões a partir do direito à moradia. São Paulo: Saraiva, 2012.

PÊCEGO, Antonio José F.S. **Eutanásia:** uma (re)leitura do instituto à luz da dignidade da pessoa humana. Belo Horizonte: D´Plácido, 2015.

PEREIRA, André Gonçalves; QUADROS, Fausto de. **Manual de Direito Internacional Público.** 3.ed. Coimbra: Almedina, 1993.

PÉREZ, Jesús Gonzáles. **La dignidade de la persona.** Madrid: Civitas, 1986.

PÉREZ LUÑO, Antonio-Enrique. **Derechos Humanos, Estado de Derecho y Constitución.** 5.ed. Madrid: Tecnos, 1995.

______. **Los Derechos Fundamentales.** 10.ed. Madrid: Tecnos, 2011.

PIEROTH, Bodo; SCHLINK, Bernhard. **Direitos fundamentais.** São Paulo: Saraiva, 2012.

PINHO, Humberto Dalla Bernardina. **Teoria Geral do Processo Civil Contemporâneo.** 2.ed. Rio de Janeiro: Lumen Juris, 2009.

PIOVESAN, Flávia. A Constituição de 1988 e os Tratados Internacionais de Proteção dos Direitos Humanos. In: PIOVESAN, Flávia; GARCIA, Maria (orgs.). **Doutrinas Essenciais Direitos Humanos:** Proteção Internacional dos Direitos Humanos. São Paulo: RT, 2011. v.6.

______. A proteção internacional dos direitos humanos e o direito brasileiro. In: PIOVESAN, Flávia; GARCIA, Maria (orgs.). **Doutrinas Essenciais Direitos Humanos:** Proteção Internacional dos Direitos Humanos. São Paulo: RT, 2011. v.6.

______. Controle de Convencionalidade, Direitos Humanos e Diálogo entre Jurisdições. In: MARINONI, Luiz Guilherme; MAZZUOLI, Valerio de Oliveiro. **Controle de Convencionalidade:** um panorama latino-americano. Brasília: Gazeta Jurídica, 2013.

______. **Direitos Humanos e o Direito Constitucional Internacional.** 13.ed. São Paulo: Saraiva, 2012.

______. Direitos humanos, o princípio da dignidade da pessoa humana e a Constituição de 1988. In: PIOVESAN, Flávia; GARCIA, Maria (orgs.). **Doutrinas Essenciais Direitos Humanos:** Teoria Geral dos Direitos Humanos. São Paulo: RT, 2011. v.1.

______. Força integradora e catalisadora do sistema interamericano de proteção dos direitos humanos: desafios para a pavimentação de um constitucionalismo regional. In: PIOVESAN, Flávia; GARCIA, Maria (orgs.). **Doutrinas Essenciais Direitos Humanos:** Proteção Internacional dos Direitos Humanos. São Paulo: RT, 2011. v.6.

______. Primazia da norma mais benéfica à proteção dos direitos humanos (princípio da –). In: TORRES, Ricardo lobo; KATAOKA, Eduardo Takemi; GALDINO, Flavio (org.). **Dicionário de Princípios Jurídicos.** Rio de Janeiro: Elsevier, 2011.

PIZARRO, Djalma. **União Estável Homoafetiva:** uma hipótese de Mutação Constitucional. Leme: JH Mizuno, 2014.

PIZZOLO, Calogero. Control de convencionalidad y su recepción por la Corte Suprema de Justicia Argentina. In: MARINONI, Luiz Guilherme; MAZZUOLI, Valerio de Oliveiro. **Controle de Convencionalidade:** um panorama latino-americano. Brasília: Gazeta Jurídica, 2013.

PORTANOVA, Rui. **Princípios do processo civil.** 4. ed. Porto Alegre: Livraria do Advogado, 2001.

PULIDO, Carlos Bernal. **O direito dos direitos:** escritos sobre a aplicação dos direitos fundamentais. São Paulo: Marcial Pons, 2013.

RAMOS, André de Carvalho. **Curso de Direitos Humanos.** São Paulo: Saraiva, 2014.

______. O Supremo Tribunal Federal e o Direito Internacional dos Direitos Humanos. In: SARMENTO, Daniel; SARLET, Ingo Wolfgang (coord.). **Direitos Fundamentais no Supremo Tribunal Federal:** Balanço e Crítica. Rio de Janeiro: Lumen Juris, 2011.

______. **Processo Internacional de Direitos Humanos:** análise dos sistemas de apuração de violações dos direitos humanos e a implementação das decisões no Brasil. Rio de Janeiro: Renovar, 2002.

______. **Teoria Geral dos Direitos Humanos na Ordem Internacional.** Rio de Janeiro: Renovar, 2005.

RAMOS, Paulo Roberto Barbosa. A proteção constitucional da pessoa idosa. In: PIOVESAN, Flávia; GARCIA, Maria (orgs.). **Doutrinas Essenciais Direitos Humanos:** Grupos vulneráveis. São Paulo: RT, 2011. v.4.

RANGEL, Vicente Marotta. **Os conflitos entre o direito interno e os tratados internacionais.** Rio de Janeiro: Boletim da Sociedade Brasileira de Direito Internacional, 1967.

RAZ, Joseph. **Razão Prática e Normas.** Rio de Janeiro: Elsevier, 2010.

REALE, Miguel. **Lições preliminares de Direito.** 27.ed. São Paulo: Saraiva, 2002.

______. **Política e Direito:** ensaios. São Paulo: Saraiva, 2006.

REDIN, Giuliana. Crítica ao § 3º do art. 5º da Constituição Federal de 1988. In: PIOVESAN, Flávia; GARCIA, Maria (orgs.). **Doutrinas Essenciais Direitos Humanos:** Proteção Internacional dos Direitos Humanos. São Paulo: RT, 2011. v.6,

REZEK, José Francisco. **Direito Internacional Público:** curso elementar. São Paulo: Saraiva, 1991.

ROBLES, Gregório. **Os direitos fundamentais e a ética na sociedade atual.** Barueri: Manole, 2005.

ROCHA, Cármen Lúcia Antunes. O mínimo existencial e o princípio da reserva do possível. **Revista Latino-Americana de Estudos Constitucionais.** Belo Horizonte, n. 5, p. 439-461, jan/jun, 2005.

______. O princípio da dignidade da pessoa humana e a exclusão social. **Revista Interesse Público,** n. 4, p. 23-48, 1999.

ROCHA, Fernando Luiz Ximenes. A reforma do judiciário e os tratados internacionais sobre direitos humanos. In: PIOVESAN, Flávia; GARCIA, Maria (orgs.). **Doutrinas Essenciais Direitos Humanos:** Proteção Internacional dos Direitos Humanos. São Paulo: RT, 2011. v.6.

______. Direitos Fundamentais na Constituição de 1988. In: PIOVESAN, Flávia; GARCIA, Maria (orgs.). **Doutrinas Essenciais Direitos Humanos:** Teoria Geral dos Direitos Humanos. São Paulo: RT, 2011. v.1.

RODRIGUES, João Gaspar. Direito de Resistência e sua positivação constitucional. In: PIOVESAN, Flávia; GARCIA, Maria (orgs.). **Doutrinas Essenciais Direitos Humanos:** Direitos Civis e Políticos. São Paulo: RT, 2011. v.2.

ROMANO, Santi. **O ordenamento jurídico.** Florianópolis: Fundação Boiteux, 2008.

ROTHENBURG, Walter Claudius. Direitos Fundamentais e suas Características. In: PIOVESAN, Flávia; GARCIA, Maria (orgs.). **Doutrinas Essenciais Direitos Humanos:** Teoria Geral dos Direitos Humanos. São Paulo: RT, 2011. v.1.

______. Jurisdição Constitucional Ambiental no Brasil. In: SARMENTO, Daniel; SARLET, Ingo Wolfgang (coord.). **Direitos Fundamentais no Supremo Tribunal Federal:** Balanço e Crítica. Rio de Janeiro: Lumen Juris, 2011.

ROXIN, Claus. A apreciação jurídico-penal da eutanásia. In: PIOVESAN, Flávia; GARCIA, Maria (orgs.). **Doutrinas Essenciais Direitos Humanos:** Direitos Civis e Políticos. São Paulo: RT, 2011. v.2.

RUOTOLO, Marco. Appunti sulla Dignità Umana. In: **Direitos Fundamentais & Justiça.** n.11, abr./jun. 2010, p. 123-162.

SÁ, Maria de Fátima Freire; PONTES, Maila Mello Campolina. Autonomia Privada e Direito de Morrer. In: FIUZA, César; SÁ, Maria de Fátima Freire de; NAVES, Bruno Torquato de Oliveira. **Direito Civil:** Atualidades III – Princípios Jurídicos no Direito Privado. Belo Horizonte: Del Rey, 2009.

SAGÜES, Néstor Pedro. El control de convencionalidad em Argentina. In: MARINONI, Luiz Guilherme; MAZZUOLI, Valerio de Oliveiro. **Controle de Convencionalidade:** um panorama latino-americano. Brasília: Gazeta Jurídica, 2013.

______. Sobre el concepto de "Constitución Viviente" (Living Constitution). **Revista Latino-Americana de Estudos Constitucionais.** Belo Horizonte, n. 1, p. 269-284, jan/jun, 2003.

SAMPAIO, José Adércio Leite. Comentário ao art. 5º, X. In: CANOTILHO, J.J. Gomes; MENDES, Gilmar Ferreira; SARLET, Ingo Wolfgang; STRECK, Lenio Luiz (coord.). **Comentários à Constituição do Brasil.** São Paulo: Saraiva, 2013.

______. **Teoria da Constituição e dos Direitos Fundamentais.** Belo Horizonte: Del Rey, 2013.

SANTOS, Boaventura de Souza. **As tensões da modernidade.** Texto Apresentado no Fórum Social Mundial. Porto Alegre, 2001.

SANTOS, Fernando Ferreira dos. **Princípio constitucional da dignidade da pessoa humana.** São Paulo: Celso Bastos, 1999.

SARASATE, Paulo. **A Constituição do Brasil ao alcance de todos.** Rio de Janeiro: Freitas Bastos, 1967.

SARLET, Ingo Wolfgang. **A eficácia dos direitos fundamentais:** uma teoria geral dos direitos fundamentais na perspectiva constitucional. 10. ed. Porto Alegre: Livraria do Advogado Editora, 2010.

______. As dimensões da dignidade da pessoa humana: construindo uma compreensão jurídico-constitucional necessária e possível. In: SARLET, Ingo Wolfgang (org.). **Dimensões da dignidade:** ensaios de filosofia do direito e direito constitucional. 2.ed. Porto Alegre: Livraria do Advogado, 2009.

______. Comentário ao art. 5º, § 2º. In: CANOTILHO, J.J. Gomes; MENDES, Gilmar Ferreira; SARLET, Ingo Wolfgang; STRECK, Lenio Luiz (coord.). **Comentários à Constituição do Brasil.** São Paulo: Saraiva, 2013.

______. Dignidade da Pessoa Humana e Abertura Material do Catálogo de Direitos Fundamentais na Constituição Federal de 1988: algumas aproximações. In: BENEVIDES, Maria Victoria de Mesquita; BERCOVICI, Gilberto; MELO, Claudineu de. (Org.). **Direitos Humanos, Democracia e República:** Homenagem a Fábio Konder Comparato. São Paulo: Quartier Latin, 2009.

______. Dignidade da pessoa humana e a problemática dos assim chamados "novos" direitos: algumas aproximações à luz da experiência constitucional brasileira. In: TERRES, Ricardo Lobo; FOHRMANN, Ana Paula Barbosa (org.). **Estudos de Direito Público e Filosofia do Direito:** um diálogo entre Brasil e Alemanha. Rio de Janeiro: Renovar, 2011.

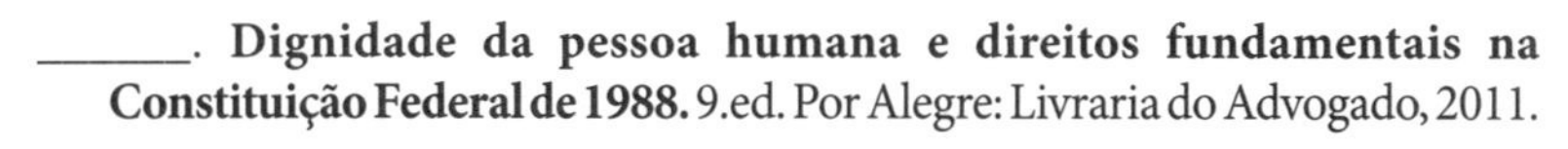

______. **Dignidade da pessoa humana e direitos fundamentais na Constituição Federal de 1988.** 9.ed. Por Alegre: Livraria do Advogado, 2011.

______ (org.). **Estado Socioambiental e Direitos Fundamentais.** Porto Alegre: Livraria do Advogado, 2010.

______. Notas sobre as relações entre a Constituição Federal de 1988 e os Tratados Internacionais de Direitos Humanos na perspectiva do assim chamado controle de convencionalidade. In: MARINONI, Luiz Guilherme; MAZZUOLI, Valerio de Oliveiro. **Controle de Convencionalidade:** um panorama latino-americano. Brasília: Gazeta Jurídica, 2013.

SARLET, Ingo Wolfgang; BRANDÃO, Rodrigo. Comentário ao art. 60. In: CANOTILHO, J.J. Gomes; MENDES, Gilmar Ferreira; SARLET, Ingo Wolfgang; STRECK, Lenio Luiz (coord.). **Comentários à Constituição do Brasil.** São Paulo: Saraiva, 2013.

SARLET, Ingo Wolfgang; FENSTERSEIFER, Tiago. Estado socioambiental e mínimo existencial (ecológico?): algumas aproximações. In: SARLET, Ingo Wolfgang (org.). **Estado Socioambiental e Direitos Fundamentais.** Porto Alegre: Livraria do Advogado, 2010.

SARLET, Ingo Wolfgang; MARINONI, Luiz Guilherme; MITIDIERO, Daniel. **Curso de Direito Constitucional.** 3.ed. São Paulo: RT, 2014.

SARMENTO, Daniel. **Direitos Fundamentais e Relações Privadas.** 2.ed. Rio de Janeiro: Lumen Juris, 2010.

______. O Neoconstitucionalismo no Brasil: Riscos e possibilidades. In: SARMENTO, Daniel (coord.). **Filosofia e Teoria Constitucional Contemporânea.** Rio de Janeiro: Lumen Juris, 2009.

______. **Por um constitucionalismo inclusivo.** Rio de Janeiro: Lumen Juris, 2010.

SCHMITT, Carl. **Legalidade e Legitimidade.** Belo Horizonte: Del Rey, 2007.

SEELMAN Kurt. Pessoa e dignidade da pessoa humana na filosofia de Hegel. In: SARLET, Ingo Wolfgang (org.). **Dimensões da dignidade:** ensaios de filosofia do direito e direito constitucional. 2.ed. Porto Alegre: Livraria do Advogado, 2009.

SGARBOSSA, Luís Fernando. **Direitos e garantias fundamentais extravagantes:** interpretação jusfundamental "pro homine". Porto Alegre: Sergio Antonio Fabris, 2008.

SIDOU, J. M. Othon. **Os recursos processuais na história do direito.** 2.ed. Rio de Janeiro: Forense, 1978.

SILVA. Alexandre Garrido da. Pós-positivismo e democracia: em defesa de um neoconstitucionalismo aberto ao pluralismo. In: **XVI Congresso Nacional do CONPEDI.** Belo Horizonte: CONPEDI, 2007. Disponível em: http://www.conpedi.org.br/manaus/arquivos/anais/bh/alexandre_garrido_da_silva.pdf. Acesso em 01 de março de 2011.

SILVA, José Afonso da. A dignidade da pessoa humana como valor supremo da democracia. In: **Líber Amicorum, Hector Fix-Zamudio.** San José: Corte Interamericana de Derechos Humanos, 1998, p. 587-591. v.1.

______. **Aplicabilidade das normas constitucionais.** 8.ed. São Paulo: Malheiros, 2012.

______. **Comentário Contextual à Constituição.** 6.ed. São Paulo: Malheiros, 2009.

______. **Curso de Direito Constitucional Positivo.** 33.ed. São Paulo: Malheiros, 2010.

SILVA, Virgílio Afonso da. **A Constitucionalização do Direito:** os direitos fundamentais nas relações entre particulares. São Paulo: Malheiros, 2011.

______. **Direitos Fundamentais:** conteúdo essencial, restrições e eficácia. 2.ed. São Paulo: Malheiros, 2010.

______. Princípios e Regras: mitos e equívocos acerca de uma distinção. **Revista Latino-Americana de Estudos Constitucionais.** Belo Horizonte, n. 1, p. 607-630, jan/jun, 2003.

STARCK, Christian. Dignidade humana como garantia constitucional: o exemplo da Lei Fundamental Alemã. In: SARLET, Ingo Wolfgang (org.). **Dimensões da dignidade:** ensaios de filosofia do direito e direito constitucional. 2.ed. Porto Alegre: Livraria do Advogado, 2009.

______. The religious and philosophical background of human dignity and its place in modern Constitutuions. In: KRETZMER, David; KLEIN, Eckart (Ed.). **The concept of human dignity in human rights discourse.** The Hague: Kluwer Law International, 2002.

STEINMETZ, Wilson. O dever de aplicação imediata de direitos e garantias fundamentais na jurisprudência do Supremo Tribunal Federal e nas interpretações da literatura especializada. In: SARMENTO, Daniel; SARLET, Ingo Wolfgang (coords.). **Direitos Fundamentais no Supremo Tribunal Federal:** balanço e crítica. Rio de Janeiro: Lumen Juris, 2011.

______. **Vinculação dos particulares a direitos fundamentais.** São Paulo: Malheiros, 2005.

STERN, Klaus. **Das Staatrecht der Bundesrepublik Deutschland.** München: C.H. Beck, 1988. v.3.

STRECK, Lenio Luiz. **Compreender Direito:** desvelando as obviedades do discurso jurídico. São Paulo: RT, 2013.

STRECK, Lenio Luiz. Hermenêutica, Constituição e Processo, ou de "como discricionariedade não combina com democracia": o contraponto da resposta correta. In: MACHADO, Felipe Daniel Amorim; OLIVEIRA, Marcelo Andrade Cattoni de (coord.). **Constituição e Processo:** A contribuição do processo ao constitucionalismo democrático brasileiro. Belo Horizonte: Del Rey, 2009.

______. **Verdade e Consenso:** Constituição, hermenêutica e teorias discursivas. 4.ed. São Paulo: Saraiva, 2011.

SZANIAWSKI, Elimar. **Direitos de Personalidade e sua tutela.** 2.ed. São Paulo: RT, 2005.

SZTAJN, Rachel. **Autonomia privada e direito de morrer:** eutanásia e suicídio assistido. São Paulo: Cultural Paulista, 2002.

TELES, Edson Luis de Almeida. A Anistia e os Crimes Contra a Humanidade. In: PIOVESAN, Flávia; GARCIA, Maria (orgs.). **Doutrinas Essenciais Direitos Humanos:** Proteção Internacional dos Direitos Humanos. São Paulo: RT, 2011. v.6.

TELLES JÚNIOR, Goffredo da Silva. A antevéspera da "Carta aos Brasileiros". In: PIOVESAN, Flávia; GARCIA, Maria (orgs.). **Doutrinas Essenciais Direitos Humanos:** Teoria Geral dos Direitos Humanos. São Paulo: RT, 2011. v.1.

______. Goffredo Telles Júnior dá a público a Carta aos Brasileiros. In: PIOVESAN, Flávia; GARCIA, Maria (orgs.). **Doutrinas Essenciais Direitos Humanos:** Teoria Geral dos Direitos Humanos. São Paulo: RT, 2011. v.1.

TORRES, Ricardo Lobo. Direitos Fundamentais do Contribuinte no Supremo Tribunal Federal. In: SARMENTO, Daniel; SARLET, Ingo Wolfgang (coords.). **Direitos Fundamentais no Supremo Tribunal Federal:** balanço e crítica. Rio de Janeiro: Lumen Juris, 2011.

TRIBE, Laurence H. **American Constitutional Law.** 3.ed. New York: Fundation Press, 2000. v.1.

VASAK, Karel. "For the Third Generation of Human Rights: The Rights of Solidarity", Inaugural lecture, Tenth Study Session, International Institute of Human Rights, July 1979. In: VASAK, Karel (ed.). **The international dimension of human rights.** Paris: Unesco, 1982. v. I e II.

VELLOSO, Carlos. Os tratados na jurisprudência do Supremo Tribunal Federal. **Revista de Informação Legislativa.** Ano 41, nº 162, p. 35-46, abr/jun, 2004.

VILLEY, Michel. **O direito e os direitos humanos.** São Paulo: Martins Fontes, 2007.

WAMBIER, Luiz Rodrigues; WAMBIER, Teresa Arruda Alvim. **Breves comentários à 2ª fase da reforma do Código de Processo Civil:** Lei 10.352, de 26.12.2001 - Lei 10.358, de 27.12.2001. São Paulo: Revista dos Tribunais, 2002.

WEICHERT, Marlon Alberto. Crimes contra a humanidade perpetrados no Brasil. In: PIOVESAN, Flávia; GARCIA, Maria (orgs.). **Doutrinas Essenciais Direitos Humanos:** Proteção Internacional dos Direitos Humanos. São Paulo: RT, 2011. v.6.

______. Suprema Impunidade no Julgamento da ADPF 153. In: SARMENTO, Daniel; SARLET, Ingo Wolfgang (coords.). **Direitos Fundamentais no Supremo Tribunal Federal:** balanço e crítica. Rio de Janeiro: Lumen Juris, 2011.

WEIS, Carlos. **Direitos Humanos Contemporâneos.** 2.ed. São Paulo: Malheiros, 2010,

WEYNE, Bruno Cunha. **O principio da dignidade humana:** reflexões a partir da filosofía de Kant. São Paulo: Saraiva, 2013.

ZAGREBELSKY, Gustavo. **El Derecho Dúctil.** 6.ed. Madrid: Trotta, 2005.

www.editorajuspodivm.com.br

Pré-impressão, impressão e acabamento

grafica@editorasantuario.com.br
www.editorasantuario.com.br
Aparecida-SP